陶门三贤

政协都昌县委员会◎编

江西人民出版社
Jiangxi People's Publishing House
全国百佳出版社

图书在版编目（CIP）数据

陶门三贤 / 政协都昌县委员会编 . -- 南昌 : 江西人民出版社, 2023.11

ISBN 978-7-210-15007-7

Ⅰ . ①陶… Ⅱ . ①政… Ⅲ . ①历史人物—生平事迹—都昌县—古代 Ⅳ . ① K820.856.4

中国国家版本馆 CIP 数据核字（2023）第 224690 号

陶门三贤
TAOMEN SANXIAN

政协都昌县委员会 编

封面题字：谭四明
责任编辑：万莲花
封面设计：同异文化传媒

江西人民出版社 Jiangxi People's Publishing House 全国百佳出版社 出版发行

地　　址：江西省南昌市三经路 47 号附 1 号（邮编：330006）
网　　址：www.jxpph.com
电子信箱：jxpph@tom.com
编辑部电话：0791-86898650
发行部电话：0791-86898815
承 印 厂：南昌市红星印刷有限公司
经　　销：各地新华书店

开　　本：787 毫米 ×1092 毫米　1/16
印　　张：25.75
字　　数：410 千字
版　　次：2023 年 11 月第 1 版
印　　次：2023 年 11 月第 1 次印刷
书　　号：ISBN 978-7-210-15007-7
定　　价：86.00 元
赣版权登字 -01-2023-598

陶侃
亞飛畫

陶母湛氏
亞飛畫

陶渊明
亞飛畫

坐落在都昌镇西河村委会的陶母墓

坐落在都昌镇西河的陶公庙

都昌蔡岭镇东平陶公庙门楼

东平陶公庙每年农历六月十九日至二十日陶侃诞辰日举行庙会，图为2023年庙会盛况

序

◎王东林

孩提时代的都昌人，几乎都是听着“陶侃的故事”长大的。尤其是我的出生地苏山，不少地名都与陶侃或陶家有关，诸如陶家冲、牧牛巷、陶家舍、陶家垅、陶家塘、老庙，等等。县城一带则有陶母墓、钓矶石、读书台。钓矶石在清《都昌县志》和《南康府志》中，为都昌八景之一，曰“陶侯钓矶”。许怀林老师曾提出钓矶山应该是南朝及隋唐时期的国家粮仓——“钓矶仓”的所在地。传统时代，都昌民间还有不少祀奉陶侃的庙宇，似乎这些庙宇都以苏山乡土目村委会大湖圈[①]的陶公庙为尊，因而有“老庙”之称。这种千百年相延至今的民俗事象和文化情结，正是一地“历史文脉”和“文化传统”顽强的表现。

“陶侃是哪里人？”

一说都昌人，一说鄱阳人。常见的表述的确也是“鄱阳人”。这种表述似乎让都昌人很有些无奈，但都昌人依然很执着地认定“陶侃是都昌人”。

这两种说法，究竟孰对孰错？我的看法是谁都有“对”的一面，但两说都有“不够准确”的一面。

《晋书》卷六六《列传·陶侃》说：“陶侃，字士行，本鄱阳人也。吴平，徙家庐江之寻阳。”这是正史的表述。后世史书，包括一些词典的人名词条都是根据这个表述，言说“陶侃，鄱阳人”。

错了吗？只能说基本上没有错。虽然《晋书》所言陶侃“鄱阳人”可理解为“鄱阳郡人”，也可理解为“鄱阳县人”，但当这条史料没有明确到底是“郡”名还是“县”名的时候，含糊点说，自然“基本”没有问题。不过，也有些词条笼统地将陶侃

---

① 大湖圈，今作“大屋院”，误。盖都昌方言读“湖”为“芜”音，如“鄱阳湖”念“鄱阳芜”，“湖里”念“芜里”。“圈”，当以湖水从马鞍港分汊而使村落呈半岛形状有关。

的籍贯写成“江西鄱阳人”，问题就出来了，因为“江西”这个名称是到唐玄宗将“江南道”分成“江南西道”和“江南东道”时才出现的，因此“江西鄱阳”很明显指的是“县”名，那就“基本上”错了。所以，至今，还很少有人敢明目张胆地将陶侃的籍贯直接写成“鄱阳县人”。

我们不妨先熟悉一下相关的历史地理知识。

西汉初年，朝廷在今江西地区设“豫章郡”，下辖十八县，县名及大致位置是：南昌（今南昌市）、庐陵（今吉安市）、彭泽（今湖口县东）、鄱阳（秦番县改名，今鄱阳县东）、历陵（今德安县东）、馀汗（今余干县东北）、柴桑（今九江市西南）、艾（今修水县西）、赣（今赣州市）、新淦（今樟树市）、南城（今南城县东）、建成（今高安县）、宜春（今宜春市）、海昏（今永修县）、雩都（于都县东北）、鄡阳（今都昌县湖滨陆地及鄱阳湖之南湖水体与湖底）、南野（今南康县西南）、安平（今安福县东南）。

其时，豫章郡属淮南国。[①] 汉武帝元封五年（前 106）全国设十三州部：豫州、冀州、兖州、徐州、青州、荆州、扬州、益州、凉州、并州、幽州、朔方、交趾。豫章郡、九江郡、会稽郡、丹阳郡、六安国隶属扬州。

东汉建安十五年（210），孙权分豫章郡设鄱阳郡，辖九县：鄱阳（今鄱阳县）、广晋（鄱阳县北）、乐安（今乐平、景德镇）、馀汗（今余干）、鄡阳（今都昌）、历陵（今德安）、葛阳（今弋阳）、上饶（今上饶）、建平（析上饶县置）。

其中鄡阳县（都昌之前身）、鄱阳县、馀汗县处在今鄱阳湖南湖形成前的核心地带和北部与东部地带。

终三国时期，江西境内有六郡五十七县。西晋元康元年（291），以“荆、扬二州疆土广远，统理尤难。于是割扬州之豫章、鄱阳、庐陵、临川、南康、建安、晋安，荆州之武昌、桂阳、安成，合十郡，因江水之名而置江州”[②]。

江州所领十郡中，豫章、鄱阳、庐陵、临川、南康、安成六郡在今江西地区，因而可以说江州的主体是今天的江西；建安、晋安两郡在今之福

① 民国 吴宗慈、辛际周《江西省古今政治地理沿革总略》：“汉兴，改九江郡为淮南国，领九江、庐江、衡山、豫章四郡，江西则为豫章郡。”

② 《晋书》卷一五《地理志下》。

建;桂阳郡在今之湖南，公元 307 年湘州设立后被划归湘州;武昌郡在湖北，公元 454 年郢州设立后被划归郢州。

西汉时期，今之九江不在豫章郡，也不在后来的江州境内。其地部分为寻阳县，隶属于庐江郡；部分为柴桑县，隶武昌郡。西汉庐江郡治在今安徽庐江县西二十里位置；汉末迁至今安徽潜山县；三国魏时的庐江郡治在今安徽六安市北。晋朝的庐江郡治在今安徽霍邱县西五十五里。庐江郡管辖的寻阳县，治所在今湖北省黄梅县西南。

西晋永安元年（304），江州新置寻阳郡，遂将庐江郡之寻阳县和武昌郡之柴桑县划归江州寻阳郡管辖，今九江市一带基本进入了今江西的版图；后又增辖豫章郡之彭泽县。郡治依然在长江以北今之湖北黄梅县西南，直到东晋咸和年间（326—334），寻阳郡治和县治才从江北迁至长江以南的湓城。

陶侃之父陶丹以上世系，陶氏宗谱记载不一。《饶江谱》云“敦生谦，谦生丹”，又云“谦与同为兄弟”。据此，陶侃的曾祖父当为丹阳陶敦，祖父为陶谦，叔祖父为陶同。《广济谱》云“敦生良，良生谦，谦生同”，因而本书有文说陶同为陶丹之父，陶侃之祖父，似乎比较合乎历史逻辑。陶同“初随溧阳侯谦居溧阳[①]，汉末避乱居江右，卜居鄱阳郡”[②]，其地当在鄱阳郡之鄡阳县。

“鄡阳”之名，最早见于班固《汉书·地理志》，“豫章郡户六万七千四百六十二，口三十五万一千九百六十五，县十八”，其中列有鄡阳县，治所在今都昌县周溪泗山。[③] 鄡阳县西汉时期归属豫章郡，陶同迁居鄱阳郡时，鄡阳县已从豫章郡划入了鄱阳郡，因此，《晋书》卷六六《列传·陶侃》说“陶侃，字士行，本鄱阳人也”，所指为“鄱阳郡”，这个说法并没有错。

① 溧阳，其时属丹阳郡，今为溧阳市，位于江苏省西南端，隶常州市。

② 陶维墀《长沙桓公陶侃系年谱》。

③ 乐史《太平寰宇记》卷一〇七：“废鄡阳县在县西北一百二十里，按《鄱阳记》云：汉高祖六年置，宋永初二年废。”《永乐大典》卷八〇九三引《鄱阳志》：“古鄡阳县城，永初三年废。”清同治《都昌县志》古迹：“古鄡阳城在周溪司前湖中四望山，至今城址犹存。”

吴景帝孙休永安二年（259），陶丹之妾湛氏生陶侃。其出生地，陶氏宗谱及其后人多指认为今都昌苏山秆林（今土目村委会），都昌、鄱阳、湖南、安徽、江苏等处族人的认同，应当给予充分的关注和尊重。

古鄡阳县因彭蠡湖水南侵，逐渐越过松门山，鄡阳平原演变为鄱阳湖南湖，而废于南朝刘宋永初二年（421），直到唐高祖李渊武德五年（622），朝廷才决定划割彭泽县雁子桥以南之土地，连同废鄡阳县余地，设置了都昌县。从鄡阳县废至设立都昌县，历宋、齐、梁、陈、隋五朝间隔201年。[①]史书关于陶侃籍贯的记载从"鄱阳郡"到"鄱阳县"的漂移，是一件很自然的事。如果没有鄡阳遗民和鄡阳遗地重构一个"后鄡阳县"——都昌，陶侃"本鄱阳人"究竟是"鄱阳郡人"还是"鄱阳县人"，也不是一个问题。但当"都昌"成为"鄡阳"的后续，或曰"鄡阳"成为"都昌"的前身时，陶侃籍贯的辨析便也成了一个不是问题的问题。

《鄱阳县志》卷二四补遗七，倒是实事求是地道出了一个带有共性的问题："鄱阳为郡最早至隋始改饶州，故凡前人隶饶州者，书籍所载皆称鄱阳人，如：马端临，乐平人，著《文献通考》；张世南，德兴人，作《游宦纪闻》；闻余安，德兴人，著《石至言》；张根，德兴人，著《吴园易解》，俱自称鄱阳人；程端蒙，德兴人，有《朱子作墓表》……见府旧志皆称为鄱阳人，其余散见各书，不可枚举。然籍既区分，则其邑自有列传，固无事搜遗补阙也。"

《晋书》本传说陶侃"吴平，徙家庐江之寻阳"。西晋灭吴，时在公元280年，陶侃21岁，应该是出任县吏的时候，因公职而迁。"陶母封鲊责子"的故事，当发生在这个时段[②]。至晋惠帝永安元年（304），陶侃55岁时，鄡阳县改隶江州寻阳郡。又成了"寻阳人"，准确地说，应该是"寻阳郡鄡阳县人"。

陶母湛氏逝世后的葬地，应该是确认陶侃籍贯的重要证据之一，然此

---

① 南朝宋·刘澄之《鄱阳记》和《都昌县志》云：鄡阳废于刘宋永初二年，鄡阳故地"省入彭泽，隶江州"。

② 《晋书·列女传·陶侃母湛氏》："侃少为寻阳县吏，尝监鱼梁，以一坩鲊遗母。湛氏封鲊及书，责侃曰：'尔为吏，以官物遗我，非惟不能益吾，乃以增吾忧矣。'"

事同样扑朔迷离。据各地方志载，陶母墓竟然多达五处：都昌、鄱阳、临川、新淦、德化各一。

同治《都昌县志》卷一六“茔墓”载：“陶母墓，葬陶侃母湛氏，在石壁山下，传即牛眠塚。唐皇甫湜、舒元舆俱有碑铭。”墓至今仍存。

舒元舆是亲见并拜谒过陶母墓的，他在《陶母坟板文》中说到：“太岁在卯，小子泛彭蠡，见谢灵运石壁。壁东南行百步许，有高坟嵯峨。坟前有碑，书迹照湖。小子蹶起疾眩视之，则陶母之字存。及落帆之陆，修式格礼，以为父母教子，人伦不逃义方。”

舒元舆（791—835），字升远，唐东阳郡（今浙江金华）兰溪人，元和八年（813）进士。鄱阳湖是他进出京师长安或东都洛阳等处的必经之路。舒元舆只活到45岁，一生经历过4个卯年。己卯年（799），舒元舆9岁不足，乙卯年（835），舒元舆去世，均可排除。辛卯年（811），舒元舆21岁，正是自称“小子”的年岁。癸卯年（823），舒元舆33岁，已是兴元节度使裴度幕下书记，文名卓著，不宜再称“小子”，同样可以排除。

由此可知，公元811年，年轻的舒元舆乘舟过彭蠡湖，经都昌石壁精舍，发现东南方向“有高坟嵯峨”，碑文上有“陶母墓”等大字映照湖面，便弃舟登陆，于坟前拜礼，向这位教子有义方的贤母表达敬意。《陶母坟板文》辞曰：“彭蠡之滨，峨峨高坟。有晋陶君，哲太夫人。前瞻千年，卜孟为邻。后千万年，卜谁为邻？西江悠悠，东湖滔滔。彭蠡有竭，斯坟更高！”明确指出陶母墓在彭蠡湖滨谢灵运石壁精舍附近。这个记述与陶侃《归国辞位表》中所言“臣父母旧葬，今在寻阳”契合。至于其他四处的“陶母墓”，完全可以视为纪念性符号。比如说新淦“陶母墓”，陶母本为新淦女，依照中国的习俗，通常出嫁之女，断无葬回本家的道理。

当正史记述不详的时候，方志、家谱、诗文可成为重要的补充资料。历代《都昌县志》对陶侃遗迹和相关诗文收录甚多。都昌县政协组织编写的这部书，对陶侃乡贯有多篇文章论及，有很高的参考价值，不一一列述。

笔者的另一感觉是，在古代区域文化地图上，都昌大概是祭祀陶侃香火最盛的地方。这种现象，应该是故土对先贤炽热情感的曲折反应。

南宋淳熙五年（1178），朱熹出知南康军，这期间有呈送朝廷的《乞加封陶桓公状》，文中引述都昌县税户董翌等状："谨按图经，公始家鄱阳，后徙浔阳，见有遗迹在本军都昌县界，又有庙貌在本军城内及都昌县……庙貌建立年代深远，逐时居民商旅祈祷，无不感应。"朱熹立马组织人手进行调查，并于状中说："本军所据前项状述，寻行下都昌县，勘会得董翌等所陈委是著实，保明申军。""委是著实"，予以了确认。

"庙"即"陶公庙"也，"貌"即陶侃之神像也。"庙貌建立年代深远"，可见有相当岁月的历史传承。当一种特定的祭祀对象成为特定区域特定人群由来已久的习俗传统时，基本上可以断定，这种特定的文化传统的形成，必有其深远的历史根源，不会是空穴来风。所以明正德《南康府志》很明确地记述："晋陶侃，字士行，都昌人，徙家寻阳。"

因此，我们可以说，陶侃是"鄱阳郡人"，也是"寻阳郡人"。细一层说，陶侃是"鄱阳郡鄡阳县人"，也是"寻阳郡鄡阳县人"；鄡阳县，都昌之前身也。

时下凡触及历史名人，必有其籍贯争论。朱熹是哪里人？正确的说法应该是"南宋徽州婺源（今属江西）人"。后来又有了一种"新说"："福建建阳人，祖籍婺源。"朱熹出生在福建，也终老于福建，这是事实，但朱熹的籍贯却实实在在是"婺源"。

江万里是都昌人，好像没有什么争论。但江万里的墓在哪里？竟然也出现了争论。

2003年，鄱阳县芝山发现不明古墓。文博界有人撰文认定当为"南宋丞相江万里墓"，持论的依据实际上只有两条：一是新发现的古墓棺木埋得很浅，离地面只有一层厚约30厘米的浅土，与家谱"浅塌芝山"的记载相吻合。二是墓中的石廓青石板规整，衔接十分自然，制作非常考究。鄱阳本地一般不生产这种青石板，而江万里出生地林塘却盛产青石，两处青石板材质相同，"因此这很有可能是江万里生前有意从老家运来了墓石，早备后事"。

可惜作者没有意识到他的论证中存在明显的矛盾之处："浅塌"，就是浅葬，随意挖个坑将遗体草草安葬，目的是方便日后迁葬，是一种权宜之计。那么，既然是"浅塌"，又何来制作考究的青石廓、柏木棺，底部还有木炭防腐呢？这么隆重正规的葬式显然不是"浅塌""草殓"啊！古墓是在止水池清淤工程作业中发现的。发现时棺廓离地表尚有厚约30厘米的浅土，应当是早就不见了墓上面的封土！至于“青石”材料，其实都昌也不多见。鄱阳湖周边各县使用的青石，大多出产于星子（今庐山市）。怎么能根据所谓“两处青石板材质相同”，就贸然断定“是江万里生前有意从老家运来”的，因而就是江万里墓呢？文章说墓中没有发现墓志铭，只好由刘辰翁“撰写了《古心先生圹中记》，以弥补江公无墓志之憾”。居然不知道“圹中记”就是“墓志”！

其实，江万里最终的安葬地在他的故乡都昌县阳峰乡林塘石沙湾，墓仍在，墓碑和江万里梓里碑仍在，《江氏大成宗谱·江万里传》，刘辰翁《祭师江丞相古心先生》《南康军昭忠禅寺记》《赠徐心易易数序》《江古心先生圹志》《归来庵记》，刘将孙《送刘复村》，以及2007年，江万里故里都昌伏牛山出土的《元故来安路同知龙川州事江公墓志铭》等资料都记载翔实，毫无争议之余隙。①

一位历史名人究竟是何地人，从史学求真的角度来说，确实有研究的必要。从纪念或文化认同的角度来说，面越大，越是好事。历史名人的价值本就属于他所奉献其价值的国度和民族，不可能局限于一隅。从文化资源的发掘和创新性转化、创造性利用来说，有争论，反倒热闹，甚至可能催生出一种倒逼的压力出来，看谁做得更出色。学术争论是正常的，底线必须是“实事求是”，即使两不相让，只要言之成理、持之有故，也可以求同存异，各自表述。

纪念陶侃、争论故里，本质上是一种价值认同。陶侃之于晋室和中国历史的贡献，史书多有论及，恕不赘述。学史明理，学史明智。今人之学陶侃，当在于陶侃对今人尚有丰富的“启迪”和“滋养”之价值。

《晋书》本传说陶侃生性聪敏。这涉及人的资性。人各有异，不可强求。然“勤于职守”“恭敬有礼”，注重“人伦秩序”，守住做人的底线，应该可学，也必须学。②

---

① 本人论文未刊稿《也说江万里葬身处》已作全面论证。

② 《晋书·卷六十六·列传第三十六·陶侃》：“侃性聪敏，勤于吏职，恭而近礼，爱好人伦。”

居其位则忠其事，“千绪万端，罔有遗漏”，远近来的各类文书信函，必亲自回复，没有积压；有人来访，无论亲疏，必及时接待，做到“门无停客”。这一点说难不难。放下架子，少些借口，少些刁难，平等待人，换位思考，急人之所急，其实难也不难。[①]

毛泽东主席读史至陶侃，执笔批眉云：“人立身有一难事，即精细是也。能事事俱不忽略，则由小及大，虽为圣贤不难。不然，小不谨，大事败矣！克勤小物而可法者，陶桓公是也。”[②]

待人接物，礼尚往来，本人之常情。拒人于千里之外，则失之“不近人情”；来者不拒，不分情由，又难免陷入贪腐。故官场多言做人难。陶侃待人，有部下送他礼物，必问清其来由。如果是自己用力劳作所获，虽然不值几个钱，内心也十分高兴，回礼至少在多倍以上；如果来历不明，尤其是非法所得，必然严加呵斥，退回所献之物。[③] 原来“清廉”与否，全在一个“度”字上。

时间是自己的。“八小时之外是我的自由”，“八小时之内找点机会”，看看电脑，看看手机，玩玩游戏，只要没有人撞破，就不是个事。“饭前不掼蛋，等于没吃饭；饭后不掼蛋，等于白吃饭。”我们常说时间不够用，实际是玩的时间，应酬的时间，包括应付形式主义折腾的时间不够用。陶侃如果看到今人的表现，不知作何感想？今人如果遇上陶侃这样的上司，恐怕同样不知作何感想！

陶侃会语重心长地告诉你：“大禹是圣者，尚且珍惜每一寸光阴；像我们这些泯然众人的一般资质的人，更应当珍惜每一分光阴，才跟得上圣贤的脚步。怎么能放纵于游戏沉沦于酒色，活着无益于时代，死了不能留名于后世。这个就叫做典型的自暴自弃！”[④]

---

① 《晋书·卷六十六·列传第三十六·陶侃》：侃“终日敛膝危坐，阃外多事，千绪万端，罔有遗漏。远近书疏，莫不手答，笔翰如流，未尝壅滞。引接疏远，门无停客。”

② 盛巽昌《毛泽东论中国历史人物：从轩辕黄帝到孙中山》上，上海书店出版社2018年版，第293-294页。

③ 《晋书·卷六十六·列传第三十六·陶侃》：“有奉馈者，皆问其所由。若力作所致，虽微必喜，慰赐参倍；若非理得之，则切厉诃辱，还其所馈。”

④ 《晋书·卷六十六·列传第三十六·陶侃》：常语人曰：“大禹圣者，乃惜寸阴，至于众人，当惜分阴，岂可逸游荒醉，生无益于时，死无闻于后，是自弃也。”

听着都脸红吧？还有更严厉的呢！一回，陶侃发现他的左右僚属有人因喝酒闲扯、游戏赌博耽误了公事，即刻命他们交出酒器和赌博用的棋具，一股脑儿地全部投入了江中，并对犯事的人施以鞭扑之刑，叱骂说："樗蒱这种游戏，不过是放猪的奴仆才玩的东西！你们这些身居官位的人与这等人有何区别？"①

陶侃出身寒门，洞悉并同情民间疾苦。一回，陶侃出游巡视，见一人手里拿着一把还没有成熟的稻谷，问他："你拿这个做什么用？"那人百无聊赖地说："走在路上看见的，就随便取了一把啰！"陶侃闻此大怒，斥责说："你不作田种稻，却偷盗人家的稻禾用来戏耍，十分可恶！"说罢举鞭就打！这一顿打，足够让那位纨绔子弟刻骨铭心。其实陶侃这些看似不经意的举动，倒是给农户极大的激励作用，史书说："是以百姓勤于农殖，家给人足。"②

我们常常照着朱柏庐《治家格言》上的话说：" 一粥一饭，当思来处不易；半丝半缕，恒念物力维艰。"现如今社会发展了，物质资料极大丰富了，不知道还有几人真正把粮食、物品放在心上。据联合国粮食及农业组织的数据，全世界每年浪费 16 亿吨粮食，其中每年浪费 13 亿吨可食用粮食。咱们中国的餐桌浪费同样十分严重。至于物品，大多是"一次性"了。

陶侃爱惜物力是出了名的。造船时，他命人将木屑、竹头都收集起来。冬天雪化地湿，他用木屑铺路；桓温出兵伐蜀，他用竹头做成竹钉装船备用。③余嘉锡说："陶公爱惜物力，竹头木屑，皆得所用。既是性之所长，亦以此取人……此之俭吝，正其平生经济所在。与王戎辈守财自封者，固自不同。"④

---

① 《晋书·卷六十六·列传第三十六·陶侃》："诸参佐或以谈戏废事者，乃命取其酒器、蒱博之具，悉投之于江，吏将则加鞭扑，曰：'樗蒱者，牧猪奴戏耳！'"

② 《晋书·卷六十六·列传第三十六·陶侃》："尝出游，见人持一把未熟稻，侃问：'用此何为？'人云：'行道所见，聊取之耳。'侃大怒曰：'汝既不田，而戏贼人稻！'执而鞭之。是以百姓勤于农殖，家给人足。"

③ 《晋书·卷六十六·列传第三十六·陶侃》："时造船，木屑及竹头悉令举掌之，咸不解所以。后正会，积雪始晴，听事前余雪犹湿，于是以屑布地。及桓温伐蜀，又以侃所贮竹头作丁装船。其综理微密，皆此类也。"

④ 余嘉锡《世说新语笺疏·俭啬第二十九》。

汉语成语词库中有“陶侃运甓”语，用来赞美“不安悠闲，勤勉不懈，发奋功业”之精神。出典自然是陶侃了。《晋书》说他平时非常注重锻炼身体，劳其筋骨，保持体力，不安于逸乐。他在广州时已年近60岁，为了防止肌肉退化，体力衰减，总是在早上把一百块砖搬运到斋室的外边，傍晚又把它们搬回到斋室的院内。有人问他为什么要重复做这样的无效劳动，不嫌麻烦吗？他回答说：“我正在致力于收复中原失地，过分的悠闲安逸，恐怕难担大任。”①

陶侃是生活在1700多年前的历史人物，读他的传记中的一些故事和言论，恍惚就像浏览身边的事，一点儿也不觉得遥远、陌生或过时。这或许就是陶侃事迹的时代意义，也是我们纪念陶侃、阅读陶侃应当抱持的一种基本态度。

陶母、陶侃和陶渊明的故事，自然是中华优秀传统文化的组成部分，是中国人共同的文化遗产。在鄡阳遗民——都昌人的心目中，陶门三贤更是都昌的乡人、先人、贤人甚至是供奉在祠庙的神人。就弘扬地域文化来说，都昌人的确应该做得更好、更不一般。我想，这或许就是政协都昌县委员会编辑出版此书的用意所在。

承蒙县政协器重，约我写一篇序。迟迟不能交稿，固然有事多屡屡被迫中止的因由，还在于陶侃在我心中的重量令人不敢草率举笔。终于写完了，但还是有些意犹未尽，总觉得难以忝列序位。也只好如此了。

是为序。

（作者系第八届江西省政协委员、第九届省政协常委，第十一、十二届全国政协委员，江西省人民政府参事、文史研究馆馆员，江西师范大学教授）

① 《晋书·卷六十六·列传第三十六·陶侃》：“侃在州无事，辄朝运百甓于斋外，暮运于斋内。人问其故，答曰：‘吾方致力中原，过尔优逸，恐不堪事。’其励志勤力，皆此类也。”

目录

陶侃、陶母、陶渊明的研究

文献资料

陶侃、陶渊明文存

传记、演义

附录

诗词歌赋

陶侃、陶母、陶渊明的研究

从矶山走上仕途的陶侃

◎王旺春

在都昌造船总厂龙口湾下首有一牛眠地，那里有中国四大贤母之一的陶母湛氏之墓。再转过山嘴的下首山嘴，有巨石屹立在鄱阳湖岸边，这就是都昌八景之一的“陶侯钓矶”。据清同治版《都昌县志》第十六卷古迹篇载：“钓鱼台，即钓矶山。以其临湖有巨石如台，昔陶公钓尝坐此，后人因指为钓鱼台。”再过狮子山，在大矶山东麓的陶园冲，又称陶桓冲，是陶侃母子的居住地。

陶侃（259—334），字士行。其祖父陶同（180—249），生陶丹（213—264），初征为东吴牙将，东吴赤乌年间为太子舍人。刘凤元年（252），吴会稽王孙亮登基后，封陶丹为扬武将军加柴桑侯，陶丹官迁柴桑。元兴元年（264），司马氏攻掠吴地柴桑，陶丹依晋《迁徙令》被迫徙居德化（今九江市柴桑区），并失去了俸禄。一个官宦之家在失去俸禄之后，是何等的困苦？故陶丹在贫病交加之中去世。陶侃母子失去了丹公，孤儿寡母生活更加艰难。陶母草草葬夫于鹤问湖仙居乡兴良社。母子守孝三年后，约于宝鼎三年（268），陶母湛氏（239—307）携八岁的侃儿欲回娘家新淦，从德化逆水而上进入新彭蠡泽。当陶侃母子行至松门石镜时，见松樟叠翠、饶水浪翻鱼跃，两岸农舍、渔舍依水而立，是一处鱼米之乡，遂徙居于鄡阳县望仙之陶园冲，筑卜于金线吊芦葫（即今都昌镇矶山村民委员会辖地陶园水库内）。1958年建陶园水库时清理出三处宅居地遗址，约600平方米。关于陶侃是哪里人氏，学者有多种说法，曰“祖籍鄱阳郡，徙居庐江浔阳”；曰“陶侃字士行，本鄱阳人也，后徙庐江之浔阳”。据陶维墀《长沙桓公陶侃系年谱》载，陶侃六世祖陶敦，于永建元年（126）参与了弹劾中常侍程璜事件，涉案多人遭帝呵叱。敦公为避祸而合族定居丹阳（今南京当涂间），故陶侃祖籍丹阳。

汉献帝建安十五年（210），孙权分豫章置鄱阳郡，领浔阳、鄡阳、鄱阳等县。敦公四世孙陶同（180—249）为避三国鼎立之乱，随溧阳侯陶谦徙居溧阳。汉末（约219年前后）陶同又避乱居江右。吴景帝孙休永安二年（259）陶侃诞生于柴桑，这时柴桑隶属于鄱阳郡，故许多典籍称陶侃系鄱阳郡人。晋惠帝永兴元年（304），析鄱阳郡置浔阳郡，鄡阳归属。因此鄡阳县在九十四年的行政建置中形成了“鄱阳郡，领鄡阳。浔阳郡，鄡阳归属”的局面。陶侃在《辞位归国表》中称“臣父母旧葬今在浔阳”，故陶侃是鄡阳（都昌）人是不争的事实。

陶侃母子徙居地是都昌镇的大矶山东麓陶园冲，而不是十里陶家冲，经考证，举四例典籍记载可以为证。

其一，陶侃母子徙居矶山有《异苑》为证。最早记录陶侃事迹的书籍是南朝宋刘敬叔（？—468）著《异苑》。书载:“钓矶山在椒丘（今康山）下流二百六里，陶侃少贫孤，常坐此石而钓，累年不移，其石（被）膝磨有痕在钓矶。”《异苑》是刘敬叔走遍名山大川搜寻名人轶事的杂记，在当时是一本很有影响的书籍，而刘敬叔的殁年离陶侃的殁年只有134年，可见《异苑》的记载是真实可信的。这说明陶侃与母亲湛氏在矶山“子钓（捕）鱼，母种麻、绩纱、织布”，度过了一个相当长的时期。

其二，地势地貌依据。据晋孙放《庐山赋目》曰:“浔阳郡南有庐山，九江之镇也，临彭蠡之泽，接平敞之原。”南北朝时期，婴子口以下都是平敞之原或是“低丘起伏不断，丘间平地狭窄”之地。复旦大学教授谭其骧的《鄱阳湖演变的历史过程》演变图中也标明，婴子口以下即今土目、马鞍等地是人迹罕至。那时的陶家冲离新彭蠡泽有四十多里，陶侃母子不可能弃舟船徒步去荒无人烟的陶家冲。

《鄱阳湖演变的历史过程》一文记载：“鄱阳湖在上更新世纪，因普遍陆升而呈现一片河网交错的平原地貌景观。”“所以早在西汉时代的平原中部、今鄱阳湖中心地区设置鄡阳县，属豫章郡管辖。”《太平寰宇记》载，鄡阳县“汉高帝六年（前201）置，宋永初二年（421）废”。县治设置在四望山，即今都昌县周溪泗山。那时，赣江及饶、抚、信、潦水不在今潴溪河口汇流，而是在鄡阳县城西即今周溪泗望山西汇合，又流经西北进入松门石镜港道，即在今都昌县城西汇合修水而注入长江。故《水经·赣江注》中有赣江“总纳十川，同湊一渎”之句。说明鄱阳湖在先秦至两晋时期，南支和北支都是鄡阳平原，而在今潴溪河口以下，都是丘陵地区。靠近今都昌县城这边的赣江，汇流修水通过矶山与松门之间的狭窄而湍急的河道，倾注而进入长江，故而有谢灵运的“攀崖照石镜，牵叶入松门”之句。谢灵运（385—433）是宋永初元年（420）沉鄡阳的见证人，在他的《入彭蠡湖》和《石壁精舍还湖中作》诗中写道：“春晚绿野秀，岩高白云屯”；“出谷日尚早，入舟阳已微；林壑敛暝色，云霞收夕霏；芰荷迭映蔚，蒲稗相因依；披拂趋南径，愉悦偃东扉”。诗中说明从石壁精舍出山谷到停泊舟楫的地方有相当长的一段路程。在石壁精舍与松门一带，即今大矶山与松门山之间曾经是“荷花迭映，蒲稗相依；林壑敛暝色，云霞收夕霏的河网交错，稻粟飘香”的鱼米之乡。那时的赣江即今的饶河两岸，全是农舍和村庄，故有“披拂趋南径，愉悦偃东扉”之句。陶母选择落籍的就是这“渔歌唱晚”“稻粟飘香”的生态环境。

其三，陶姓族人是什么时候居住在十里陶家冲？据都昌《陶氏宗谱原委序》中记载：“曰延寿，袭爵降为吴昌侯，督南康（南北朝时始设星子镇，隶属德化县）考军事。”这里指的是陶侃四世孙陶延寿（约生于348年）袭爵吴昌侯。据陶维墀著《陶桓公子侄群裔》介绍，“延寿有宅在鄱阳湖畔，并建有锦昭坊”，说明陶延寿曾徙居星子镇对面一水之隔的陶家冲。胡东春撰文说，他小时候也见过十里陶家冲曾有宅居地的基石。陶延寿后裔遍居长沙、宁乡、浏阳、湘潭等地，未究其详。这说明陶氏是从“沉鄡阳”以后居住在陶家冲的。清道光癸未版《都昌县志》卷九寓贤记载：“晋陶潜初讳渊明，字元亮。太尉侃曾孙。”“初隐邑西大矶山，见宋祖王业渐隆乃改名潜。遁于庐山栗里，终身不应征，命世号靖节先生。”陶延寿与陶渊明是同一时代的人，陶渊明虽“始家宜丰”，但入仕后，都在今九江等地任职，以祖居地即今十里陶家冲和矶山陶园冲为落脚地也在情理之中。都昌《陶氏宗谱》世系篇载，从陶侃以下三十八个世系中的后裔都在外地做官或徙居外地。直至南宋乾道年间，有陶渊明次子陶俟三十四世孙陶严华（1149—1200）居住在陶家冲。陶严华三代以后的子孙又分徙彭泽、桑洛洲、白阳湖、昌邑、鄱阳等地。陶姓在南宋以前居住在十里陶家冲找不到文字资料。

其四，从陶胡两姓的故事来看，那都是后事。据都昌《胡氏宗谱》记载，胡氏都昌开基祖胡受一（1312—？）、胡受二（1318—？），于元至正年间由星子长岭避难徙居都昌县白凤乡土目大族陶姓。

而陶渊明三十八世孙陶琳（1237—1315），于宋末元初先于胡姓，由鄱阳茭塘迁株塘复迁都昌秆林，即今之十里陶家冲。《胡氏宗谱》还记载，受一、受二的母亲系长江陶氏，故称陶氏为外婆家。2018年大湖圈村立的《十里陶家冲陶胡缘记》记载："元；胡真四，娶长江陶氏，生受一、受二，胡氏宗谱首，土目谆叙堂敦吉序；战乱，受二偕兄始迁都昌土目，二为陶氏馆甥。"故土目胡姓铭记祖训："世不欺陶。"说明陶胡两姓居住在都昌土目（陶家冲）时离陶侃已有一千多年，所以不能作为陶侃母子居住在十里陶家冲的依据。

陶侃少时孝廉远播，以至鄱阳贤士范逵[①]造访庐江太守张夔，路过大矶山，陶母截发易酒待宾，使范逵"乐饮极欢"。后范逵向张夔推荐陶侃，夔召侃为鄱阳督邮，继而为浔阳渔梁监（即在长江及彭蠡泽湖课收缴渔税的小吏），寻辟为南蛮长吏。后领枞阳令（长江北岸，今安徽省南部）"有贤名"迁主簿。晋惠帝永康元年（300），晋皇室发生"八王之乱"，永兴二年（305）陈敏叛晋作乱，荆州刺史刘弘表奏举陶侃为江夏太守。

晋怀帝永嘉元年（307）陶母逝世。当年陶侃在矶山陶园冲卜居期间，真正访到了一处牛眠地，即谢灵运筑石壁精舍上首有一大山湾，湾内有山嘴，形如卧牛眠栏，此嘴称牛岗嘴。山嘴中央即一穴牛眠地，陶侃将母葬于此地。同时向九江德化，临江新淦、临川、鄱阳发出四柩衣冠棺，陶母葬牛岗嘴即今都昌镇西河村民委员会辖地。

陶侃仕晋室有功，后"位极人臣"，督荆、江、梁、雍、淮、广、益、宁八州军事，封长沙公，殁葬长沙，享年75岁。

---

① 范逵，鄱阳县车门人。晋时鄱阳县下段的今双港、车门、珠湖、莲湖均隶属鄡阳县管辖。

“陶门三贤”是立德的榜样

——访台北市陶氏宗亲会理事长陶士君

◎汪国山[①]

台北老人陶士君，未见其人以前，先读了他编著的书。2009 年 6 月初，都昌的陶至锦先生来到县委宣传部，邀我参加 6 月 10 日在都昌举办的陶侃诞辰 1750 周年的纪念大会，并送来一本《日本侵华见闻录》，说是 91 岁的陶士君先生所著。老先生 6 月 19 日会赴都昌参加此一活动。《日军侵华见闻录》于 2001 年 7 月 7 日出版繁体字本，2007 年 7 月 7 日再版简体字版本。书的内容除了一小部分是陶士君先生本人参加抗战的亲历外，大部分是记录了他熟知的国民党老兵或是其他媒体刊发的揭露日军侵华暴行，展示中国军民抗战战役情况的文章。

6 月 10 日，纪念陶侃诞辰 1750 周年的大会在县城悦华宾馆举行。会议安排了陶士君先生讲话，91 岁的他满头白发，精神矍铄，穿着白短衬衫，系着紫红领带。他执意要站起来讲话，说：“我是军人出身，喜欢站着讲话。”尽管是耄耋老人，但他手持话筒讲起话来底气很足，富有感染力。他说他老家在河南宝丰，就是现在的河南平顶山市，老人的口音有浓重的河南味，令人想起“乡音无改鬓毛衰”的诗句。作为陶氏后裔，陶士君小时候常听爷爷讲陶母、陶侃、陶渊明的故事。一个人要怎样追求真理、崇尚道德，怎样做人、教育人，“陶门三贤”是榜样。陶母湛氏，是古代四大贤母之一，陶士君老先生对陶母教子的典故截发筵宾、封鲊责子、限酒制约娓娓道来。陶侃是东晋名臣，陶士君发出这样的感慨：陶侃文官任上 10 年，武官任上 41 年，至死忠贞报国，真正做到了“文官不爱财，武官

① 汪国山，都昌县委宣传部原副部长。

不怕死”，51 年的文治武功中国历史上有几个能匹比！陶侃的曾孙陶渊明，更是一代思想家、文学家，他“不为五斗米折腰”的气节令人称道。陶氏“一门三贤”立德立言立行都是教育人的榜样。陶老先生指了指悬挂着的会标，说：“今天的这个大会，叫‘座谈会’不合适，台湾、江西、福建、浙江、上海这么多人来参加，就是‘纪念大会’，各位回去报告，‘纪念大会’才有声势，有意义。”

这天下午，陶士君老人随众人，去拜谒地处矶山的陶桓公庙，拿着照相机不时拍照。老人看着陶桓公庙“威震八州”的匾额，向众人讲起陶侃平乱的故事。陶母墓在离县城西三公里的石壁山牛眠嘴，近处有谢灵运的石壁精舍遗址、陶侯钓矶等名胜。因车辆不能直达，老人在半途中面临鄱阳湖发着悠思，想起了他抗战期间在江西的岁月。

晚上，在老人下榻的房间，我专门采访了陶士君先生。老人递上一张设计简单的名片，他现今的头衔有五个：台北南港区太极拳分会荣誉会长、中国国民党台北市委员会评议委员、台北市陶氏宗亲理事会理事长、台北市河南同乡会常务理事、台北市老人福利会顾问。老人生育了 3 个子女，有的在美国，有的在台湾，或经商或从教。他这次只身从台北直飞郑州，而后至南昌至都昌，家里人担心他的身体状况，打算派人陪同。孙子用车把他送到机场，他对孙子说：“你们年轻人都有自己的事，爷爷身体没有毛病，别担心了。”老人随身带着手机，每天都会告诉家里人他的行踪。谈及都昌的“寻根之旅”，老人颇多感慨。老人知道他的祖先陶侃是江西都昌（古称鄡阳）人，每年在台湾春节写春联时，写得最多的内容是“浔阳世家”“五柳家风”。2002 年，都昌历史名人研究会委托都昌籍人士刘定远先生联系在台的陶氏后裔，经台北大学教授陶怀仲先生介绍，都昌历史名人研究会与台北陶氏宗亲会取得联系。2005 年，陶士君寄来台北陶氏宗亲会捐的 5000 元，用于资助《陶侃研究》的出版；后又捐资 1.6 万元，用于陶母墓重修的筹备工作。老人前几年应邀赴大陆参加陕西、河南的祭黄帝陵活动，2003 年河南开封朱仙镇（岳飞大败金兀术之地）和汤阴（岳飞家乡）分别举办的岳飞诞辰 900 周年纪念活动。老人建议，作为陶侃故里的都昌，应多种形式加大对陶侃的宣传力度，彰显“陶门三贤”故里的品牌。

陶士君老人说，他 1951 年赴台湾后，一直从事地方行政工作，曾任台湾台北市南港区区长。对于台湾国民党、民进党的选情，老人能历历数来。他对当前台海广泛交流竖起了大拇指，满脸沧桑的老人满怀信心地说：“台湾和大陆同根同源，中华民族最后水到渠成，走向统一这是必然趋势。”

采访的时间不知不觉已过去 2 个小时，为了不影响老人的休息，9 时半前我起身告辞。老人不忘记让我留下通讯地址，说他回到台湾后，要把这次赴都昌参加纪念陶侃诞辰 1750 周年纪念活动的经过,写成文章在《中原文献》季刊上发表，到时会邮寄一份过来。

陶士君先生生于 1918 年 6 月 10 日，巧合的是，老人 91 岁生日是在江西省都昌县度过的。

解读唐舒元舆《陶母坟板文》

◎汪国山

中国古代“四大贤母”指的是孟母仉氏、陶母湛氏、岳母姚氏、欧母郑氏。陶母指的是东晋名将陶侃的母亲，也就是陶渊明的高祖母。关于陶母墓在何处，有六种版本：一是在都昌石壁山，唐皇甫湜、舒元舆有碑记；二是在九江德化县（今柴桑区）白鹤乡鹤月湖畔的太和垅；三是在临江新淦（今江西新干县）里东百步，南唐徐锴有碑文；四是在抚州临川县南四十里的抱冈山村，此与新淦相近；五是在饶州鄱阳城北三里荐福寺；六是在瑞昌甫乡兴良社，古时同属德化县。清同治版《都昌县志》卷一六“茔墓”载录：“陶母墓葬陶侃母湛氏，在石壁山下，传即牛眠塚。唐皇甫湜、舒元舆俱有碑铭。”按：陶母墓凡五处：一在吾邑；一在抚州临川；一在饶州鄱阳；一在览江新淦；一在九江德化，而以唐人碑铭证之，自当以都昌者真。

陶侃在《归国辞位表》中有如此数语：“臣父母旧葬，今在浔阳。”陶侃生活的东晋，其时都昌县称鄡阳县，晋永安元年（304），鄡阳由江州鄱阳郡改隶浔阳郡，也合陶侃自述母葬之处。陶母墓在都昌，最简单的逻辑是陶侃是都昌人，都昌古八景之一的“陶侯钓矶”、散布各乡村的陶公庙、都昌陶氏宗谱等皆可直证陶侃是都昌人，其母安葬故里是顺理成章的事了。陶母墓在都昌，最有说服力的史料是唐朝的舒元舆、皇甫湜皆为亲谒的陶母墓留下了文章，也是数处关于陶母墓的最早文字确证了。本文对唐代舒元舆的《陶母坟板文》作诠释，亦为青山有幸埋贤母的都昌钩沉丰赡的历史名人史料。

《都昌县志》（1993 年版）全文照录唐代散文家、名臣舒元舆的《陶母坟板文》：“常母之道，恩胜威，威不胜恩。而常子之性，偏以骄，出由此也。偏气袭正气，正气败绩。故往往恩过骄过。而闺门间有触命抵教，磨去法用者相半。古孟氏母警戒若此，乃首以兼教子轲，轲三变而至于道。相后近千年而陶之母亦以兼教子侃，侃还至于道。慈容俨俨，离立相望；中央寂寥，希孟或稀。太岁在卯，小子汎彭蠡，见谢灵运石壁。壁东南行百步许，有高坟嵯峨。坟前有碑，书迹照湖。小子蹶起疾眩视之，则陶母之字存。及落帆之陆，修式格礼，以为父母教子，人伦不逃义方。然父之教，主于兼之，言威恩不偏胜，偏胜者，或骨髓间有秦晋之谬。故州吁石厚变为贼敌，非父子耶？且母之教，偏在慈，夫以兼教，尤有乡者之谬以偏，教而无乡者之谬或鲜矣。英英哲母，煦化成之，成之中而能以其子归其有极，是以陶家肥而晋家亦肥。鸿声芬馥，扑染他类，肯使专司晨索家之疵到吾听乎！呜呼！贤母之风，可以卓往赫来，为千万年光。坟版不书，岂斯意耶？徘徊耸慕，纂成斯文。辞曰：彭蠡之滨，峨峨高坟。有晋陶君，哲太夫人。前瞻千年，卜孟为邻。后千万年，卜谁为邻？西江悠悠，东湖滔滔。彭蠡有竭，斯坟更高！”

舒元舆（791—835），又名敬，字升平，唐代文学家、政治家。2023 年 7 月 10 日，九江日报社《长江周刊》刊发署名“老石”之文《九江籍大唐宰相舒元舆》，该文叙写做了 57 天唐文宗太和年间宰相的舒元舆的“甘露除宦”。说舒元舆是九江籍，这源于《旧唐书》卷一六九“舒元舆传”。《新唐书》卷一七九亦录舒元舆传，注明他是婺州东阳人（今浙江东阳）。唐元和八年（813），舒元舆、舒元褒、舒元肱、舒元迥四兄弟同举进士，名传一时。我们依据《新唐书》舒元舆传，将其生平事迹诠译如下：舒元舆是婺州东阳县（今属浙江省）人。他出身贫贱，不能与士人并列。他开始学习时，就机敏聪明。后到江夏旅居，节度使郗美对他的突出才能感觉惊异，多次为他扬名。

元和年间，他去考进士，看见考官看管苛刻，在尚书省考试时，即便水和木炭、蜡烛和餐具，也是各人自己拿着，官吏点到名字才能进去，用荆棘围住，应试者铺席子坐在屋檐下，于是就上奏说：“从古以来被介绍的人才没有比这更受小瞧的，何况宰相公卿都是从这些贡士中选拔出来的，那些宰相公卿不是贤才就不在选拔之列，但考官却用对待奴仆方式对待他们，这实在不是用来礼贤下士的做法。用荆棘遮挡并思疑他们作弊，也不合选拔忠诚正直人才的办法。写诗作赋是次要的才能，注明经传，又不能看出礼制教化的才能。我担心贤人为逃避侮辱会躲开，不贤的人反被皇上任用了。现在进贡珍珠、宝贝、黄金、美玉，相关衙署的官员用棐笥皮币来盛放，怎么这么看轻贤人，而重金玉呢？”他又说：“录取人才不应限制人数，如今考官多时录取三十人，少时只取二十人。假如这一年有一百名可以辅助皇上的才子，却说按规定只取二十名，能说是求贤吗？假如这一年德才兼备的人才几个，却说一定要录取够二十名，那么被错误选拔的人就超过一半，说他们切合标准可以吗？”不久，舒元舆考进士中了优等，被调任为鄠县县尉。后加上他有能干的名誉。裴度任命他为兴元掌书记。他的文章豪放遒劲，当时有很多人推崇他。舒元舆后任监察御史，对危害深重的歹人从不放过，两次升官，后任刑部员外郎。他自恃有过人的才华，急于升官。太和五年，他将文章献给皇帝，没有回音，他又上奏表白自己说：“马周、张嘉贞帮人写奏章，被从宾客中提拔起来，终于成了有名的臣子。现我在朝廷任职，自己呈报文章，过了五个月没有一次答复，我自认为才能不比马周、张嘉贞差，但没时机表现，不能显露才华，因此才干始终没有发挥。汉代主父偃、徐乐、严安以老百姓的身份上奏章，清早呈报晚上就受到召见。我送上的文章有八万字，那文章千锤百炼，用语精髓，谈古论今涉纵横几千年，解析精选，凡是可以辅助教化的都没遗漏。我的文章像犀角、象牙那样珍贵，难道是主父偃等人可以比得上的吗？圣明的时代难以遇到，我仍是自己珍爱自己的才干吧。”唐文宗看了奏章，赏识他振奋昂扬的精神，拿出来给宰相看，李宗闵认为他轻薄、嚣张，不能任用，于是调他任著作郎，在东都任职。

舒元舆写了一篇《牡丹赋》，当时人夸赞他写得好。他死后，皇帝观看牡丹，靠着宫殿栏杆吟诵这篇赋，为他流下了眼泪。我们依《新唐书》对舒元舆秉性的刻画，其所撰《陶母坟板文》的真实性应当十分可信。这也就是当下不少关于陶母墓在都昌一说的论断往往置于众说之首的道理。

“板文”，又称“版文”，因镌刻于石板而得名，说到底就是墓碑碑文。舒元舆在陶母茔墓碑文开篇，阐发从“为母之道”到“为子之性”，从孟母到陶母的“寂寥”，那时没有欧阳修之母、岳飞之母的贤母列排，至于三国时的徐庶之母未被提及，说明后来列为“三贤母”之一的徐母的社会影响力不及孟母、陶母。

舒元舆开篇一段由此论来：通常的为母之道，施恩多于施威，施威少于施恩；而通常的为儿的本性，偏邪而且骄横，就是出于这个原因。偏斜之气袭击了正气，正气就衰败了。所以往往母亲恩惠过头了，儿子就会骄横过头。舒元舆从恩与威、偏气与正气，来论述贤母教子之道。“慈容俨俨，离立相望；中央寂寥，希孟或稀”。从孟母到陶母，八百年间仰慕孟母风范的寂寥稀有，至陶母教子之道相袭相望。

我们根据舒元舆的记载，确定他见到都昌彭蠡湖（今鄱阳湖）陶母墓的时空坐标。“太岁在卯”，“太岁”指唐文宗李昂的大和年间（827—835），九载涉“卯”仅有乙卯年，即大和九年（835）。距今1189年前，舒元舆就谒见了陶母墓。说他所亲览的陶母墓在都昌，尽管文中只字未提都昌，但他标识的地理位置就是斯域的地标：“见谢灵运石壁。壁东南行百步许。”谢灵运在都昌留下的“石壁精舍”成为都昌古八景之一，且今天的陶母墓遗址与舒元舆描述的位置严丝合缝。

在都昌民间，有陶母安葬于牛眠吉地之说。《都昌县志》直载“牛眠塚”，清代纂修《江西通志》卷一一〇言:“侃择地葬母，遇异人云‘前有牛眠地可葬’。言毕，化鹤去。侃行里许，果见牛眠于此。因葬之。”《江西通志》究实所言陶母墓在“德化县西白鹤乡”，今属九江市柴桑区，问异人而化鹤，也成为今天市郊“鹤问湖”得名之源。另一种出处更早、稍有差异的版本是，陶侃遭父母丧，家中老牛出走卧于山岗之上，指示埋葬的风水宝地。典出《晋书》卷五“周访传”。后人用“牛眠地”形容卜葬的吉地。这样溯来，现今4 A级都昌鄱阳湖南山风景区石壁旁的陶母墓地，当为天下第一块“牛眠地”了。约1200年前的陶母墓陵状如何？舒元舆言“高坟嵯峨。坟前有碑，书迹照湖”。舒元舆在汛期停帆拜谒陶母墓，墓碑字体漫漶，“陶母”字样犹存。

舒元舆在后来撰写的碑文中交代了现场所见之后，复如开篇，照发议论，主旨是“乡者”，即“向者（从前的）”“父之教”与“母之教”也就是先前的家教之道。舒元舆认为：至于父教，宗旨在于兼顾，恩威不失衡；如果恩威失衡的话，或许就是内心深处的犹如秦晋之好背后的谎言和欺骗。母之教的真谛在“慈”。“故州吁、石厚变为贼敌，非父子耶？”这句话用的是典故，不妨详释一番。魏庄公曾娶陈国国君的两个女儿为夫人，次女带归，为庄公生下一个儿子，取名叫完；庄公还有一个宠妾，这个宠妾，也为庄公生下了一个儿子，取名叫州吁。庄公18年，州吁长大成人，他身材魁梧，生性好斗，喜好军事，庄公派他做了军队的将领。魏国的上卿石碏的儿子石厚，却也和州吁臭味相投，两人经常在一起狼狈为奸，胡作非为，祸害百姓。州吁见自己即位之后，大臣们都拒不上朝，百姓们也不拥戴自己，于是感到忧愁，他便和石厚商量对策。石厚说，我的父亲是朝中重臣，也一向受国民的敬仰，所以现在只要能请他入宫共同执掌朝政的话，这些事情就能解决了。但是石碏推辞称身患重病，回绝了州吁。州吁见状便决定由石厚亲自回家去请他的父亲石碏回国，石碏早就想为国为民除掉祸根了。于是假意献计说：新主只要能见到周王，并得到周王的赐封，那国人定会顺服的，你们去拜见陈桓公，相信周王定会召见你们。石厚听了十分高兴，于是便和州吁开始筹备厚礼，打算请求陈桓公向周王通融。而石碏另一方面连夜派人送到陈国一封密信，希望陈国助力铲除二子。州吁和石厚二人不知情，刚一进门就被周围埋伏的士兵活捉了。活捉二人之后，陈桓公又派人送信询问石碏如何处置二人。舒元舆引用庄公与州吁、石碏与石厚的故事，来警醒世人“父子之道”。舒元舆称誉陶母为“英英哲母”，陶母温暖的母爱成就了儿子陶侃。“陶家肥而晋家也肥”，“肥”，壮大之意，说的是一种家国情怀。陶母成就陶侃“归其有极”,此处舒元舆亦是用了一个典故。《书·洪范》:“会其有极，归其有极。”谓君王聚合诸侯臣民，有其准则；诸侯臣民归顺君王,亦有其准则。“司晨索家”源于“牝鸡之晨,惟家之索”(牝,雌性的;索，尽)。母鸡在清晨打鸣，这个家庭就要破败。陶母的德行“芬馥”，在于她培育了有“司晨”之功的儿子。

舒元舆在碑文结段交代他是仰慕贤母之风，为陶母撰碑辞。后人大可将舒元舆为陶母所撰 48 字碑文刻铭于后修的墓碑上：“彭蠡之滨，峨峨高坟。有晋陶君，哲太夫人。前瞻千年，卜孟为邻。后千万年，卜谁为邻？西江悠悠，东湖滔滔。彭蠡有竭，斯坟更高！”

东晋中兴名臣陶侃的光彩人生

◎余星初

都昌县政协和都昌历史名人研究会推出的都昌历史名人《陶侃研究》，最近由中国图书出版社出版。九江日报长江周刊约稿，对陶侃行实作一介绍。笔者勉强粗略成文，不当之处请编辑审正。

《晋书》称:“陶侃字士行,本鄱阳人也。吴平,徙家庐江之寻阳。”陶侃既然是“鄱阳人”，又“徙家寻阳”，为何成为都昌人呢？原来陶侃故里，就在都昌县苏山乡的十里陶家冲,也称“都昌秆林”。都昌西北边界的十里陶家冲和星子县隔湖相望，这一小块地方在吴末晋初曾隶属庐江郡之寻阳县管辖。在当时的中国版图尚无都昌县，都昌县的前身是鄡阳县，据《县志》沿革载：“晋永兴元年，公元304年，鄡阳县由鄱阳郡划归浔阳郡管辖。”陶侃（259—334），永兴元年侃45岁。陶侃徙家庐江郡寻阳县，时在“吴平”，即西晋太康二年（281）。在同一年，寻阳县即属庐江郡，至永兴元年再改属浔阳郡。寻阳县隶属庐江郡只有24年。陶侃徙家后的家庭地址，初属庐江郡的寻阳县，随着郡县变更，改属浔阳郡鄡阳县（即今都昌县）。所以，宋淳熙七年（1180），朱熹知南康军，上书《乞加封陶桓公状》称“谨按图经，公始家鄱阳，后徙浔阳，见有遗迹在本军都昌县界，又有庙貌在本军城内及都昌县”。科学地考证了陶侃故里在都昌县境内。回溯陶侃在征剿苏峻之前，苏派辩士武说向陶侃献说词为陶公严词斥退，其中有“江州乃明公桑梓之地，亦赖明公抚安，吴楚中分，共辅明主，待靖中原”云云。众所周知，历史上的九江称“江州”，陶侃的“桑梓之地”在江州管辖的鄡阳县，在十里陶家冲的秆林。

陶侃在中国历史上享有盛名，是一位非常成功的典型人物。他早孤贫，为县吏，任过督邮，领枞阳令，补武冈令、南蛮长史，封东乡侯，曾任江夏、武昌太守，历任广州、江州、交州、荆州刺史，先后封鹰扬将军、扬威将军、龙骧将军、征南大将军、征西大将军，最后称太尉，谥桓，长沙郡公，拜大将军，履剑上殿，入朝不趋，赞拜不名，位极人臣。其仕途生涯五十余年，在军中任职达四十一年。

陶侃生活的年代是一个动乱的年代。由于西晋统一中国之后，滥封皇室，酿成八王之乱，引来五胡乱华，致使中原动荡，国无宁日。陶侃生逢乱世，戎马一生，历经战阵，功勋卓著。陶侃以他的赫赫武功，使东晋王朝转危为安，也造就他自己辉煌的人生。

陶侃参加的第一次军事行动，是在荆州刺史刘弘统帅下的平定张昌之乱。张昌发难，使"江夏失守"，又"东寇扬州，击败刺史陈徽，诸郡尽皆陷没。又攻破江州，连陷武陵零陵豫章武昌长沙诸郡，沿江大震"。刘弘遣时任南蛮长史的陶侃领军，牙门皮初为副，进据襄阳，张昌屡攻不克。侃留皮初守营，亲自率兵与张昌前后数十战，尽得胜仗。张昌窜入下俊山，侃军入山搜缉，连斗数次，昌众尽死，最后剩昌一人一骑，也被侃军抓获，身首异处。陶侃回荆州报命，刘弘起坐相迎，欢颜与语道："我昔为羊公（祜）参军，蒙羊公器重，谓我他日必镇此地，今果得验。我看卿亦非凡器，他日必继老夫矣！"后来陶侃果然成为荆州刺史。这一仗使陶侃一战成功，刘弘叙劳上奏，封侃东乡侯，授江夏太守。

紧接着，陶侃平定了陈敏之乱；受晋帝之命，平定了杜弢叛乱、王敦叛乱、杜弘叛乱、苏峻叛乱，以及郭默擅杀方州之乱，还从后赵占领区夺回襄阳。在这些关乎东晋安危的重要战役中，陶侃的忠君思想、机智勇敢及其军事才能得到了充分的发挥，尽管这些战役极其残酷，甚至出现挫折，但最后都取得了胜利，使东晋王朝转危为安。

在陶侃为主帅进行的平乱平叛诸多战役中，最重要的战役是陶侃主盟平定苏峻叛乱。历阳内史苏峻曾是晋廷一员悍将，凭着"讨贼有功，威望素著，部下甲杖精锐，遂致轻视朝廷"，野心不断膨胀，并联络自恃望重对晋廷心怀不满的豫州刺史祖约，共同举兵谋反，兵势气焰甚盛，一举攻下东晋京都建康（南京），晋廷岌岌可危，全国震动，一片恐慌。时有江州刺史温峤，首倡讨逆，并发出檄文倡导天下勤王，推举位重兵强的荆州刺史陶侃为统帅。这是一场挽救东晋王朝危亡的战争，陶侃经过深思熟虑，周密安排，于是"投袂而起，大集将士，戎服登舟，倍道急进"。侃军将至寻阳，温峤喜出望外，与护军庾亮同舟相迎。庾亮原来对陶侃有疑心，心存芥蒂。至此，庾亮引咎自责，温峤从中排解，“侃益释然”。他们“相偕入寻阳城，大开筵宴，欢谈竟夕”。越宿，陶温联军“登舟启行，共计戎卒四万，旌旗相蔽，舳舻相连，钲鼓声远达数百里”，使敌军闻风丧胆。这给天下诸侯以极大鼓舞，他们纷纷起兵响应。当时，徐州刺史郗鉴、西阳太守邓岳、寻阳太守褚诞、鄱阳太守纪瞻、宣城内史桓彝、江夏相周抚、会稽内史王舒、吴兴太守虞潭、吴国内史蔡谟、雍州刺史魏该、前义兴太守顾众……均望风起应，募兵讨贼。陶侃挥动舟师，直指石头，屯次查浦。贼首苏峻闻西军大至，“自登烽火楼，望见长江一带，舟楫如林，不禁失色”。他慌忙派兵，分道扼守，驱兵掠地攻城。“侃部下都欲决战”，陶侃胸有成竹，考虑“贼众尚盛，未可争峰，不如宽待时日，用计破贼，方保万全”。在构筑军事堡垒方面，大多数人都主张在驻地查浦筑垒防守，唯有部将监军李根建议在白石筑垒，认为“查浦地势低下，惟有白石高峻险要，可以容得下数千人，敌人根本无法进攻，那才是打击敌人的最佳阵地呢”。陶侃听后觉得有理，夸赞:“你真是一位好将军”，下令在白石筑垒，夜晚动工，天明告成。苏峻见到白石垒，大吃一惊。苏峻强攻大业垒，侃拟派兵救援，长史殷羡献“围魏救赵”之计，他说：“若援救大业，步战不如峻，则大事去矣。应当急攻石头，峻必救之，大业之围自解。”侃从羡言，峻果弃大业而救石头。诸军与峻大战于陵东，侃督护竟陵太守李阳部将彭世斩峻于阵前，于是峻乱告平。

陶侃的成功，同他在长期的仕宦、军旅生涯中，养成了刚正不阿、清正廉洁、纪律严明、爱护士卒、爱护百姓的优秀品质分不开。在陶侃任龙骧将军、武昌太守期间，当时天下饥荒，有人结帮拦江抢劫，令商贾、百姓不安。陶侃派军官诈作商船诱之，劫匪果至，生获数人，经审问原来是西阳王司马羕之左右。侃即遣兵逼羕，令其交出劫匪，侃严阵以为后继。司马羕畏侃威严，乖乖地缚送帐下二十人至侃营，侃将他们斩首示众，从此水陆肃清。在平定苏峻叛乱之后，发生了后将军郭默擅自袭杀平南将军、江州刺史刘胤，自领江州刺史的事件。这种目无纲纪国法之徒居然受到朝廷承认，陶侃非常气愤，毅然上表朝廷，讨伐郭默。并致函司徒王导:“郭默害方州，就用为方州，倘再害宰相，莫非便使为宰相么？”侃军围攻郭默，默部将惧侃威势，缚默出降，侃斩默枭首，解送京师。侃既平郭默，威名益振。史称“侃戎齐肃，凡有虏获，皆分士卒，身无私焉”。所以侃军所指，所向披靡。遇有旁人馈赠的礼物，陶侃总要问个明白，如是对方劳动所得，即使价值微小，他也高兴地接受下来，并加倍回赠；若是非理之物，不仅拒绝接受，还要严加斥责。有一次，陶侃外出，见有人手里拿着一把未熟的禾稻，侃问："你拿它做什么用？"那人说："我从田边经过，顺手拔下来的，玩玩。"侃一听大怒："你自己没花力气种田，却要闹着玩，糟蹋农民的稻子。"当时对他抽了一顿鞭子。这时，陶侃升迁都督荆、雍、益、梁州诸军事，任荆州刺史。"是以百姓勤于农殖，家给人足"，"楚、郢士女莫不相庆"。

陶侃还有一个特点，就是一生勤奋，珍时惜物，他的一些言论、故事被人津津乐道而流传。史称"侃性聪敏，勤于吏职，恭而近礼，爱好人伦。终日敛膝危坐，闻外多事，千绪万端，罔有遗漏。远近书疏，莫不手答，笔翰如流，未尝壅滞"。晋代曾出现崇尚老庄，清谈成风，陶侃对此深恶痛绝。他说："老庄浮华，并非先王法言，怎可遵行？君子当振衣冠，摄威仪，哪有蓬头跣足，自诩宏达呢？"部下参佐人员有酗酒赌博现象，偶至废事，经侃查察，搜得酒具赌具，悉令投之于江，将吏有犯，严加鞭扑。侃告诫他的部下说："大禹圣人，乃惜寸阴，至于众人，当惜分阴，岂可逸游荒醉，生无益于时，死无闻于后，是自弃也。"陶侃莅任广州刺史，经过平定杜弘王机叛乱，一时相安无事，朝运百甓（砖）至斋补，夜运百甓至斋内，左右问他为什么这么做？侃答道："我方欲致力中原，不宜过逸，今得少暇，欲借此习劳，免至筋力废弛呢。"左右叹服。陶侃非常爱惜资财，反对浪费，制造船只时，剩下一些锯末、竹头，他也舍不得丢掉，命人好好保管和贮存起来。许多人想不通为什么这样做。后来要召开大会，恰逢积雪初融，地面潮湿泥泞，陶侃便叫人把贮存的锯末拿出来，铺撒在地面上。桓温出兵伐蜀，陶侃收集的竹头，全部被劈成竹钉，用到修造船上去了。

陶侃的成功，还有一个重要原因，就是得益于母亲的教诲。侃六岁丧父，家境贫困，靠母亲湛氏抚养成人。侃母善良贤惠，深明大义，自己纺纱织布资侃读书，使侃结交胜己。一次鄱阳范逵路过侃家，恰逢天下大雪，陶母把自己床上铺着的新草苫铡碎给客人喂马，把头发剪下来换钱备办酒菜招待客人。范逵知道这些事，叹道："非此母不生此子。"范逵离去时，陶侃送客百里之外，范逵问："你是否有意到郡里任事呢？"侃答："想倒想去的，只是，我没有门路啊！"经范逵向庐江太守张夔推荐，张夔让陶侃当了督邮，领枞阳令。陶侃从此步入仕途。陶侃还做过寻阳县吏，监管鱼梁。有一次，他给母亲送去一坛鱼制食品。母亲接到后，把鱼封存起来，不但没有吃那一坛鱼，反而写信责备陶侃："你在外面当官吏，利用职务上的方便，把公家的东西拿回来送给我，这于我毫无益处，只会增加我的忧虑。”由于陶母之贤，使“侃竟以功名显”。陶侃对于母亲也极尽孝道，在平定张昌之乱，升迁江夏太守期间，就把母亲接到自己身边，“侃备威仪，迎母官舍，乡里荣之”。对于母亲的教诲，陶侃常记心中。陶侃公暇之余，也常和名士们饮酒集会，但他喝酒从来是有限度的，绝不多喝一口。有时限额已足而余兴未尽，朋友劝他再饮几杯，陶侃便不胜悲伤感叹，告诉大家说：“我年轻时因喝醉酒而犯过失，母亲除了给我教育，还对我喝酒定了个限度，如今双亲都早已过世，我怎么能忘记他们的教导呢？”满座听了深受感动。陶侃到了晚年，即将退休到封地长沙养老，上表写道：“臣父母旧丧，今在寻阳……刻以来秋，奉迎窀穸，葬事讫，乃告老下藩。”表示先把父母坟墓从寻阳迁到长沙，便于敬奉祭祀。但天不假时，未到长沙身先死，迁葬父母之举未能实现。陶母教子成名，在中国历史上被誉为四大贤母（孟母、陶母、岳母、欧母）之一，陶侃也以“不违酒约”成为中国历史上二十四孝子之一。

陶侃作为一代儒将，其治绩军功卓然独出。史称：“总计侃在军中四十一年，雄毅有权，临机善断，事无大小，莫不明察，因此兵民不敢相欺。自南陵至白帝城，道不拾遗。”陶侃临终之前，上《归国辞位表》,除向晋廷陈肺腑之言，最后谈道：“谨遣左长史殷羡，奉送所假节麾、幢曲盖、侍中貂蝉、太尉章，荆、江二州刺史印传棨戟。”并将后事举右司马王愆期以自代。对所有军需物资、武器辎重、牛马舰船，全部登记造册，亲自上锁，然后登舟离任。这种清清白白做人，清清白白为官，在当时朝野传为美谈。陶侃死在从荆州到长沙的路上，享年七十有六。讣闻晋廷，有诏颁发：“故使持节侍中太尉，都督荆江雍梁交广益宁八州诸军事，荆、江二州刺史，长沙郡公，经德蕴哲，谋猷弘远，作藩于外，八州肃清，勤王于内，皇家以宁。”并赠大司马、谥曰桓，祀以太牢。对于陶侃，历代评价很高。与陶侃同朝的尚书梅陶称：“陶公机神明鉴似魏武，忠顺勤劳似孔明。”太常卿谢安亦谓：“陶公用法，常得法外意。”陶侃无愧是东晋诸臣的翘楚。宋代苏东坡有言：“桓公忠义之节，横秋霜而贯白日。”朱熹称赞陶侃：“穷晋二百年间，卓然独出。”清代史学家王鸣盛极称“陶侃乃东晋第一纯臣”。另一位清人学者丁国钧也称“桓公东晋第一名臣”。

（原载于 2017 年《文史知识》）

致力历史文化研究　助力都昌振兴发展

◎占良生

陶侃是两晋时期一位伟大的军事家、政治家，他的许多感人的故事，千古传诵。有的已凝练为成语典故。许多国人把陶侃当作姜子牙、诸葛亮式的人物来敬仰和崇拜。特别是都昌人，作为陶侃的故乡人，都把陶侃作为神明来供奉。全县在历史上就建有陶公庙 40 多座。可见陶侃在老百姓心中的影响力和历史穿透力非常深远。

我出生在都昌县和合乡，小时候是听着陶侃的故事长大的。2000 年，我赴深圳创业小有成就。2006 年，县委、县政府到深圳招商引资，我便返回到阔别多年的家乡进行第二次创业，随后创办了江西鄱湖投资发展有限公司，建成了珠贝城。在经营珠贝城的同时，我经常在思考一个问题，都昌地处鄱阳湖北岸，历史悠久，文化底蕴深厚，历史文化名人灿若星辰。如陶母、陶侃、陶渊明、江万里、陈澔、刘锜、杜可用等，有陶门三贤与朱门四友之说。而陶侃又是其中最耀眼的一颗。虽然陶侃的故事在民间流传甚广，但由于年代久远，他的许多感人的故事也渐渐失落在流逝的时光烟尘之中，有的陶公庙近似荒废或转为敬老院与学校，如果能够把陶侃的历史功绩和故事系统地挖掘出来，并加以宣传，对于提高都昌的知名度，促进都昌的文化旅游产业的发展，振兴都昌经济，将会注入一股巨大的精神力量。基于这种思路，我竭尽自己的一份微薄力量和历史责任，致力推动陶门三贤及其他历史人物的研究。首先，从考证陶母墓开始。由于陶侃在历史上的重要地位和影响，陶母被中华民族公认为四大贤母（孟母、陶母、岳母、欧母）之一。2007 年，我与陶氏宗亲会负责人陶进亮，根据县政协出版的《陶侃研究》提供的线索，多次赴矶山石壁山牛眠嘴实地考察陶母墓址。当时，有一种说法，陶母湛氏逝世后，同时有三乘棺椁从家里抬出，分葬在三处，一处在湛氏娘家，一处在九江鹤问湖，即陶侃之父陶丹的安葬处。一处在矶山石壁山牛眠嘴。所以有两处为衣冠冢，只有一处是真正的安葬地。究竟哪一处是陶母真正的墓地呢？我们认真缜密地分析考证：一是陶母葬于娘家墓地的可得性不大，古代没有这种习俗；二是陶母是陶父的妾，与陶丹的夫人同葬一处，与陶母的身份不相符；三是陶母安葬于矶山石壁山牛眠嘴，符合情理。陶母在矶山抚养陶侃长大成人，是陶侃成长的摇篮，都昌八景中，矶山就有陶侯钓矶，是当年陶侃读书之余为孝敬母亲，常常钓鱼的地方。同时，牛眠嘴是一处风水宝地，陶母葬此处，恰说明陶侃希望陶母死后保佑家族兴旺发达。同时，唐代御史大夫、刑部侍郎舒元舆游鄱阳湖，亲眼见过陶母墓的确切地址，他曾写道："予帆彭蠡，见谢灵运石壁，壁东南行百步，许有高坟嵯峨"，并特意撰写了《陶母坟板文》："常母之道，恩胜威，威不胜恩。……古孟氏母警戒若此，乃首以兼教轲，三变而至于道，去千年而陶之母亦以兼教侃，侃还至于道""贤母之风可以卓往赫来，为千万年光！"盛赞陶母贤德，堪与孟母比肩。由此可见，矶山石壁山牛眠嘴陶母墓为陶母真正的安葬处确信无疑。

2014 年至 2015 年，珠贝城的运行遇到了一些困难，但我们坚持与陶氏宗亲会一起，多次与县乡村领导沟通，妥善解决了山下通往山上墓地道路的用地问题。通过陶氏宗亲自筹，我捐资共投入几万元，修建了一条长两公里的道路。2016 年底，我又向时任中共都昌县委书记肖立新当面提出修陶母墓，打造陶侃故里的意见，获得了肖书记的支持。2017 年，县政府直接下拨百万元资金修缮陶母墓与拓宽通往陶母墓的道路，使一代贤母重新回到人们的视野。

第二是把陶侃研究引向深入。2008 年以后，我多次与历史学者吴国富、作家徐观潮等，赴苏山土目十里陶家冲调查、走访当地群众，追寻陶侯从一介布衣走上神坛的人生轨迹。支持作家把陶侃的事迹撰写成书，留传后世。徐观潮先生经过几年的调查研究，查阅历史典籍，终于在 2017 年，写成《名将陶侃》长篇历史小说，并在全国出版发行。陶侃是一位起点很低、才华很高、律己很严、吃苦很多、功勋很大、品德高尚的伟大人物。东晋乱世，操军权者都难免觊觎皇位。陶侃据荆州之险，都督八州军事，却无二心，而是剿灭叛军，再造晋室。陶侃同时代的梅陶对陶侃高度赞扬："陶公机神明鉴似魏武，忠顺勤劳似孔明"，把他与曹操、孔明并列。唐德宗时，把陶侃与历史上 63 位名将一起，供奉于武成王庙，合称武成王庙 64 将。

我们今天挖掘、研究，歌颂、宣传陶侃，就是要教育人们学习陶侃勤政爱民、克己奉公、廉洁自律的高尚品德和精神，弘扬中华民族传统思想和文化，进一步激励都昌人民奋发有为，为振兴都昌作贡献。我们通过打造历史名人故里和修缮贤母墓，培育全社会良好的家教家风，促进都昌文化旅游经济的发展，提升都昌的知名度，使陶侃故里和贤母墓成为都昌的一张含金量很高的名片。

贤母、贤臣、贤士

——陶门三贤立德立功立言的故事

◎余星初　邹国坚

四大贤母有湛氏　六十四侯有陶侃　文坛巨匠有渊明

为母当学湛氏　做官当学陶侃　学诗当学渊明

一、惜时勤学

公元 267 年清明节，和风日丽，烟波浩渺的鄱阳湖（古称彭蠡湖）一眼看不到边，穿着有些破旧但很整洁的湛氏牵着陶侃走上一座小山岗，在一个较新黄土堆前，湛氏把清晨精心准备的米粑放在坟头，嘴里念念有词："陶丹，我和你的儿子想念你，侃儿现在八岁了，每天去都村私塾，听从教诲，九泉之下你可以放心……"

懂事的陶侃（字士行）双膝跪地，面对都昌（古鄡阳）巍峨的南山，掌心合拢，俯身长拜。

擦干眼泪，娘儿俩牵着手沿着蜿蜒的乡间小道向一间茅屋走去。但见南村屋前桃花盛开，粉红的花瓣鲜艳惹眼；屋后池塘边的柳丝翠绿依依，红与绿相映成趣。

家里非常简陋，除了一台土灶便是一台木制织机，湛氏整天不停地纺纱织布，卖出去的钱勉强糊口。湛氏一心要培养孩子成才，只要看见小陶侃读书和练拳就开心不已，偶尔儿子想贪玩就及时教育，使其思想集中到读书上来。

清明扫墓私塾放假一天，湛氏照例问儿子所学功课，他回答说："先生近期教读《孔子家语》。"

湛氏说："你读到哪一章？" 陶侃回道："《勉学》卷八。"

湛氏对侃说："背一段我听听。"侃答："古人勤学，有握锥投斧、照雪聚萤，锄则带经，牧则编简，亦为勤笃。"

湛氏说道："古代勤学的人很多，他们都惜时如金，白天苦读外，黑夜照常苦读。如孙康雪天晚上借雪映光读书，车胤用袋子收集萤火虫照亮读书，倪宽、常林种地都不忘把经书带上，还有路温舒放羊的时候用树枝在地上写字。"湛氏语重心长地说："儿啊！时光不会倒流，一个人要想有抱负报效国家，从小就要珍惜时间，多读书多思考才能成为聪明机敏颇有才气的人。"

小陶侃像大人般重重地点点头，茅塞顿开，从此克制自己偷懒的冲动，在私塾刻苦学习，深得先生夸赞。

陶侃看见妈妈整天纺纱织布并操劳家务，稍微好吃的都留给自己，比如母亲最爱吃鱼，可总是留给儿子吃，陶侃看在眼里记在心上。为改善母亲的生活，只要稍有空闲，他便带根鱼竿和一本书，来到门前不远的鄱阳湖边垂钓。

陶侃看中壁石湖边一块硕大的石头，上面恰好有个不小的平台，他便坐在上面边钓鱼边读书，看书入迷后姿势都很少变化，一直坚持到他离开家乡，膝盖长年累月在这块石头上一个位置磨蹭之后，竟留下一个清晰的印记，后来许多文人把这块大石头称之为"陶侯钓矶"，还命名为"都昌八景"之一。

据《晋书·陶侃传》记载，在陶侃五十多年的地方官吏和戎马生涯中，不仅自己手不释卷，珍惜时间，还经常告诫部下："大禹圣者，乃惜寸阴，至于众人，当惜分阴。"

陶侃还对儿子们说："岂可逸游荒醉，生无益于时，死无益于后，是自弃也。"并作为家训严格要求，他的曾孙陶渊明由此在《杂诗》结尾中感吟：

盛年不重来，一日难再晨。
及时当勉励，岁月不待人。

二、截发筵宾

陶侃十五岁那年，湛氏觉得不仅要读万卷书，还应该开始行万里路，支持他外出游学，增长见识，结交益友。

陶侃在鄡阳县城结交了名士范逵。范逵于第二年冬天，骑马并带着仆从前往庐江途经鄡阳之望仙，当天鹅毛大雪下个不停。陶侃家徒四壁，不知如何是好。

湛氏坚定地对儿子说："你负责陪好朋友，其他一切由为娘安排。"

俗话说，"巧妇难为无米之炊"，湛氏一头走进房间，拿出一把剪刀，毅然将乌黑的头发剪下，划船到两里之外的都村集市换来米和酒蔬招待客人。

为遮掩头发，湛氏将一条毛巾围在头上，再把食材拿到厨房，可大雪封山，灶前柴火不够，她灵机一动，把厨下粗壮的屋柱用刀削些下来，以弥补炒菜煮饭时柴火的不足。

一顿饭菜上桌，陶侃与范逵侃侃而谈，对其仆从同样彬彬有礼，范逵及仆从都非常满意。

室外湛氏又惦记朋友的马没吃料，转身来到床铺，掀起薄薄的垫被，撕扯出垫床御寒的稻草，并细心地将它剁碎，把客人的马也喂饱了。范逵告别，陶侃雪地相送出古鄱阳县境。

出身钟鸣鼎食的范逵没想到一次拜访给陶母带来这么大的麻烦，事后十分感慨道："非此母不生此子！"

所以《声律启蒙》有言："截发惟闻陶侃母，断机只有乐羊妻。"母德影响一生，以后陶侃交友也是一如既往真诚如斯。

相传张夔对陶侃有知遇之恩，一天张妻生病，需要到几百里之外去请医生，当时正值隆冬，天寒地冻，同事们心里都不愿前往，"滴水之恩当涌泉相报"，母训言犹在耳，陶侃主动"请缨"，欣然前往，并出色完成任务，大家都佩服他对朋友之义。

三、封坩退鲊

"世胄居高位，寒士沉下僚"，九品中正制导致魏晋南北朝时期门第观念盛行，以至于当时形成了"铁打的士族流水的皇帝"的局面。公元 296 年，陶侃来到京都洛阳，听说司空张华爱惜人才，慕名拜访。张华见陶侃出身贫寒，几次推辞没空不予接见。面对上流贵族的轻视，陶侃潜心学习，在挫折面前不灰心，后来有机会与张华见面也没有恼恨的表情。"路遥知马力"，一段时间后不少人认识到陶侃的才华。

赏识陶侃的杨晫介绍给他第一份职业是寻阳尝监渔梁，主要工作是在彭蠡湖和长江管理渔业。一天，陶侃托人给母亲带去一坛鲊鱼。

陶母收到后，一看便知是官物。她立即叫带来的人遣回，并写信责备道："你利用职务上的便利以官物见饷，你以为是孝敬，其只会增加我的忧虑！”西晋时期，连年战争，渔民不堪重赋，多数渔民以鱼课税。州府将渔民交上来的水产品加工成熟食品，送往前线将士们食用。陶侃送给母亲的正是以便宜价位买来的用熟黄泥封口、加压官印的一坩鲊，所以陶母一见便知道是官物，即刻遣回。收到母亲回信后，陶侃明白这就是母亲教我为官要清廉的道理，此后，渔民送的礼物都不接受，还特别交代家人和属下不接受任何人的馈赠。

陶侃此后任督邮、领武冈令、封东乡侯等，担任地方官职十余年，对晋朝官场浮夸空谈之风深恶痛绝，并提出批评：“为官者当尽职尽责，清谈名教是一种不作为，实干兴邦，空谈误国，那些玄而又玄的东西于国计于民生有害无益！”他为官清廉，治理有方，为官一任，造福一方，当地百姓均交口称誉。

话说晋惠帝时期，人祸加上天灾，百姓没有粮食吃，只有挖草根、吃树皮，甚至不少百姓被活活饿死。大臣把民情上报朝廷，惠帝司马衷不解地说：“百姓没有粟米充饥，为什么不去吃肉粥呢？”

皇帝白痴，后宫干政，皇室内斗，酿成“八王之乱”，引来五胡乱华，中原大地战乱频繁，国无宁日。当时荆州刺史刘弘贤明能干，爱惜人才，听说陶侃官声甚好，又熟读兵书，是匹“千里马”，遂千方百计招揽来帐下担任长史。

公元三世纪前后，乘晋宫室内乱之机，江南地区发生了“张昌之乱”，张昌以兴复汉室为名，陆续攻破九江、南昌、长沙、武昌诸郡。朝廷命荆州刺史刘弘平定，危难之际刘弘刺史派陶侃指挥，他将兵法与实际相结合，有策略地排兵布阵，与张昌连打数十仗，诱敌深入，尽得胜仗，最后击毙张昌。刘弘在为他庆功时说：“我过去担任羊公的参军，羊公慧眼说我日后一定能到他的地位，今天看见你的实力，断定陶公将来能够继承老夫。”

“乱世出英雄”，陶侃一战成名，首次展现了出色的军事才能，从此穿上战袍，驾着战车，戎马生涯长达四十一年。

四、送子三物

公元 305 年，扬州刺史陈敏起兵意图割据江南，荆州刺史刘弘任命陶侃为鹰扬将军，率兵平定“陈敏之乱”。有人在刘弘处挑拨说：“陶侃与陈敏有同乡同庚之谊，如有异心，后果不堪设想。”

刘弘笃定回答：“久闻陶母贤惠，教子有方，我看陶侃是个大丈夫，定有忠义之节，断不会负心。”

为表示忠心，陶侃将儿子陶洪和侄子陶臻送到刘营为质，刘弘当即送回，以示信任。

在与陈敏之弟陈恢作战时，陶营的战船不够用，陶侃命令把运输舰用于战斗，有人认为这样违反朝廷的规矩，陶侃：“将在外，情况紧急可以灵活处理，用官物讨官贼，没有违反原则。”

陶侃治军严厉，同时赏罚分明，凡有缴获即分赏士卒，自己身无私留。将士勇猛作战，十几个回合终于取得胜利。

为奖励他军事上的成绩，陶侃被晋廷升为江夏太守、龙骧将军。这时湛氏年事已高，陶侃决定把母亲接到身边尽孝。鄡阳县令为了拍陶侃太守马屁，在他家乡陶园冲准备了隆重的送行场面，车马开道，锣鼓喧天，彰显母凭子贵，荣耀乡里，乡亲也是里三层外三层围观。可湛氏见此竟不肯上车，派人叫来了陶侃。

陶侃进屋后，湛氏关上大门，打开她的随身包裹，从里面拿出三样东西说：“离开家乡之际，为母要送你三个礼物，一是一包故土，希望你永远记得家乡的山水；二是一只土碗，希望你如今锦衣玉食之时，也添一碗粗粮，保持本色，不贪荣华富贵；三是一块土布，希望你官袍加身，不忘布衣根本，尽忠履职，爱民如子。”之后还剪一小块土布缝在陶侃官服袖口，以补丁警示。

陶侃懂得母亲在间接批评自己，羞愧难当，忙令鄡阳县令偃旗息鼓，迅速撤出陶园冲，陶侃一行接母亲低调而去。

后人赞曰：“世之为母者如湛氏之能教子，则国何患无人才之用？”

在以后的军旅生涯中，陶侃更加爱护士卒，纪律严明，体恤百姓。在他担任武昌太守期间，有伙人公然拦江抢劫，杀人越货，令商贾、百姓人心惶惶。陶侃听说便派手下假扮商人过江，那些人果然前来打劫。陶侃带兵与他们展开厮杀，生擒数人。经审贼人乃皇室司马羕手下，陶侃不惧权贵，上门列兵逼交劫匪，并将二十余名劫匪斩首示众，百姓拍手称快。此后武昌一带交通畅通，一度匪患绝迹，治下数千里路不拾遗，夜不闭户。

五、搬甓翁

实际掌握东晋军权的大将军王敦非常忌妒陶侃的能力和与日俱增的声望，乘荆州刺史陶侃辞行之机，突然宣布由其堂弟王廙接任荆州刺史。听说荆州原部将不听安排时，王敦认为是陶侃幕后指使，强行扣留他，并通知手下做好干掉陶侃的准备。杀还是不杀？王敦不停地在衙门内走来走去，反复权衡，犹豫不决。

幸亏参军梅陶十分清醒，告诉上司王敦说："陶侃带兵多年，有周访等大将好友拥有兵力，如同一左一右两只手，哪有砍他左手而右手不来帮忙的？"

王敦这才打消念头，依参军建议平调陶侃为广州刺史。

当时广州荒蛮之地，杜弘、王机、温邵、刘沈小股叛乱，诈降被陶侃识破。陶侃假装中计诱敌深入，一举活捉杜弘、王机等人。并交待手下，所剩匪徒写个布告，限时归顺，逾期剿灭。

果如陶侃所料，他们闻风丧胆，不费一兵一卒悉数来降。

相比之前左征右战，陶侃被调职到广州几乎没有战事，相当于一份闲职，但他没有消沉和心灰意冷，黎明即起，正襟危坐，用大量的时间看书，并叫部下运来一百块墙砖，早上陶侃从书房全部搬到营帐大门，下午又一块不剩亲自搬回去。刮风下雨，严寒酷暑，从不间断，大家不知何意，笑称他是"搬甓（砖）翁"。

在广州一待就是十年，天天如此，儿子陶茂也很好奇，问父缘由，陶侃郑重告诉他："我的目标在于北伐，为国收复中原失地。你祖母过去经常教育我，现在过分的悠闲安逸，唯恐将来难担大任，所以必须自加压力，劳筋骨，瘦体肤……"

故《龙文鞭影》中曰："陶公运甓，孟母断机。"

所以明代文学家吴国伦在《过都昌》一诗写道：

陶公事业遗墟在，千古中原抱甓情。

六、遵母命限酒

晋后将军郭默强悍霸道，竟擅自杀害江州刺史刘胤，自代领江州刺史一职。连当时的丞相王导都忌惮郭默骁勇难制，不敢问责。陶侃听说怒起甩袖，立即执笔向王丞相写信："郭默杀死刺史就任用他为刺史，如果将来他杀害宰相是否也任用他为宰相呢？"

这一问让王丞相哑口无言，只得命陶侃率兵前往镇逆。郭默听说就遣人送布绢、婢女给陶侃，陶侃断然拒收。江州（今九江）城将士素知陶军英勇，其部将宗候夜捆郭默父子投诚，陶侃令将郭默父子军门斩首，以儆效尤。

事后与众将士们喝酒庆贺，酒过三巡，陶侃戛然而止。大家纷纷敬酒劝喝，陶侃施礼道：“陶某已喝三两，虽略有余量，可早年因喝酒过量而误事，之后答应家母饮酒限量，至今从未超过三两酒的限制，敬请谅解！”

后人赞他孝道，并将这一孝行编入《蒙求》，称“陈遗饭感，陶侃酒限”。

因此他在军中也设有限酒令，对于部下酗酒和赌徒也是从严处罚，军中没人敢触碰这条红线。

陶侃律己如同限酒，每天按时早起一丝不苟处理公务，往来信札，亲手书写；来访宾客，亲自接待。所管之事千头万绪，无一遗漏，办事心细如发。闲暇时看孔孟经书，曾著文集二部，可惜后来遗失不传。所以同时代的梅陶评论陶侃“忠顺勤劳似孔明，机神明鉴似魏武（曹操）”。

有次在武昌太守任上，视察中经过一处民宅，发现其屋前柳树似曾相识，陶侃下车仔细察看树干树枝后便对手下说：“这棵柳树原在武昌西门，细查怎么移至此处？”

经查此屋主人夏施正是管理柳树栽种等事务的公吏，确系公权私用，把武昌府官柳偷移到自己家门前，自以为神不知鬼不觉，谁知陶公心细如发，并命令严惩不贷。手下将士都惊叹他见微知著，大事决断，小事精明，唯有据实上报，无一敢瞒骗。

七、鞭打拔稻人

话说大将军王敦把陶侃支到广州之后，每日花天酒地，忘乎所以，野心膨胀，思量曹操“挟天子以令诸侯”，司马炎也是篡夺曹家的天下，如今虽说“王与马共天下”，毕竟还不如自己当皇帝。

逆贼王敦最终被晋明帝擒获，并即下旨命忠臣陶侃复任荆州刺史，加封征西大将军。百姓得知这一任命后，高兴地奔走相告：“陶大人又回来了”！

陶侃到任后首先劝课农耕，重视农业生产，战士闲时也必须垦荒屯田，并命令衙门严刑律、重教育、除苛政、轻税负，在秋熟收获时买米，饥荒时减价卖出救济，甚至开仓放粮，设棚施粥，甚得民心。荆州乡绅士民称他“陶菩萨”，并赋诗曰：“为政从来在得民，陶公德可感群生。”

有一天陶侃外出乡村检查，看见有人手拿一把未长熟的稻谷，上前问他何意，那人回答：“随意摘下玩耍。”陶侃闻言大怒：“农耕时节你自己不好好种田，竟浪费别人的粮食，来人，鞭刑伺候，以示惩戒！”

周围百姓拍手称快，并经常把这个故事教育家族青少年。重农等举措使荆州大地有吃有穿，相对富足，周边不少百姓慕名迁移到陶侃辖区。

陶侃治理地方及军务时，既从生产上开源，也从开支上节流。当时他的一些将领强烈要求派三万人守郏城，陶侃从成本高作用小的角度考虑没有同意，并以打猎的名义带领手下实地查勘，开导他们说："郏城位于长江北岸，对内没有依托，对外接近敌境，难守易攻，即使驻扎三万人也没什么作用，须知增加三万人就增加一大笔支出，我们不能浪费朝廷的银子和增加老百姓的负担！"

据史料记载，几年后庾亮自作聪明派重兵驻守郏城，果然因为独立难援，一仗被江北的敌军打败，白白牺牲几万将士和糟蹋了国库钱粮。这一案例也从反面印证了陶侃实事求是和深谋远虑。

八、锯末竹头

陶侃军中造船时，见监工叫工匠把剩余锯末和竹头堆到外面去烧掉，他及时制止，叮嘱船工将锯末竹头放入工棚备用。监工在他走后嘟囔："没见过这么小气的将军，这些废物能有什么用？"

另年正月春节军营集会，庭院积雪较深，太阳一出，地上泥泞难行。平时生龙活虎的军官小心翼翼，生怕摔跤被同事笑话。陶侃见状叫人从工棚里抬来锯末铺在上面，大家如履平地，监工及将士佩服得五体投地，不由得伸出大拇指，连声叫好。

相传桓温将军得令伐蜀，需要赶造大船，由于计划不周，中途没有施工必需的铁钉，工程即将搁浅，不知如何是好，便向足智多谋的陶老将军求助。陶侃思索片刻，带他来到工棚，指着一堆竹篼说："剁开削尖，用铁锅炒黄后可代钉用。"桓温感谢而去。

事后他以此告诫将士：天下本无废物，务要开动脑筋，物尽其用，综合安排。有一次陶侃听说一位采购官在征用茅竹时，为不浪费连竹篼也一并运来，非常高兴，下令奖赏那位采购官。

在围剿杜弢时陶侃更是绞尽脑汁，为将损失降到最低，动了不少心思，鲜有败仗，他深知兵法有云："上兵伐谋，其次伐交，再次伐兵，其下伐城。不战而屈人之兵，善之善者也。"

"眉头一皱，计上心头"，待杜弢第一虎将王真叫阵时，他亲自打头阵，只见王真在战马上斜眼蔑视，陶侃并不计较，走近喊话："杜弢本是益州小吏，盗用国库钱财，父亲死亡竟不奔丧。听闻你王真是个聪明人，为什么为一个没有品行的人卖命？你见过天下叛贼谁能善终？哪个有好结果？"

一席话似一发利箭击中王真，说话前他一只脚还横跨在马背上，一副傲慢不恭的样子，听陶侃之言后立即改变姿势，端坐在战马上，眼神流露几分敬重和恭顺。陶侃见此知道有所震动，大声传令收兵："今日天色已晚，明日再战不迟！"

果然晚间王真派人约谈投诚，约截发为信，全军归顺。此自杜弢元气大伤，坚持不久就惨败而亡。

九、贤臣尽忠

公元328年，国舅庾亮主理朝政，谋求削弱苏峻将军权力，任命苏峻为大司农，明升暗降。不料苏峻不吃这一套，干脆带兵以"清君侧"之名反叛东晋，一路攻城略地，攻入都城建康，皇室一片恐慌，东晋危在旦夕。

庾亮急忙找到好友江州刺史温峤，请他一起抵抗苏峻，温峤沉吟道："国难思良将，当务之急，非请陶侃出山不可！"

庾亮面有难色，江北名门势族出身的他总认为"上品无寒门，下品无势族"，门阀之见使庾亮看不起出自寒门的陶侃，曾多次表示陶侃不配居上游，握重兵。主政后立即任命温峤镇守江州，要求盯视荆州陶侃，以防越雷池一步。

庾亮不便出面，温峤心知肚明，只有自请上门做说客，以勤王之名恳请，并推举陶侃为盟主。陶侃对庾亮心存芥蒂，一开始没有同意，但最终以晋江山社稷为重，不计前嫌，三思之后答应了。

是年五月，与庾亮、温峤诸军齐会石头城外，陶侃召集会议，大多数主张先拼一仗，鼓励士气。陶侃认为势均力敌，我方联军没有优势，不同意强攻主张，下令在白木陂快修营垒，后择机采取围魏救赵之计，在白木陂一举击斩苏峻，使局势转危为安。东晋由此摆脱飘摇的噩梦，出现了难得的七十年国家太平。

因为再造晋朝之功，朝廷加封陶侃太尉，长沙郡公，都督交、广、宁等八州军事。拜大将军，晋朝半壁江山由他掌管，并享受佩剑上殿、入朝不拜的特权。

陶侃依旧严于律己，管理好职责范围之事，不干预朝廷政务，忠心不二，深知权力越大，责任越重。但他也清楚依然有人怀疑他有觊觎篡权之心，当即亲笔写下了情真意切、文采斐然的《逊位表》，一次未批，再次上表。同时将朝廷所赐节麾、印章等上交，下令把军需物资、武器辎重、车马船舶全部造册登记，封存仓库。主动退休，还权于朝，退位避嫌，用心良苦，一心要告老回封地，激流勇退。

公元334年，年迈的陶侃逝世于樊溪，葬于长沙，谥号“桓”，赐大司马，享年76岁。消息传到鄡阳的那天，矶山钓矶上空电闪雷鸣，一道白光化梭龙而去。

事实最终证明，王敦、庾亮等人是以小人之心度君子之腹。陶侃位极人臣，掌握军政大权而没有野心，鞠躬尽瘁，死而后已。正如苏轼评论：“桓公忠义之节，横秋霜而贯白日”，不愧“东晋第一忠臣”。

唐朝德宗时设立“武庙”，纪念六十四位最具有贡献的武将，陶侃名列其中；宋朝徽宗时设立“武庙”，纪念七十二位最具贡献的武将，陶侃名列其中。

明代兵部侍郎余应桂在为都昌县志作序时说：“陶士行（侃）之忠，足卑王谢；陶元亮（渊明）之节，不愧夷齐。”千百年来，家乡都昌县更是将陶母湛氏和陶侃视为学习的榜样，陶公德才兼备的优秀品质永不过时，文治武功、忠孝双全的形象深入人心，是都昌首位“朝为田舍郎，暮登天子堂”成功逆袭典范，民间甚至奉若神明，顶礼膜拜，家乡广筑庙宇世代纪念，建陶庙41座，影响较大的南、北二庙。就像陈述诗所吟：“都昌公故乡，千载享庙食。”

十、渊明劝学

“弱年逢世乏，老至更长饥”，陶渊明的记忆中，民间有很多太祖婆湛氏贤惠和曾祖陶侃忠良的传说。陶侃死后，庾亮不仅散布诬蔑陶侃心生八翼，梦想撞开九重天的谣言，而且还蓄意打压，阴谋挑拨祖父陶茂等众子为爵位而内斗，导致陶侃后裔逐渐式微，陶渊明父亲陶敏喜好山水田园恬静，这一支搬迁到古鄡阳桃源乡十里陶家冲，八岁时父亲陶敏去世，家道衰落，生活贫困。

要说大司马的祖业还是有一些，比如家里面书特别多，有孔子、孟子、诸子百家及《孙子兵法》《山海经》等。陶渊明从小喜欢读书，“少年罕人事，游好在六经”。他看书的特点是广泛涉猎，“少有高趣”。好友颜延之说他“历览千载书”，并“好异书”。他在《与子俨等疏》中说自己“偶爱闲静，开卷有得，便欣然忘食”。陶渊明的观点是博览群书，开卷有益，“不求甚解”，兼收并蓄。

在古鄡阳十里陶家冲村，青年时的陶渊明耕作之余依然手不释卷，早晨便吟诵起自己所写的《闲情赋》：“夫何环逸之令姿，独旷世以秀群。表倾城之艳色，期有德于传闻。佩鸣玉以比洁，齐幽兰以争芬。淡柔情于俗内，负雅志于高云……”

此时从他家路过的族叔就一脸困惑问他：“我儿子前些年也在老先生那里念了几年，没看见他有什么进步？正打算退学帮我种田。”

渊明问叔父：“您种了几十年田地，每天亲眼看见过禾苗长了多高吗？”

族叔想了想说：“每天似乎不见有长！”

渊明接着说：“春天栽下禾苗，秋天收割稻谷，禾苗总在不知不觉渐次生长，我们肉眼难以看见，求学也是如此。”

“停止学习就像磨刀石，我们肉眼也没有察觉它的损失，时间长了直边往下凹陷之后，才知变了形状。所以请不要中断弟弟的学习。”渊明补充道。

这个形象的比方让族叔大梦初醒，醍醐灌顶。

十一、不为五斗米折腰

公元380年春末夏初，晨曦照在浩瀚的鄱阳湖面，显得波光粼粼。中等身材的陶渊明满怀憧憬一个箭步跨上小船，面向群山怀抱的十里陶家冲深深鞠躬，毅然前往浔阳州任祭酒一职。

上任之初的渊明“猛志逸四海”，提笔写下了四言诗《劝农》一文：

> 悠悠上古，厥初生民，傲然自足，抱朴含真……
> 民生在勤，勤则不匮。宴安自逸，岁暮奚冀？

但现实是兵阀对政权野心勃勃，血腥杀戮，烽烟四起，不顾民生，下层生灵涂炭，这种矛盾的撞击让他十分失望。时间很短便离职，之后十余年一心在家乡鄡阳陶家冲且耕且读，有一天渊明朋友带来朝廷最新消息，王丞相欲取东晋而代之，江州刺史桓玄领兵勤王，声讨王贼。

年逾六旬的陶母头脑依然清晰，虽然知道儿子似父亲陶敏生性淡泊，不热衷仕途，但也深知渊明曾祖父当年毕生护晋，考虑到她父亲孟嘉就是桓玄父亲高参，两家世交的关系，当即给娘家兄弟修书一封，于国于家请荐儿子渊明再次入仕。

公元398年，渊明入桓玄府任参军一职，紧张的军旅生活依然牵挂家长和亲人。他写道：“久游恋所生，如何淹在兹。静念园林好，人间良可辞。”

公元402年冬，母亲孟氏丧，辞职回家守孝。

让陶渊明没有想到的是，桓玄起兵平定内乱，剿灭乱臣贼子，加封大将军后仍不满足，立马逼东晋皇帝“禅让”，自己又变成了乱臣贼子。

晋朝前后的历史尤其惊人地相似！自曹操发明“挟天子以令诸侯”这套把戏后，司马昭等徒弟纷纷学习，循环往复……

被桓玄素不待见的刘裕，迅速以剿灭乱臣贼子之名起兵。虽然厌恶战争，但自曾祖父陶侃为东晋平定乱臣贼子，陶渊明一脉相承，在这个问题上义无反顾，答应了刘裕的使者檀道济，陶渊明接着受邀担任刘敬宣参军，在长江、鄱阳湖一带征战。

刘军势如破竹，桓玄挟天子一路溃退，不到一年的工夫，“名不正言不顺”的桓玄兵败被杀。陶渊明见目标完成便辞呈回家。

“自古叹行役，我今始知之。”第三次入仕前后不过一年时间。

公元405年，陶渊明正式去几十里之外的彭泽县赴任，心想一方面可以将长期关注的农村、农民的一些思考付诸实施；另一方面有十几亩官田可以耕种，自己的酒资有了着落。

上任两个多月以来，陶渊明一方面下乡调查研究，另一方面整顿官僚作风。有一天接到报告，上级派人来到彭泽县治，渊明按礼节到驿站问候，谁知这位年轻的督邮官一见面就趾高气扬一番斥责：“宰相府里七品官，我来彭泽就代表太守见你，堂堂县令不懂官场规矩，竟然不穿戴官衣官帽见我！”一副小人得志的嘴脸。

陶渊明最看不惯如此欺上压下的做派，立马奉上官印辞官，一刻也不愿再待，深夜与朋友辞别：“我不会为五斗米折腰向乡里小儿！”

“不为五斗米折腰”也就成了气节和操守的代名词，其思想此后也成了中国读书人的精神堡垒，李白的“安能摧眉折腰事权贵，使我不得开心颜”，周敦颐的“出淤泥而不染”便是知识分子薪火相传的铮铮铁骨！

十二、归去来辞

陶渊明的母亲经常引用曾祖母湛氏教导祖父陶侃的话：“文官不爱钱，武官不怕死”，希望儿子建功立业。渊明也希望有所作为，陶渊明曾五次入仕为“芝麻官”，奈何上层社会固守各自利益，勾心斗角，从不为黎民百姓着想，不合陶渊明民本和重农的思想，曲高和寡，无用武之地，理想每每被现实碰撞得稀碎，所以共时隐时仕十三年，真正在仕途行走不过六年左右时间，最长一次在桓玄幕府三年，最短一次是任彭泽令 80 余天。

行走了一百多里，陶渊明总算回到家乡，就彭泽来说，自己归去，就南村来说，自己已归来；对官场来说，自己已归去，对家来说，自己已归来。心里觉得必须把当时的心情和情况记录下来，告诫自己要死了入仕这条心，向外界隆重发布归隐宣言，欣然命笔《归去来兮辞》：

> 归去来兮！田园将芜胡不归？既自以心为形役，奚惆怅而独悲？悟以往之不谏，知来者之可追；实迷途其未远，觉今是而昨非。
>
> 舟摇摇以轻殇，风飘飘而吹衣。问征夫以前路，恨晨光之熹微。乃瞻衡宇，载欣载奔。童仆欢迎，稚子候门。三径就荒，松菊尤存。携幼入室，有酒盈樽。引壶觞以自酌，眄庭柯以怡颜。倚南窗以寄傲，审容膝之易安。园日涉以成趣，门虽设而常关。策扶老以流憩，时翘首而遐观。云无心以出岫，鸟倦飞而知还。景翳翳以将入，抚孤松而盘桓……

本文序中“于是怅然慷慨，深愧平生之志”一句充分说明他多次入仕绝不是为了生活的苟且，“日月掷人去，有志不获聘”是他一生的遗憾，但他已完全看清统治者的嘴脸，你方唱罢我登场，历史再次轮回，惊人地相似，凯旋的刘裕迎回东晋皇帝，刘裕将军都督全国军事，与皇帝同理朝政。从此陶渊明再也没有应朝廷征召。

十三、隐逸之宗

陶渊明终于从“出世”与“入世”的矛盾中走了出来，留下“归去来兮”的千古佳话。唐宋八大家之一的欧阳修说：“晋无文章，唯陶渊明《归去来兮辞》一篇而已”，对其评价非常高。这也是一篇高调归隐的宣言书，好朋友颜延之说他是“南岳之幽居者”就是暗指他处南山而隐，沈约将他编入《隐逸传》，著名评论家钟嵘将隐逸身份与诗结合在一起，称他为“古今隐逸诗人之宗”。

古代有的人借归隐提高自己的名声，所谓终南捷径、以退为进、曲线求官，可陶渊明是真心实意的“隐”，归隐之后朝廷希望他担任太学博士，不就。“我实幽居士，无复东西缘。”

同样的诱惑据史料记载还有几次，在生活贫困、身体有疾病的双重压力下，老朋友江州刺史檀道济带着酒肉等物资劝道："贤者在世，天下无道则隐，有道则至。今子生文明之世，奈何自苦如此？"陶渊明那时已看清他的上司刘裕的狼子野心，故自称不是贤者，心里鄙视黑暗污浊现实，连粱肉这些生活上急需的东西也挥之不受。地方大员的劝诱、中央朝廷的征召都不能动摇他绝意仕途的决心。

归隐是陶渊明在险恶时代的主动选择，不但自己弃官归隐，躬耕田园，自食其力，"夫耕于前，妻锄于后"，而且在《与子俨等疏》劝勉诸子安贫乐道，对五个儿子也不过分责备，一切顺乎自然，希望后人像他历来所主张的那样"先师有遗训，忧道不忧贫"和"朝与仁义生，夕死复何求"。自陶渊明开始大张旗鼓地走上"学而优则仕"之外另一条道路，"不义富贵于我如浮云"，他树立的崇高人格一直影响后人。

十四、田园诗祖

终于回到离开三十年的南山都村旧居，面朝碧波浩渺的鄱阳湖，旁临太祖婆墓地"牛眠冢"，传说中的"陶侯钓矶"隐约可见。一家人齐动手，曾祖父遗留下来的老房子终于整理打扫一新，渊明找了一块木板亲书"园田居"三个大字。

陶渊明逃避的仅仅是黑暗的政治，而不是生活，他最热爱生活。陶渊明之隐居不是"出家"或"索居"，而是离开仕途，退隐田园从事躬耕，与亲友、邻居相往返，此所谓"结庐在人境"也。

陶渊明希望摆脱"心为形役"的局面，官场是"樊笼"，田园生活才是他的精神家园。

少无适俗韵，性本爱丘山。
误落尘网中，一去三十年。
羁鸟恋旧林，池鱼思故渊。
开荒南野际，抱拙归园田。
方宅十余亩，草屋八九间。
榆柳荫后檐，桃李罗堂前。
暧暧远人村，依依墟里烟。
狗吠深巷中，鸡鸣桑树巅。

户庭无尘杂，虚室有余闲。
久在樊笼里，复得返自然。

他善于寓精奇于平淡之中，很难找到夸张的手法和华丽的辞藻，甚至连形容词都很少用，不雕琢，多用“素描”的手法。正如朱熹所说：“渊明诗所以为高，正在不待安排，胸中自然流出。”

语言方面有的几乎是“田家语”，如“欢娱酌春酒，摘我园中蔬”“相见无杂言，但道桑麻长”“有客赏我趣，每每顾林园”等，即用家常话写家常事。不同的是他在诗里注入了热烈诚挚的深情，注入了他的品质性格，注入了他的整个心灵。元好问用“一语天然万古新，豪华落尽见真淳”总结非常到位，他的真淳是深厚的，不是肤浅的。如专家袁行霈先生所言：“看似浅显平易，含义却深刻而丰富。”或者说是简约不简单。

陶渊明在中国文学史上第一次赞美田园生活，人与自然水乳交融，描绘得让人如痴如醉。“暧暧远人村，依依墟里烟，狗吠深巷中，鸡鸣桑树巅”的民俗生活气息浓厚；“晨兴理荒秽，带月荷锄归”等表现出劳动与生活多么宁静、平和、充实；别人瞧不起的平凡的乡村、田园、劳动首次具有真正的审美意义，“天气佳”“草木长”“飞鸟还”等平凡的自然景象给人以无比愉悦的艺术享受，中国文学到陶渊明手中，才是更广泛地将日常生活诗化，才真正开始“接地气”。

十五、桃花源

公元四世纪初，古彭蠡湖水南侵，水位升高，古鄡阳的县治完全淹入鄱阳湖中，刘宋朝廷已下令废鄡阳县，南山都村这一边划入鄱阳郡，十里陶家冲那一边划入浔阳郡，后来留下了一段“沉鄡阳，浮都昌”的千古传说。正月初五，新春团聚，恰逢惠风和畅，陶渊明令长子陶俨和堂兄弟们一同乘船前往游览，望着曾经的县城“傍无依接，独秀中皋”，对着湖水，但见“鲂鲤跃鳞于将夕，水鸥乘和以翻飞”，不由诗兴大发，写下平生唯一山水诗——《游斜川》。

陶渊明回来那天晚上做了一个梦，三面环山的故乡桃源乡十里陶家冲突然坠入鄱阳湖底，瞬间长出天柱，与世隔绝，这里再也没什么苛捐杂税，更没有战争。就像回到他最羡慕的尧舜时代，村民自治、自给自足、人人平等、和平共处。天亮醒来还甜蜜地沉醉其中，长大后第一次，久久回味，不想起床。

陶渊明起床后没有像往常那样去田地干农活，而是一气呵成《桃花源记》，并赋诗一首：

嬴氏乱天纪，贤者避其世。黄绮之商山，伊人亦云逝。
往迹浸复湮，来径遂芜废。相命肆农耕，日入从所憩。
桑竹垂余荫，菽稷随时艺。春蚕收长丝，秋熟靡王税。
荒路暧交通，鸡犬互鸣吠。俎豆犹古法，衣裳无新制。
童孺纵行歌，斑白欢游诣。草荣识节和，木衰知风厉。
虽无纪历志，四时自成岁。怡然有余乐，于何劳智慧！

陶渊明《桃花源记》不仅文章脍炙人口，其所描写的“桃花源”更是千百年寻求的理想家园，“人人心中所有，人人笔下皆无”，他是世界上最早想象并写出“乌托邦”的第一人，这块“乐土”没有战争、没有压迫剥削、没有税赋、没有勾心斗角，他们男耕女织，自力更生，老有所养，壮有所用，少有所学，一派“大同世界”，一切是那么和平、宁静、幸福，让人心驰神往……这是对污浊现实的审美超越。

“愚生三季后，慨然念黄虞”，他希望尧舜再世，政治清明，人人平等，天下大同，虽是空想，但是其思想的彼岸，在那个时代达到这种境界实属难能可贵。所以梁启超说“渊明的一生，都是为精神生活的自由而奋斗”。

诚如陈寅恪大师所言：“陶渊明实吾国中古时代的大思想家！”他用生命在体悟，决不随波逐流既赞成儒家的修身进取，又反对鄙视稼穑，一心谋求生前身后名；既认为老庄的抱朴含真和返归自然，又不屑于为满足肉体和感官而放纵与颓废……其中的颖悟、旷达、率真远远高于当时所谓的“魏晋风流人物”。

十六、采菊“南山”下

古鄡阳汉朝置县，位于鄱阳湖的北岸，只见都村被南山、大矶山、小矶山等群山环绕，可谓“湖上群山抱邑城”。

群山中以南山最为挺拔，古木参天，曲径通幽。如把鄡阳比作一位美男子，南山就像他清秀的眉毛。

“去去欲何之，南山有旧宅。”陶渊明隐居的首选之地便是鄡阳南山。

传说南山下的都村因西晋首富石崇大肆投资，麻石街、“玳瑁阁”、金街岭等，从洛阳移植牡丹、红莲等奇花异草，将渔村装点成人间仙境。

结庐在人境，而无车马喧。
问君何能尔？心远地自偏。
采菊东篱下，悠然见南山。
山气日夕佳，飞鸟相与还。
此中有真意，欲辨已忘言。

这种意象的塑造技高一筹，王国维在《人间词话》解释说过去大多是“有我之境”，陶渊明这句是“无我之境”，是“豪杰之士能自树耳”，即达到了所谓的“遇境成趣，趣境两忘”，人与自然、我与物、情与景和谐统一，所以说：“屈子之后，文学的雄者，渊明其尤也。”

每天起床后，陶渊明第一件事就是农活，来到南山旁开荒种庄稼，中饭后稍事休息，诗作大发，吟道：

种豆南山下，草盛豆苗稀。
晨兴理荒秽，带月荷锄归。
道狭草木长，夕露沾我衣。
衣沾不足惜，但使愿无违。

其他南山村民来来往往中，也感受到陶先生没有一点架子，炊烟升起时，几个大老爷们大家谈谈种菊花和种桑麻的体会，会意的笑声不时从小院里传出来，有酒互酌，有暇互访，晚上渊明把这些瞬间写成一首诗：

昔欲居南村，非为卜其宅。
闻多素心人，乐与数晨夕。
怀此颇有年，今日从兹役。
敝庐何必广，取足蔽床席。
邻曲时时来，抗言谈在昔。
奇文共欣赏，疑义相与析。

可谓是源于景，发乎事，缘乎情，而以理统摄，真正情、景、理交融。陶渊明诗歌描景状物少，重在抒情言志，从“奇文共欣赏，疑义相与析”“此中有真意，欲辨已忘言”“问君何能尔？心远地自偏”敲打了读者的灵魂之门，散发着理趣和感染的力量。从中可以看到《诗经》《楚辞》、汉乐府等文学的影响，别出心裁中主要凸显了他在文学史上第一位有个性诗人的特点。

十七、五柳先生

读书之余，陶渊明经常想，自己半个身子已经入土，该总结一下自己，他和曾祖父陶侃一样，特别喜欢柳树，于是乎写了一篇《五柳先生传》：

先生，不知何许人也，亦不详其姓字；宅边有五柳树，因以为号焉。闲静少言，不慕荣利。好读书，不求甚解；每有会意，便欣然忘食。性嗜酒，家贫不能常得，亲旧知其如此，或置酒而招之。造饮辄尽，期在必醉。既醉而退，曾不吝情去留。环堵萧然，不蔽风日；短褐穿结，箪瓢屡空，晏如也！常著文章自娱，颇示己志。忘怀得失，以此自终。

赞曰：“黔娄之妻有言：‘不戚戚于贫贱，不汲汲于富贵。’极其言，兹若人之俦乎？酣觞赋诗，以乐其志，无怀氏之民欤？葛天氏之民欤？”

首次将陶诗整理成集的萧统说：“陶渊明尝著《五柳先生》以自况。”沈约的《陶潜传》也深有同感，此言在陶渊明《与子俨等疏》文中“开卷有益，欣然忘食”也能得到印证，黔娄妻之言即不慕荣利，不求身外之物，与他多次赞赏的“一箪食，一瓢饮，在陋巷，人不堪其忧，回不改其乐”的颜回精神一以贯之，无疑是陶渊明的生活和精神实录。

五柳先生的真性情无人可比，千古第一，不矫情、不做作。陶渊明的诗文朴素而真诚，不像其他文人墨客即便写山水田园，流露出仍然是对功名的感伤，因为他不是患得患失，悲愤而作，而是达到了超然洒脱的境界，就如他名字中的“明”与“亮”一般了然。

读书、喝酒和写诗是陶渊明的三大爱好，这篇短文是中国文学史上第一篇传记，他用了 9 个“不”字对五柳先生进行介绍。陶渊明不重身前身后之名，无所谓别人看他是诗人、农民抑或县令，他对自己最在意，也最明确的身份意识是“隐士”，自称“羲皇上人”，虚化、淡化居住地：最后取名为“潜”也是这个意思。他的好朋友颜延之对陶渊明的想法非常了解，故作《陶征士诔》时写道：“元嘉四年某月日，卒于寻阳柴桑某里”，均有意不予指明，以遂知己心愿。也因此留下“籍贯”“桃花源原型”等千古之谜。

十八、葛巾漉酒

“山悠而水远，能阴而善晴”，古鄡阳四季分明，毫不含糊。六月流火，夏天的太阳似乎可以把红土地烧着，陶渊明在地里锄草汗流浃背，又饥又渴，他比往常提前归家吃中饭。

“酒为愁里伴，诗是意中人。”妻子翟氏知道渊明所好，正忙着蒸米酒，眼看过滤的纱布不够，陶渊明忙取下头上的葛巾漉酒，滤完拧干闻一闻又往头上戴，妻子嗔道：“你不觉得脏吗？”

渊明边尝酒边应：“酒是最干净的，况且有酒味在头上闻着都舒服。”

妻子无奈地笑着说：“知道你与酒最亲，连诗中几乎篇篇不忘写酒。”

渊明并不辩解，标题中有酒的诗如《饮酒》《止酒》《述酒》便是，无论其他。酒后太阳偏西，他泡好一杯菊花茶，带着一把琴来到门前的大樟树下，默吟唱道：“漉我新熟酒，双鸡招近局……”

此时村中族弟经过，不由得停下脚步，但听不到琴声，奇怪地问：“兄长的琴坏了吗？”

陶渊明笑道：“老哥不懂音律，弹的是无弦琴，不过是与内心对话。”

见老弟一脸茫然，便拉他到树荫底下坐下，叫妻子再摆杯盏，说：“休管那些，我们兄弟痛饮几杯便是！”

推杯换盏，你来我往，酒浓上头，陶渊明似乎觉得睡意袭来，便举着杯子，似乎作诗般交待弟弟：“我醉欲睡卿且去。”

他一觉睡到大半夜，被邻居一声大吼惊醒，久久不得入睡，披衣下床，写下：“蔡裔有勇力，声若雷震。尝有二偷儿入室，蔡拊床一呼，二盗俱殒。”

一篇微型小说既成，命名曰《殒盗》，搁笔再睡。

“抚己有深怀，履运增慨然。”读罢可以深悲其志，不过从另外一个角度来含蓄表达。他的“高趣”不光是一张素琴、一壶浊酒伴着南山秋菊。他的诗中最喜欢运用的形象是飞鸟、松树、菊花、孤云等，借物咏怀，“众鸟欣有托，吾亦爱吾庐”，诗文其中 6 首咏鸟，言及鸟类 42 处；“秋菊有佳色” 等咏菊诗有 6 首；“万族亦有托，孤云独无依。暖暖空中灭，何时见余晖”，以孤云自拟，象征自己光明峻洁的人格。当然也有少数如《咏轲》直吐忠愤和豪迈，像鲁迅所评价一样：陶诗中除论客所佩服的“悠然见南山”外，也还有“精卫衔微木，将以填沧海；刑天舞干戚，猛志固常在”的金刚怒目。

十九、量革履

族叔说刘裕代表朝廷征陶渊明为著作郎，渊明说：“谢谢族叔费心，我从此远离官场，见到权贵不磕头，仍然做一个自食其力的农民。”

隐居栗里期间，新任江州刺史王弘仰慕陶渊明德才，登门拜访，送酒致意，陶潜称病不见。后来好朋友颜延之来栗里看望陶渊明，看见先生如此窘迫，便拿两千银两相赠。陶潜爽快地说：“麻烦你手下将银两给村口的酒铺，预付一年的酒钱即可。”

陶渊明虽“不为五斗米折腰”，洁身自好，是古代独善其身的典范，但不逞才、不使气，不像“竹林七贤”之阮籍那般任性狂狷，近乎狂癫。

江州刺史王弘求贤若渴，被陶渊明婉拒后，仍不死心，通过陶潜好朋友庞通之邀请到浔阳。酒酣之际，王弘再入场，这时陶潜不便拒绝，只好装作不知，没有让人下不了台阶。席间细心的王刺史发现陶潜先生鞋子非常破旧，叫手下买双新鞋过来，手下人请陶先生把脚伸出量一下尺寸，陶潜边喝酒边伸出一只脚让他们测量。

陶渊明不忘初心，始终如一坚守，过着清贫困苦的生活。对主簿等官职都称疾不就，他曾借文中人物说过，“可食以酒肉者，可随以鞭捶”。陶渊明对当时的政治深为不满，“但恨殊世，邈不可追”。从“恨”字显然可以看出。鲁迅先生说，“陶潜并非浑身静穆，所以伟大”，陶渊明把刺向封建世俗的锋芒，都掩盖在诗里。

虽然“弱冠逢世阻，始室丧其偏”，隐逸之后的陶渊明精神永远是积极的，“泛览《周王传》，流观《山海经》”，官场的“违己交病”比饥冻更让渊明煎熬，他是看清了社会时势，才退隐不出。

虽然陶渊明有条件得到世俗所谓的“富贵”，但读书人没有原则地追求功名会蒙蔽人的心智，他有自己的生活信念和行为准则，人生第一要务是“衣食”，而衣食之谋在于躬耕，正因为忧道守节，他才能安贫乐道而怡然自得。

二十、东林慧远

“南朝四百八十寺”，鼎盛南朝之前的两晋时期佛教就颇流行，浔阳方圆百里，数九江东林寺最负盛名。

东林寺有名是因为其方丈慧远而闻名天下，当年桓氏家族赏识慧远思想和人品，捐巨资在庐山西林壁旁找到一块依山傍水之地，慧远酷爱白莲，多处开池种下白莲，同时结交四海豪杰贤人，建斋立誓，并成立“莲社”，每每相谈尽欢之后送别，但从来是至虎溪止步。三年前，陶渊明随桓玄拜会慧远，桓玄作为大施主，贵为一人之下、万人之上身份，要求慧远过虎溪迎接。慧远断然拒绝，并回信说：“袈裟非朝宗之服，钵盂非廊庙之器，沙门尘外之人，不应致敬王者。”

陶渊明阅信后心生敬意，劝桓玄不必强人所难，如此高德亮节，值得过虎溪一会。桓将军非等闲肚量，带渊明亲赴东林，与慧远论儒议佛，渊明间或插言。三人第一次相见，竟然惺惺惜惺惺，引为知己，畅谈归去。

慧远自创佛教中净土一宗，主张形尽神不灭。公元 402 年，共约 123 人在东林寺阿弥陀佛像前发誓，以期来生西方极乐世界。因三年前谈得投缘，慧远事前致信邀请陶渊明参与。渊明不信来生和往世，认为人死如灯灭，但陶渊明敬重慧远，不想直接拒绝，对来者说：“陶某活在当下，不可一日无酒，准饮则去，不准难行。”本以为出个难题婉拒，没想到慧远破例同意，渊明再无可推。去之后听他们谈论升天做神仙、生命轮回的话题，觉得兴味索然，乃攒眉而去。

陶渊明在《形影神》诗中用“形”代表佛家企求灵魂长生，“影”代表儒家求名以不朽，“神”代表自然造化，人一分为三，又三合为一，实际是以三者价值观来对话，凸显理想与现实是冲突又调和，反映了他对人生哲学的思考。据统计，陶渊明诗文引用《庄子》49 次、《论语》37 次、《列子》21 次。从此可知他既有“穷则独善其身，达则兼济天下”儒家思想，也追慕老庄清静无为的境界，还有佛家的悲悯……他总是从中汲取真挚而积极的养分。

苏东坡说：“纵浪大化中，不喜亦不惧，堪称大彻大悟之言。”陶渊明一向达观，婉言谢绝慧远邀请加入佛教“莲社”组织，陶诗中也看不出佛教影响。他对生死看得很淡，超脱豁达，如“匪贵前誉，孰重后歌，人生实难，死如之何？”意即人生如寄，对酒当歌，不忧来生，活在当下，“吁嗟身后名，于我若浮云”。这些在他写的《拟挽歌辞》中表达："有生必有死，早终非命促……千秋万岁后，谁知荣与辱？""亲戚或余悲，他人亦已歌。死去何所道，托体同山阿"等，即使要进入死神的怀抱依然神态自然，平静坦然面对，所以他的知己颜延之评价其"视死如归，临凶若吉"。

二十一、乞食

陶渊明担心的事终于发生了。公元420年，刘裕认为时机已经成熟，以酒毒杀晋恭帝，效仿晋朝先祖，终于称帝为宋，称宋武帝，改号永初，晋朝从此名实俱亡。

"忽值山河改"，不巧的是改朝换代第二年六月，一场突如其来的大火把南村"园田居"的老房子烧成灰烬，所幸人免于难。陶渊明改名为"潜"，带着妻子乘船一路向北，"彭蠡匡庐曲相连"，先到星子后往庐山进发，一路讨吃讨住，颠沛流离。走到一个叫栗里的村子，虽然庐山这里山清水秀的地方很多，但见栗里相对封闭、清静，颇有阴阳八卦的外形，又具庄子逍遥的内秀，便与翟氏在此安家。

"弱年逢家乏，老至复长饥"，年岁不饶人，干活越来越不如从前，两人慢慢地搭建小屋，开荒种粮，夏秋时生活尚过得去，冬天冷得睡不着，可谓是"披褐求长夜，晨鸡不肯鸣"。有一年天下大旱，"旧谷既没，新谷未登"，饥荒让他老夫老妻饿得只有吃野菜度日。

陶渊明最馋的是酒，到这里后就很少尝过。好朋友颜延之已官至太守，看见他带来的酒，陶潜眼睛顿时亮了，一直疼痛的腿脚似乎利索起来，畅饮一番，不醉不归。

颜延之说："听某人告状，先生写诗文在晋时皆题年号，从刘宋后不署年号，只按甲子落款，有耻事二姓之意。"

陶潜回道："陶某的确不齿别人背信弃义，为什么这样的事情屡屡发生，死一条鱼可能有各种个别原因，死一塘鱼是环境有问题！到栗里后我也反复想这个问题的缘由，现在真风告逝，大伪斯兴，没有人关注民生福祉，阴谋杀戮是手段，争皇位的根本在于不劳而获，这是最大的巧取豪夺！"

"先生所言极是！汉末以来君弱臣强，善良的百姓总寄希望由某个人来改变局势，不知应先建设好制度。读书人一心想治国平天下，其实也不过为某利益集团服务……听君一席话，胜读十年书！"颜延之再次折服。

陶潜老夫妻身体一年不如一年，一天不如一天。重的农活干不动的，年衰体弱，翟氏也只能弄点家务，陶潜只有拖着病腿一瘸一拐在庐山附近乞食。

善良的百姓虽然自己吃了上餐不知道下一餐在哪里，看见耄耋之年的陶潜上门，多少都施舍一些。寡言的他心里很感激，只好用诗来表达：

饥来驱我去，不知竟何之。
行行至斯里，叩门拙言辞。
主人解余意，遗赠岂虚来。
谈谐终日夕，觞至辄倾杯。
情欣新知欢，言咏遂赋诗。
感子漂母意，愧我非韩才。
衔戢知何谢，冥报以相贻。

公元 427 年 9 月，陶渊明自觉不久于人世，写下人生最后一篇《自祭文》："不封不树，日月遂过。匪贵前誉，孰重后歌。人生实难，死如之何？"

两个多月后，陶渊明在贫病交加中撒手人寰。

二十二、靖节先生

陶潜明生于公元 352 年，卒于公元 427 年，享年 76 岁，其时东晋政局混乱，民不聊生，几乎天无宁日，社会动荡的多事之秋。一生经历过三次改朝换代，十个皇帝轮流上台。

东晋时，社会底层唯一的科举取士上升通道还没开启，门阀世袭森严，陶渊明教育儿子不要在意功名利禄，不要以种田和贫穷为耻。在担任官职时，家里请了佣人，反复叮嘱儿子说："不要以为下人就看低人家，他也是人生父母养，好生待他。"

正如他在《责子》中自嘲："虽有五男儿，总不好纸笔……"其实陶渊明先生并不希望五个儿子追求世俗的功名利禄。有人据此认为他教子无方，正如黄庭坚就这事感言："此所以痴人面前不能说梦！"

离世之前谆谆嘱托大儿子陶舒俨："父走后，你作为长兄要做好榜样，和睦仁义，淡泊名利，安贫守拙，乐天知命，教育儿孙重品行，爱劳动，好读书……"

陶渊明在《命子》中赞扬曾祖"桓桓长沙，伊勋伊德""功遂辞归，临宠不忒”。祖父担任过千户太守之职，父亲“淡焉虚止，寄迹风月”，希望后辈继承“贤”“德”“廉”家训，特别强调诗书传家，“开卷有得，欣然忘食”，并希望“兄弟同居，至于没齿，高山仰止，景行行止”。陶氏后人总结出“诚修身、重贤德、择交友、守廉洁、耐寂寞、孝人子、讲天伦、序长幼、尚节俭”等二十多条家训。

忘年交颜延之等好友闻讯赶到十里陶家冲，受陶舒俨之托商量谥号事宜，“时人不识凌云干，直待凌云始道高”，大家众说纷纭。颜延之最后总结陈词：“文章千古事，留给后人评，但先生安贫守贱等高风亮节令我辈景仰，我看就号靖节先生。”

朱熹曾感慨道：“每寻高士传，独叹渊明贤。”钟嵘说“每读其文，想其人德”。苏东坡在《与苏辙书》中说：“深愧渊明，欲以晚节师范其万一”，还叹服他“渊明欲仕则仕，不以求之为嫌；欲隐则隐，不以为之为高；饥则扣门而求食，饱则鸡黍以迎客；古今贤之，贵其真也”。昭明太子萧统更是推崇其德，说他是“圣人韬光，贤人遁世”，自称“余爱嗜其文，不能释手，尚想其德，恨不同时。安道苦节，不以躬耕为耻，不以无财为病，自非大贤笃志，与道污隆，孰能如此乎”！可谓高风亮节，后人仰止。

二十三、大伽“粉丝”

陶渊明遗作比较确定的有诗 125 首、赋辞 3 首、疏祭文 4 篇、记传赞述 13 篇，作品数量虽不多，但体裁较为全面。除较个别，其艺术感染力在玄言诗弥漫的东晋诗坛上独树一帜，算是向当时的主流诗歌玄言诗发起挑战，开创了一代诗风。其作品不追求骈俪华美、堆砌辞藻，而是将诗的疆域扩展到田园，创造了一种叫“田园诗”的新诗体，对中国乃至世界文学影响深远。

朱熹在评价陶诗时说：“渊明诗，人皆说平淡，余看他自豪放，但豪放得来不觉耳。”比如《咏荆轲》中“雄发指危冠，猛气冲长缨”等比较明显，这正是他“静穆”中有豪气的风格。

陶渊明诗文在玄言诗占主流的当代不受重视，直至一个半世纪后南朝梁昭明太子萧统发现并着手编辑《陶渊明集》，这是中国文学史上第一部文人专集。萧统说读陶诗后“贪夫可以廉，懦夫可以立”，亲自为陶诗编集作序。但因当时追求华丽诗风，对其作品的艺术认识不足，钟嵘在《诗品》中仅将他列入“中品”。

古代诗人影响最大的是陶渊明、杜甫、苏轼三家，他们的诗集版本最多，注家也不少，另有和陶渊明诗者众多，篇目可观，唐宋之后出现一大批仰慕者，追随者和效仿者。

唐朝以后，研究者趋之若鹜，出现了大批名人大伽“粉丝”。“诗仙”李白《戏赠郑溧阳》写道：“陶令日日醉，不知五柳春。素琴本无弦，漉酒用葛巾。清风北窗下，自谓羲皇人。何时到栗里，一见平生寄。”

“诗圣”杜甫将陶渊明视为知己：“宽心应是酒，谴兴莫过诗。此意陶潜解，吾生后汝期。”孟浩然吟：“赏读高士传，最佳陶征君，日耽田园趣，自谓羲皇人。”仰慕之情溢于言表。白居易自称“异世陶元亮”。尽管陶渊明被看作“魏晋风度”的代表人物，文学地位在不断提高，但还没有达到应有的高度。

宋代是“陶学”发展的重要时期，陶渊明在中国文学史上的地位逐步得到确立。欧阳修直白地说：“吾爱陶渊明，爱酒又爱闲。”苏东坡说自己“无所甚好，独好渊明之诗”，每次阅读其诗，反复玩味，舍不得全部读完，留待生病时才看，并把每一首陶诗都和韵再作共 109 篇。

南宋词人辛弃疾词中引用陶诗就达 60 篇，仿佛“老来曾识陶渊明，梦中一见参差是”。黄庭坚反复研读陶诗，说自己年轻时不懂得欣赏，经历世事才知其好。郑谷说：“爱日满阶看古集，只应陶集是吾师。”陆游在《读陶诗》中写道：“我诗慕渊明，恨不造其微”，“千载无斯人，吾将谁与归？”还自勉“学诗当学陶，学书当学颜”。

清朝沈德潜说陶渊明是“六朝第一流人物，其诗所以独步千古”；林语堂称陶渊明为“中国最伟大的诗人”，并引为千年知己。朱光潜说得更明白：“可以和陶渊明比拟的，前只有屈原，后只有杜甫。屈原比他更沉郁，杜甫比他更阔大多变化，但是都没有他那么醇，那么炼。”

1959 年，毛泽东在《七律·登庐山》写下了“陶令不知何处去，桃花源里可耕田？”的诗句之后，新中国相继出现了一大批陶渊明研究的专家学者，并形成了关于陶渊明诗文阅读、鉴赏与评估的研究之学，简称“陶学”。

1898 年，德国汉学家佛尔克翻译出版《陶渊明·桃花源》；1905 年京师同文馆出版《陶渊明诗集》俄译本，并赠送托尔斯泰；1930 年梁宗岱的法文本《陶潜诗选》面世；日本对陶渊明的研究更是如火如荼……自 19 世纪末开始，陶渊明诗文走向世界。九江学院也因此趁势发起并成立了陶渊明国际学术研讨会，使陶渊明研究成为一门显学。这应该是“著文以自娱”“不求身后名”的陶渊明所未预料到的。正如其《咏荆轲》尾句所云：“其人虽已殁，千载有余情。”

长沙桓公陶侃系年谱

◎陶维墀

公陶姓，讳侃，字士行，鄱阳人。吴平，寓居寻阳。晋太尉、侍中，都督荆雍梁益交广江宁八州都督，荆江二州刺史（荆州含江州，曾历刺荆广湘江交宁州），长沙郡公，加羽葆鼓吹，增邑三千户（原封柴桑侯，邑四千户）。进大将军，剑履上殿，入朝不趋，赞拜不名，公上表固辞。及薨追赠大司马、假密章，祠以太守，谥桓，葬长沙国南二十里，公生于吴景帝孙休永安二年己卯五月十八日，薨于晋成帝咸和九年甲午六月三日己卯（259—334）。

公，陶唐氏帝尧之裔，尧舜禅让，丹朱失国为侯，世为陶氏，望出济阴，汉初尧裔孙（《会宗谱》云四十九代孙），陶舍自济阴从汉王，功封开封侯，谥愍。子丞相夷侯青，青九代孙后汉司空敦，敦为遁世而迁居丹阳。敦孙同迁居鄱阳，同子丹，吴扬武将军，戍镇寻阳，即公之父，母为新淦湛氏。

陶澍曰："寻陶之得氏，实源于济阴，所谓陶丘者。"又曰："《风俗通》言氏于事，则巫卜匠陶。柳冲、郑樵之徒宗之，此谬说也。古无匠姓，卜以官，巫与陶以地，郑谓虞思为周陶正，亦为陶氏，尤不学之甚，虞思夏诸侯，以二姚妻少康者，安得为周陶正，是盖以虞阏父为思也。阏父之子胡公满，后裔为陈、为田、为王，何曾有氏陶者耶！"

公之曾孙渊明命子云，"悠悠我祖，爰自陶唐，邈焉虞宾，奕世重光"，"天集有汉，眷余闵侯"，"书誓山河，启土开封，亹亹丞相，允迪前踪"。

因之陶之姓自陶唐氏帝尧出，陶之族自开封侯陶舍而始大。

按近年人口普查资料统计，陶姓居第一百一十三位，占全国人口之百分之零点一四，约近一百八十万，公之儿孙在四分之三以上。

一、开封侯祖系

汉开封愍侯陶舍，汉高祖于五年初（前 206）路经济阴，陶舍从汉王为右司马，汉既灭楚，侯以垓下之功转为中尉，即执金吾。又以出击燕、攻代、克韩之功，于汉十一年十二月丙辰封侯，食邑二千户，位次百十五，次年薨（公元前 195）。

青公字青翟，嗣侯，于汉文帝后元二年（前 162）为御史大夫，汉景帝元年至匈奴和亲，二年丞相申屠嘉为晁错诬陷而呕血薨，青进位丞相，次年吴楚七国反，青决策帷幄，筹运千里，月余即平内乱，更除繁苛，减笞法，与民休息而辅成“文景之治”，七年六月以日蚀免相，汉景中元三年薨（前 147），为御史，为丞相各七年，嗣侯四十八年。

《史记》《汉书》评“陶青等为丞相，皆以列侯继嗣，娖娖（《汉书》作龊）廉谨，为丞相备员而已，无所能发明功名，有著于当世者”。对青公未免言之不实，观其北和匈奴，在其在位时终无大患，亦不助赵王遂，便能速平七国之乱，辅成“文景之治”的太平盛世，难道为相之功还小吗？虽不能媲美萧曹平勃，亦在景武诸相之上，试看汉初诸相，韩彭醢俎，萧樊缧绁，王陵庭折，食其仇杀，曲逆见疑，绛侯对簿，张苍忤旨，申屠呕血，又亚夫绝食，晁错族诛，功高者不赏，善终者实鲜，汉初诸相，唯曹参以日饮醇酒而免，灌婴为相仅一年，然则青独能相十三年，以功名终，为曹参后的第二人。后之刘舍、许昌、薛泽等皆师青公之智，而功勋皆难与相比，史不载其功勋业绩，应知其功归于上、能付于下，功不自伐而尽在不伐之中。马班良史，不识其中玄机，若能识之，或能免蚕室，囹圄之厄运。青公善文，今《全汉文》中存劾奏晁错表。谥夷侯，子偃。

吴王反逆无道，欲危宗庙，天下所当共诛。御史大夫错议曰：“兵数百万独属群臣，不可信，陛下不如自出临兵，使错居守，徐潼之旁，吴所未下者，可以予吴。”错不称陛下德信，欲疏群臣百姓，又欲以城邑予吴，亡臣无礼，大逆无道，错当要斩，父子妻子同诛，无少长皆弃市，臣请论如法。

今观此疏，晁错欲帝“自出临兵，使错居守，徐潼之旁，吴所未下者，可以予吴”。其心固不可测，视皇帝、丞相如无物，不能以削藩而恕之也，或称其削藩为是，但其居心则何如，故景帝不能忍而使陶青等劾之。

开封节侯偃，汉景帝中元三年嗣侯（前 147），武帝元光五年薨（前 130），子睢。

开封侯睢，元光五年嗣侯，元鼎五年（前 112）以酹金失侯。

陶舍孙光之孙长安公士陶元，汉宣帝元康四年（前62）始诏复家。陶青九世孙陶敦。

二、丹阳祖系

陶敦字文理，河南京县人，永初四年（110）与杨震同为邓骘征入幕府，延光四年十一月孙程等诛闫显，拥顺帝即位，录翊戴功，敦公以少府晋司空。永建元年十月（126），司隶校尉虞诩奏太傅冯石、太尉刘嘉阿附闫氏。又弹劾中常侍程璜等，三公劾奏虞诩盛夏多拘无辜，虞诩又案中常侍张防爱取，徒不报，自系延尉、宦者孙程等，为诩讼宽怀表上殿呵叱，帝免陶敦、孙程等官，孙程既徙封宜城侯就国。敦公也为避祸，而合族定居丹阳（今南京，当涂间）。北人南徙，为开发江南起了先驱作用。葬在当涂县东65里，横山附近。敦孙同。

陶翊《华阳隐居先生本起录》云：

> 陶氏本冀州平阳人，帝尧陶唐氏之苗裔也。尧治冀州平阳，故因居焉，汉兴，有陶舍为高祖右司马、子青、擢位至丞相，十三世祖超，汉末渡江，始居丹阳，七世祖浚，交州刺史璜之弟，仕吴为镇南将军，封勾容侯，食邑二千户，与孙皓俱降晋，拜议郎散骑常侍，六世祖谟，浚第三子，永嘉中为东海王越司马，领屯军，随王出许昌，因败，仍复过江，为大将军王敦参军，敦为丞相，转军咨祭酒，后随敦南下，因情惧祸及，乃启分属藉，禁锢积年，晚起为车骑，丞相参军不就，升平四年卒，始别葬白石山之岭瞻湖北。

陶浚父基为陶谦从子。

陶超与陶敦之关系，若为族中祖、孙行。

陶谦字恭祖，生汉顺帝阳嘉元年二月十五日，薨于兴平元年九月十五日（132—194），领徐州牧，封溧阳侯，配甘氏，汉甘后从妹，合葬溧阳西大石山麓，即陶侯岭，子商居溧阳，应居当涂。

陶基字叔先，谦从子，吴交州刺史，宝鼎元年（266）卒，子璜浚抗，从孙延，葬当涂横山陶墓。

璜学世英，吴交州牧，宛陵侯，太熙元年薨，子威、淑。威子绥。四世五牧交州，恩威远播越南。璜墓在当涂。

浚，吴荆州牧，假节钺，勾容侯，入晋为侍中，子湮猷谟。孙馥死苏峻之难，世居芜湖、当涂、宣城等。墓在当涂，浚七世孙弘、景。

抗子回，晋散骑常侍，领军将军，辅助陶侃平苏峻，封康乐伯，咸康二年卒（286—337），子汪、陋、隐、无忌。墓在当涂。回后齐有孝直。

延，伏波将军，建兴三年随侃公平杜弢，卒（315），后裔在番禺。

三、鄱阳浔阳祖系

浔阳分自丹阳，浔阳系始祖者，后世或宗同公，或宗丹公，同公初随溧阳侯谦居溧阳，汉末避乱居江右，卜居鄱阳郡，鄱阳含今之都昌，吴晋时为鄡阳县。

同字皆吾，仕吴为中书舍人，由溧阳迁居鄱阳。

丹字文仲，生汉献帝建安十八年癸巳八月初七日，卒蜀汉炎兴二年甲申十月二六日，仕吴为太子舍人、扬武将军，封柴桑侯，妾新淦湛氏，生子侃，丹公墓在浔阳四十里鹤问湖畔。

按《侃公传》云，幼孤。幼者十岁，是丹公卒时，侃公不超过十岁。侃公异母兄弟，王隐《晋书》有操。

《浔阳谱》云：“归谱丹公封柴桑侯，据晋史侃公传，未云封侯，不应妄记，盖长沙公自封柴桑侯，岂传讹耶？”维墀按扬武将军，四品，吴有吴景、朱异、张休、全绪、钟离牧、陆式等六人见于史，似无封县侯之例，或长沙公封柴桑侯时所追赠。

湛母生年不详，约16岁为丹公妾，二十一岁生侃公，卒于晋永嘉元年丁卯十月二四日（约239—307）。

侃公娶十五妻，史唯见龚氏，武陵人，寓居豫章，曾共军旅，决策苏峻之乱，督护龚登乃其族人，登历长沙相，散骑常侍，登子玄之好学，屡征不起，登弟子元嘉亦有操行，不就辟。

各谱所载侃公祖系、子系见《陶氏宗谱恭录》。

四、陶氏世系表

本表按史传，不按家谱，敦与偃、睢关系不详，超与敦关系不详，但为宗人同迁丹阳，时在后汉晚期。敦、超、元墓均在丹阳。

吴景帝孙休永安二年己卯（259）公一岁。

湛母生侃公于鄱阳。按晋史核之，周访小公一岁，记载咸和九年薨（334），时年76岁，则应生于是年。公吴人也，故以吴纪元。

去年九月吴孙綝废幼主孙亮，改立孙休，为丞相专权，十二月丁奉、张布等诛孙綝，夷三族，丹公加封柴桑侯，或因随丁奉诛孙綝有功。丹公时于庐江之浔阳为边将，初为牙门将，后为扬武将军。

公生于鄱阳郡（今都昌县左里乡陶家冲）。十里陶家冲南北贯通，穿苏山而过，南口出今左里镇清辉村，接陶家港，水路入团子口，北口出今苏山乡徐港村，接八里港水路，入屏峰湖。《桃花源记》与此处自然景物天工巧合，或亦一借影也，况侃公少年时也曾捕鱼为业。后其裔孙秉思、秉念自新建昌邑，游马沥，见都昌侃公故址，览钓矶之胜迹，兴怀故里而迁居。有诗曰："我祖东晋居鄱阳，宋分此地立都昌。十里陶冲今不改，钓矶胜址万古祥。"老庙即侃公祠，老庙旧基即侃公故居地址。侃公后在故居南三百丈处，建造了广厦，前临鄱阳湖堰叉，满堰芦苇，夏则芦花如烟，秋则芒秆成林，秆林由此而名。子孙世居，惜在太平军与清军拉锯战时，几乎杀尽，至今儿孙言之，犹有余恨。千余年来，每年孟春，各族子孙，会集秆林侃祠，循例祭扫。老庙背后有老庙山，山有竹林，传为侃公幼时所栽。老庙周围，为陶族之墓林，近年清明节，尚有鄂、皖各处子孙循例祭祖。近人胡东春有《陶侃都昌故里考》，都昌县晋时属鄡阳县，但土目乡晋时在彭泽与鄡阳、寻阳县之间。

侃公生日，《定山谱》云五月十八。《会宗》《皖江谱》云八月乙卯。

吴末帝孙皓元兴元年甲申（264），公六岁。是年十月二十六日丹公卒于寻阳。

去年十一月"毡裹阴山雪，锋销剑阁云"，邓艾、钟会灭蜀汉，汉主刘禅降，吴主使大将军救汉，未及至而蜀汉已亡。

后公葬父于德化四十都鹤问乡西北山下，今九江赛城湖附近，曾为东晋柴桑县治，后为浔阳郡治，江州府治。九江市西十五里之白鹤乡即鹤问寨，近年文物普查中，发现此城遗址，还有东晋，南朝墓群，出土了晋大兴四年（321）墓砖，曾有陶氏族居过，1983年1月在九江市郊赛阳公社汤桥大队建房时发现宋墓，"浔阳陶府君十九郎，五柳之明宗，本柴桑人，宋太平兴国八年寝疾而终"。

丹公殁而公孤寡而贫矣！湛母以纺织养儿，课读教儿。

无锡《锡山谱》有敕曰："宣猷服采，中朝舒报勖之忱，锡类推恩，休命示酬庸之典，尔陶丹乃荆州刺史，八州大都督陶侃之父，令德践修，义方夙著，诗书启后，用彰式谷之风，礼乐传家，党作教忠之则，兹特封尔为柴桑侯，锡之敕命。于戏，笃生砥柱之材，功归庭训，丕焕丝纶之色，用播天章。”

明年十二月，魏禅位于晋，改元泰始。

一曰，鹤问湖即鄱阳县城北四十里街处，而城北三里荐福寺为丹公葬地，此或因同公葬地所讹传，而再北六里为陶家渡，一名桃叶渡，亦曾有陶氏族居过。

五代陶茂麟有感太尉侃祖墓门采樵状："右军子将感毅抚第，二将子充指挥典使，陶茂麟不辞浃贵，敢具旦诚，上瀆台聪，窃以远祖晋太尉祖墓在鹤问湖西白鹤乡兴良社，年代深远，具载书府图经，自来敕禁采樵，有边侧人户，妄有斫伐，惊动冥灵，欲乞令公台选，特赐禁治，庶边邻知畏，历具祖牒家谱敬告，非特茂麟一身仰德，九族叩恩，俯听处分。太和九年五月具。"又有杨渥判启："德化王食邑二百户杨判。陶太尉声光克盛，门族显赫，引彼子孙，在明朝宜加委用，顾惟坟寝在藩室，不为保持，何以敬前贤，何以劝后世，备榜本县，条加禁约，毋得欺凌砍伐，倘有所闻，咎不容恕。"

《异苑》载公微时遭父丧，有人长九尺，形端悦，通体刺字不可识，心怪非常，出庭拜送。此人告公曰："吾是王子晋，君有巨相，故来相看。"于是脱衣帢，服仙羽，升鹄而腾扬。

王隐《晋书》载，丹长子操任武昌私还视丹病，丹责以"朝廷用我为边将，取尔为伍，而敢越法移行"，竟不见，此足以证公父教之严，不独母教。

《晋书》："朱伺曾少为吴牙门将，陶丹给使。"伺卒于建武元年（317）年六十余，则为给使时年仅十四五。

吴末帝孙皓建衡三年（271）公十三岁。

是年五月宗人陶璜复取交趾、九真，越南皆降吴，吴以璜为交州牧。

公既幼孤贫，曾以捕鱼为业，今都昌钓矶山，即古石壁，旁有钓矶，公少年时曾坐此石而钓，累年不移，矶之石上，公之迹犹在。《异苑》载公尝于此山下撒网，得一织梭，回家挂于壁上，有顷雷雨大作，梭化成赤龙，腾空而去，钓矶即公得梭之雷泽。古今记钓矶在椒邱（在新建区北）下流二百六里，后人吟咏甚多。

刘柏诗："数只桐江丝，半湖蟠江水。未试扶日功，且钓西山雨。不为庐江征，肯为苍生起。"徐登泰诗："矶头风景不堪题，却笑陶侯坐钓时。山势北来云匝地，阳光东起树交枝。一梭跃水名犹在，八翼折天梦亦疑。凭吊令人增慨慕，江风江雨遍江湄。"吴旺诗："垂丝运甓一般心，系得神州免陆沉。片石至今灵物护，潇潇风雨老龙吟。”余光谦诗:“清淡坐砥笑沉浮,一线竿头钓八州。任是壁间梭化去,矶头且把五湖筹。”邵新远诗：“数尺珊瑚竿，一片莓苔石。藏器待时来，据忠扶晋室。”邵有道诗：“未把英雄入纲罗，丝竿三尺卧烟波。自从受荐庐江后，夜夜神龙护钓梭。”古人真把钓矶比作蟠溪、严濑，姜尚、严光、陶侃处时遭遇虽不同，其志则相同,同是:“垂丝运甓一般心,系得神州免陆沉。”“一丝竿头钓八州”而已。

新淦为公母祖居，在临江府城东北清江镇有化梭亭，新淦东门里许的百花洲，有陶桓公读书台。盖公幼时其母归宁，居此较久，读书于此，闲则至赣水捕鱼，后人为筑化梭亭、读书台以为纪念，施闰章有《陶桓公读书台记》：

城东百华寺则有陶公侃读书台，其下曰洗墨泉，亦以陶公名，余按部至淦，祭练公子宁祠已，乃策驽而登望焉！其寺荒寂若无人，洗墨泉秋为井，独其台爽垲冠山椒，左引城郊，下俯干江，而背枕东江，万岭参差，蟠结接于峡，盖练公之故里也。于是严霜既降，雾日斯和，丛兰丹枫，照耀岩谷，水西居人，烟火断续迷离，所谓百丈峰者，不可即，而巍然在望，台之胜于是焉具。按陶公鄱阳人，后徙浔阳，志载其母湛为淦产，或偶过外氏，遂读书耶。公尝运甓投搏，自言当惜分阴，度其执卷陈册时，志未尝须臾忘天下也，卒之奋迹艰难，数以偏旅当大寇，在军四十余年，招携怀远，破灭群丑，节镇八州，拜大将军，剑履上殿而谦退固让，及其引疾逊位，归符节幢，盖于朝以功名终，谓其喜读书焉可矣！史訾其据兵上流，尝有窥晋之意，以折翼之梦而止，夫舍其平生行事，而以梦掩其大节，是孰证而孰信之哉？是说也，前人论之详矣！余不必详辨，台东北四百步山谷间为刘次庄献鱼池，堤崩水涸，戏鱼台石刻不存，而土人言其鱼善斗，绝异常鱼，春夏间尚有之。嗟乎以练公之忠，生于淦邑，过其里者，宜无不凭吊。陶公不过偶至其地耳，其遗迹与次庄石刻同归蔓草，而后人每流连不能已！然则其人之碌碌者，虽名园别墅雄踞都会，不移时而另落榛莽，其贤者，无论其生长之故里，即凡偶焉游憩谪居之所，阅千百年荒陬穷谷，其风流余韵追慕之不衰。余登临四望，屹乎有兴奋焉者，书以遗后之君子。

施闰章，清康熙时人，字愚山，有《施愚山集》。又有《陶桓公读书台用韵》，注曰："其东北即刘次庄戏鱼塘，今废。"诗云："山寺鸦啼灌木阴，荒台有客共登临。云开远岸青峰出，江拥孤城白雾深。春草迷离弦诵地，夕阳凭吊古今心。野塘流水浑无恙，旧刻残碑何处寻。"

百华寺亦作百花寺在百花洲，府城东北州有化梭亭，云为晋土行故迹也，土人谓公微时，渔于雷泽中，得一织梭，归家悬于壁，一日雷电起，梭化为赤龙飞去，后人为立亭于陶母墓侧。

是新淦除陶桓公读书台外，尚有化梭亭、陶母墓，陶桓公幼时随母归宁在新淦固无庸置疑，有台也无疑，唯亭与墓则或为后人以公为名人，其名胜古迹何妨处处有之。

或曰公网梭化龙之夜，梦生八翼，飞而上天，见天门九重，已登八重，唯一门不得入，阍者以杖击坠地，折其左翼，及醒悟，左腋犹痛。公之一梦，千古传疑，而忌者亦以此诬之，果谁知耶？或曰为孙盛秉、庾亮意志而强加的，是耶非耶？有耶无耶？又曰：公曾如厕，见数十人悉持大印，有一人朱衣介帻（一作平上帻，文者长耳，谓之介帻，武者短耳，谓之平上帻）自称后帝，敛板曰："以公长者故出相见，说富贵莫可言，君富贵至极，后当为公，位至八州都督。"公便起身，旋失所在，有大印作公字，当其秽处，杂五行书，曰厕神曰后帝也。

时有善相者师圭谓公曰："君左手中指有竖理，当为公，更彻上贵不可言。"公归，以针决其纹理，见血洒壁成"公"字，以纸帙手拭血，"公"字愈明，更彻上不可得。

《晋书》曰："及都督八州，据上流，握强兵，潜有窥觎之志，每思折翼之祥，自抑而止。"李世民一代英主，房玄龄一代名相，不辨事实之有无，却凭主观臆测，对一代纯臣，不能为之澄清，使其身后长受讥议，悲乎！

晋武帝司马炎太康元年庚子（280）公22岁。

春三月，"王浚楼船下益州，金陵王气黯然收。千寻铁锁沉江底，一片降幡出石头"。吴主孙皓降晋，时宗人陶浚假节钺为镇南大将军荆州牧，封勾容侯，与皓表云："武昌以西，并复不守，不守者非粮不足，非城不固，兵将背战耳。"企图决一死战，惜未战而溃。宗人交州牧陶璜犹不肯望风款附，皓遣璜子融持手书谕之，璜流涕数日降。融，武平都尉，其妻陈窕有集，今存《筝赋》。

伊夫筝之为体，唯高亮而殊特，应六律之修和，与七始乎消息，括八音之精要，超众器之表式，后夔创制，子野考成，列柱成律，既和且平，度中楷模，不缩不盈，总八风而熙泰，羌贯微而洞灵，牙氏坏眉而奋手，钟期倾耳以静听，奏清角之要妙，咏驺虞与鹿鸣，兽连轩而率舞，凤踉跄而集庭，泛滥浮沉，逸响发挥，翕然若绝，皎如复迴，尔乃秘艳曲，卓砾殊异，周旋去尚，千变万态。

瑱仍牧交州，封宛陵侯，冠军将军，浚入晋为散骑常侍，孙馥、弟抗入晋为太子中庶子，抗子回为散骑常侍。

初，公幼家贫，捕鱼为业，既将冠，作鱼梁吏[①]。尝以坩饷母[②]，母封鲊还付使者[③]，反而作书责之曰："汝当吏以官物见饷，非唯不益，乃增吾忧也。"

湛母虔恭有智算，贤明有法度，既寡而又贫，纺绩以资生，诗书以教子，教公使结交胜于己者，侃公幼好嬉，母教之以正。

鄱阳范逵，素知名，举孝廉，于冬日，过公家门，拟投宿。这时冰雪积日，室如悬磬，而范逵车马仆从甚多。邻人见范逵车马至门，谓公曰："公门前长者车，胡不延之，以谈天下事。"公云："奈贫无酒醴。"遂入见母，母即谓公曰："汝但出外留客，吾自为计。"湛母头发委地，截发为二发，卖得数斛米，又斫诸屋柱，悉割半为薪，锉诸席荐以为马草，日夕遂设精食，乐饮极欢，从者皆无所乏。又传邻人亦以浊酒只鸡置墙头。逵与公语，叹公之才辩，又深愧其相待之厚意。明旦离去，公追送不止，且百里许。逵曰："当相谈致，至洛阳，当更相为美谈。"公乃返。

延宾之情，千秋美谈。延宾之地，百邑竞慕。今传延宾之地，有下列几处：

1. 在今都昌老庙。

2. 在鄱阳南隅，城内肖家巷，当公为县吏时所居，后长沙公延寿，降为侯时，于城内锦昭坊，建宅而居，宋天圣年间为安国寺。

3. 在寻阳县，云公为寻阳县吏时所居，该时寻阳治在江北黄梅县西南。

4. 在河南虞城有延宾坊，云是陶母延宾处，窃所难解，公不可能居虞城。

---

① 鱼梁者，非地名，仍堰水为关孔，以捕鱼之处吏者，即管理捕鱼的小职员，相当于今之渔政管理。

② 坩，盛鲊的土器，藏腌鱼、糟鱼。

③ 西晋初期，连年战争，渔民不堪重赋，多数渔民以鱼课税，朝廷将渔民上交来的水产品加工成腌鱼，送往前线士兵食用。陶侃送给母亲的一坩鲊，正是用熟黄泥封口加压官印，所以陶母一见，便知是官物。

地应在鄱阳，但逵为鄱阳人，过路拟投宿，则老庙地处交通要道，正北上庐江必经之处，是乃延宾之地。公与范逵为鄱阳县吏时必曾相识，是以冬日逵回家时，过其家。

昔王十朋有《请题延宾坊》云："门外俄临长者车，贤哉阿母断青丝。虽然发去名长在，坊曰延宾千古奇。"

陶成有《延宾楼记》："鄱阳城五里许曰牛眠，余先晋桓公母在焉。由晋迄今千余年，墓碑隐见，长松挺然。辛卯余客鄱阳，得瞻拜母墓，久之将没于荒烟蔓草中矣！余同年李君汝霖宰是邑三年，访古之下，慨然重修。城内旧延宾坊故废，乃易为楼建墓前，俾鄱阳士女，四方游观，登高望远。慨然而兴焉：此贤侯之感也，而修废坠，侯之名亦不朽矣。"

延宾之坊，如此之多，后人怀母之德，树为纪念以教育后人者也。孟母、陶母、岳母、欧母史称四大贤母。

唐浩虚舟有《陶母截发赋》，赋以宾至情极，无惜伤毁为韵。

> 陶家客至兮方此居贫，母氏心耻兮思无馔宾。断鬓发以将贸，庶珍馐而具陈。欲明理内之心，不求尽饰。庶使趋庭之子，得以亲仁！原夫兰客方来，蕙心斯至。顾巾橐而无取，俯杯盘而内愧。啜菽饮水，念鸡黍而何求。舍己从人，虽发肤而可弃！于是搔首心乱，低眉恨生。畏东闾之恩薄，归北堂而计成。拂撮凝睇，抽簪注情。解发而凤发花折，发匣而金刀刃鸣！喜乃有余，惭无所及。窥在握而错落，抚垂领而绸直。锋芒不凝，翻似雪之孤光；倭堕徐分，散如云之翠色！已而展转增思，徘徊向隅。元鬓在颅而散乱，青丝委箪而盘纡。象栉重理，兰膏旧濡。伤翠凤之全弃，骇盘元之半无！观夫擢乃无遗，敛之斯积。凝光而粉黛难染，盈握而腥膻是易。将成特达之意，欲厚非常之客。宾筵既备，空思一饭以无惭；匣镜重窥，岂念同心而可惜！及乎宴罢空馆，闲成晓妆。粗换新髻，钗迷旧行。诚伐木之可亲，疏而是愧；苟如珪之足慕，断亦何伤！重义者情莫违，厚慈者身可毁。语其决，同勉虞之一战；思其仁，逾训孟之三徙。昔咸曰，陶氏所以成大名，母贤如此！

晋武帝太康四年癸卯（283），公 25 岁。

时公因职守寓居庐江之寻阳，寻阳在江北黄梅境内。公已纳室龚氏，籍属武陵，寓居豫章。吴大帝时有龚石，共十五妻，一妻为龚，子洪、瞻。其余姓氏不详。

周访字士达，小公一岁，亦寻阳，沉毅谦让。周室振乏，家无余财，时为县功曹。公为散吏，周访荐为主簿。庐江陈训善相，相公与访曰："二君皆位至方岳，功名略同，但陶得上寿，周得下寿，优劣更由年耳！"乡人曾盗访牛杀于冢间，访寻得之，密埋其肉，不使人知，"冢间埋肉"成千古佳话。访既与公相知，便以女许公次子瞻。

范逵过庐江向太守张夔称美之。张召公为督邮，领枞阳令。公为令有能声，民怀其德，后为建惜阴亭，今遗址犹在。枞阳不见于晋地理志，汉所置，故址在安徽桐城西南。范逵知延宾事，语人云："非此母不生此子。"

惜阴亭在安徽枞阳县城内百步云梯山下，原名运甓亭，取陶侃立志收复中原失地而运甓自励之事，明正德二年（1507）更名惜阴亭。亭于抗日战争中遭毁。亭前有墨池，池原为一水塘，相传公任县令时曾在此洗刷笔砚，遂名洗墨池。池为椭圆形，周长十六尺（约 3 米），深三尺（约 1 米），池东西壁上，有宋吴绍、明杨子升遗诗石刻。今池尚在，壁上题刻多清晰可辨。池东面原尚有纪念陶公的陶公祠，今已毁。

晋武帝太康六年乙巳（285），公 27 岁。

时下承平，九域同归，举善进才，君臣论治。刘毅上疏，罢中正，除九品，改变"上品无寒门，下品无势族"。帝虽善其言，而终因为势族所挟持不能改，但寒门之士，亦渐此以进。

公为枞阳令有能名，枞阳之民怀其德，故被选为庐江郡主簿。会扬州部从事至庐江，欲有所按。公闭门部勒群吏，使勿惊恐失措，出谓从事曰："若敝邑有违法事，自当明宪直接绳以法，不应相逼若是，若不以礼，吾能自御之。"从事惊而退去。

太守张妻有疾，将至鄱阳迎郑医于数百里之外。时正遇寒雪，诸纲纪（仆役）皆有难色，各以有疾辞。公独曰："资于事父以事君，小君（太守夫人）犹母也，安有父母之疾而不尽心，迎医而不即行者乎？"乃请行，众皆服其义气。

长沙太守万嗣过庐江见公，虚心敬悦曰"君终当有大名"，命其子与之结友而去。

晋惠帝司马衷永熙元年（290），公 32 岁。

四月晋武帝崩，太子即位，是为惠帝。杨骏辅政。秋八月立遹为太子。

交州牧陶璜薨，璜镇交州三十余年，威恩著于殊俗。璜开置武平、九德、新昌三郡及九真属国三十余，对开发越南中、北部起了巨大作用，开吴时殊禁，听商旅往来。及卒，举州号哭。所谓："汉武中兴，马援雄绝域之志，晋武一统，陶璜布殊俗之恩，恩随往成，功与时并。"吾彦代刺交州，璜子威淑，璜墓在当涂。璜裔流入越南。

公仍为郡主簿，范逵至洛阳，称公于杨晫，晫为十郡中正，举公为鄱阳小中正，始得上品也。

晋惠帝司马衷元康二年壬子（292），公34岁。

去年三月贾后杀太傅杨骏兄弟，又杀汝南王亮、楚王玮。贾后专政，以张华为侍中中书监，裴頠为侍中，委以朝政，又令天下，察举孝廉。汉武帝元光元年（前134）董仲舒议举孝子，廉吏各一人，后来二科会为孝廉一科。各郡荐举一至六人，一般每年一次，曹魏行九品中正制，各州郡设"中正"察举人才。

范逵至洛阳，既称之于杨晫、顾荣，群论获得美誉，晫为十郡中正，举公为鄱阳小中正，始得上品也。于是张夔察公为孝廉。

公至洛阳，时晫为豫章国郎中令，为乡论所归，以往诣之，晫曰："《易》称贞国是以干事，陶士行是也。"（杨晫，《世说新语》作羊晫）。

公借范逵、杨晫之荐，数往见张华（233—301）。华初以公为远士，不甚接见。公每往见，神无忤色。华住东阳门外马道里，博物多闻，载书三十车，文史溢于几箧。公浏览书史，非老庄浮华，进先王之法。华与语异之，除公为郎中，公亦得博览书史，华谓公曰："后来匡主宁民，君其人也。"

华携公、长史牵秀（？—306）及司隶傅咸（239—294）、博士潘岳（247—300）同至城南宣阳门外灵台游历，同赏相风乌，并同作赋，公之赋云：

> 乃有相风之为形也，终日九征。桀然特立，不邪不倾。拟云阁以秀出，晞峻岭于层城。直南端以基址，双崇魏之峣峥。象建木于都广，邈不群而独荣。朴虽小而不巨，何物鲜而功大。眇翩翩以高翔，象离鹍于云际。擢孤茎而独挺，若芙蓉于水裔。若乃华盖警乘，奉引先驱。豹师在后，葳蕤清路。百僚允则，彰我皇度。

相风乌者，古占风之器，汉武时立于长安之灵台，采修竹于层城，历寒暑而不易，上翔相风铜乌，下踞金虎神兽，候九霄之风云，知人间之应变。东汉都洛阳，光武于城南三里，许筑灵台，高六丈，方二十步。魏作《相风赋》者有傅玄（239—294）及杜万年。玄之赋曰："昔之造相风者（或曰相风乌，夏禹所作），其知自然之极乎！其达变通之理乎！上稽天道阳精之运，表以灵乌，物象其类。下凭地体安身之往，镇以金虎，玄成其气。风云之应，龙虎是从。现妙之征，神明所通。夫能立成器以占吉凶之先见者，莫精乎此。乃构相风，因设象形，度蜿盘虎以为趾，建修竿之亭。体正直而无挠，径挺身而出而不倾。栖神乌于竿首，候祥风之来征。"玄子傅咸既同游，其赋曰："相风之赋，盖亦众矣，然辞义大同。唯中书张令，以太史相风（傅玄），独无文饰，故特赋之。太仆寺丞武君宾树一竹于前庭，其上颇有枢机，插以鸡毛，于以占事知来，与彼无异，斯乃简易之殊，有殊太史相风。张氏之赋，非其至者也。翟翟竹竿，在武之庭。厥用自然，既修且贞。插羽其首，丹漆弗营。经之营之，不日而成。"

张华之赋云："太史侯部有相风在西城上，而作者弗为。岂以其托处幽闲，违众特立，无羽毛之饰，而丹漆不为之容乎！盖在先圣，道济生人。拟议天地，错综明神。在璿玑以齐七政，象浑仪于陶钧。考古旁于六气，仰贞观于三辰。爰在保章，世序其职。辩风侯方，必立唯极。循物致用，器不假饰。眇修于之迢迢，凌高墉而茎植。玄鸟偏其增翥，晞云霄而矫翼。嘉创制之穹理，谅器浅而事深。涉元气于寻木，寄先识于兹禽。既在高而思危，又戒险而自箴。虽回易之无常，终守正而不淫。永恪立以弥世，志淹滞而愈新。超无返而特存，差偶景而为邻。"

潘岳之赋曰："采修竹于层城，历寒暑而靡凋。踞神兽于下趾，栖灵乌于上标。混元恍其初判，二气变而无穹。动靡微于不兆，象有始而必终。思先天而不违，立成器以相风。栖灵乌于帝庭，似月离乎紫宫。飞轻羽于竿杪，若翔鸾乎云中。广谟兴而习坎，景风发而溯离。阊阖扬而曲指，明庶起而东移。"

牵秀赋仅存："幽林绝响，巨海息波。"杜万年赋只存序："太仆傅侯，命余赋之，诚知武夫非荆宝之伦，长庚启明非曜灵之匹。"

公善诗赋，惜今所传者，唯此一赋，或传公尚有《寻龙捉杖赋》及《捉脉（地脉）赋》，疑后人依托。晋作《相风赋》者，尚有孙楚（？—282）及左芬（？—300）。

晋惠帝元康三年癸丑（293），公 36 岁。

太子遹立于永熙元年（290）八月，张华为太子少傅，储选殊难其人，华以公既以孝行闻于世，又善谈论，言玄理，尤明诗易，特召公为太子中庶子，后太子废于元康九年十二月。据《太平御览》卷245，引自陶氏家传，或疑无此任用，然华既异公，岂能不荐。

晋惠帝元康四年甲寅（294），公36岁。

吴大帝孙权弟孙匡之孙孙秀，泰始六年奔晋（270），这时为伏波将军，自以为亡国支庶，府属之望不显，中华人士，耻为掾属，以公出身寒宦，乃召为舍人。（此孙秀非越王伦嬖人琅琊孙秀。）

《晋书》曰："公在军四十一载。"胡注以刘弘辟公始，按弘辟公在太安二年（303），只三十一。

这时晋室尚清谈之风甚盛。"饰为高谈之具者，深列有形之累，盛陈空无之美。形器之累有征，空无之义难检。辩巧之文可悦，似象之言足惑。众听眩焉。"裴頠虽著《崇有论》亦难挽颓风，卒成亡晋，侃公深耻老庄之浮华，非先王之法。

晋惠帝永宁元年辛酉（301），公43岁。

去年赵王伦废贾后，鸩之，杀张华、裴頠。又杀淮南王允，今年正月，伦即帝位。夏四月，齐王冏等杀赵王伦，诏加九锡，辅政，辟吴相顾雍孙顾荣为中书侍郎。

这时伏波将军孙秀卒，公无所属。杨晫与公同乘往见中书郎顾荣，荣甚奇之。吏部郎温雅谓晫曰："奈何与小人共载！"晫笑曰："此人非凡器，乃寒俊也。"公曾为顾荣行司马，典论功事。

晋惠帝太安元年壬戌（302），公44岁。

尚书令乐广欲会荆扬人士，武库令黄庆进公于广，人或以为非是。庆曰，"此子终当远到，复何疑也。"庆时为吏部令史，于是举公补武冈令。与邵陵太守吕岳有嫌，仍回庐江郡，为郡小中正。

晋惠帝太安二年癸亥（303），公45岁。

近年来八王相残，生灵涂炭，士民流离，去年十一月齐王冏被杀，长沙王乂被专政，李特起义于蜀，今年正月取成都，建立成汉，改元建初。时新野王歆督荆州，为政严急，失蛮夷之心。义阳蛮张昌，因民之怨，聚党数千人，值诏荆州发武勇赴益州讨成汉。民惮于远征，逃而为盗。张昌遂起义于安陆，诸道兵皆败。这时江夏大熟，昌遂据之，奉刘尼为汉后，建元神凤，锐不可当。于是诏以刘乔为豫州刺史，屯汝南，刘弘为荆州刺史，统赵骧，羊伊屯宛。又诏雍州刺史刘沈出蓝田，共讨张昌，司马歆至樊城为昌所杀。遂诏由刘弘督荆州，弘辟陶公为南蛮长史，遣先向襄阳讨张昌。旋以公为大都护，率参军蒯恒，牙门将皮初等据襄阳。张昌之党时已攻破荆、江、徐、扬、豫州各地，其锋甚盛。刘弘遣公等攻张昌于江夏、竟陵，大破之，前后斩首数万级。昌逃于长沙下隽山，其众悉降，荆土平。刘弘谓公曰："吾昔为羊公参军，谓吾后当居身处，今观卿，必继老夫矣。"是年《资治通鉴》初见陶侃之史。

刘弘于是随任授职，劝课农桑，宽刑省赋，百姓爱悦。有《补选缺吏表》云：

> 被中诏，敕臣随资品选，补诸缺吏。夫庆赏刑威，非臣所专，且知人则哲，圣帝所难，非臣暗蔽所能斟酌。然万事有机，毫牦宜慎，谨奉诏书，差所应用。盖崇化莫若贵德，则所以济屯，故太上立德，其次立功也。顷者多难，淳朴弥凋，臣辄以征士伍朝补零陵大守，庶以惩波荡之弊，养退让之操。臣以不武，前退于宛，长史陶侃、参军蒯恒、牙门皮初，勠力致讨，荡灭奸凶。侃、恒各以始终军事，初为都战帅，忠勇冠军，汉沔清肃，实初等之勋也。《司马法》"赏不逾时"，欲人知为善之终福也。若不超报，无以劝徇功之士，慰熊罴之志。臣以初补襄阳太守，侃为府行司马，使典论功事，恒为山都令。诏惟令臣以散补空缺，然沶乡令虞潭忠诚烈正，首唱义举，举善以教，不能者劝，臣辄特转潭补醴陵令。南郡廉吏仇勃，母老疾困，贼至守卫不移，以致拷掠，几至殒命。尚节令史郭贞，张昌以为尚书郎，欲访以朝议，遁逃不出，昌质其妻子，避之弥远。勃孝笃著于临危，贞忠厉于强暴，虽各四品，皆可以训奖臣子，长益风教。臣辄以勃为归乡令，贞为信陵令，皆功行相参，循名校实，条列行状，公文具上。

朝廷以襄阳名郡，欲以弘婿夏侯陟为襄阳太守，弘固请以皮初为襄阳太守，表云："夫统天下者，宜与天下同心，化一国者，宜与一国为伍，若必姻亲，然后可用，则荆州十郡，安得十女婿，然后为政哉！""陟姻亲，旧制不得相监，皮初之勋，宜见酬报。"

刘弘以零陵米三万斛济罗尚以固西陲，驰改鱼酒之法。时流人在荆州十余万户，羁旅贫乏，多为盗贼，弘乃给其田种粮食，擢其贤才，随资叙用，进拜侍中，镇南大将军，开府仪同三司。王船山曰："晋保江东，以存中国正统，刘弘之力也，弘任陶侃、诛张昌、平陈敏，而江东复为完土，侃长以其才，而弘大以其量，惟弘能用侃，侃固在弘帡幪之中也，夫弘又岂徒以其量胜哉！弘无往而不持以正者也。司马越之讨颙，颙假诏使弘攻越，弘不为颙攻越，亦不为越攻颙，而但移书以责其罢兵，正也。颙逆而越亦不顺也，恶张方之凶悖，不得已择于两者之间，而受越节度，亦正也。受越节度，终不北向以犯阙诛颙，亦正也。张光者，颙之私人，讨陈敏有功，不以颙故而抑之，亦正也。天下方乱，而一之以正，行乎其所当行，止乎其所当止，不为慷慨任事之容，不操偏倚委重之心，千载而下，如见其岳立海涵之气象焉。使晋能举国而任之，虽乱而可以不亡，惜乎其不能独任，而弘亦早世以终也！微弘则周玘、顾荣、贺循，无所惮而保其贞，微弘则陶侃无所托以尽其材，微弘则琅琊南迁，王导亦无资以立国，晋不能用弘，而弘能用晋。呜呼！当危乱之世，镇之以静，虑之以密，守之以大正，而后可以为社稷之臣，挟才而急于去就者，益其亡尔，有士可恁，有人可用，而褊心诡亿以召乱，曰：吾以行权，权其可与立未与者道乎！”

晋惠帝永兴元年甲子（304），公46岁。

年初，乂、颖相残，东海王越得利，乂既被杀，颖后亦还第，十二月东海王越为太傅专政。匈奴刘渊逃归左国城，秋即汉王位。

张昌既平，公以军功封东乡侯，食邑一千户。刘弘署公为江夏太守，公母湛，时已回鄱阳老屋，公遂备威仪，迎母官舍，乡里皆以为荣。是年陶公故居都昌，由鄱阳郡划属寻阳郡。

晋惠帝永兴二年乙丑（305），公47岁。

成都王颖、河间王颙据山东，起兵与越相抗，天下大乱。镇南大将军刘弘专督江汉，威行南服，人争赴之，咸曰：“得刘公一纸书，贤于十部从事。”

庐江陈敏，既破克封云、石冰，以功为广陵相，有割据江东之心，其父忧之而卒，敏去职，越起敏为右将军、前锋都督，越军败，敏请东归收兵，遂据历阳，十二月叛，东掠诸郡据有江东，收罗亡吴子弟，咸加秩命。自称楚公。

刘弘遣公以江夏太守加鹰扬将军及武陵太守苗光率军屯夏口，又遣南平太守应詹督水军继之。公与敏同郡又同岁举吏，随郡内史扈环间公于弘曰：“侃与敏有乡里之旧，居大郡，拥强兵，脱有异志，则荆州无东门矣。”公潜闻之，遂遣子洪及兄子臻诣弘为质以自固，弘皆引为参军。弘曰：“侃之忠能，吾得之已久，必无异志。”遂资而遣归。曰：“贤叔征行，君祖母年高，便可归也，匹夫之交，尚不负心，况大丈夫乎！”

陈敏以陈恢为荆州刺史寇武昌，弘加公为前锋督护，使与诸军并力击恢，公乃以运输船为战舰，或以为不可，公曰：“以官船击官贼，但须列上，有本末耳，何为不可。”于是击恢，所向必破，又与皮初、张光、苗光共破钱端于江夏长岐，时公率水军为前锋，张光从陆路，设伏于野，苗光从水路，藏舟于沔水，诱钱端至，伏发而大破之，恢、端遂不敢闯境。

公戎正严肃，凡有虏获，皆分与士卒，一身无私，是以将士信服。

朱伺字仲文，安陆人，少为公父吴牙门将陶丹给使，公为江夏太守讨陈敏时，以伺能水战，乃署为作大舰署，为左甄据江口，摧破敏前锋。又从公破陈恢、钱端，后敏乱既平，以功封亭侯领骑督，伺求公分安陆东界为滠阳县。

晋惠帝光熙元年丙寅（306），公 48 岁。

秋八月，车骑将军、侍中、开府仪同三司、荆州刺史兼都督荆州军事，新城元公刘弘卒（238—306），司马郭励作乱，郭舒奉弘子璠墨绖讨励而斩之，襄沔肃清。

六月李雄即皇帝位，国号大成。

成都王颖兵败奔朝歌，被执送邺，十月杀之。十二月，河间王颙被征，于路杀之，越专朝政，八月已为太傅，录尚书事。

十月，越表刘琨为并州刺史。时并州饥馑，数为胡寇所掠，邑野萧条。琨至晋阳，抚循劳徕，流民稍集。从此刘琨孤军奋战达十二年之久，为晋力守并州，存一寸土。

十一月惠帝崩，已无子，太弟炽即位。

晋怀帝司马炽永嘉元年丁卯（307），公 49 岁。

三月，甘卓、顾荣反正，攻陈敏，斩之，江东平。刘弘既死，荆襄始乱，湛母又老病，公遂奉母还鄱阳老屋。十月二十四日，湛母卒，公丁忧去职。七月琅琊王睿都督扬州江南诸军事，假节镇建业，八月分荆江八郡为湘州。

公欲为母营葬而无吉地，亲身芒土作砖，有一斑牸牛载砖车而勿见，遂令仆役往寻之，路遇一老父，指曰：“汝家主寻善脉，前山见一牛眠山湾中，此必君家之牛，牛所眠处，下有世真穴，便好作墓安坟，此地若葬，当位极人臣，为方岳矣！”又指一山云：“此亦其次，当世出二千石。”言讫不见。（《祖台之志》则云公自往寻牛。）或曰老父者乃朱提郡郭志生，少得导引之术，汉元初间（约 114）须弥女史戚逍遥来游南土，又以道法授之，既精通地理，更喻天机，游世已四百余年，如五十许人，有短卷书二簏，常负之而行。

仆牵牛记地，归而告之。公即营穴，后葬母于此。以所指别山告周访，访后葬父于此。自访以下三世，刺梁益者四十一年。

史传陶母冢有多处：

1. 南康都昌石壁山，唐皇甫湜、舒元舆均有碑记。

2. 九江德化县白鹤乡鹤问湖畔的太和垅，此或由丹公葬地所讹。

3. 临江新淦里东百步，南唐徐锴有碑，湛母生于新淦，或后人念之，为之作冢。

4. 抚州临州县南四十里的抱冈山村，此与新淦相近。

5. 鄱阳城北三里荐福寺北为丹公葬地（疑为同公所误），再北三里有牛眠嘴。

6. 瑞昌甫乡兴良社亦有牛眠嘴。

世以唐皇甫、舒二碑证之，以都昌为是，在谢灵运石壁精舍之侧。

后世以孟母三迁、陶母截鬓、岳母刺字、欧母画荻教子，虔恭有智算，贤明有法训为世之四贤母，教子成名，流芳千古。

皇甫湜碑记，后陶宗仪读之，不觉泪滚而下。碑云："陶侃母得古正之道，发人伦之本，将示教于天下，谓朴散俗坏，乐溃礼缺，有子不教，不至于道。若失大训，不可登于伟望。乃求师傅，延英茂，终日迫于用，不欲子却客。俄而车盖载止，饩馈并竭。苟失其人，子将不进。计画始成，确然独断，谓发可弃，训不可失，乃金刀既止，鬒发云散。怡然无咨嗟之色，俨若待宾之具。上恐不足以显恭，下未可谓训子。顾其母激忿填膺，寸晷是学，不迨于至，以起圣人之域，焕乎贤者之业。且礼信仁义，君子之事，妇人何得而知？盖世道大丧，其俗已乱，故妇人贤者得以行其事。千古之下，厥行独明。当时为人之父，为人之母，睹斯行，闻斯举，得不激厉乎？天下皆如陶母之志，则天下皆陶之子也。盖人谓子幼而蒙稚，不致精训，致悖大道，乱人纪，良可惜哉！铭曰：发也者，为养之具。宾也者，致教之英。苟非异礼，孰能作世之程。千载之下，如陶之母，安可继乎齐英！"

后人题咏甚多，舒梦兰诗："濒湖作墓墓不崩，千年石花穿绣藤。潜虬踏云未敢升，矶前白波如素绫。于戏教子何兢兢，妇人千载独著称。古之豪杰犹难能，老蛟过此恒畏罾。叩额向梭梭欲腾，母之令德龙所凭。长沙桓侯常朝母，牙旗甲马明千灯。"吴鸣凤诗："惊波啮岸岸不崩，千年华表偎瘦藤。团团寒玉东方升，荒烟野蔓如织绫。游人过此恒兢兢，桓侯之迹众所称。不坠母教人谁能，老鱼燃竹不敢罾。神梭夜夜波心腾，母之灵兮龙所凭。有客招魂歌楚奏，松际一点如漆灯。"

唐舒元舆《陶母坟板文并序》："常母之道，恩胜威，威不胜恩。常子之性偏以骄，出由此也。偏气袭正气，正气败绩，故往往恩过骄过。而闺门间有触命觗教，磨去法用者相半，古孟氏母警戒若此也。乃首以兼教子轲，轲三变而至于道，去千年而陶之母亦以兼教子侃，侃还至于道。慈容严严，离立相望。中央寂寥，希吾或稀。太岁在卯，予帆彭蠡，见谢灵运诗石壁，石壁东南行百步许，有高坟嵯峨，坟前有碑，书迹照湖。小子蹶起，疾眩视之，则陶母之字存。及落帆上陆，修式恪礼，以为父母教子大伦，不逃义方。然父之教，主于兼之，言恩威不偏胜偏失者，或骨髓间有泰昊之谬。故州吁、石厚变为贼敌，非父子邪？且母之教偏在慈，夫以兼教，犹有向者之谬，以偏教而无向者之谬或鲜矣！英英哲母，煦然化成。成之中而能以其子归其有极，是以陶家肥而晋家亦肥，鸿声芬馥，扑染他类。肯使专司晨索家之庇，到吾听乎！呜呼，贤母之风，可以卓往赫来，为千万年光，坟版不书，岂斯意邪，徘徊耸慕，纂成斯文，词曰：彭蠡之滨，峨峨高坟。有晋陶君，哲太夫人。前瞻千年，卜孟为邻。后千万年，卜谁为邻。西江悠悠，东湖滔滔。彭蠡有竭，斯坟更高。”

晋怀帝永嘉二年戊辰（308），公 50 岁。

慕容廆自称大单于。春，汉王渊遣诸将石勒及王弥等南据太行，东下赵魏，京师震动，诸郡多弃城走。十月渊即皇帝位，改元永凤。

是年公庐墓忽有二客来吊，仪服鳞异，不言姓名，不哭而退。公知其为非常人，乃遣仆从往视之，见其化为双鹤冲天而去。州里躁动，皆奇异之，谓其孝感神人。

或曰老人郭志生既指公墓穴，复欲东游，上成公石坦，为道伴王烈，嵇康往南海会鲍靓，没来相寻，因遇志生，言及公之事，述公之品行，成石曰：“盍往视之。”遂化为二客来。

无锡《锡山谱》有皇帝制曰：“壶教凝祥，嘉猷于朝宁。国常布惠，扬休命于庭帏。尔荆州刺史、八州大都督陶侃之母湛氏，截发筵宾，封鲊诫子。持家勤慎，含内美于珩璜。训后贤明，树良材于桢干。兹特封尔为国夫人。于戏，昭兹令善之声，荣殆勿替，食尔劬劳之报，庆典似隆（下署咸和九年）。”

晋怀帝永嘉三年己巳（309），公 51 岁。

三月高密王略薨，以山简为征南将军，都督荆湘交广四州诸军事，镇襄阳。简，山涛子，务清谈，嗜酒不恤政事。每见佳园林，置酒辄醉，名曰高阳池。以刘弘子璠得众心，恐百姓以其为主，表诏征其为越骑校尉。时荆州刺史王澄亦好清谈，纵酒不清庶事，南州遂乱。父老莫不追思刘弘。

春正月，汉徙都平阳，八月进攻洛阳，久攻不下，召军回。

晋怀帝永嘉四年庚午（310），公52岁。

汉主刘渊命石勒寇徐豫兖三州，王弥与之会合，晋军屡失郡县。七月渊殂，聪立，十月汉诸道南下，晋军败奔。

王如起兵，称藩于汉，又与石勒结为兄弟，山简被逼退屯夏口，勒既寇襄阳，复大掠江西（长江以北，襄沔以东）。荆襄大乱，公服将阕，东海王越急征公参其军事，都护汉州，预荆襄事。

晋怀帝永嘉五年辛未（311），公53岁。

六月，汉刘聪攻陷洛阳，掳走怀帝，百官蒙尘。

公方参越军，三月东海王越卒，华歆孙江州刺史华轶表公为扬武将军，使屯夏口，又以公从子臻为参军。轶与镇东大将军，都督扬江湘交广五州诸军事，琅琊王睿素不平，臻字彦遐，有勇果智谋，惧难将作，托疾而归，告公曰："华彦夏有忧天下之志，而才不足，且与琅琊不平，难将作矣！"公怒遣臻还轶处，臻遂东归建业，见琅琊王，王正收纳贤俊，辟百六之掾，见臻大悦，命臻为参军，加公奋威将军，假赤幢、曲盖、轺车、鼓吹，公乃与华轶绝。轶不受琅琊教命，睿遣扬州刺史王敦，历阳内史甘卓与扬烈将军周访讨逐而斩之。睿以甘卓为湘州刺史，周访为浔阳太守，公为龙骧将军，武昌太守，武昌治鄂城。

百六之掾有公及长子陶洪，侄臻。但洪不久即卒，年仅三十，子系未见。

晋怀帝永嘉六年壬申（312），公54岁。

洛阳既陷，中原大乱，天下无主，自去秋以来，天下饥荒，山夷多断江劫掠。公时为武昌太守，据中南要冲。为肃清盗贼，遂令诸将诈作商船以诱之，劫贼果至，生获数人。细询之下，是西阳王羕之左右。公即遣兵之西阳，逼羕令出劫贼。公整阵于钓台为后继，羕不得不缚送帐下二十人。公斩之。从此水陆肃清，流亡者归之者盈路，公竭资账给。西阳有豫川五水蛮，作市于郡之城东为交易之所，大获其利。四月，山简卒。

公既为武昌太守，承刘弘之余德，收集流亡，招纳贤俊。时有皇甫谧之子皇甫方回，少遵父操，兼有文才。永嘉初，博士征不起，避乱荆州，闭户闭居，未尝入城，蚕而后衣，耕而后食，先人后己，尊贤爱物。公闻之，礼之甚厚。公每访之，着素士服，望门辙下骑而进。

武昌东有长湖通江南，冬即涸干，公筑塘以遏水，名五丈湖，于是水不竭。

因取琅琊湖鱼菱置湖内，其菱异于他处，鲫鱼长有三丈。

并州刺史刘琨孤军奋战，八月失晋阳，奔常山。十月代王猗卢助琨复晋阳。

八月愍帝邺以皇太子摄位于长安，邺，武帝之孙。

杜弢于永嘉五年，因民之怨，集流民而起义，自称梁益二州牧，领湘州刺史于长沙。于是南破零桂，东掠武昌，杀二千石长吏甚众。荆州刺史王澄屡为弢所败，琅琊王以周顗代之。顗始至州，便狼狈失措。征讨都督王敦，遣公与周访、甘卓共击杜弢。王敦诛王澄，澄之爪牙王机奔广州，被迎为刺史，故山简参军王冲，拥众欲迎应詹为刺史。詹弃之还南平，冲自称刺史。

公之讨张昌，杜弢之流民起义，今或非之。然当八王乱后，五胡乘虚而入，荆棘铜驼，生灵涂炭，杜弢、王如又北结石勒，为民族计，公不得不奉诏征伐，以安荆襄。荆襄安，南朝才能立足江东。史评六代豪华，自刘弘、陶侃抚安荆襄始，其功长在！今太平盛世，求安乐团结，岂能咎公！

晋愍帝司马业建兴元年癸酉（313），公55岁。

夏五月怀帝凶闻至长安，愍帝即位改元。琅琊王命周访及广武将军赵诱受公节度以击杜弢，公令二将为先锋，又令侄臻弟舆为左甄，击杜弢破之。中州人张奕，至是率三百家欲投杜弢，为公所获，诸将请杀其丁壮，取其妻息，舆曰："此本官兵，数经战阵，可赦之以为用。"公赦之以配舆。公征杜弢至颍川长社，筑有陶城。

周访屯浔水城，杜弢掠其良口而围困之。公使明威将军朱伺救之，弢退保蕲春附近之泠口，公谓部将曰："杜弢必更步向武昌，吾宜还城，昼夜三日行便可至，卿等谁能忍饥斗耶！"部将吴寄曰："要当十日忍饥，昼当击贼，夜当捕鱼，足以相济。"公曰："卿真健将也。"遂自迳道还武昌以待之，弢果增兵来攻，公使朱伺逆击大破之。弢遁归长沙，获其辎重，杀伤甚众。周顗出浔水，被王敦留于豫章，公使参军王贡告捷于王敦，敦曰："若无陶侯，便失荆州矣，伯仁方入境便为贼所破，不知那得刺史。"贡对曰："鄙州方有事难，非陶龙骧不可。"敦然之即表公为使持节宁远将军、南蛮校尉、荆州刺史，领西阳、江夏、武昌，镇于沌口，又移入沔江（今汉阳附近）。

夏口之战，史传朱伺"铁面督战"。伺以铁面自卫，以弩的射贼大帅数人，皆杀之。贼挽船上岸，于水边作阵，伺逐水上下以邀之。箭中伺胫，其气色不变。诸路军寻至，贼大溃，追击之，皆弃船投水，死者大半。杜弢夜还长沙。伺追于蒲圻不及而返，加伺威远将军，赤幢曲盖。

时陈声率诸无赖二千余家，断江抄掠。公使伺为督护讨声。声众虽少，伺容之不击。声遣弟诣公降,伺外许之。及声弟去,伺乃遣劲勇要击声弟斩之,潜军袭声,声正旦并出祭祀饮食,伺军入其门方觉。声妇弟闫晋及将郑进皆死战,伺军人多伤,乃还营。陈声东走保董城，伺又率诸军围守之，遂重柴绕城，作高橧以劲弩下射之，又断其水道，城中无水，杀牛饮血，闫晋乃斩声首出降，又以平蜀贼袭高功，加伺广威将军，领竟陵内史。

竟陵太守杜曾勇冠三军，能被甲游于水中，故牙门将胡亢聚众竟陵，自称楚公，仍假曾太守。亢好猜多杀，曾乃潜引王冲兵袭攻胡亢。亢悉兵拒之。曾乘虚杀亢而并其众。冲荆州之贼，自号荆州刺史，北结石勒，为害荆襄。王贡自豫章王敦处还，至竟陵，矫公之命，以杜曾为前锋大都督，进军击王冲而斩之，悉降其众。贡作书告公，公作书召曾，曾见书中无前锋大都督之名，遂不至。王贡又恐以矫命获罪于公，遂悉以告曾，与曾俱反而袭击公之军。公军于当阳，于沔水下流，章山上，筑城而居之。

杜曾先击公之督护郑攀于沌阳破之，又败朱伺于沔口，公欲遁入涢中，部将张奕将叛公，诡言说公曰："贼至而动，众必不可。"公既惑其言又以事起仓猝而不进退。

冬十月，杜曾果至，公果为曾所败，曾党钩公所乘船，公窘急走入小船，朱伺力战，舆又自上流击之，公遂获免，张奕竟投奔杜曾，公坐免官，王敦表公以白衣领职。

公复率周访等,使都尉杨举为先锋,进军湘州,击杜弢而大破之,屯兵于城西。

公之佐吏诣王敦曰:"州将陶使君,孤根特立,从微至著。忠勇之功,所在有效。出佐南夏，辅翼刘征南。前遇张昌，后属陈敏。侃以独旅，偏当大寇，无征不克，群丑破灭。近者王如乱北，杜弢跨南，二征奔走（王澄与周顗），一州星驰（荆），其余州县，所在土崩。侃招携以礼，怀远以德，于来之众，前后累至。奉承指援，独守危厄，人往不动，人离不散。往来董督，径造湘城。志凌云霄，神机独断。徒以军少粮悬，不果献捷。然杜弢慴惧，来还夏口。未经信宿，建平流人迎贼俱叛。侃即回军溯流，芟夷丑类。至使西门不键，华圻无虞者，侃之功也。明将军愍此荆楚，救命涂炭，使侃统领穷残之余，寒者衣之，饥者食之，比屋相庆，有若扩纩。江滨孤危，地非重险，非可单车独能保固，故就移高莋，以避其冲。贼轻易先至，大众在后。侃距战经日，杀其名帅。贼寻犬羊相结，并力来攻。侃以忠臣之节，义无退顾，被坚执锐，身当戎行。将士奋击，莫不用命。当时死者不可胜数。贼众参伍，更息更战。侃以孤军一队，力不独御。量宜取全，以俟后举。而主者责侃，重加黜削。侃性谦冲，功成身退。今奉还所受，唯恐稽迟。然某等区区，实恐理失于内，事败于外。毫厘之差，将致千里。使荆蛮乘离，西嵎不守，唇亡齿寒，侵逼无限也。”书上，王敦于是奏复公官。

晋愍帝建兴二年甲戌（314），公 56 岁。

春三月，杜弢将王真，袭公于江夏林障，以桔槔打官军船舰，打没二十余艘，兵将皆落水，真钩得公所乘朱雀舡，公欲入水，都督王攘苏扶公入小舡得脱。武威将军陶舆率轻舸出其上流而击王真，公遂奔西阳之滠中。

寻阳太守周访闻警急来救公，访作长岐枨以拒桔槔，使不得为害于官舰，王真又从青草湖密抄官军，访急趋军又击破之。

弢将王真率精卒三千出武陵江，再诱五溪蛮，以舟师断官运，将焚公之辎重，陶舆急率军击破之。公又使督护郑攀及陶基从孙伏波将军陶延夜趋巴陵，潜师掩其不备，大破之，斩首千余级，降万余口，王真遁还湘城，众情离沮。

初杜弢下蜀劫掠，蜀人饥馑，公乃多作粥以待之，于是弢众悉降。饿久不能绝食干食，故作粥待之。

是年公徙荆州刺史治于林障，在今汉阳二公里处。林障山又名城头山，滨汉水之南。1976 年和 1977 年两次考查，在此发现陶公所筑古城残部，长十米，宽四米。汉水边坡面亦发现大批东晋时期文物，西坡岭有砖室墓，出土文物有东晋铜镜。公于临障山下置沌阳县，原治沌口为沌水入江之口，岸多芦苇，夏水涨时，弥漫数万里，最为险要。

晋愍帝建兴三年乙亥（315），公 57 岁。

公等与杜弢前后数十战，弢将士多死。春正月乃请降于丞相琅琊王睿。睿不许，遣应詹书。詹为启呈其书，睿使王运受弢降，以为巴东监军，而诸将犹攻之不已。弢怒杀运反，遣其将杜弘、张彦，阴豫章，杀临川内史谢摛。王敦时镇溢口（浔阳附近），遣将缪蕤，李恒受访节制，临阵斩彦。访与杜弢隔水而阵，自知力不能敌，乃遣人为，如樵采者出其后，结阵鸣鼓而进。贼惊恐，不悉访军多寡，惧前后受敌而退去。访谓诸将贼必引退，然终知我无救军，当还掩人，宜速渡水北，既渡便断桥。而贼果至，隔水不得进而归。访复以舟师造湘城，弢遣杜弘出海昏，溢口骚动。访回军步上柴桑偷渡，斩首数百。弘退保庐陵，访又围之。弘掷宝物，军乱而突围走南康，又破之走临贺。敦表访为豫章太守，寻阳县侯。

六月王真既归湘城，公攻之，长沙有故陶关，即公驻兵处，城中离沮，杜弢遂疑张彦而杀之，众情益惧，降者滋多，弢使王真出挑战，公遥谓之曰："杜弢为益州小吏，盗用库钱，父死不奔丧，毫无礼义，卿本佳人，奈何背为从逆，天下宁有白头贼乎？"真初横脚于马上，公言讫，剑容下脚，辞色甚顺。公知其可动，便不交锋而返，夜间复遣使谕之，并截发为信，真遂降于公。公推诚而待，令真反袭杜弢。弢众溃而遁走，其将毛宝、高宝、梁堪悉降。弢道死，进克长沙，湘州悉平。

时叙功论赏，伏波将军陶延得疾卒，丧还广州番禺，其后裔留居番禺。

舆与弢战，每战辄克。弢军见舆军，相谓曰避陶武威，人无敢当其锋。屡与弢战，被重创，卒于长沙。公哭之恸曰："丧吾家宝。"三军皆为垂泣，诏赠长沙太守，无锡《锡山谱》有敕曰："奉天承运，皇帝诏曰：抒志殉节者迈伦，常褒崇嘉，武光国典，虽义属劝忠，实少舒宸衷也。兹尔武威将军陶舆，移孝作忠，询乃丹墀桢干，绥柔御侮，永称紫塞干城，羽书驰星陨之期，身焉殉节豹帐，陈讨贼之策，国尔忘家，不有崇嘉，何光泉坏。兹特赠尔为长沙太守，锡之敕命，于戏！未成鹤表，谅千载其来归，游彼龙章，自九原之可鉴，钦哉！"下具建兴四年。

荆州既安，湘州亦定，公之功居多，蔡东藩有诗赞曰："漂摇风雨满神州，日下江河乱未休。戡定荆湘非易事，论功应独让陶侯！"

长沙在伤乱之余，士民流离，妖蛟惑人。长沙县西抱黄洞侧有射蟒台，晋时德润门外白鹤观，有高楼与抱黄洞相对，有蟒妖能吐舌为桥。每七月望之夜，飞瞰楼上，道士们以为导引成仙，每年派一人，斋洗沐浴后，徒弟们拜而送至。公至长沙时，愤此妖行，引弓射之，即时碎灭。次日追踪至洞中，蟒妖已死。剖其腹中，人胃羽冠，有一斗多，郡人后因建此台以记公，陈士松有诗（见《长沙县志》）曰："岳麓崔巍云濛，上有灵蛟窟其中。化为羽流诱狂惑，期以平地登仙宫。夜半虹桥通绛阙，笙簧灯火掩秋月。潭城恍惚阆风颠，潭人尽是餐霞客。刺史陶公诧妖妄，明月满轮镞相向。红雨飞空草木腥，一时碧落驱尘障。修鳞狼藉委层峦，白骨如霜血如丹。父母索子妻求父，挥拳痛哭不忍看。自此长沙靖邪祟，遗黎未殄感公赐。累土筑台媲甘裳，并纪千年眼中泪。倏而台欹洞亦湮，但见野花秋复春。至今豺虎肆饕餮，安得我公重活人。"

陶公山在湘潭县西七里，旧多古木，泉名壶山，面临湘水。公镇湘州时，驻兵壶山，建茅房，垦荒种菜，修文习武，易名陶公。山下临深潭，曰锦石湾。潭畔有石踞江，拥沙而起，色赤如锦，因名锦石湾。即陶公之钓鱼潭，归有钓鱼亭，陶公山下与钓鱼亭相对并峙有望岳亭，相传晋时陶桓公所筑。元燮元圃《望岳亭》诗："十载重来一凭栏，惜阴不忘旧江山。亭高下瞰龙藏室，天远遥观虎拜班。耕钓每怀坐处逸，驰驱未许老来闲。雄风入座披襟快，静看梭龙上锦湾。"县南20余里有洗砚池，陶公洗砚于此。附近有一五垒小桥，今称陶公桥，传为陶公亲手所建。

杉庵在长沙岳麓山，陶公种杉结庵于此，后庵废杉存，古朴可爱。长沙城内有惜阴街。

时杜曾迎第五猗于襄阳，聚兵万人，分据汉沔。公即破杜弢，乘胜进击杜曾，有轻曾之志，司马鲁恬谏曰："凡战当先料其将，今使君诸将，无及曾者，未易可逼也。"公不从，进围曾于石城（钟祥附近）。曾军多骑，公军少马，曾密开门冲突公之阵，出公之后而反击其背，公兵死者数百人。曾将趋顺阳(南阳西襄阳北)，下马拜公，告辞而去，公亦不再追。

时荀崧都督荆北诸军事，屯于宛，曾引兵围之。崧兵少食尽，欲向襄城太守石览求救，众将不敢去。小女荀灌年十三，率勇士数十人，夜出突围，达览所。又求救于周访，访遣子抚帅三千，与览共救崧，曾乃遁去。曾复求崧讨丹水贼自效，荀崧许之。公遣崧书曰："杜曾凶狡，所谓鸱枭食母之物。此人不死，川土未宁，足下当识吾言。"荀崧以宛中兵少，借曾为外援，不从，曾复率流亡二千余人围襄阳。呜呼！荀崧胆怯，不如十三女孩之能"突围救父"也。

王敦嬖人钱凤等疾公之功，屡毁之。公将还江陵，欲诣敦自陈，朱伺及皇甫方回谏曰："吾闻敌国灭，功臣亡，足下新破杜弢，功莫与二，欲无危，其可得乎。""公入必不出矣！"公以敦不足惧，慨然单骑而往，既至，敦留公不遣，左转广州刺史，平越中郎将。以其从弟王廙为荆州刺史，荆州将吏郑攀、马隽、苏温等诣敦，上书留公，敦怒不许。攀等以公始灭大贼，而便被黜，众情愤怒，又不欲南行，又以王廙疑忌难与共事，遂率其徒三千人屯涢口，西迎杜曾袭王廙，攀邀朱伺。朱伺称疾不赴，王廙败走公安。曾、攀等迎第五猗以拒廙，廙督诸军讨之而又大败。

钱凤复谮公，云郑攀承公风旨，敦被甲持矛将杀公，出而复还，不能决者数四。公正色曰："使君之雄断，当裁制天下，何此不决乎！"因起如厕。咨议参军梅陶、长史陈颁言于敦曰:“周访与侃亲姻，如左右手，安有断人左手而右手不应者乎？”敦意遂解，释甲投矛，设盛筵以馔别之，公便夜发，留子瞻于敦处为参军，兼为质子，公至豫章。谓周访曰：“非公外援，我殆不免矣！”遂迳奔番禺。

王船山论曰：“建大业者，必有所与俱起之人，未可忘也。乃厚信而专任之，则乱自此起。元帝之得祚于江东，王氏赞之也，而卒致王敦之祸。则使王敦都督江湘军事，其祸源矣。王氏虽有翼戴之功，而北拒石勒于寿春者，纪瞻以江东之众，捍之于谁右，相从渡江之人，未有尺寸之效也。若夫缉宁江湘，奠上流以固建业者，则刘弘矣！弘之所任以有功，则陶侃矣！平陈敏，除杜弢，皆侃也。侃功用奏，而急遣王敦夺其权而踞其上，左迁侃于广州，以快敦之志，使侃欲效忠京邑，而敦已扼其吭而不得前，何其悖也。侃之得成功于荆湘者，刘弘推诚不疑，有以大服其心尔！至是而侃不可保矣！迨其后有登天之梦，而苏峻之乱，踌躇不进，固将曰专任侃而侃且为敦。而不知其不然也，敦杀其吏而不恤，侃则输忱刘弘而不贰，其贞邪亦既较然矣！侃之不得为纯忠，帝启之，敦又首乱以倡之。而侃终不忍为敦之为，疑之制之，王氏之私，岂晋之利哉！俱起之臣，虽无大权，而固相亲昵，新附者虽权藉盛，而要领非其所操，腹心非其所测，故萧曹与高帝俱兴，而参帷幄，定危疑，则授之张良陈平；握重兵，镇重地，则授之韩信彭越，新附者喜于见信，而俱起者安焉。韩信曰：‘陛下善于将，此之谓也。’元帝怀翼戴之恩，疑才臣而疏远之，幸王导之犹有忌，而敦之凶顽，不足以饵人心使归己。不然司马氏其能与王氏分天下乎，有陶侃而不知任，帝之不足有为，内乱作而外侮不能御者，不亦宜乎！”

江汉远近，悉皆瞻刘弘、陶侃之德，以其能摒绝巨冠，荆襄复得安居乐业，更加励精任事，随才授使，爱民节用，轻徭薄赋，民称之为“刘父陶母”生育之恩。有诗赞陶公曰：“为政从来在得民，陶公德可感群生。蛮夷闻迹咸宾服，荆寇倾心愿献诚。”

长沙南门外，现有惜阴街，街原有惜阴书院，原为长沙公府址，公卒后郡人建祠以祭。明嘉靖年间，知县吕廷爵重建陶公祠，塑公之塑像于其中。后名惜阴书院，建惜阴街小学。明张植有《陶公祠怀古》:“运甓从来保令名，英雄心事最分明。防江那用郗城戍，种柳争夸太尉营。肝胆只期酬晋室，敦盘何必押齐盟。萧条旧垒湘水冷，愁见寒鸦向晚鸣。”祠中有陶公井，吟咏甚多，唐释齐己诗云：“太尉遗孤井，寒澄七百年。未闻陵谷变，终与姓名传。影浸天风树，光含有月天。

林僧晓来比，满汲洒金田。”

初，交州刺史顾秘卒（永嘉五年），州乱。州人以秘子寿领州事，州人不听，帐下督梁硕起兵攻寿杀之，州人共迎陶璜子威为刺史，甚得州民之心。陶威今年卒，硕遂专制。交州王机自以盗，逐刺史郭纳，而据广州。恐王敦讨之，更求交州。会杜弘降机，敦欲因机讨硕，及以降杜弘为机功，转交州刺史，机至郁林，硕迎前刺史修则子湛，行州事以拒之。机不得进，乃与杜弘、广州将温邵，交州秀才刘沈，谋还据广州。公至始兴，州人皆劝公且住始兴，观察形势。公不听，直至广州。时诸郡县皆已迎机矣，杜弘遣使伪降，公知其诈，先于封口起发石车。俄而弘至，知有备而退，公追击破之，执刘沈于小桂（桂阳），王机遣牙门屈兰至广州，诈言增粮，密招诱旧部，欲以拒公，公即收兰斩之。遣督护许高（一作尚有郑正）讨，王机走之，机死于道，高掘其尸斩之，诸将皆请乘胜击温邵，公笑曰：“吾威名已著，何事遣兵，但一函纸自足耳。”乃下书谕之，邵惧而走，追获于始兴，杜弘诣王敦降，敦以为将宠任之，广州遂平。公以前后功，封柴桑侯，食邑四千户。

晋愍帝建兴四年丙子（316），公 58 岁。

八月汉大司马刘曜进逼长安，诸路军救之皆败，冬十一月愍帝降汉，西晋亡。

公在广州无事，辄朝运百甓于斋外，暮运于斋内，人问其故，公曰：“吾方致方中原，过尔优逸，恐不堪事，故自劳耳。”“官斋运甓”成为千古佳话。

或曰：公在广州亦有鞭持未熟禾人，自此百姓勤于农稼，家给人足。近辜尚贤《嘉义文献》有诗云：

陶侃劝人休自弃，自强不息莫辞辛。优游达日生无益，无复无闻于后人。
朝运百甓帐外置，暮仍运置在斋隅。中原未复岂容懈，不可优游以自愉。

公在广州尝出游，见人持未熟稻禾毁。公询持此欲何为，行道所逢固采耳。公闻大怒命鞭之，汝不能田又采稻。以是农人皆力田，岁丰家给民丰好。此病世人最易犯，途中所见采之耳。公鞭持水熟禾人，惜物兼惩夫恶痞。

晋元帝司马睿建武元年丁丑（317），公 59 岁。

愍帝既没，帝于三月即晋王位，帝宣帝司马懿之曾孙，琅琊王伷之孙，见晋史传“牛继马后”，信或有之。司空、并州都督刘琨，鲜卑大都督慕容廆等遣并州左长史温峤等奉表劝进。

八月郑攀等拒王廙，欲入杜曾。王敦遣赵诱、朱轨击之，攀等请降。杜曾请击第五猗以自赎，廙将赴荆州，朱伺谓廙曰："曾猾贼也，外示屈服，欲诱官军使西，然后兼道袭扬口耳，宜大部分备曾，未可使西。"廙不听，即为曾所围，伺守南门，阻止人杀曾党马隽妻子，曾临北门，伺被创，开船底以出，潜引五十步而免。曾遣人语伺："马隽德卿全其妻子，今尽以卿百口付，尽心收视，卿可来也。"伺曰："吾年六十余，不能复与卿作贼，吾死，亦当南归，妻子付汝裁之。"乃就廙于竟陵甑山，病创而卒。赵诱、朱轨、黄峻与曾战，皆败死，曾威凌江河。王使周访击之。访有众八千，进至沌阳，曾锐气甚盛。访使李桓督左甄，许朝督右军，自领中军，曾攻左右甄，访于阵后射雉以安军心，令众曰一甄败鸣三鼓，二甄败鸣六鼓。自旦及中，两甄皆败，访选精锐八百人，自行酌酒饮众人，敕闻鼓音乃近。曾未至三十步，访谓诸将："曾骁勇能战，身之败也，彼劳我逸，是以克之，宜及其衰，乘之可灭。"访鼓行而进，进屯襄阳，访谓诸将曰："昔城濮之战，晋文以得臣不死，而有忧色，今不斩曾，祸难未已。"于是又击破之，执曾及第五猗等，皆斩之，遂定汉沔，以功进安南将军，迁梁州刺史。王廙得进荆州。

陶瞻字道真，周访之婿，征战有功，孙异奔入蛮中后，瞻功封都亭侯，为广陵太守。

晋元帝大兴元年戊寅（318），公 60 岁。

三月愍帝凶闻至，琅琊王即皇帝位于建康。

侍中、太尉、都督并幽冀三州诸军事。广武侯刘琨为段匹蝉所构留，五月王敦密使匹蝉杀琨，时年四十八。琨字越石，善诗文，明音律，少年闻鸡起舞，壮年枕戈待旦，志枭逆虏，常恐祖生先吾着鞭，远督并州，孤军奋战十二年，忠贞不渝。乘月登楼清啸兮贼凄然而惊退，夜奏胡笳激昂兮贼欲遁而弃围，固晋之民族英雄也。史评琨善于怀抚而短于控御，来去相继。"越石区区，独御鲸鲲之锐，推心异类，竟终囹圄，痛哉！"匹蝉初无害琨意，王敦竟密使杀之，罪可恕乎！王敦反，朝廷为琨举哀谥愍。

王廙在荆州杀公之将佐，以皇甫方回为公所敬，责其不诣己而斩之，士民怨怒，上下离心，廙之罪亦岂能恕。

王船山曰："元帝之立也，王氏逼皇室而与亢尊，非但王敦之凶悍也，王导之志亦潜矣！"王与马，共天下邪，乱天下邪，杀晋之方岳，杀公之将佐，翦除异己，王敦早欲反也。

公刺广州，梦有司马与公铠者，长史陈协以为“司马者，国姓也，铠者捍御之器，节下当进位”。十月帝加公平南将军，十一月又加都督交州军事。

公分郁林郡立晋兴郡，晋兴县泉源与建都、兴宁二郡分境，公既开此郡，开阡陌，兴农商、贡赋由是日盛，民怀其德，为立陶侃碑。

《御览》载，公刺广州时，有表曰：“盐塞荒俭，唯作方九子樏，越以供事，谨上五十叶。樏似盘，方可为盒，九子者中分九隔。”

《元帝》纪曰：“陶士行拥三州之族，郢外以安。”三州，交、广、宁。番禺为中外贸易中心，中原离乱，交、广尚安，公刺广州十二年，安抚民生，惜阴运甓，工农兴，商贸盛，番禺更富甲于天下。交、广，自此由朝廷任免官吏，改变过去刺史多为终身制、世袭制，或为将吏所推朝廷政令不能及的状况。

晋元帝大兴二年己卯（319），公61岁。

四月周访击杜曾大破之，苏温马隽执曾降，斩之，又执第五猗，敦斩之，初敦谓访曰：“若禽曾，当相论为荆州。”时王廙以士民怨怒，帝闻之而征还。以周访为荆州，王敦忌访威名而自领之。以访为安南将军，仍督刺梁州。访大怒，敦手书譬解，并遣玉环、玉碗，访抵之于地曰：“吾岂贾竖，可以宝悦乎！”见敦不臣，阴有图敦之志。敦终访三世，不敢动。明年八月访卒，年61岁。以甘卓代访，镇襄阳。而以谯王承代卓为湘州刺史，以备王敦。

晋元帝大兴四年辛巳（321），公63岁。

王敦逆谋渐显，七月帝以戴渊镇合肥，刘隗镇淮阴而备之。都督豫并雍冀及青徐幽平诸军事。豫州刺史祖逖以刘戴来统，怏怏而发病。九月豫州刺史祖逖卒。逖闻鸡起舞，击楫渡江，志在恢复，见王敦之内难将作，大功难逃而卒。逖卒而弟约代之，终致乱晋，宗族夷灭，祖逖不得为纯臣也。

晋元帝永昌元年壬午（322），公64岁。

正月，王敦以郭璞为记室，璞明易卜，精诗赋，知敦反，忧之。不久，敦举兵于武昌而反。帝大怒，下诏讨敦。王导观望，甘卓狐疑，谯王承于长沙举兵讨敦。众人说甘卓讨王敦，卓乃露檄数敦罪状，遣罗英至广州，约陶公同进。公得卓信，即遣参军高宝率兵北上讨敦。

二月帝征戴渊、刘隗入卫建康，戴、刘劝帝尽诛王氏，帝不许。王导率宗族每旦诣台待罪。周顗将入，导呼之曰：“伯仁以百口累卿。”直入不顾，既见帝保导甚至，既出，导又呼之顗不顾，又上表明导无罪，导不之知而恨之。

三月，帝亲被甲，督诸军讨敦。以甘卓都督荆梁二州诸军事，陶公领江州刺史，使各帅所统，以蹑敦后。公遂挥师北上，进驻豫章。王敦攻石头，诸军皆败，敦遂入石头挟帝。戴、刘遁去，戴被杀于道，刘走投石勒。敦杀周顗、戴渊，王导不救，后见顗表，流涕曰："吾虽不杀伯仁，伯仁由我而死，幽冥之中，负此良友。"

四月，敦既改易百官、诸镇，遂还武昌，不朝而去。敦党魏乂攻打长沙，执谯王承，王廙承敦志杀之。帝诏陶公领湘州刺史，公分兵守豫章，自率军进驻长沙。帝盖知欲制王敦，良将惟公，欲公二翼包抄，直逼武昌。敦畏公威名，怕蹑其后，遂上表挟帝，王导阴惧之，加公散骑常侍，命公复还广州。

五月，襄阳太守周虑，密承敦意，袭杀甘卓于寝室。敦以周抚督沔北诸军事，代卓镇沔中。抚，访子。

七月，王敦自领宁益二州都督，十月王廙死，王含代之。又以王谅为交州刺史，使谅诱原交州刺史修湛杀之，又欲诱新昌太守梁硕，硕围谅于龙编。

十一月帝崩，太子绍即位，司空王导受遗诏辅政。

晋明帝司马绍太宁元年癸未（323），公65岁。

王敦去年畏太子有勇略，欲废之，为众所阻，至是敦谋篡位，明帝手诏征之。夏四月，加敦黄钺班剑，奏事不名，入朝不趋，剑履上殿。敦自领扬州牧，强其宗族，布其爪牙以弱帝室。敦移镇姑孰，屯于湖，欲为逆。

公既回广州刺史任，遣兵救王谅。未至，梁硕拔龙编，夺王谅节。谅不与，硕断其右臂，谅曰死且不避，断臂何为，逾旬而卒。硕凶暴失人心，六月公遣参军高宝攻硕斩之，帝诏以公领交州刺史，征南大将军，开府仪同三司，录前后功，封次子陶夏为都亭侯。未几，阮咸族子阮放求为交州刺史，许之。放行至宁浦，遇高宝自交州平梁硕还，放设馔诱宝，伏兵杀之。宝部兵击放，放败走，保简阳得免。至州，少时暴发渴疾，见高宝为祟而死。嗟夫！晋政之多门，朝命公领交州，而又许阮放、高宝，公之良将，平乱有功，而放杀之，岂放求敦为交州，又承敦意而杀宝，朝廷亦难之罪。

晋明帝大宁二年甲申（324），公66岁。

五月王敦疾甚，以王应自副。初敦请以温峤为左司马。峤周旋其间，尽知敦之逆谋。又伪与钱凤相结。六月敦表峤为丹阳尹，且使觇伺朝廷。饯别时，峤伪醉行酒，涕泗而别去。峤至建康，尽以敦逆谋告帝，帝决意讨敦。以王导、温峤为都督，与卞敦同守石头。应詹、郗鉴、庾亮、卞壶皆督军。召临淮太守苏峻、兖州刺史刘遐、徐州刺史王邃、豫州刺史祖约及陶公次子广陵太守陶瞻同入卫京师讨敦。列敦罪恶，腾诏下敦府。敦见诏怒甚，病转笃，使郭璞筮之，璞告以无成，敦惧璞泄其逆谋，于是收璞斩之，璞所著甚多，常议秕政，或曰临刑化去，化为水仙。敦以兄王含为元帅，举兵犯阙。帝率诸军拒之，含败，敦怒而死。王师讨之，王舒沉王含、王应于江。周光、吴儒斩钱凤、沈光，敦逆党皆平，帝不问王氏。

冬十月以王导为太保，领司徒，应詹为江州刺史，刘遐为徐州刺史，苏峻为历阳内史，庾亮护军将军，温峤前将军，陶瞻建平太守迁庐江太守。

晋明帝太兴三年乙酉（325），公 67 岁。

三月，王敦既平，以公为征西大将军，都督荆湘（传作益）雍梁四州诸军事，荆州刺史，领护南蛮校尉，开府仪同三司如故。可见明帝对公之信任。交州刺史由陶璜次子陶淑继任。咸和间卒，由陶威之子陶绥继任。自基、璜、威、淑、绥四世五牧交州，恩威远著，功德长存！对两广、越南的开发，起了很大作用。广州刺史由阮孚、刘恺相继继任。

梁慧攸《高僧传》卷六云：“昔浔阳陶侃镇广州，有澳人于海中见神光，每夕艳发，经旬弥盛，怪以同侃。侃往详视，见阿育王像，即接归以送武昌寒溪寺。寺主僧珍尝往夏口，夜其寺遭火，而此像屋，独有龙神围绕。珍觉驰还寺，寺既焚尽，惟像屋存焉。侃后移镇（荆州），以像有威灵，遣使迎接，数十人举之至水，及上航，又复没。使者惧而反之，竟不能获。侃幼出雄武，素薄信情，故荆楚之间为之谣曰：陶惟剑雄，像以神标。云翔沉宿，邈何遥遥？可以诚致，难以力招。及慧远创寺既成，祈心奉请，乃飘然自轻，往还无梗，方知运之神威，证在风谣矣！”

墀按：陶公自建兴三年（315）镇广州，太宁三年（325）移镇荆州，驻节江陵，迎接金像未成，咸和五年（330）兼领江州，驻节武昌，是像知公将至武昌而不往，非以公素薄信情也。

公既又刺荆州。即自驻节江陵。荆州士女，闻公至，莫不相庆。公性聪颖，勤于吏职，恭而近体，爱好人伦，终日敛膝危坐。时承敦乱后，阃外诸事纷纭，千绪万端。公处理之罔有遗漏，远近书疏，莫不手答，笔翰如流，未尝壅滞。亦一东晋之名书法家。唐窦泉《述书赋》称“雍容士行，季孟公旅，饥骨闲媚，精神慢举，如辞山登朝，混迹杂处”。更又引接疏远，门无停客，军府众事，枪摄无遗，性纤密好问，颇类英赵广汉。

公初督四州，时承王敦乱政之后，王氏治荆，不由民情，以致荆州大饥，百姓多饿死。公至，逢秋熟则菜，至饥复价而入，士民欢悦，咸蒙济赖。尝出游，见人持一把未熟稻，公问用此何为，人云行道所见，聊取之耳，公大怒曰："汝既不佃，而喜贼人稻。"执而鞭之，是以百姓勤于农殖，农给人足。有奉馈者，皆问其所由，若力役所致，欢喜慰赐参倍，若非理得之，则切厉诃辱，还其所馈。

王船山曰："江东立国，以荆湘为根本，西晋之乱，刘弘、陶侃，勤敏慎密，生聚之者数十年，民安食足兵精，无粮舟车器仗，旦求之而夕给。"湖广熟，天下足，苏峻之乱，所以能立即恢复者，亦赖荆州也。否则温庾无粮，卞敦不给，将何以济之，旷日误久，又将成刘备猇亭之败。

闰八月明帝崩，成帝司马衍即位，太宰西阳王羕、司徒王导、尚书令卞壶、车骑将军郗鉴、护军将军庾亮、领军将军陆晔、丹阳令温峤，并受遗诏辅政。独不及公与祖约。成帝即位之日，王庾矛盾，王导以疾不至，卞壶叱之，导才舆疾至。

冬十一月，公以宁州刺史王坚不能御寇，表零陵太守尹奉为宁州刺史，王坚之前其父王逊刺宁州，蛮酋梁水太守炊量、益州太守李易，皆叛附于成汉，逊讨之不能克，坚袭更不能克，于是尹奉化之，奉威刑缓钝，政治不理。时炊量保盘南，愈攻不能克。咸和四年尹奉重募徼外夷，刺杀炊量而诱降李易，盘南平，功进西陵伯。惜咸和八年成汉李寿袭宁州，袭而尹奉降。使公受知人之失。

晋成帝咸和元年丙戌（326），公 68 岁。

持节都督江州诸军事，江州刺史、平南将军、观阳县侯应詹，承王敦新平，詹抚而怀之，人情治安，百姓赖之。疾笃遗公书曰："每忆密计，自沔入湘，颉颃缱绻，齐好断金，子南我东，忽然一纪，其间事故，何所不有，足下建功峤南，旋镇旧楚。吾承乏幸会，来忝此州。图与足下近共竭节本朝，报恩幼主。退以申寻平生，缠绵旧好。岂司时不我与，长即幽冥。永言莫从，能不慨怅。今神州未夷，四方多难。足下年德并隆，功名俱盛，宜务建洪范，虽休勿休，至公至平，至谦至顺，即自天祜之，吉无不利。人之将死，其言亦善，足下察吾此诚。"

公与詹来往之书，不见。秋七月癸丑，詹卒，谥烈，享年五十三岁（274—326），朱子有言，人以应詹之书诬公，不详其因，或在"宜建洪范"四字。

公表以毋丘奥为益州刺史，屯巴东，奥，毋丘俭之孙。

徐州刺史监淮北军中郎将刘遐，果毅勇敢，人比关张，妻邵续女，骁果有父风，尝与石虎战，遐为所围，邵氏单将数骑，突阵拔夫于万众之中，六月遐卒，以郭默为北中郎将领遐部曲。众以郭默狡猾，不乐属之，欲奉遐子肇，邵氏止之不从，乃密烧甲仗率子还建康。

豫州刺史祖约以不豫顾命，又望开府而不及，历阳内史苏峻，卒锐器精，颇怀骄溢怨忿。初王导辅政，以宽和得众，及庾亮用事，任法载物，颇失人心，既疑峻约，又疑公在荆州得众心。八月以温峤为江州刺史，都督江州诸军事，镇武昌以防公。又修石头城。十月庾亮劾南顿王宗谋反，杀之，又免西阳王羕，宗傅、保傅一旦剪斥，远近怨望，宗党下阐亡奔苏峻，峻匿之不予。十一月后赵石聪攻寿春，祖约屡表请救不报，聪遂寇逡遒、阜陵，杀掠五十余人，建康大震，王导令苏峻遣韩晃击走之。欲作余塘以遏胡寇，余塘在寿春之内，约曰“是弃我也”，益愤恚。

晋成帝咸和二年丁亥（327），公69岁。

夏五月，时庾亮专政，以苏峻在历阳，终为祸乱，欲下诏征之，访于司徒王导，导劝亮不若含苞容之。亮言于朝：“峻狼子野心，终必为乱，今日征之，纵不应命，为祸犹浅，若复经年，不可复制，犹七国之于汉也。”朝臣无敢言者，独卞壶争之，不听，壶告温峤，峤亦累书止之，亮皆不听。峻闻之遣司马何仍诣亮曰：“讨贼外任，远近唯命，至于内辅，实非所堪。”亮不许，征峻为大司农。以其弟苏逸代领部曲，又使郭默、庾冰将兵以备历阳。苏峻乞补青州一荒郡，又不许。峻犹豫未决，司马任让、阜阳令匡术，皆劝峻勒兵自守，反。峻遂不应命。温峤闻之欲率众下卫建康，庾亮不听，报其书曰：“吾忧西陲，过于历阳，足下无过雷池一步也。”西陲谓陶公也，疑公与峻同反，峻知祖约怨望，乃推崇约，谯国内史桓宣欲谏约，约不见，于是遂与约绝，将其众驻马头山。雷池在今安徽望江县东20里，因古雷水自黄梅东流至此，积水而成池故名。明天启间，池为浮沙所塞，雷水自望江华阳镇入江。公闻亮言而疑惧不安。

公闻居间，常语曰：“民生在勤，大禹圣者，乃惜寸阴。至于凡俗众人，当惜分阴。岂可逸游荒醉，生无益于时，死无闻于后，是自弃也。”

此千古明训，后世子孙常怀此训，于是枞阳有惜阴亭，长沙有惜阴街，惜阴书院。南京有惜阴书院。

诸参佐或以谈戏废事者，乃命取其酒器博具，悉投之于江，佐吏部将则加以鞭扑，曰樗蒱者牧猪奴戏耳。围基者尧舜以教愚子，搏者商纣所造，诸君并怀国器，何以为此，又曰老庄浮华，非先王之法言，不可行也，君子当正其衣冠，摄其威仪，何有乱头仰望，自谓宏达耶！

公在交广荆湘，大力发展造船业，已由吴时万斛达二万斛。造船时，敕船官悉录锯余木屑，不限多少，悉令举掌之，咸不解其所以，后正会，积雪始晴，厅事前余雪犹湿，于是悉用木屑覆之。船官用竹，皆令录厚头，积之如山，尝发所在竹篙，有一官长连根取之，仍当足，乃超两阶用之。后桓温伐蜀，又以公所贮竹头作丁装船，公之综理严密，皆此类也。

陶基幼子抗之子陶回，时为司徒王导司马，与尚书左丞孔坦言于王导："及峻未至，宜急断阜陵之界，守江西当利诸口，彼少我众，一战决矣。若峻未至，可往逼其城。今不先往，峻必先至。先人有夺人之功，峻至则人心危骇，难与战矣，此时不可失也。"导然之而亮不从。十二月苏峻将韩晃陷姑孰，取盐与米。追逼于湖，陶浚孙陶馥时为于湖令，坚守与之激战，馥被杀，又逼慈湖，杀司马流。京师戒严，帝假庾亮节钝，率诸军讨峻。宣城内史桓彝进屯芜湖，韩晃击破之，彝退保广德。

馥，浚之孙，浚子，湮，字恭之，临海太守黄门侍郎，猷子恭豫宣城内吏，王导右军长史。《晋书》作湮子，芜湖谱作猷子，后赠庐江太守，世居芜湖、当涂、宣城等地，各成大族！

晋成帝咸和三年戊子（328），公 70 岁

春正月，平南将军温峤率师救京师，次于寻阳，遣督护王愆期，西阳太守邓岳，鄱阳太守纪睦为前锋、征西大将军，陶侃遣督护龚登将兵数千受峤节制。苏峻率众二万人，自横江渡过，登当涂牛渚山，驻军于陵口。台兵御之屡败。二月峻至蒋陵复舟山。陶回谓庾亮曰："峻知石头有重戍，必不敢直下，必向小丹扬南道步来，宜一战而擒也。"亮不从，峻果自小丹扬来，迷道夜行，无复部分，亮闻而悔之。丁国钧《晋书校文》中在《陶侃传》遣督护龚登率众赴峤文下指出："成帝纪咸和三年侃遣登受峤节度在正月，其时京城尚未陷也，今传次此事于京师，不守，下日月倒置，盖欲坐侃坐视国难之罪也，终实以纪为实录。京师于三月为峻陷落。"

卞壶、钟雅等战于西陵，大败，死伤以千数。峻攻青溪栅，因风纵火，烧台省及诸营寺署，一时荡尽，卞壶及子眕、盱战死。丹阳尹羊曼，黄门侍郎周导与公子庐江太守散骑常侍陶瞻皆战死于云龙门。庾亮率众阵于宣阳门外，未成列而溃，亮与弟怿、条、翼及郭默、赵胤皆奔寻阳。顾谓钟雅曰："后事深以相委。"雅曰："栋折榱崩，谁之咎也。"峻兵入台城，王导及侍中褚翜等拥帝登大极前殿，上御床。峻兵入后宫，掠夺宫人，捶挞百官，裸剥士女，哀号之声，震动内外。金银布绢，皆见掠夺。峻、约总领朝政。吴国内史庾亮弟庾冰弃郡奔会稽。

夏四月，庾太后以忧崩。庾亮逃至寻阳投奔温峤。亮与温峤俱为明帝为太子时的布衣之好，共议起兵讨苏峻，但这时建康的形势不明，适逢南阳范汪至，亮、峤访问之，汪曰："苏贼政令不一，贪暴纵横，灭亡已兆，虽强易弱，朝廷有倒悬之争，宜及时进讨。"于是峤、亮议才定，互推盟主，皆以军威与声望不足以命众而逊让。温峤之从弟温充言于峤曰："现兵才七千，粮尽旬日，岂能独克？陶征西位重兵强粮足，宜共推之。"于是温峤作书，遣督护王愆期诣荆州，邀公为盟主，同讨苏峻。该书不见，西阳内史为补之曰："贼臣苏峻构造，祖约跋扈欺君。擅兵犯阙，浊乱官廷。劫掠御库，鞭笞百官。纵横贪暴，酷不胜言。朝野士民，悉皆切齿。温峤等思欲练兵缮甲，扫清国孽，并力救主，未敢轻举。唯明府仁德广播，忠义远孚，素为海内令望。兹特书呈台下，请为六军盟主。状乞大开翦恶之心，兴师同清国难，以惩不道。令旗到日，愿听指挥。叩祈慨赐海容，敬当捧毂以使。"公答以吾疆场外将，不敢越局。峤屡令愆期说之，公以成赵二寇窥伺左右，乘乱为患，不敢擅离守地，请另选他人。愆期以此国家安危大局，非明府不可。公总以肃祖顾命不相及，又思"吾忧西陲，过于历阳"之语疑温、庾有诈而不敢动，赚之入瓮，以绝后患。于是愆期回禀温峤，峤只能顺公意，遣使告公曰："仁公且守，仆当先下。"使者去已二日，平南参军荣阳毛宝别使还，闻此事，说温峤曰："凡举大事，当与天下共同，众克在和，不闻有异，假令可疑，犹当外示不觉，况自作疑邪！宜即追使改书，言必应俱近，若不及追回前使，当更遣使。"温峤醒悟，即更遣使修书，追回使者，书曰："雾气过差，故君道幽晦，苏峻遂得志，若苏峻遂得志，四海虽广，公宁有容足地乎！贤子越骑酷设，天下为公痛心，况慈父之情哉！"或曰前一使者仍为王愆期，后一使者乃其弟王士期。愆期以关东诸侯讨董卓，所主非人，遂致败溃，故非公主盟不可。公于是许之，且容少待。峤原有众七千，于是推公为盟主，亮、峤列名，上书尚书，陈苏峻、祖约罪状，移告各征镇，洒泣登舟，其檄有云："贼臣祖约、苏峻同恶相济，用生邪心，天夺其魄，死期将至，谴负天地，自绝人伦。寇不可纵，宜增军讨扑，辄屯次湓口，即曰护军庾亮至，宣太后诏。寇逼官城，王旅挠败。出告藩臣，谋宁社稷。后将军郭默，冠军将军赵胤，奋武将军龚保，与峤督护王愆期，西阳太守邓岳，鄱阳内史纪瞻率其所领，相寻而至，逆贼肆凶，陵踏宗宙，火延官掖，矢流太极，二御幽逼，宰要困迫，残虐朝士，劫辱子女，承问悲惶，精魂飞散。峤阐弱不武，不能殉难，哀恨自咎，五情摧陨。暂负先帝托己之重，义在毕力，死而后已。今躬率所统，为士卒先，催近诸军，一时电击。西阳太守邓岳，寻阳太守诸诞等，连旗相继。宣城内史桓彝已敕所属，屯滨江之要。江夏相周抚乃心求征，军已向路。昔申色胥，楚国之微臣，重研致诚，义感诸侯。蔺相如赵帮之陪隶，耻君之辱，按剑秦庭。皇汉之季，董卓作乱，劫迁献帝，虐害忠良。关东州郡，相率同盟。广陵功曹臧洪，郡之小吏耳！登坛歃喃血，涕泪横流。慷慨之节，实励群后。况今居台鼎、据方州，列名邦，受国恩者哉！不期而会，不谋而同，不亦宜乎！二贼合众，不盈五千，且外畏胡寇，城内饥乏。后将军郭默，即于战阵，殍杀贼千人。贼今虽残破都邑，其宿卫兵人，即时出散，不为贼用。且祖约情性偏厄，忌刻不仁。苏峻小子，唯利是视，残酷骄猜，权相假合。江表兴义以其前，强胡外寇以蹑其后。运漕隔绝，资食空悬。内乏外孤，势何得久。群公征镇，职在御侮。征西陶公，国之耆德。忠肃义正，勋庸弘著。诸方镇州郡，咸齐断金。同禀规略，以雪国耻。苟利社稷，死生以之。峤虽性劣，忝据一方。赖忠贤之规，文武之助，君子竭诚，小人尽力。高操之士，被竭而从戎。负薪之徒，匍匐而赴命。率其私仆，资其私仗。人士之诚，竹帛不能载也。岂峤无德，而致之哉！士禀义风，人感皇恩。且护军庾公，帝之元舅，德望隆重。率郭后军赵龚三将，与峤勠力，得有资恁，且悲且庆，若朝廷之不民也。其各明率所统，毋后时机。赏募之信，明如日月。有能斩约峻等封五等侯，赏布万匹。夫忠为令，德为仁，由已万里一契，义不在言也。”

公既欲自下，遂部署军旅，筹集粮饷，坚固西陲，陈防北境，任留守，明职责，但又有言温、庾有诈，即“忧西陲，过于历阳”，此乃诈赚西陲，专攻历阳，夫人龚氏劝公且召龚登还，以议虚实，登闻命，即告峤欲回。

温峤闻龚登奉公命欲回荆州，便大惊修书，急使王愆期遗公书曰：“仆谓军有进而无退，可增而不可减，近已移檄远近，言于盟府（公之府也，公为盟主，故称盟府）。刻后月半大举，南康、建安、晋安三郡并在路次，同赴此会，惟须仁公所统，至使齐进耳，仁公今召军还。疑惑远近，成败之由，将由于比，仆才轻任重，实冯仁公笃爱，远禀成规，至于首启戎行，不敢有辞，仆与仁公，当如常山之蚝，首尾相卫，又唇齿之喻也，恐惑者不达高旨，将谓仁公缓于讨贼，此声难追，仆与仁公，并受方岳之任，安危休戚，理既同之，且自顷之，顾绸缪往来，情深义重，著于人士之口，一旦有急，亦望仁公悉众见救，况社稷之难。唯仆偏当一州，州之文武，莫不翘企，假令此州不守，约峻树置官长于此，荆楚西逼强胡，东接逆贼，因之以饥馑，将来之危，乃当甚于此州之今日也。以大义言之，则社稷颠覆，主辱臣忠。君进当为大晋之忠臣，参桓文之义，开国承家，铭之天府；退当雪慈父爱子之痛，约峻凶逆无道，囚制人士，裸其五形。近日来者，不堪忍见。骨肉生离，痛感天地。人心齐一，咸皆切齿。今之进讨，若以石投卵耳。今出军既缓，复召兵还，人心乖离，是为败于几成也。愿深察所陈，以副三军之望。”王愆期又说公曰：“苏峻豺狼也，如遂得志，四海虽广，公宁有容足地耶！”公妻龚氏亦释公所疑劝自行。于是公便戎服登舟,星夜兼迈,子瞻丧至不临。郗鉴在广陵城孤粮少，得诏书即入赴国难，遣夏侯长谓峤曰：“或闻贼欲挟天子，东入会稽。当先立营垒，屯据要害。既防其越逸，又断贼粮运，然后清野坚壁以待贼。贼攻城不拔，野无所掠，东道既断，粮运自绝，必自溃矣！”公之决意自行，必有与龚登，温峤书，惜其书不传，来去之因难明。

史谓公逡迎不前，墀谓公不得不耳，庾亮忧西陲过于历阳，命温峤刺江州以防之，既无天子之诏，仅凭温峤一纸，安知非庾温合谋，欲赚公而除之，以绝后顾之忧。故公先使龚登试之，命其回军，正为有所思议，探庾温之诚意，而拟自行。及情况既明，便戎服登舟，星夜兼迈，子丧不临，真乃干城之公侯。

五月，公率军至寻阳，议者咸谓公将诛庾亮以谢天下，庾亮亦曾闻公言，唯戮庾亮，可以谢峻之语，公既至，温峤迎公，时庾亮船在峤船后。公谓温峤曰:“苏峻作乱,衅由诸庾,诛其兄弟,不足以谢天下。”庾闻其语,忧怖无计,欲奔窜则不可,欲会又恐见执。别日，亮往见温峤而问进退计，峤劝庾亮往见陶公，亮犹豫未敢往。峤笑曰：“溪狗我所悉卿，但见之，必无忧矣！”又曰：“卿但遥拜，必无他，我为卿保之。”亮遂从温言，往见陶公，乃效廉颇之负荆，背插荆条一束，遥见辕门，便三步一拜而入，公遥见之，急起止之曰：“庾元规何缘拜陶士行耶！”亮既拜毕，便引咎自责躬，深相逊谢，自谓“肉眼不明，致有今日，上误国家，下累黎庶，虽诛亮以谢天下，不足以赎罪也”。便降就末座，公自要起同坐，坐定，公不觉释然，曰：“君侯修石头以拟老子，何今日反见求耶？”亮再顿首谢罪曰：“主上遗诏托孤，朝臣共见，亮岂敢自栽，修筑石头，以防诸有，非疑于君，若有此，天地不容。”公笑曰：“君今日始知老子忠心为国，未尝同逆耶。”即与谈宴终日，温峤又为亮逊谢，不觉欢然。及食薤，亮留白，公性本俭吝，问亮用此何为，亮云故可种，于是公叹亮非唯风流，亦兼有治实。庾亮有无删改遗诏，只合太后知之，朝臣哪得知之，陶公以君子之怀，国事为重，今日宽待庾亮，哪知他日谗人相间，夏斌阋墙，王庾相背，陶称替罪见杀，陶氏兵权全为庾氏所夺，陶氏从此而衰，悲乎！

遂议定，即日同趋建康，云帆齐张，旌旗光天，戎卒六万，七百余里楼船相逐，钲鼓之声，震撼天地。公赠温峤赤角一具，峤即挥书，隔舟遥传，答曰："奉惠赤角一具及鞞鼓马鞭，鼓角既周军用，马鞭服以周旋，抗之于手与之偕老也，偃武之日，乃当藏之笥策耳！"

"玉帐牙旗得上游，安危须共主君忧。窦融表已来关右，陶侃军宜次石头。岂有蛟龙愁失水，更无鹰隼与高秋。昼号夜哭兼幽显，早晚星关雪涕收。"此唐李商隐诗。陶温义师，千古敬仰，晚唐时，藩镇跋邑，生灵涂炭，人民企慕陶温之兴义师，勘定祸乱。

时苏峻方改易官司，置其亲党，朝廷政事一皆由之。又遣韩晃入义兴，张健、管商、弘徽等入晋陵，欲底定江东。闻陶、温唱义武昌，西方兵至，用参军贾宁计，急自姑孰还据石头。更分兵距诸义军，所过，无不为峻残灭。峻至石头，见公屯查浦，峤屯茄子蒲，立行台部军旅，戎车盈于石城，戈舡掩于江浦，大惧。遂迁天子于石头，迫居民尽聚之后苑。

正因侃公出师之缓，后人有所非疑，墀为作《陶桓公征苏不得不缓》一文，又因温峤"溪狗我所悉"一语，后人有疑侃公为奚人，墀作《陶桓公岂是奚人》。

峻既至石头，即以王导仍本官居己右，自录尚书事，秉政。逼帝迁居于石头，刘超、钟雅步侍。以仓屋为帝宫，日来帝前肆丑言。时饥饿米贵，峻间使遗超，超一无所受。峻逼迫居民，尽聚之后苑。时王导密令吴相张昭之孙、东军都督张闿，以太后诏谕三吴吏士，使起义兵救天子。于是会稽、吴郡皆举兵应之。峻令将拒之，互有胜负。尚书左丞孔坦奔公为长史。

公与峤等军于茄子浦，峤以南兵习水战，峻兵习步战，欲以所长制所短，令三军有上岸者死。逢苏峻送米万斛馈祖约，约遣桓扶等迎之。这时毛宝为温峤前锋，率兵仅千人，告其众曰："兵法，军令有所不受，岂可视贼可击，不上岸击之邪！"乃擅往，设变袭桓抚，悉获其米，斩获万计。祖约由是饥乏，峤嘉其勋，表为庐江太守。公表王舒监浙东军事，虞潭监浙西军事，郗鉴都督扬州八郡诸军事，节制舒、潭等，鉴与雍州刺史魏该率兵与公会于茄子浦。公举众军直指石头，至于蔡洲，公屯查浦，峤屯沙门浦，峻登烽火楼，望见士众之盛，有惧色。

时会于石头城下的各路诸侯有征西大将军都督荆雍益梁四州诸军事、荆州刺史陶公，荆州督护龚登，荆州督护杨谦，荆州督护、竟陵太守李阳（运粮未至），广州刺史朱伟，湘州督护荀璲，交州刺史陶淑，江夏太守周抚，江州刺史持节都督、平南将军温峤，护军将军中书令庾亮，后将军郭默，冠军将军赵胤，奋武将军龚保，平南督护王愆期，西阳太守邓岳，鄱阳内史纪睦，平南参军毛宝，寻阳太守诸诞，南康太守应诞（詹弟），建安太守周闵（顗子），晋安太守左卫将军庾怿，雍州刺史魏该，车骑大将军都督徐兖青三州军事、兖徐二州刺史假节郗鉴。

公有众四万，温峤有众七千，共约六万人。

其余受公节制在东线作战者有会稽内史监浙东军事王舒、奋武将军庾冰、吴兴太兴监浙西军事虞潭、吴国内史蔡谟、前义兴太守顾众、护军参军顾飏、军司虞斐、龙骧将军谢藻、扬烈将军王允之，还有谯国内史桓宣、宣城内史桓彝。

庾亮遣督护王彰击峻党张曜，反为所败。亮送节传还公，引咎自贬，公曰："古人三败，君侯始二，当今事急，不宜数尔。"又曰："朝政多门，用生国祸，丧乱之来，岂独由峻也。"亮司马陈郡殷融诣公谢曰："将军为此，非融等所裁，王彰至曰：彰自为之，将军不知也。"公曰："昔殷融为君子，王彰为小人，今王彰为君子，殷融为小人。"盖融以责任给亮，而彰自承受之。而亮竟怀恨不止，公死后，竟杀陶称，可谓无良心也。公待亮何等大度。

宣城内史桓彝自广德进屯泾县，时州郡多遣使降苏峻，或劝彝宜与通使以免祸，彝誓致死战，韩晃攻彝，俞纵殉节于绥石，六月城陷，晃执彝杀之。

公率诸军初至石头，诸军即欲决战，公曰："贼众方盛，难与争锋，当以岁月智计破之。"既而屡战无功，监军（或疑鉴之误）军部将李根请立白石垒，公不从曰："若垒不成，公当坐之。"根曰："查浦地下，又在水南，唯白石峻极显固，可容教千人，贼来攻不便，灭贼之术也。"公笑曰"卿良将也"，遂从其谋，夜筑垒至晓而成，闻峻军击鼓严队之声，诸将咸惧其来改。孔坦曰"不然，若峻攻垒"，必须东北风急，令我水军不得往救，今天清静，贼必不来，所以严队者，必遣军出江，乘掠京口以东矣！东线王舒、虞潭等军屡败，孔坦曰："本不须召郗公，遂使东门无限，今宜遣还，虽晚犹胜不也。"公乃令鉴与郭默还据京口，立大业、曲阿、庱亭三垒，以分峻之兵势，以郭默守大业，众垒倏而成，峻众见垒大惊。三垒皆在曲阿，曲阿今丹阳县。

壬辰魏该卒，祖约将祖涣、桓抚袭寻阳湓口，公将自往击之。毛宝曰："义军持公，公不可动，宝请讨之。"公顾谓坐客曰："此年少言可用也。"乃使宝行。

先是桓宣背祖约，南屯马头山，涣、抚过皖，因往攻之。宣求救于宝，宝众以宣本是约党，疑之，宣遣子戎再请宝，宝即率众随戎赴之，未至而贼已与宣战，宝军兵少，器杖滥恶遂为涣、抚所破，宝中箭贯宝髀彻鞍，使人“蹋鞍拔箭”血流满靴，夜奔船所百余里，望星而行，到先哭战亡将士，洗疮讫，夜还救宣，宝至宣营击之，涣、抚亦退。宝进军东关，攻祖约，破合肥，峤召宝与宣归石头。

祖约诸将与后赵通谋，秋七月约众奔溃，后赵掳寿春二万余户而归，石虎与刘曜战大败，襄国震动，无暇南侵。

苏峻心腹路永、匡术、贾宁闻祖约败，恐事不济，劝峻悉诛王导等大臣，峻不许，永等潜有二心，导使参军袁耽诱永归顺。七月导携二子与永奔白石。时庾亮守白石垒。峻军率步兵万余，四面来攻，众皆震惧，亮激励将士，并殊死以战，峻军乃走，追杀二百余级。

公与峤等与苏峻久相持不决，峻东西攻掠多捷，朝士之来奔者皆曰：“峻狡黠有胆决，其徒骁勇，所向无敌，若天讨有罪，则峻终将灭亡，止以人事言之，未易除也。”峤怒曰：“诸君怯懦，乃更誉贼。”及累战不胜，峻亦惮之。峤又于四望矶筑垒以逼贼，曰：“贼必争之，设伏以逸待劳，是制贼之一奇也。”但众军累战失利，峤军食尽，借贷于公。公怒曰：“使君前云不忧无良将及兵食，惟欲老仆为主耳，今数战皆北，良将安在，荆州接胡蜀二虏，食廪当备不虞，今下敦不能供粮，荆州若复无食，更假于谁，吾今虽有些许粮草，亦只能供自军兵所需，君既食尽，又不能决胜负，且烟雨连绵三四十日，于战不利，仆便欲西归，更思良算，为今之计，徐来殄贼，不为晚也。”温峤大惊，先是温峤虑公不赴，故以甘言召公。至此忿谓公曰：“不然，自古成监，师克在和，古之善教也。光武之济昆明，曹公之拔官渡，以寡敌众，仗义故也，峻、约小竖，为海内所患，今日之举，决在一战，峻勇而无谋，借骄胜之努，自谓无前，今挑之战，可一鼓而擒也，奈何舍垂立之功，设进退之计乎，且天下幽逼，社稷危殆，乃四海臣子肝脑涂地之日，峤等与公同受国恩。是致命之日，事若克济，则臣主同祚，如其不捷，身虽灰灭，不足以谢责于先帝，今之事势，义无旋踵，譬如骑虎，安可中下哉？公若违众独反，人心必沮，沮众败事，义旗将回指于公矣！”遂竟别去，毛宝闻之，乃急言于温峤曰：“下官能留陶公。”乃往见公而说曰：“公本应镇芜湖，为南北势缓，前既已下，势不可还，且军政有进无退，非直整齐三军，示众必死而已！亦谓退无所据，终至灭亡，往者杜弢非不强盛，公竟灭之，何至于峻，独不可破耶！贼亦畏死，非皆勇健，公可试与宝兵，使上岸断贼资粮，出其不意，使其困蹙，若宝不立效，然后公去，人心不恨矣！”公遂加宝督护，与之兵而遣之。时竟陵太守李阳适运粮至，遂说公曰：“今大事若不济，公虽有粟，安得而食诸？”公见有粮到，乃允分米五万石以饷峤军，峤得粮大喜，亲诣军营，向公逊谢，更议进取。

毛宝得军与众议所向，以贼粮皆分积于勾容、姑熟二处，若径领兵去，事恐无成，遂以间偷扮樵夫，潜往而烧之。及苏兵来救，粮已尽成灰矣。宝乃使人报捷，勾容、姑熟粮既已烧去，苏军乏粮，陶公遂留不去。

峻既被烧粮，怒甚，命诸军进攻，韩晃等急攻大业垒。被围久，垒中乏少，人饮粪汁，郭默恐惧，突围居外，留兵守垒。郗鉴在京口，战不利，闻大业围急，军士皆失色，参军曹纳议退还广陵，鉴责纳以强寇危逼之际，滋长异端，将斩之，久乃得释。急向公求救。公与众议将救大业，殷融之弟长史殷羡曰：“吾兵不习步战，救大业而不能克捷，则众心沮丧，大事危矣。不如急攻石头，以危苏峻。峻危，必抽兵来救，则大业之围自解。”公从其计，遣督护杨谦为先锋，攻苏峻石头水寨，又自督大军东下向石头，并促温峤率兵南上攻苏峻旱寨。苏峻闻报大惊，留韩晃围郗鉴等而不攻，自将兵五万来迎陶、温。时温峤、庾亮、赵胤，率步兵万人从白石南上先到。阵于石头挑战，峻遣子苏硕及匡孝，先薄赵胤军，胤战不胜而退走。峻方劳其将士，见胤败走，乘醉曰：“匡孝能破贼，我更不如邪！”因将亲兵八千人，挥兵突阵，毛宝力战，峻三突而不能入，乃回趋白木阪攻李阳之阵，又被截住。公见而鼓角齐鸣，催众进军。峻怒渴发，因舍其众，与数骑北下。公督护李阳之部将彭世、李千等下船追及，齐投之以矛，峻坠马步斗，为彭世、李千所斩而脔割之，焚其骨，三军皆呼万岁！峻余众皆溃死。司马任让等立峻弟苏逸为主，退入石城，闭城自守。韩晃闻峻死，急趋还石头，管商等攻庱亭垒，督护李闳，轻车长史滕合击破之，商诣庾亮降，余众归张健。陶、温乃立行台，布告远近，凡故吏二千石以下，皆令赴台，至者云集。

温峤遣帐下上公所获苏峻兜鍪，公报以书曰：“奉所遣帐下得苏峻兜鍪，作之巧劼，用功殊多，战器不事须比也。意谓不知三甲者，逆贼身所服，此是凶器，古人恶其名，得此兜鍪者，犹以为功，令赏其细葛一端。”端布丈八尺为一端。

十二月石勒破洛阳，执刘曜，关中大乱，石勒进兵长安，不久前赵即亡。

公之讨祖约苏峻，常虑石勒李雄袭其后，而石李之所以未动者，约峻自恃其强，屡败官兵，不需引石勒入寇，而公也有以周旋。勒亦畏公，且又方攻刘曜。王船山曰：“溃于内者必决于外，苏峻反历阳而入建业，祖约据寿春以通石勒。然而勒不乘之以入犯者，非勒无狡焉之志也，刘曜破石虎于蒲坂，进围金墉，勒方急曜而不暇及也。咸和三年九月斩苏峻，十二月勒执曜于洛阳，使迟之一年，峻约始破，则约迫而导勒以东，晋其糜矣！”

晋成帝咸和四年己丑（329），公 71 岁。

春正月，苏峻既死，贼众震恐，光禄大夫陆晔及弟玩说匡术以苑城附于公军。百官皆赴之，推晔督官城。公命毛宝守南城，邓岳守西城，刘超、钟雅谋奉帝出奔公军，苏逸使任让收超雅，帝不许，让夺而杀之。赵胤遣甘苗击祖约，约投奔后赵石勒。

苏逸、苏硕、韩晃并力攻台城，焚太极东堂及秘阁。毛宝登城，射杀数十人，韩晃谓宝曰:“君是毛庐江耶！”宝曰:“是又如何。”晃曰:“君名勇果，何不出斗。”宝曰：“君名健将，何不入斗。”晃笑而退。

二月诸军攻石头，滕含击苏逸大破之，苏硕渡淮而战，温峤击斩之。韩晃等惧，以其众就张健于曲阿，门隘不得出，更相蹈藉，死者万数，公军获苏逸斩之。张健疑弘徽等贰于己杀之,率舟师自延陵将入吴兴,王允之大破之。获男女万余口。健与韩晃等西趋故障，郗鉴遣参军李闳追之，及于平陵山，皆斩之乱平。

春二月，滕含既破苏逸，其部将曹据拥帝奔温峤船。群臣见帝，顿首号泣请罪，庾亮泥首谢罪上疏乞骸骨，曰：“臣才下位高，知进忘退，乘宠骄盈，渐不自觉，进不能抚宁外内，退不知推贤宗长，遂使四海侧心，谤议沸腾。祖约、苏峻不堪其愤，纵使凶逆，事由臣发，社稷倾覆，宗庙虚废。先后以忧逼登遐，陛下旰食逾年，四海哀惶，肝脑涂地，臣之招也，臣之罪朝廷寸斩之，屠戮之，不足以谢祖宗七宙之灵……”帝下诏止之，亮遂外出，授豫州刺史，督扬豫二州，宣城内史镇芜湖。帝诛从贼之西阳王羕、彭城王雄等。公欲宥任让，许柳之儿许永至佳，诸公亦欲全之，事奏，帝以让杀钟雅、刘超，并斩二人。王导至石头，令取故节，公笑曰：“苏武节似不如是。”导有愧色。时兵乱之后，民物凋残，峤欲迁都豫章，又有议迁会稽者，王导言宜镇之以静，群情自安。遂不迁都，以诸翜为丹杨尹，遂安京邑。初孔坦为王导别驾，乱时奔公为长史，公欲将坦上，用为豫章太守，而导却要以坦为丹杨尹，坦不受而为吴兴内史，三月论平苏峻功，进公为侍中、太尉，加羽葆鼓吹，封长沙郡公，增邑三千户，原督荆湘雍梁外，加督交广宁州诸军事，赐绢八千匹。郗鉴为侍中司空、南昌县公，温峤为骠骑将军、开府仪同三司、散骑常侍、始安郡公。陆晔进江陵公。其余赐侯伯子男者甚众，又追赠卞壸父子，桓彝、刘超、钟雅、羊曼及公子陶瞻，瞻进赠大鸿胪，谥愍悼世子，并以陶夏为长沙世子，公子陶旗以战功封郴县伯，陶回封康乐伯。公之册文有“经往秉哲，谋猷宏远”之语。

公讨苏峻也，移檄征镇，使各引兵入援。湘州刺史益阳侯卞敦拥兵不赴，仅遣督护荀璲将数百人往，又不给军粮。陶公奏敦阻军观望，不赴国难，无大臣之节请槛车，收付大尉，王导宥之。转安南将军、广州刺史，病不之职。卞敦忧愧而卒，仍谥敬。司马光曰：“庾亮以外戚辅政，首发祸机。国破君亡，窜身苟免。卞敦位列方镇，兵粮俱足。朝廷颠覆，坐观胜负。人臣之罪，孰大于此。既不能明正典刑，又以宠禄报之。晋室无政，亦可知矣。任是责者，岂非王导乎！”诏以湘州并入荆州，公再加督益州，公以江陵偏远，移镇巴陵。巴陵有陶侃城，在县东八里。公表陈頵为梁州刺史，绥怀荒弊，甚有威惠，又遣咨议参军张诞讨五溪，蛮降之。

时京邑荒残，资用不足，公数上兵器、什物，《大司马陶公故事》载，苏峻平后公所上成帝疏如下：

《上金铃大戟疏》云：“伏惟武库倾荡，宿怀有失缺，辙选其差可者，奉献金铃大戟五十。”

《上狼炙刀疏》云：“伏惟大官厨器损失，谨奉献狼炙刀槃二具。”

《上成帝杂物疏》云：“上鲊十斛。”鲊鱼，荆州之名产，公所养殖者。

《上成帝杂物疏》云：“上螺杯一枚。”螺杯即鹦鹉杯，螺为软体动物，殻如螺旋状，螺层尖处，屈曲如鹦鹉嘴，里面有光如真珠，大者可受二升，制为酒器，奇而可玩，其乳白色，有青绿斑，上有螺纹，同年轮一样，上分隔，隔又分条，每一天长一条，每月长二隔，可判定地质年代，今几乎绝迹，仅南太平洋尚有，此杯为林邑献公者。

上水晶碗一枚。

上漆复筥五十枚。筥，饭器。

公在荆广，大力发展军器，手工业，所上各物，或为自产，或为贸易所致。《御览》载，交州牧陶璜于太康四年表送林邑王范熊所献缥绀水精碗各一枚，青白石碗各一口，白水精碗二口，水精碗，漆复筥亦林邑所献于公者。

公既摧灭苏峻，便辞朝归镇，公之心胸磊落，何尝有欲擅朝权，执政纲，非望之想，后世胡为诬之。

南京既为公摧灭苏峻之处，后其裔孙，瞻公嫡裔清两江总督陶澍为建惜阴书院，塑像其中。为作陶桓公像赞并序：

公讳侃字士行，鄱阳人，徙家寻阳，汉高帝功臣开封侯舍之后也。父丹，吴扬武将军，母湛氏。公幼禀慈训，起家枞阳令，仕至使持节侍中太尉，都督荆江雍梁交广益宁八州诸军事，封长沙郡公，谥曰桓，追赠大司马。公性宏毅，孤根特立，有纲维四方之志，值晋南渡，扫除乱孽，再造皇室，忠义之气，横秋霜而贯白日。史言：公勤于吏职，阃外事千头万绪，综理细密，笔翰如飞，门无停客。尝语人曰：大禹圣者，乃惜寸阴，至于众人，当惜分阴。又曰：老庄浮华，非先王之法，言无益实用，君子当正其衣冠，摄其威仪，何有蓬头仰望，自课宏达耶？家传载：公好学，善谈论，尤明《诗》《易》，《御览》复引《别传》，言公厘明《诗》《书》《春》《秋》。足征公志在圣贤，严斯道之防，且有功经学，不徒勋高百代，为有晋第一纯臣也。石头城为公摧苏峻之所，遗烈在人，兹于其前博山之阳辟书舍，肖公祀之，用志景仰。因以惜阴之义，为多士有志于学者勖。像成敬为之赞曰：

于铄桓公，绪衍济阳。八州作督，七族重光。身镇地轴，手扶天纲。投袂而起，大义勤王。千里肃清，遂奠苞桑。长沙开国，像绘武昌。嫉时清谈，力辟老庄。习劳戒逸，百甓是将。竹头木屑，布置精详。摴蒱博具，投之汪洋。语其忠顺，希迹孔明。意存法外，功在旂常。每怀古哲，庄语日强。尺璧非宝，百炼弥刚。嵬嵬石城，遗烈在望。树之精舍，惜阴是名。斯圣贤之徒欤，邈山高而水长！

晋之东迁，王氏执国，敦倡为逆，执兵柄者，皆有侵上之志而不可信，以登天之梦而亦疑公。而公功成之日，即辞朝归藩，何尝有非望之想，否则早已据朝执政矣！况此时庾亮已下拜，王导已失色，名流所推重者，唯公耳！公欲为之，谁敢不苟同！

朝议欲留温峤辅政，峤以王导先帝所任，固辞归藩武昌，留资蓄具器用，以资京师之用。至牛渚矶，水深不可测，世云其下多怪物，峤遂燃犀角而照之，须臾见水族复活，奇形异状，或乘马车、着赤衣者。峤于是夜见人谓己曰："与君幽明道别，何意相照也。"甚恶之。峤先有齿疾，至是拔之，因而中风，至镇未逾旬，四月即卒，年四十二岁（288—329），诏赠侍中，大将军，谥忠武。初葬豫章，朝廷欲为峤造大墓于元明二帝陵之北，陶公为峤上表让，诏从之。表云："故大将军峤，忠诚著于圣世，勋义感于神人，非臣笔墨所能称陈。病卒之际，与臣书别。臣藏于箧笥，时时省视。每一思述，未尝不中夜抚膺，临饭酸噎。人之云亡，峤实当之。谨写峤书上呈。伏惟陛下，既垂御省。伤其情旨，死不忘忠。身没黄泉，追恨国耻。将臣勠力，救济艰难。使亡而有知，抱恨结草，岂乐今日劳费之事。愿陛下慈恩，停其移葬，使峤棺柩无风波之危，魂灵安于后土。"

朝廷以平南军司刘胤为江州刺史，公与郗鉴皆言胤非方伯才，王导不允，胤矜豪日甚，专务商贩，殖财百万，纵酒耽乐，不恤政事。冬十月，诏征郭默为右军将军。默乐为边将，不愿宿卫，以情诉于胤，胤曰："此非小人之所及也。"默将赴召，求资于胤，胤不予，默由是怨胤。胤长史张满等，素轻默，或裸露见之，默常切齿。腊日，胤饷默豚酒，默对信投之水中。会有司奏今朝廷空竭，百官无禄，惟资江州运漕，而胤商旅继路，以私废公，请免胤官。书下胤不即罪，方自中理，侨人盖肫掠人女为妻，张满使还其家，肫不从，反谓郭默曰："刘江州不受免官，密有异图。与张满等日夜计议，惟忌郭侯一人，欲先除之。"默以为然，率众侯旦门开袭胤，胤将吏欲拒默，默曰："我被诏，有所讨，动者诛三族。"遂入内寝，牵胤斩之，悉斩胤僚佐张满等。传胤首于京师，诈作诏书，宣示内外，掠胤女及诸妾，并金宝还船，初云下都，既而停胤故府，招引谯国内史桓宣，宣固守不从。

晋成帝咸和五年庚寅（330），公72岁。

春正月，郭默将刘胤首级传至建康，王导以默骁勇难制，大赦，枭胤首于大航，以默为江州刺史，武昌太守刘诩驰白陶公。侃即发使上表讨默。表中有曰："臣侃言，郭默狂狡，肆行凶虐，负阻城险，用稽天川市，臣上山陵其城，楼橹攻具备设。"又有上金钐白旄及大羌楯等二表，表曰："臣侃奏献金钐白旄四枚。"又曰："臣侃奉献金华大羌楯五十幡，青绫金华楯五十幡。"

且与王导书曰："郭默杀方州，即用为方州，害宰相便为宰相乎？"

导乃收胤首，答侃书曰："默居上流之劳，加有船舰成资，故包含隐忍，使有其地，朝廷得以潜严，俟足下军到，风发相赴，岂非遵养时晦，以定大事者邪？"公笑曰："是乃遵养时贼也。"豫州刺史庾亮亦请讨默，诏加征讨都督，率步骑二万，与公会。

初公闻默云有诏斩胤，投袂起曰："此必诈也。"即将兵讨之，遣将军宋夏、陈修率兵据湓口，公以大军继之，默遣使送妓妾及绢，并出中诏呈公，参佐多谏曰："默不被诏，岂敢为此，若欲进军，宜待诏报。"公厉色曰："国家年幼，诏令不出胸怀，刘胤为朝廷所礼，虽方任非才，何缘猥加极刑，郭默恃勇，所在贪暴，以大难新除，禁网宽简，欲因际会，骋其纵横耳！"遂发使上其状，西阳太守邓岳、武昌太守刘诩，随公征讨，皆疑桓宣与默同谋，庾亮西曹王随曰："宣尚不附祖约，岂肯同郭默邪？"岳、诩遣王随诣宣观之，时宣居武昌，子戎初为刘胤参军，郭默仍辟为参军，随说宣曰："明府心虽不尔，无以自明，惟有以贤子付随耳。"宣乃遣戎与随同迎陶公，公辟戎为掾，上宣为武昌太守。

郭默欲南据豫章，会公兵至，默出战不利，入城固守，聚米为土垒，以示有余，公筑垒以攻之。垒在九江柴桑区东北，称陶公垒亦称郭默城。

夏五月，大军既集，公惜默骁勇，使郭诵见默。默许降，而默将张丑、宋侯等恐为公所杀，故致默进退不时得出，大军攻之转急。宋侯遂缚默父子及张丑等出降，公斩默于军门，即陶公垒，同党死者四十人，传首京师。诏加公都督江州，领江州刺史，公还巴陵，因移镇武昌，以邓岳督交广诸军事，领广州刺史，仍受公所督。诏增置左右长史、司马从事中郎四人，掾属十二人，殷浩，庾翼等皆为佐史，又命张夔子隐为参军，范逵子珧为湘东太守，辟刘安曾孙安为掾属，表论梅陶。时豫章太守梅颐犯事，王导遣收之，公曰："天子富于春秋，万机自诸侯出，王公既得录，陶公何为不可放。"乃遣人于江口夺之，颐，梅陶之兄，梅陶曾于王敦前救陶公，颐见陶公拜，公止之，颐曰："梅仲真明日岂可复屈邪！"在东晋时集扬州上游广大地区的军政权于一身者，唯公一人。

庾亮辞赏不受，公移书曰："夫赏罚黜陟，国之大信，窃怪矫然，独为君子。"亮曰："元帅指挥，武臣效命，亮何功之有？"遂苦辞不受。《庾亮传》有陶公欲起兵废王导事，墀疑乃庾亮所推卸而加于公者。

公以第十女妻江夏孟嘉。嘉，字万年，鄂人也，曾祖父宗以孝行称，世传"哭竹生笋"，仕吴为司空。祖父揖（291—？），晋元康中为庐陵太守，宗葬武昌新阳县，子孙家焉，遂为县人也。君少失父，奉母及二弟陋等居。公见其冲默有远量，遂以第十女妻之。后孟嘉以二女还陶氏，一妻公七子武昌太守茂长子姿城太守敏，生渊明；一妻太常氏，生敬远及仲德。孟嘉乃晋征士靖节先生陶渊明之外祖。

近见《孟子世家谱》，重纂《三迁志》，嘉为孟子嫡裔第二十二代孙，惜乎该谱将嘉之父填为孟观。观，渤海东光人，子平，以附赵王伦夷三族。嘉之子填为怀王。

怀玉平昌安丘人，父绰，祖渊，曾祖珩。怀玉子表，表济北蛇丘人。

孟氏郡望出曹州平昌郡，孟宗原籍不详，怀玉与嘉，虽非父子，族系如何不详，孟嘉的子孙也不详。

鄂州西四里的西山上，因晋陶公、唐元结、宋苏轼曾在山上居住过，故建有三贤亭。又因亭边有滴滴泉、活水泉、涵息泉而称三泉亭。亭为上下二层，上为藏经阁，下为梅花石刻。

石勒既灭刘赵，遂回襄国，自称大赵天王行皇帝事。祖约既奔投石勒，而杀公子庐江太守陶瞻的苏峻旧将冯铁亦投奔石勒为戎将。公既平苏峻，于是遣使者兼长史王敷赍江南珍宝奇兽，与勒修好，修书责勒纳用叛臣。石勒素重公声望，而郭默久与赵战，赵人畏其勇，今公讨之，兵不血刃，益畏公。又薄祖约之为臣，于是与程遐议之，遐说勒曰："天下粗定，当显明逆顺，故汉祖赦季布，斩丁公。大王自起兵以来，见忠其君者辄褒之，背叛不臣者辄诛之。今祖约犹存，臣窃惑之。且约大引宾客，又占夺乡里先人田地，地主多怨。"于是收约宗族，族诛之，唯祖逖之奴王安奔赵为将，窃逖庶子道重藏之为沙门，石氏灭乃归江南。

勒乃燕饷使者王敷，席中召冯铁而杀之，以首付敷，使归告公，铁乃杀陶瞻者。

秋九月，赵王勒即皇帝位，赵将郭敬将寇襄阳，时周访之子南中郎将，监沔北军事周抚屯襄阳，敬使人浴马于津，昼夜不绝，抚以赵兵大至，惧奔武昌，公免其官。

赵以郭敬为荆州刺史，敬毁襄阳城，迁其民于沔北，城樊城以戍之。公闻惊即陈兵武昌，于钓台阅兵以备之，又遣王敷，修书责勒犯境，勒仍燕饷之。公时以新平苏峻破郭默，欲图收复襄阳，北进中原尚需时日，故以计使石勒自驰兵备，缓其犯境。

成汉大将军李寿，攻拔巴东建平。巴东太守杨谦，监军毌丘奥退保宜都。

冬公以桓宣为南中郎将，监沔北诸军事、江夏相，以备石勤，不久复取襄阳。明年四月郭敬复攻拔之，留戍而归樊城。又以毌丘奥为益州刺史，以备李雄。

公表仓曹参军袁谦为高凉太守。未至百余里，有蜜蜂蔽日而下谦舡上，谦不觉甚恶之。会得留郡文书，贼欲乘虚攻郡，谦欲疾赴任。明早进至西南，猝遇大风飞沙，天地晦暗，不复得还，郡遂没海中。

晋成帝咸和六年辛卯（331），公 73 岁。

公既表邓岳，以平苏峻、郭默功，迁督交广军事、广州刺史、平越中郎将、宜城县伯，公自建兴三年至太宁三年（315—325）十一年间刺广州，中原离乱，独广州安定，惜阴运甓，激励百姓，生齿日繁，生产日盛。珠江口岸，民以制盐、采珠、制香为业，又为航海贸易重地。于是公与邓岳议，奏请划南海郡之南，故司盐校尉所在地为东官郡，初领县四，宝安、兴宁、海丰、海安。刘宋又增领怀安、欣乐。郡治宝安，治所设于滨海重镇南头，在香港西北，深圳附近。此地自秦设南海郡以来，长期属番禺县，自此始置郡，从此日益繁荣。为南海重要港口，在今日香港回归之日，饮水思源，不得不思公始置郡县之德，安抚发展之恩。香港附近为海蚌集中地，蚌中有珠，广人称“螺”，公所上螺杯，即得于此。

邓岳至广州，承公余烈，抚安蛮越，咸康二年遣督护王随击夜郎，新昌太守陶协击兴古并克之，新昌、兴古皆在今越南境。协，丹阳人。

晋成帝咸和七年壬辰（332），公 74 岁。

建武元年（317），慕容廆曾遣王济向元帝劝进，及帝即位，遣谒者陶辽授廆龙骧将军、大单于、昌黎公。廆辞公爵，大兴三年廆遣裴嶷朝帝。四年，加廆使持节都督幽州东夷诸军事、车骑将军、平州牧，进封辽东郡公，邑万户。

九月廆遣使与太尉陶公笺，劝以兴兵北伐，澄清中原，笺曰：

> 明公使君毂下：振德耀威，抚宁方夏，劳心文武，士马无恙，钦高仰止，注情弥久。王涂险远，隔以燕越，每瞻江湄，延首遐外。天降艰难，祸害屡臻，旧都不守，奄为虏庭，使皇舆迁幸，假势吴楚。大晋启基，祚流万世，天命未改，玄象著明，是以义烈之士，深怀愤踊。猥以功薄，受国殊宠，上不能扫除群羯，下不能身赴国难，仍纵贼臣，屡逼京辇。王敦昌祸于前，苏峻肆毒于后，凶暴过于董卓，恶虏甚于傕、汜，普天率土，谁不同忿！深怪文武之士，过荷朝荣，不能灭中原之寇，刷天下之耻。君侯植根江阳，发曜荆衡，杖叶公之权，有包胥之志，而令白公、伍员殆得极其暴，窃为丘明耻之。区区楚国，子重之徒，犹耻君弱，郡臣不及先大夫，厉己戒众，以服陈、郑。越之种蠡，尚能弼佐勾践，取威黄池。况今吴士，英贤比肩，而不辅翼圣主，陵江北伐。以义声之直，讨逆暴之竭，檄命旧都之士，招怀存本之人，岂不若因风振落，顿坂走轮哉！且孙氏之初，以长沙之众摧破董卓，志匡汉室。虽中遇寇害，雅志不遂，原其诚心，乃忽身命。及权据扬、越，外仗周、张，内凭顾、陆，距魏赤壁，克取襄阳。自兹以降，世主相袭，咸能侵逼徐、豫，令魏朝

旰食。不知今之江表，为贤俊匿智，藏其勇略邪！将吕蒙、凌统，高踪旷世哉！况今凶竭虐暴，中州人士逼迫势促，其颠沛之危甚于悬卵。假号之强，众心所去，敌有衅矣，易可震荡。王郎、袁术虽自诈伪，皆基浅根微，祸不旋踵，此皆君侯之所闻见者矣！王司徒清虚寡欲，善于全己，昔曹参亦崇此道，著划一之称也。庾公居元舅之尊，处申伯之任，超然高蹈，明智之权。廆于寇难之际，受大晋累世之恩，自恨绝域，无益圣朝，徒系心万里，望风怀愤。今海内之望，足为楚汉轻重者，惟在君侯。若勠力尽心，悉五州之众，据豫之郊，使向义之人，倒戈释甲，则羯寇必灭，国耻必除。廆在一方，敢不竭命。孤军轻进，不足使勒畏首畏尾，则怀旧之士，欲为内应，无由自发故也。故远陈写，言不宣尽。

初，廆使者遭风没海，其后廆更写前笺，僚属宋该等以廆立功一隅，位卑任重，等差无别，不足以镇华夷，宜表请进廆官爵，于是并赍东夷校尉封抽、行辽东相韩矫等三十余人疏上太尉陶公府曰：

自古有国有家，鲜不极盛而衰。自大晋龙兴，克平岷会，神武之略，迈哉前史。惠皇之末，后党构难，祸结京畿，衅成公族，遂使羯寇乘虚，颠覆诸夏，旧都沦灭，山陵毁掘，人神悲悼，幽明发愤。昔猃狁之强，匈奴之盛，未有如今日羯寇之暴，跨蹑华裔，盗称尊号者也。天祚有晋，挺授英杰。车骑将军慕容廆，自弱寇临国，忠于皇室，明允恭肃，志在立勋。属海内分崩，皇舆迁幸，元皇中兴，初唱大业，肃祖继统，荡平江外。廆虽限以江海，隔以羯寇，翘首引领，系心京师，常假寤寐，欲忧国忘身。贡篚相寻，连舟载路，戎不税驾，动成义举。今羯寇滔天，怙其丑类，树基赵魏，跨略燕齐。廆虽率义众举讨大逆，然管仲相齐，犹曰宠不足以御下。况廆辅翼皇室，有匡霸之功，而位卑爵轻，九命未加，非所以宠异藩翰，敦奖殊勋者也。方今诏命隔绝，王路险远，贡使往来，动弥年载。今燕之旧壤，北周沙漠，东尽乐浪，西暨代山，南极冀方，而悉为虏庭，非复国家之域。将佐等以为宜远遵周室，近准汉初，进封廆为燕王，行大将军事，上以总统诸部，下以割损贼境。使冀州之士，望风向化。廆得祗承诏命，率合诸国，奉辞夷逆，以成桓文之功。苟相崇重，而愚情至心，实为国计。

公尝有报慕容廆书，今见所存文唯有“当今扬淮锐勇，飞廉超骥，收屈卢必陷之矛，集鲛犀不入之盾”之语，其余不见。

公又有报封抽等书，其略云：“车骑将军，忧国忘身，贡篚载路，羯贼求和，执使送之，西讨段国，北伐塞外，远绥索头，荒服以献。惟北部未宾，屡遣征伐。又知东方官号，高下齐班，进无统摄之权，退无等差之降，欲进车骑为燕王，一二具之。夫功成进爵，古之成制也，车骑虽未能为官摧勒，然忠义竭诚，今腾笺上听，可不迟速，当任天台也。”

史谓公复书殊得体，但朝议未定，明年廆卒事乃止，帝赠廆大将军，开府仪同三司，谥襄。

梁州大娃嫉陈頵得众心，说陈年老耳聋，公召还，以西阳太守蒋巽代之。

公在武昌，尝课营种柳，都尉夏施，尝盗拔武昌郡西门柳，植之于己门前，公后出巡，驻车夏施之门，问此是武昌西门柳，何因盗来种此，夏施惶怖首伏。三军称其明察，对武昌柳，唐宋人多有题咏。

公每饮酒，有定限，常欢有余而限已竭，殷浩等劝更少进，公悽怀良久曰：“年少时曾有酒失，亡亲见约，故不敢逾限。”

武昌县西有陶公宅，内有黑石，中空，唐元结修整后，用以藏酒。其子陶茂为太守时也有宅在武昌，靖节先生，往来武昌，也有宅在，未知是同一宅否。

南海通诸国，人敬公名望，常以异物献公，公献成帝之物，有来自南海者。时外国献氍毹，公举之曰：“我还国当与牙共眠。”牙名淡夏之子字处静，公从小爱之，欲以为嗣，后庾亮废之，淡遂立志，修道肉身蜕化。

《异苑》载：公家童千余人，尝得胡奴，不喜言语常独自默坐。公一日出郊，胡奴执鞭相随，胡僧见之而惊礼之云：“此海山使者也。”公异之，至夜寻之，失其所在，使者以大功已成，故去也。

晋成帝咸和七年壬辰（332），公 74 岁。

太尉陶公既望重海内，徐图恢复，遂欲西平李雄，北吞石勒。秋后赵荆州刺史郭敬，既戍襄阳，复南掠江西，即郝城以东至历阳地。于是公乘其虚隙，七月遣其子平西参军陶斌及南中郎将，监沔中军事桓宣乘虚往袭樊城，悉俘其众。郭敬回军救樊城，桓宣留斌镇樊城，自率兵至新野湟水，大破郭军，皆得其所掠。

公又遣兄子南郡太守领南蛮校尉，假节陶臻及竟陵太守李阳，攻新野拔之。郭敬战败而遁去，桓宣遂拔襄阳。公使桓宣镇襄阳，以其淮南部曲置义成郡。桓宣招怀初附，简刑罚，略威仪，劝课农桑，或载钥茉于轺轩，亲率民芸护，兵火后得以恢复。公薨后，桓宣以寡弱拒守赵之人来攻，相抗十余年，赵不能胜。

陶臻以战功封当阳亭侯，卒官，追赠平南将军，谥肃。

李阳屡从公征伐，有功，后庾亮邾城之败，李阳又拒战破之，惜《晋书》无传。

公虽老矣，若天再假以寿，必将西平李雄，北吞石虎。

十一月壬子朔，朝廷以公功高，拜大将军，位三公之上，剑履上殿，入朝不趋，赞拜不名，公坚辞不拜。上表固让，表曰：

> 臣非贪荣于畴昔，而虚让于今日，事有合于时宜，臣岂敢与陛下有违，理有益于圣世，臣岂敢与朝廷作异臣，常欲除诸浮长之事，遣诸虚假之用，非独臣身而已，若臣杖国威灵，枭雄斩勒，则又何以加。

按《晋书·成帝纪》，进太尉陶侃为大将军。后追谥大司马，东晋时大司马在大将军上，而大将军在三司上，擅朝权，故当时所辞让者为剑履上殿，入朝不趋，赞拜不名，而大将军并未辞让掉。秦锡圭《晋执政表》作咸和七年大将军侃。

读史至此，公何尝有窥窬之志耶，胡三省注曰："观陶侃在西藩颠末，岂有非望之图哉！晋史所记决指之争，折翼之梦，盖庾亮之党傅致之耳。"赵翼认为王导陶侃二传褒贬失当："于导则略其疵累而比之管葛，于侃则因其一梦，而悬坐以无将之罪，岂非褒贬失当乎。"

晋成帝咸和八年癸巳（333），公 75 岁。

是年公入朝坚辞拜大将军，剑履上殿，入朝不趋，赞拜不名。大将军却未允辞去，旋即返回藩地。苏峻之乱，五十余日雨连绵，加以苏军所到之处，烧杀抢掠，大江下流，沿江二岸丹阳、宣城、吴兴、会稽大水，无田禾，天下大饥，士女流离，饿殍载道。公抚而治之，不二载而黎庶安宁。自白帝迄于南陵，数千里中路不拾遗。

公曾归藩长沙，时龚登为长沙相，悉心抚治，公媵妾数十，家童千数，珍奇宝货，富于天府，十子十婿，诸孙数十人，可谓荣矣！不久即应佐吏苦请，归镇武昌，清谈倏止，佐吏讲学成风。庾翼、王愆期有《问答春秋公羊论》二卷。

春正月，石勒遣使修好，诏焚其币，七月勒卒，国乱而石虎立，五月慕容廆卒，跣立。公曾视师马东、襄、樊，察看边防，欲西平李雄，北吞石虎。襄樊回舟之处，亦名樊溪。

晋成帝咸和九年甲午（334），公 76 岁。

刘瑕为公之从事中郎将，其母魏夫人名华存，字贤安，任城魏舒女。幼好道慕仙，父母强之适南阳刘文。文为修武令，二子璞、瑕。璞为庾亮、温峤司马，皆从平苏峻有功，璞为安成太守。夫人在世八十三年，是年春托剑化形，径入阳洛山，著有《黄帝内外景经》《宝经》《大洞真经》等多种，后授为紫微元君领上真司命，南岳夫人后屡降茅山，并渡多人。公晚年既怀止足之分，不与朝权，夫人也因子瑕而化导之。（见《秦志》）

瑕有与庾翼上公书：“故吏从事中郎庾翼，参军事刘瑕死罪白：昨所启，昨所遗庞遗，孟羽所请求述上事，事须检校咨论，光驾当出，请不从，诣录，事中郎共详处，别白详启请翼遐死罪死罪！”

孙盛字安国，太原中都人，孙楚之孙，博学善文，为浏阳令，公署为参军，后参庾亮军。亮欲起兵废王导，谏亮曰：“王公神情朗达，常有世外之怀，岂肯为凡人事邪！此必佞邪之徒，欲间内外耳。”亮遂止。著有《魏氏春秋》及《晋阳秋》等，官至长沙太守，封吴昌县侯，子潜放，放为长沙相。

公晚年怀止足之分，深以满盈自惧，不与朝权，屡欲告老归国长沙，佐吏等告留之，及疾笃，上表逊位曰：

臣少长孤寒，始愿有限，过殊圣朝，历世殊恩。陛下睿鉴，宠灵弥泰，有始必终，自古而然。臣年垂八十，位极人臣，启手启足，当复何恨，但以陛下春秋尚富，余寇不诛，山陵未反，所以愤忾兼怀，不能已已！臣虽不知命，年事已迈，国恩殊特，特赐封长沙，陨越之日，当归骨国土。臣父母归葬，今在寻阳，缘存处亡，无心分违，已勒国臣，修迁之事，刻以来秋，奉迎窀穸，葬事讫，乃告老下藩。不图所患，遂尔绵笃，伏枕感结，情不自胜。臣间者犹为犬马之齿尚可稍延，欲为陛下西平李雄，北吞石虎。是以遣毋丘奥于巴东，授桓宣于襄阳。良图未叙，于此长乖。此方之任，内外之要，愿陛下速选臣代，使必得良才，奉宣王猷，遵成臣志。臣死之日，犹生之年，陛下虽圣姿天纵，英奇日新，方事之殷，当赖群俊。司徒导鉴识经远，光辅三世。司空鉴简素良正，内外惟允。

平西将军亮，雅量详明，器用周时，即陛下之周、召也。献替畴咨，敷融政道，地平天成，四海幸赖。谨遣左长史殷羡，奉送所假节麾、幢曲盖，侍中貂蝉，太尉章，荆、江州刺史印传棨戟，仰恋天恩，悲酸感结。

《世说新语》载，陶公疾笃，都无献替之言，朝士以为憾，谢尚闻之曰："时无竖刁，故不贻陶公话言，时贤以为德音。"刘注："有表若此，非无献替，献替者，献可替否也。"

及疾笃，将归长沙，军资器仗，牛马舟船皆有定簿，封印仓库，自加管钥。以后事付右司马王愆期，加督护统领文武，六月甲寅，舆车出临津，就船将归长沙，顾谓愆期曰："老子婆娑，正坐诸君辈。"乙卯薨于樊溪，谱谓乃六月三日，享年七十六，是年三月，天象告警，火犯积尸。

按《东晋疆域志》：图经樊溪在武昌西三里，北注大江，而该志在襄阳条又有樊溪，云是公舆疾出临津，就船薨于樊处，乃公时正巡襄阳，以疾出而至武昌故有二樊溪。或曰人遥见海山使者执鞭镫，驱梭龙来迎。

公病笃上疏，不及家事，亦不为诸子请封，代刺代督。后庾翼镇荆州死，表其子爰之代为荆州。何充曰："陶公重勋也，临终高让，丞相未薨，若此之授。"众议不同，"遂以桓温代之。翼曾为陶公太尉府参军，转从事中郎"。公封印登舟，朝野以为美谈。

讣闻，成帝下诏曰："故持节侍中、太尉、都督荆江雍梁交广益宁八州诸军事，荆、江二州刺史，长沙郡公经德蕴哲，谋猷弘远。作藩于外，八州肃清。勤王于内，皇家以宁。乃者桓文之勋，伯舅是凭。方赖大猷，俾屏予一人，前进位大司马，礼秩荣命。未及加崇，昊天不吊，奄忽薨殂，朕用震悼于厥心。今遣兼鸿胪，追赠大司马、假密章，祠以太牢，魂而有灵，嘉兹宠荣。"

又荣谥曰桓，祠以太牢，公遗令葬长沙国南十里，《元和志》云在临湘县南33里，《太平寰宇记》卷113，陶侃墓在县南20里，永兴二年（永兴，苻坚年号，公元358年，晋穆帝，升平二年，又北魏明元帝嗣年号，公元410年，晋安帝义熙六年），帝遣使掘断侃冢冈。此帝不知指谁，晋已将亡，难道还疑公吗？

故吏刊石碑画像于武昌西，武昌、长沙、都昌、九江、新淦、星子均有专祠，唐宋时配享武成王庙，谱云康帝思公有宏济艰难之勋，敕葬长沙，谥长沙英佑王，此王疑宋世所封。公之祠墓见《陶桓公祠·墓寻踪》。

公娶十五妻（史仅见龚氏），媵妾数十，家童数千，珍奇宝货，富于天府。有子十七人，唯洪、瞻、夏、琦、旗、斌、称、范、岱见旧史，余者不显。《陶潜传》有祖茂、曾祖侃，是茂亦公之子。邓名世云："娶十五妻，生二十三子，二子少亡，二十一子官至太守。"茂麟家谱则云："娶十五妻，生二十……"

无锡《锡山谱》有龚夫人制曰："臣心报国，每资助于中闺，妇爵从夫，宜溥恩施于大典。尔长沙郡公大司马之妻龚氏诞自名门，夙娴母训，相尔夫子，克效厥官。既丰功大优渥，实著节于鼎彝。兹特赠尔为夫人。于戏，毋忘象服之宠，勉副鸾书之锡，祇承宠命用播休声。"

公薨时，洪、瞻已死，夏为世子，与旗、斌、称皆掌兵。公薨后庾亮即蓄意翦除陶氏诸子，夺取陶氏军权，遂用间使诸子相斗。公丧还长沙，夏与弟斌、称各拥兵数千以相见。将吏相请谏，遂解散。斌先往长沙，取国中器使财物。夏至，与相争，亮以间而夏误杀斌，夏也受伤。庾亮上疏效之，诏未至都而夏卒。不久旗也卒，于是以瞻长子宏袭爵，传绰之、延寿，宋代晋降封吴昌侯。

陶称，公薨后，积功为东中郎将，南平太守，南蛮校尉假节，后加建威将军。咸康四年六月，庾亮与王导矛盾日炽，欲起兵废导，与郗鉴书有"大奸不扫，何以见先帝于地下乎？"称以亮谋告导，导泰然处之，郗鉴调停，孙盛密谏亮，事乃止。咸康五年，亮欲经略中原，署称监随，江夏，义阳三郡军事，称率部谒亮，亮收斩之，盖以私忿杀之，而陶氏之将兵者休矣！庾亮终于翦除陶氏诸子，夺得了陶氏军伍，何其毒耶！

《庾亮传》中载有公"尝欲起兵废导，而郗鉴不从乃止"，后亮又欲率众黜导，亮与郗鉴有"故共阴忍，解释陶公"之语。欲废导者，亮皆推诿于公。

田余庆《东晋门阀制度》中认为此事"当在咸和五年，即庾亮居芜湖的次年，也就是郭默擅杀江州刺史刘胤的时候"。王健秋有《陶侃何以欲废王导》。咸康五年（339），庾亮又欲率众黜导，又以咨郗鉴，而鉴又不许。亮曾与鉴笺云废导事，其中有曰："昔于芜湖，反复谓彼罪虽重而时弊国危，且令方岳道胜，亦足有所镇压，故共隐忍解释陶公，自兹迄今，曾无悛改。"最后郗鉴调停，把废王导之事，推给陶公，庾亮以杀公子南蛮校尉陶称而了之。陶公尝欲废导，究竟如何，不得而知，但陶公遗表，还是推重王导、郗鉴、庾亮的，是以存疑。

司马光认为晋室无政，责由王导，而王船山亦认为王导之洪泂两端，不足以为晋之纯臣也。则有由矣！盖导者，以庇其宗族为主，而累其名节者也，王氏之族，自导而外，未有贤者。

维墀认为，陶公欲废导，或许有过议论，公欲起兵废导，纵观公一生大节，必不肯为，若欲起兵废导，则又王敦、苏峻之续，而庾亮欲起兵废导则有之，胡三省曰：必再乱天下矣！此成帝所谓“大舅已乱天下，小舅复欲尔耶”！

邾城在武昌北岸，议者以为应分兵镇守，公每不答，而议率不止，公乃渡水而狩猎，引集将佐而告之曰：“我所以设险而御寇，正以长江耳。邾城隔在江北，内无所倚，外接群夷。夷中利深，晋人贪利，夷不堪命，必引寇虏，乃致祸之由，非御寇也。且吴时此城，乃三万兵守，今纵有兵守之，亦无益于江南。若羯虏有可乘之会，此又非所资也。”

公薨，庾亮代之奏请伐赵，使毛宝、樊峻戍邾城。咸康五年（339），赵使夔安率兵五万来寇荆扬北鄙，二万攻邾城，毛宝告急，庾亮以城固，不时遣兵。九月张貂攻邾城，死者六千人。毛宝、樊峻突围走，赴江溺死，晋兵大败。亮发疫卒（289—340）。《甄异录》云：亮死前登厕，忽见厕中一物如方相，两眼尽赤，身有光耀，渐渐从土中出。庾攘臂以拳击之，应手有声缩入地下，庾遂得疾猝亡。史评庾亮“其智小谋大，昧经邦之远图；才高识寡，缺安国之长算。……是使苏祖寻戈，宗祧殆复，已而猜忌上宰，谋黜负图。向使郗鉴胁从，且戎车犯顺，则与夫台、产、安、桀，亦何以异哉！”《晋史札记》云亮“屡欲率众入废王导，亦可谓不惑名实。导之庸鄙怀奸，实为晋室罪人，故陶侃与亮同志，史乃以此为其深罪，许敬宗辈之无识，可谓甚矣！”

既而王导（276—339）、郗鉴（269—339）皆卒，而庾亮之弟水、冰、翼相继执政，南议欲抑庾氏，而起用桓温。于是桓温、桓玄相继为逆，赖刘裕讨平之。刘裕权高势重，终取晋室而代之，建立刘宋王朝。王、谢、庾、殷之子孙，皆为新朝之权贵，谁念归主！独陶氏子孙，自以晋世宰辅之后，耻复屈身异代，不复肯仕，靖节先生渊明固高风亮节，世所共知！而长沙公延寿亦移居鄱阳，不复出仕，不慕王谢之荣宠。

荆襄为南朝之根平，荆襄民安食足则南朝自固，刘弘、陶侃生聚之者数十年，庾、殷、桓、刘，皆资之以北伐中原，庾才小而无成，殷屡战屡败，恒才高志野，收巴蜀而败于枋头，刘北定长安，谒汉陵园，急于受禅回师而复失，皆以私心而坏大事，悲夫！若陶公为之，必不至此也。

公既薨，朝野震动，将吏士女，如丧考妣。公在军四十一年，雄毅有权，明悟善决断，荆江诸州，自宣城之南陵迄于建平之白帝，数千里中，路不拾遗。尚书梅陶与亲人曹识书曰："陶公机神明鉴似魏武，忠顺勤劳似孔明，陆抗诸人不能及也。"谢公每言"陶公虽用法而恒得法外意"。晋尚请谈，公认为老庄浮华，非先王法。《晋书》论曰："士行望非世族，俗异诸华。拔萃陬落之间，比肩髦俊之列。超居外相，宏居上流。布泽怀边，则严城静柝。释位匡主，则沦鼎再宁。元规以戚里之祟，挹其膺而下拜。茂弘以保衡之贵，服其言而动色。望隆分陕，理则宜然。至于时属雷屯，富逾天府，潜有包藏之志，顾思折翼之祥，悖矣！夫子曰：人无求备，于是有征。"

千百年来，世以决指之血，折翼之梦，疑公有不臣之心，自抑而止。然观其一生，果何在哉！

公之一生行事，不独垂教儿孙，亦足为世人法轮，官斋运甓；江中投局，诲人惜阴，设市利民，叱施门柳，鞭持杀人，造船备战，上表逊位，竹头木屑，皆见精神。

公之行军，变化莫测，是以常胜，其运孙吴之军法，《百将传》中有评云：

孙子曰：因利而制权，为擒山夷劫掠而诈作商船以诱之。

孙子曰：守其所不攻，在弢保泠口，而公先备武昌。

孙子曰：无约而请和者谋也。知杜曾伪降而备以击之。

孙子曰：屈人之兵而非战，威名已著，谕之以书，而温邵惧而遁走。

孙子曰：攻其所必救，攻石头而解大业围。

孙子曰：地有所不争。不过江戍邾城。

今人王树民有按在赵翼《二十二史札记校证》中云："陶侃为东晋时之名臣，但出身寒微，颇为当权之豪门贵族庾亮等所排陷，所谓不与顾命，迟不肯兴兵云云。清代学者多为之辨正者，以王懋竑之说为最详尽，见《白田草堂作存稿》卷四《论陶长沙侃》。王船山的《读通鉴论》也推崇陶侃。"

墀方梓《陶氏史记》，都昌余星初、陶辉来信，都昌已成立历史名人陶侃研究会，墀为辑陶桓公行事。墀受命之后，即据《资治通鉴》《晋书》《全晋文》，旁及《世说新语》《异苑》《太平御览》等百家之作，而恭编"系年谱"。

《大司马陶侃集》，唐五代之乱，已经遗失，今仅见各家所节录者。为作《陶桓公诗文辑存》。

夫登天之梦，腾龙之梭，捧版之神彻指之血，牛眠之地，化鹤之客，执镫之使，虽事涉神异，但千年传说，唐宗温公尚不敢缺，墀也何人，岂敢不书。

公一代宗臣，千秋名将，处事严谨，大节凛然，然后嗣零落，长受身后是非之讥。

登天之梦，彻指见血，疑公有不臣之心，自抑而止，朱子曰："其臣节终始夷险，无一可訾，二百年间，卓然独出，梦寐之祥，人安得而知之。"为作《陶桓公岂有登天梦》。

讨苏峻时，逡巡而不即赴难，疑公有观望之迹，今人王健秋有《为陶侃一辨》一文析之，墀为作《陶桓公征苏岂能不缓》。

温峤之"溪狗我所悉"一语，疑公为少数民族奚人，墀谓溪狗乃峤笑庾亮，墀为作《陶桓公是奚人吗》。

《庾亮传》苏峻乱后，有"尝欲起兵废导"一语，疑公欲起兵作乱，纵观公一生大节，尝欲废导或许有之，"尝欲起兵废导"公决不会，真欲废导，何需用兵，墀为作《陶桓公岂欲起兵废导》。

又谓公诸子皆凶暴，以公之豁达风度，诸子如此，令人不能相信，正如胡三省评庾亮之杀陶称"亮素怨陶侃，而称又间亮于王导，盖以私忿杀之"。

种种诬陷不实之辞，墀皆一一述而析之，青史不注，付之公议。

"年谱之作，权舆于宋，唐人集有年谱，皆宋人为之。"所谓"一人之道德学问事业，纤悉无遗而系以年月者，谓之年谱"。并将谱牒、年表、宗谱、传状等融为一体。章学诚曰："年谱之体，仿于宋人考次前人撰著，因而谱其生平时事与其之进退出处，而知其所以为言，是亦论世知人之学也。"墀也不才，以公之时代已悠远，行事多遗佚，年谱所据大率为史传所载，未能博访周咨，广收散佚翰墨，非不欲为之，实难为之，只能略备谱例，间收后人论述，分别系年而已！

陶桓公一介寒士，吴国残裔，望不及顾陆甘周，而公独能跻身将相，位极人臣，拥强兵，镇上游，据开府，督八州，抚州郡则民安食足兵精，士女相庆，自南陵迄于白帝，数千里中，路不拾遗，使千秋怀德；仗节钺则粮多舟广器锐，祸乱芟除，从张昌以达苏峻，四十年来战无不胜，令五胡生畏。元规以戚里之重，挹其音而跪拜认罪。茂弘以保衡之贵，服其言而动色服输。石勒请好，慕容颂功，屡遭猜忌而岿然不动。臣节弥坚，频遇危厄而泰然处之，正气长存。魏晋南北朝权臣之心迹明朗者，陶公一人而已，谱中有赞曰："晋室之衰，先公奋激，江中投局，斋前运甓，功高一代，天门八翼，前溯于汉邓禹吴汉之俦，后视于唐子仪光弼之匹，噫嘻先公，人臣之极。"

公元 1997 年，岁在丙子腊月二十四日五十四世裔孙会稽陶维墀。

《魏晋南北朝史缘》陶侃评传

◎李培栋

前言

写这样一个题目，显然不是因为陶侃在历史上起过何等重大的作用，他根本不是那种影响后代转折历史方向的巨人，虽然在他生活的当时，他曾经是可以左右政局的显要。写这样一个题目，也不是因为历来很少有人对他进行研究，而来个“偏题”，虽然确实也翻查过近五十年史学论文索引和解放后史学论文索引，只发现 1934 年江西图书馆刊发过一篇简述陶侃的文章。此外，也不是因为个人对陶侃有什么特殊的偏爱，或者干脆仅出于偶然，都不是。我所以选择陶侃写传论，只是由于初学魏晋史时，读了那么一点儿资料，便很想借深入某一段的某一点尝试揭开历史殿堂的帷幕之一角。这样，便选了这么一个不大不小的历史人物入手。那时本想以陶侃为一个点，上溯下及、左右展开、因果相求地组合一批传记，对魏晋间数代人活动的历史作一个初步考察，试图对公元 3 至 5 世纪上层社会的政治及思想面貌作一番兼具解剖性和综论性的“描述”。然而这个想法终究只是想法，其唯一的结果只是写了这篇读《晋书陶侃传》的笔记，这是篇旧日习作，可能已无可取之处，但对于个人来说却似乎成了一个什么纪念品，今谨修改重写，欢迎批评指正。

一、到洛阳去

陶侃，鄱阳（郡）人，259 年生于吴国扬武将军陶丹家中，母亲湛氏，邻郡豫章新淦人，是陶丹的妾。关于陶丹，我们所知极少，仅从《北堂书钞》引《晋中兴书》知道他是吴国边将，又从《晋书》卷八十一《朱伺传》知道吴国有名牙门将叫陶丹，朱伺曾做过他的“给使”。

陶侃“幼孤贫”,但他有位好母亲,激励和帮助他摆脱“贫贱”的处境。在《晋书》卷九六《列女传》中有《陶侃母湛氏》的专传，作为封建妇女的典范，湛氏是名扬后世的。

陶侃 22 岁时，晋平吴，中国重新统一了。但是，这对吴国青年的政治前途却投下了一道阴影。

晋平吴后曾采取过这样一系列措施，皆见于《晋书》卷三《武帝本纪》太康元年条下。

甲、“其牧守以下，皆因吴所置”。

乙、“吴之旧望，随才擢叙”。

贫贱青年陶侃，既非牧守，又非旧望，得到什么呢？他得到的似乎是强迫的迁居，这在《晋书》卷六十六《陶侃传》中只简单地写上一笔：“吴平，徙家庐江之浔阳。”

说是强迫性的，是因为吴平后，同时迁徙的吴人不在少数，如《晋书》卷五十八《周访传》:“祖纂，吴威远将军，父敏，左中郎将……吴平，因家庐江之浔阳焉。”

《晋书》卷六十五《纪瞻传》:“丹阳秣陵人也……吴平，徙家历阳。”

《朱伺传》:“安陆人……吴平，内徙江夏。”

说是强迫性的，又因为在前引太康元年条载的命令中，还有一条明明白白的“迁徙令”:“孙氏大将战亡之家，徙于寿阳。”这条命令和我们上举三例虽有差别，如纪瞻父陟，是文官（光禄大夫），不是战亡之家；而且他们都不是“徙于寿阳”，但我们可以认为“迁徙令”有可能在执行中发生了扩大和变更。

陶侃在迁地浔阳当名吏。《周访传》说他“为散吏”,《湛氏传》则明确他的职务是“尝监梁”，和《世说新语·贤媛篇》所说“少时作鱼梁吏”相符合。“鱼梁吏”，这是最下层的公职人员了。陶侃就是由这个起点出发的，他在浔阳结识了陈敏和周访。陈敏和陶侃是“同郡又同岁举吏”(《晋书》卷六十六《刘弘传》),他后来叛逆晋朝，和陶侃成为敌人。周访地位略高于陶侃，是浔阳县功曹，他赏识陶侃，荐侃“为主簿，相与结友，以女妻侃子瞻”(《周访传》)，这一层关系对于陶侃后来起重要的作用。

陶侃努力抓住每一个对他有利的机会。有一年，鄱阳孝廉范逵雪夜借宿于陶侃家，为博得这位孝廉的好感，陶侃母子竭尽所能地招待了他和他的仆从。由此，陶侃通过范逵的“称美”而摆渡至郡一级的政治阶层，在他面前闪耀着新的希望。

庐江太守张夔召侃“为督邮，领枞阳令。有能名，迁主簿”。最后，举孝廉，至洛阳。

但是，当时的洛阳是皇戚贵胄们专擅驰骋的首都，渺小的陶侃到了这里只能混杂在平凡的人丛之中。他的闪耀的希望之花也只能化为泡影。

然而陶侃是不甘心的。他到洛阳后，便拜见那位“性好人物，诱进不倦，至于穷贱候门之士，有一介之长者，便咨嗟称咏”的司空张华。但，即使这样一位张华对陶侃也“初以远人不甚接遇”，直须“侃每往，神无许色”，张华方“与语”而“异之”。

陶侃有次与豫章国郎中令杨晫同车访顾荣，被吏部郎温雅看到，竟讥讽杨晫道：“奈何与小人同载？”

“远人”又“小人”，在洛阳显贵们目中的陶侃，如此而已。幸好，还有几个同是京都沦落人的朋友能给他一些鼓励和帮助。“亡国支庶，府望不显，中华人士耻为掾属”的伏波将军孙秀“以侃寒宦，召为舍人”；陶侃同乡人杨晫极力赞扬他；顾荣也“甚奇之”；最后，由吏部令史黄庆（此人不知乡贯）举为武冈令；离开了洛阳，但不久他又弃官回乡。杨晫这时任十郡中正，他再次提拔了陶侃，举侃为鄱阳郡小中正。

简言之，陶侃在洛阳的遭遇是这样：元康中入洛（因张华为司空在元康六年即296年以后），曾为孙秀的舍人。永宁元年（301）孙秀死，他谋事不着，与杨晫同访中书郎顾荣（顾荣在永宁中任中书郎），旋被黄庆介绍给尚书乐广，都没有结果，最后，只得离开洛阳。从296年到302年，他大致在洛阳活动了六年光景。

也许陶侃就此度过他平凡的一生，老死牖下吧？然而，不，在陶侃45岁这一年，功业向他招手了，贵族庙堂的大门对他紧闭，而军功的道路虽然艰难，对他却是敞开着的。

二、刘弘部下

陶侃在洛阳，正是贾后专权和八王之乱的时候。他看见赵王伦杀贾后、张华，然后篡位；看见齐王冏、成都王颖、河间王顺的联军开进京城，杀掉赵王伦，我们不知他当时作何感想，但他还远远不够资格参与这场上层政变。在这同时，流亡入蜀的秦雍流民被迫造反了，西晋政府为平蜀乱就在荆州紧急发兵，驱赴四川，因而又激起义阳蛮张昌率众起义。

当时的情形是：长沙王又杀了齐王冏，河间王顺不奉诏，按兵不动。新野王歆都督州军事，镇宛，然而又受长沙王猜疑，未能出兵，就被张昌杀死。

因之，张昌发展迅速，自 303 年五月建国号汉，建元神凤后，到七月就席卷江南诸郡如武陵、零陵、豫章、武昌，延及扬州、徐州。

西晋政府于五月派刘弘去讨张昌。刘弘“将之官，辟侃为南蛮长史”。从此，陶侃开始了他的戎旅生涯，这是太安二年（303），是他一生的大转折点。

在这年的六月到八月，陶侃参加了几次大战，在镇压张昌的残酷战斗中，扭转了刘弘初战的败局，建立了战功。

刘弘在维护统治阶级的利益上，是个公平正直的人。在杀掉张昌论功行赏时，他上表着重表扬了三名部属，其中陶侃被他补选为“府行司马，使典论功事”（《刘弘传》）。也许刘弘在陶侃身上看到了二十年前自己的形象，他在陶侃初破张昌之后，对陶侃这样说过：“吾昔为羊公参军，谓吾其后当居身处。今相观察，必继老夫矣。”（《陶侃传》）羊祜、刘弘、陶侃，他们尽管出身经历各有不同，但在作风上都是务实而不尚清谈的，这大概就是刘弘所感慨言之的缘故吧。

这时，荆州在刘弘治理下有一个暂时的安定局面，“劝课农桑，宽刑省赋，岁用有年，百姓爱悦”。对于流亡荆州的十余万户，他也“给其田种粮食，擢其贤才，随资叙用”。

但是，皇室的残杀仍在继续，中央已名存实亡。匈奴人建立了汉国，铁蹄南驰。李氏建立蜀国，割据四川。在这种情况下，那个在镇压张昌余部石冰、封云的战争中大露头角、又被东海王越所器重并企图利用的右将军陈敏也野心勃勃、跃跃欲试了。他“南渡江，逐扬州刺史刘机、丹阳内史王旷，阻兵据州，分置子弟为列郡，收礼豪杰，有孙氏鼎峙之计”（《晋书》卷六八《顾荣传》）。在他自号楚公，联络江东豪族同时，遣其弟陈恢南略江州，向荆州方面发展了。

虽然陶侃和陈敏有乡里之旧，又有人劝刘弘提防陶侃，刘弘还是委陶侃以江夏太守的重任，信而不疑。陶侃十分谨慎地遣子侄为质，刘弘也资而遣之。陶侃打败了陈恢，阻止了陈敏的西进。在这次战争中，陶侃又一次表现了他带兵的才能。

光熙元年（306），东海王越奉迎惠帝由长安回洛阳后，刘弘去世了。陶侃大约也在此时“以母忧去职”。

三、两晋之交

公元306年，东海王越毒死惠帝，立怀帝，专擅朝政。八王之乱至此告一段落，西晋王朝也已奄奄一息。那些有野心的贵族官僚在为自己的前程打算，幸运的张轨和司马睿都得到一块安身的地盘。就在怀帝永嘉元年（307），司马睿受命都督扬州江南诸军事，假节，出镇建邺。

陶侃在丧期满后，“参军东海王越军事”。越任命为“参军都护江州议军事”，被江州刺史华轶表为扬武将军，“率兵三千，屯夏口”（《晋书》卷六十一《华轶传》）。陶侃的兄子臻作了华轶的参军，留在华轶身边，这该是“率兵三千”出镇在外的一种质押。

华轶是魏太尉华歆的曾孙，出身名门，由“东海王越牧兖州，引为留府长史”，看来，他显然是东海王越的心腹，正因此，他和琅琊王司马睿是两股道上的人。

永嘉四年（310），前赵大将石勒南犯，雍州人王如举兵反于宛，东海王越征兵勤王，竟“莫有至者”。在这种情况下，镇东将军、都督扬州诸军事的周馥上表迎帝迁都寿阳。这个建议当然为挟持皇帝的东海王越所不容，也为“始镇建邺”的琅琊王睿所深忌，因而周馥同时遭到这两王的进击。在311年的年初，司马睿就把周馥打败、赶跑了。同年三月，东海王越在一片讨伐声中死去，司马睿的地位在皇室更显得重要。

但是，陶侃的上级华轶却偏不与司马睿合作：“自以受洛京所遣，而为寿春所督，时洛京尚存，不能只承元帝教命。”（《华轶传》）因此，司马睿便遣周访“屯彭泽，以备轶”。

永嘉五年六月，刘曜、王弥、石勒破洛阳，俘获怀帝。逃亡的司空荀藩“移檄州镇，以琅琊王为盟主”。然而，华轶仍不服从琅琊王的命令，司马睿决心吃掉他，“于是遣左将军王敦都督甘卓、周访、宋典、赵诱等讨之”。

这个局面便迫使陶侃在轶与琅琊王之间必须作一选择，陶侃选择了司马睿。给他牵线的人就是亲家周访。这一过程在《陶侃传》中写得含蓄。但我们能明白地理解其真相是：陶侃被琅琊王收买了。这样，陶侃抛弃了那条西晋王朝将沉没的破船，跳上琅琊王开拓帝业的战舰，而华轶则被王敦、周访等消灭，“追斩之，及其五子，传首建邺”。

这应该是永嘉六年（312）的事。

陶侃归附了琅琊王睿，迁为武昌太守。他肃清水陆盗贼，又立夷市于郡东，大收其利。当时荆州刺史是司马睿委派的名士周顗，这人是著名的酒鬼，又是忠于睿的死党。他刚上任不满一年，“而建平流人傅密等叛迎蜀贼杜弢”，周顗才逃出一条命来，投奔王敦于豫章。

王敦当时是东南方面最高军事将领。在这次救援中，他看中陶侃是个干才，便决定免掉那个废物而又是司马睿亲信的周顗的职，表拜侃为使持节、荆州刺史。陶侃在政治阶梯上着实地升上一级。

这时，梁、荆、湘诸州的情况错综复杂：长安的愍帝政府派了第五猗由汉水南下，和琅琊王的范围相接；王冲、杜曾、杜弢等都活动于荆湘。

陶侃站在琅琊王这面，和王冲、杜曾、杜弢进行了艰苦的战争，时胜时负，一度把官职也给罢免了，仅以“白衣领职”；但最后，终于杀掉王冲，平定杜弢，余下的杜曾则合流于第五猗去了。

然而，勤奋的陶侃，在平定荆湘中出生入死，却只是为他人辛苦，坐享其成收渔人之利的则是野心家王敦。“侃之灭弢也，敦以元帅进镇东大将军，开府仪同三司，加都督江、扬、荆、湘、交、广六州诸军事，江州刺史，封汉安侯，敦始自选置，兼统州郡焉。”（《晋书》卷一八《王敦传》）

陶侃作为“猫爪”被利用火中取栗之后，便被王敦撵走，把他“左转广州刺史”，而以自己的从弟王廙为荆州刺史。

王敦太绝了，陶侃的部下忍无可忍地“诣敦请留侃，敦怒，不许”，于是陶侃部将郑攀等人“西迎杜曾以拒”，这就使形势更加紧张而复杂。王敦扣留了陶侃，意欲加害，但因周访时任豫章太守，“有兵八千”，王敦不能无所顾忌，终于放走陶侃赴广州。

这是陶侃在权力角逐场上的一次严重失败。而“欲专国政”的王敦则进而攫荆、江二州为己有了。

在整个愍帝时期，几次诏命司马睿进军，他总是趑趄不前。祖逖北伐，他也只声援一番，后来，更派戴若思去指挥控制之。他对北伐远不及他对杜弢、对第五猗的关心，何况“猗既感帝所遣，加有时望，为荆楚所归”（《晋书》卷五十七《赵诱传》）呢！事实上，即便是长安失陷，愍帝被杀，他也只装腔作势地“出师露次，躬擐甲胄，移檄四方”一番而已，实际关心的仍只是“拓定江南”。这是两晋之交政治的特殊复杂性，想来，陶侃在广州刺史任上，对此也是颇有感慨的吧。

陶侃如脱笼之鸟，连夜出发赶往广州。在这一次波动中，陶侃的力量遭到不小的损失。

旧部郑攀、苏温、马隽等率三千人西迎杜曾去了。（见《通临》卷八九“晋纪十一建兴三年条”）

王广到任后，又“大诛戮侃时将佐及征士皇甫方回”。（《晋书》卷七六《王广传》）

但陶侃仍然顺利地到达并迅速平定了广州。

广州与交州僻远，情况是特殊的。观晋太康元年陶璜的上表可知地方政府的统治是薄弱的，并且，这里的刺史任期很久，不仅终身任职而且往往世代相传，如陶璜一家“自基至绥，四世为交州者五人”；又如顾秘与子参、寿；王毅与子机；修则与子湛，都是父传子，这又说明晋中央对广州、交州的统治也不是强有力的。

陶侃作为琅琊王的命官，来统治广州和交州（太兴元年加都督交州军事，太宁元年平梁硕，领交州刺史），这意味着晋朝中央对广、交统治的加强，陶侃完成了这样的使命。

陶侃在广州该是很寂寞的，然而，他又不甘寂寞。《陶侃传》写道：“侃在州无事，辄朝运百甓于斋外，暮运于斋内。人问其故，答曰‘吾方致力中原，过尔优逸，恐不堪事’。”这是陶侃留下的一件著名逸事。在这同时，那挤走了陶侃的王敦，却“每酒后辄咏魏武帝乐府歌曰：‘老骥伏枥，志在千里，烈士暮年，壮心不已。’以如意打唾壶为节，壶边尽缺”（《王敦传》）。这是他们在政治上和性格上多么鲜明的对照。

在陶侃到广州的第二年，长安失陷，愍帝投降刘聪；接着被刘聪杀死。司马睿在一片劝进声中，当了皇帝。

司马睿即帝位是他出镇建邺以来长期谋划的结果。但他刚做皇帝，就发现巩固帝位更加困难。他刚要树刁协、刘隗于左右以分王氏之权而自固时，那个本来就“惮帝贤明，欲更议所立”的王敦就“以诛隗为名”，“又上表罪状刁协”。而且举兵内向，占领首都了。在这东晋第一次政治危机中，我们完全可以设想陶侃极愿意讨逆。事实上，晋元帝在“亲率六军以诛大逆”时，也首先想到了陶侃，派他以本官领江州，“以蹑敦后”。陶侃在得到甘卓讨伐王敦的消息后，也“即遣参军高宝率兵下”。（《晋书》卷七〇《甘卓传》）然而，王敦很快便“得志”，他玩弄挟天子以令诸侯的老套头，“上侃复本职，加散骑侍郎”，陶侃也无可奈何，只得服从。这样，陶侃又被推回到政治舞台的偏僻台角来了，这是永昌元年（322）年的事情。

陶侃在广州，整整度过了十年（315 年至 325 年）。

四、位重兵强

晋元帝受挟持于王敦，当了半年空头天子就驾崩了。他那聪明的长子司马绍即位，隐忍两年，作了周密布置，终于在 324 年平定王敦之乱。陶侃的儿子陶瞻时任广陵太守也曾应征“还卫京师”，接受明帝指挥。太宁三年（325）陶侃迁都督荆、雍、益、梁州诸军事，领护南蛮校尉、征西大将军、荆州刺史，他回到了荆州。

与陶侃同时被派往王敦谋反基地的还有应詹，他被命为江州刺史。对于明帝这种调度，《晋书》是给予很高评价的。在《明帝纪》末论曰：“改授荆湘等四州，以分上流之势，拨乱反正，强本弱枝，虽享国日浅而规模宏远矣。”就是说，陶侃、应詹都是受到皇帝信任，作为“强本”措施布置在王敦旧地的。然而，实际上情况更要复杂些。

我们看一看应詹病重时写给陶侃的那封有意义的信，其中就透露出一些消息：“今神州未夷，四方多难。足下年德并隆，功名俱盛，宜务建洪范，虽休勿休，至公至平，至谦至顺，即自天佑之，吉无不利。人之将死，其言也善，足下察吾此诚。”（《晋书》卷七〇《应詹传》）

这信是咸和元年（326）写的，从中既可看出陶侃当时的地位和责任，更可从老友应詹的语气中闻到一种疑忌的征候，察出一种拳拳之意。因此，明帝对陶侃的信任毕竟不同于对应詹，更不同于对庾亮、温峤。所以把应詹派在陶侃身边，是含有戒备之意的，正由于此，在应詹死后，庾亮就派温峤到了江州。

这时，明帝二十七岁而崩。小皇帝司马衍才四岁，皇太后庾氏临朝称制。同受遗诏辅政的有王导、卞壶、郗鉴、庾亮、温峤等共七人，其中庾亮是国舅，温峤是司徒羡弟檐之子，出身势族，二人又都是明帝的“布衣之好”（《晋书》卷七三《庾亮传》），这些人把持中央朝政。陶侃虽“年德并隆，功名俱盛”，却“不在顾命之列”。从这里也能看出信任之区别，所以，陶侃当时就“深以为恨”。

这时的陶侃，恰如温峤从弟充所评价的那样：“位重兵强。”（《晋书》卷六七《温峤传》）陶侃之所以“位重”，仅仅由于“兵强”。东晋中央政府的军队既少而弱，一旦有事，临时发奴兵应付。当时有战斗力的是“流人依附”的坞堡军队，是周访、陶侃、王敦等那地方镇兵。这在东汉末年就出现过，又在西晋末的乱世中再现的军阀，是那个时代的产物。陶侃“兵强”乃能“位重”，他坐镇上流，举足轻重，但他和那帮辅政大臣士族名流们是有距离的。他的出身、思想、作风也都和贵族名流们格格不入。他青年在洛阳时被看作“远人”“小人”，而今位列三公了，仍旧被温峤骂作“溪狗”。

这种距离，使得专擅而猜忌的庾亮不安，“亮惧乱，于是出温峤为江州以广声援，修石头以备之”(《庾亮传》)。“智小谋大，才高识寡”的庾亮就是这样孤立了自己，首先促成了苏峻之乱，酿成了东晋王朝的第二次政治危机。

咸和二年（327)，庾亮不顾王导和温峤的反对，要征握有军队的历阳太守苏峻入京为大司农，明升暗调，削去实权。虽然答应苏峻“以弟逸代领部曲”，苏峻仍坚决不从，更邀结祖约，串通叛乱，合兵以讨亮为名进军京都。

这位“美姿容，善谈论，性好庄老”的士族典范庾亮虽长于清谈，于军事实力的估计真是一窍不通。他竟以为只靠自己的力量便足以镇压苏峻、祖约，因此，在三吴地区要起义兵时，他“下制曰：‘妄起兵者诛’”。在温峤要下卫京师离开江州时，他又“报峤书曰：‘吾忧西陲过于历阳，足下无过雷池一步也’”(《庾亮传》)。他所以这样固执，除了不通军事外，更因为他惮忌陶侃的动向，所谓“吾忧西陲”是也。

但庾亮的军队刚一交锋便溃败了，把小皇帝和太后都丢给叛军，他自己乘小船西奔，逃命到浔阳温峤处。

这时尽管温峤还想推庾亮为盟主，但客观形势十分清楚，温峤“只有众七千”，力量太小，唯有借重他们一向排挤疑忌的那位征西大将军陶侃，集中力量对付苏峻、祖约，才是唯一出路。对这点，温峤的参军毛宝（不是陶侃收容的杜残旧部毛宝）看得最明白，在毛宝力劝之下，温峤才“固请侃行”，又“奉侃为盟主”。陶侃这才“遣督护龚登率兵诣峤”。而在反复考虑后，又追回龚登不发，犹豫观望起来。这当然是对庾亮的报复，他不仅观望，不仅对庾亮当面揶揄：“君侯修石头以拟老子，今日反见求耶！”更表现于当时兴起的流言“议者咸谓侃欲诛执政以谢天下”。真的，陶侃当时可以在上流摈斥温、庾而自己将兵平苏峻、祖约；或者呼应苏峻、祖约；然而这些都没有发生，其间固然有苏峻杀害了他的儿子陶瞻的因素，而更重要的却是温峤给陶侃信中所分析的政治因素：“假令此州（案指江州）不守，约、峻权置官长于此，荆楚西逼强胡，东接逆贼，因之以饥馑，将来之危乃当甚于此州之今日也。”（《温峤传》）温峤指明苏、祖得逞后会给陶侃带来的严重威胁，这是陶侃不能不认真考虑的，并且必须在那个短暂经历中瞬间作出决定。陶侃没有别的选择，尽管十分勉强，他终于“戎服登舟”，结束了观望，“遂率所统与峤、亮同赴京师”。这是陶侃一生中又一次重大决定。

温峤、庾亮所要求陶侃的，首先是充当“盟主”，起一个稳定局面的作用；其次是要求陶侃出兵、出粮。《通鉴》咸和四年条载，同赴京师“戎卒四万”，《温峤传》则云“戎卒六万”，除了温峤自己七千之外，其余应该都是陶部。军粮供应除毛宝劫得“苏峻送米万斛馈祖约”外，据《魏书》卷九十六《司马睿传》载云“供米五万石”，亦应大多是陶侃供给，因为联军初战失利时，就“峤军食尽”了。

陶侃成全了东晋王朝，苏峻、祖约之乱由咸和二年十一月闹到咸和四年二月，又苏峻被斩，祖约叛降石勒而告结束。

于是，三月以征西大将军陶侃为太尉，封长沙郡公，加都督交、广、宁七州军事。

五、“桓桓长沙”

陶侃位三公，握重兵，镇上流，真是“位极人臣”了。这时，庾亮“乞骸骨欲阖门投窜山海”，温峤也于当年四月病死。但尽管如此，东晋中央对陶侃仍是精心防备的，这就表现在对江州刺史的任命上。

江州是“国之南藩，要害之地”，尤其因为它是荆州与首都之间的门户，司马氏一直是委派心腹镇守的。自王敦乱后就任的有应詹、温峤，接着是刘胤。陶侃当然明白为什么派刘胤扼守江州。

刘胤是“名著海岱间，士咸慕之”的汉室后裔，与王导、庾亮、温峤等素为好友。委刘胤守江州也是温峤生前推荐的。然而刘胤这种人实在只会“美姿容”，做皇帝亲家还可以（刘胤子尚南平长公主），叫他办点实际事情真是不行。在江州刺史任上，他“纵酒耽乐，不恤政事，大殖财货，商贩百万”，“以私废公”。一开始，陶侃和郗鉴这两大方阵就不同意让刘胤干。王导虽然后来推卸责任给温峤，叫他儿子王悦宣传说“此乃温意，非家公也”，实际上也是支持刘胤的。他所以推卸责任，显然是怕陶公见怪。

知道这些，我们便容易理解为什么刘胤被郭默矫诏杀害时，陶侃的反应是那样迅速而果断，“侃闻之，即日率众讨默，上疏陈默罪恶”（《郭默传》）。五个月之后，擒郭默斩之。王导连忙“诏庾亮助侃讨默”，庾亮也果然率步骑二万由芜湖匆匆赶来，然而已经来迟了，陶侃已经占领江州。这样，当然只有“诏侃都督江州，领刺史”。

这时陶侃的实力地位已经超过谋反前的王敦。在君主专制制度下，这种“位极人臣”的地位既受羡慕，又受疑忌；既巩固，又危险；而且愈受羡慕，愈力求巩固，反而又愈受疑忌，愈加危险。平定郭默拿下江州后的陶侃比以前更巩固了地位，也就增加了“满盈自惧”的疑虑。陶侃懂得这个道理，尽管他可以“剑履上殿”，然而他“怀止足之分，不与朝权”；尽管他都督八州军事，然而他却“欲逊位归国”。陶侃的用心亦良苦矣，然而，心迹难明，仍然飞出许多流言蜚语，所谓“梦生八翼”，“潜有窥窬之志”云云，便是。这“梦生八翼”传说，据《太平御览》三百九十八引王隐《晋书》，可知出于王隐。王隐是当时史学家，据《初学记》引萧方等撰《三十国春秋》云：“王隐始成《晋书》合八十八卷，家贫无纸，未成其志，遂南游投陶侃于荆州，又江州投庾亮，乃获其纸墨，始书就焉。”这说法不确。因为陶侃与庾亮从不曾分别同时驻过荆州、江州，看来还是《晋书》卷八二《王隐传》所述为确切：“（隐）默归于家，贫无资用，书遂不就，乃依征西将军庾亮于武昌，亮供其纸笔，书乃得成，诣阙之。”这是陶侃死后庾亮继任镇武昌时的事了。这样看来，王隐《晋书》“爱博，贪收异说”（王鸣盛语），流传至今，真是流言可畏了。

这是时 330 年，后赵正在强盛中，陶侃遣将伐樊城，破新野，平襄阳，更上表云“欲为陛下西平李雄，北吞石季龙”，但这只能是陶侃的遗愿了。334 年（咸和九年），陶侃从容交托了后事，在回长沙的船上病死了。他死在显赫的名望和地位上。

陶侃刚死，庾亮就来取代。陶侃乙卯日死，十五天后，“辛未加平西将军庾亮都督江、荆、豫、益、梁、雍六州诸军事”，并且“领江、荆、豫三州刺史”，“迁镇武昌”。

庾亮一上任就上疏放黜陶侃的继承人世子陶夏，“亮表未至都，而夏病卒”。

咸康五年（339），庾亮北伐，以领兵 2000 人的陶侃之子陶称为江夏相，而忽又“大会吏佐，责称前后罪恶”，“使人于阁外收之，弃市”。还上疏数称之罪状，末云：“臣侃勋劳皇室，是以依违容掩。故表为南中郎将，与臣相近，思欲有以匡救之。而称豺狼愈甚，发言激切，不忠不孝，莫此之甚，苟利社稷，义有专断，辄收称伏法。”

一会儿“依违容掩”，一会儿“乂有专断”，陶称究竟犯了什么罪？其实，陶称做了庾亮政治阴谋的牺牲品。查《庾亮传》载：“陶侃尝欲起兵废导，而郗鉴不从，乃止。至是（案指侃死后）”，亮又欲率众黜导，又以谘鉴，而鉴又不许”。庾亮给郗鉴的一封信也透露庾亮与郗鉴在芜湖曾“反复谓彼（案指王导）罪虽重，而时弊国危……故共隐忍，解释陶公”。这说明在庾亮、郗鉴、陶侃之间曾不只一次议论过王导的“罪恶，思欲除之于主上之侧”，在第二次庾亮要主持黜导时，陶称也是参与者，《晋书》卷六五《王导传》云，“南蛮校尉陶称间说亮当举兵内向，或劝导密为之防”，王导“又与称收，以为庾公帝之元舅，宜善事之，于是谗间遂息”。实际上，“谗间遂息”的原因是郗鉴不同意。这样，庾亮为了灭口，且为了缓和与王导关系，便捏造（至少是夸大）罪名把陶称先斩后奏了，这是咸康五年四月的事。然而这一代东晋创业人的政治生涯都到尾声了：同年七月王导死去，八月郗鉴死，次年正月庾亮也死去了。

历史真像一个大筛子吧，年代愈久，筛孔愈大。然而历史毕竟不是筛子，不是筛掉一些剩余一些，而更像熔炉。在熔炼中，杂质排除了，对民族、对人类的文化进步有影响有贡献的东西则在世代相传中不断地再熔炼、再排除，直到它融解在社会生活和民族精神之中，既不会被遗失，也难以察觉。

六、附论

（一）陶侃的出身

这里讨论陶侃的出身问题。陶侃生于鄱阳，母湛氏籍豫章新淦，范围不出今鄱阳的东西两岸。这里当时是溪蛮杂区域。陶侃被士族社会蔑视，以“远人”“小人”“溪狗”讥之，唐修《晋书》在本传末论曰：“士行（案侃字）望非士族，俗异诸华”，这所谓“俗异诸华”分明寓着异族溪蛮的意思，所以未明言者，只是“为尊者讳”的史法作怪罢了。

但若以陶侃“本出于业渔之贱户”，则似又不然。陶侃“少时渔于雷泽”，但这只说明陶侃“早孤贫”，不足以说明陶侃出身劳动渔民。相反，本传载明陶侃父陶丹，吴扬武将军；《朱伺传》中陶丹是“吴牙门将”，虽无充分证据断定为同一人，但从年齿排下来，更无根据断定其不是同一个，据《朱伺传》，朱伺“少为吴牙门将陶丹给使”，这是平吴前事无疑。陶侃又“幼孤”，则朱伺当然年长于陶侃，查朱伺曾在陶侃指挥下打败陈敏弟恢，在315年陶侃被王敦排挤去广州时，朱伺与杜曾作战中说过“今吾年六十余”，时侃五十六岁，则朱伺固长陶约七八岁，这样他少为陶丹给使是完全可能的。

牙门将一职，据《晋书》卷五四《陆机传》云：陆机父抗为吴国大司马，陆抗卒，陆机也曾“领父兵，为牙门将”，则非贱职可知。要之，可以设想陶丹乃鄱阳溪蛮，在吴国开发山区丛林湖滨时，曾征服和同化过一批异族如山越、溪蛮等，陶丹可能因悍勇凶猛被吴国招为牙门将，加扬武将军。身有军职，而门望不显，身死家贫，故陶侃业渔，后得为县吏监鱼梁。验诸有限资料，这样设想陶侃家世是合理的。

（二）历史的潮流

把陶侃置于他生活着的历史环境中考察，我们很容易看到他生活于一个乱世之中，而且是大乱方兴未艾的历史潮流之中。

这一大混乱始于东汉末年。黄巾起义的猛烈打击，使东汉中央政府土崩瓦解，起了启动作用。中国社会的这一历史运动过程规模如此巨大，时间如此久远，代价如此严重，收获那样辉煌，实在有其深刻历史根源，绝非一次农民起义的政治后果所能造成，亦非任何英雄人物得能遏止，必待其充分发展，在展开中积聚和生长了转化的条件，才可能逐渐由乱入治。

这一个大乱的基因是地方豪强势力的发展壮大，他们占有劳力、人口、兵源和土地。同时又有大量人口流亡，脱离生产对象（土地）成为流民，随处起义。更有多种少数民族内迁杂居，交织着阶级压迫和民族矛盾。自东汉末年群雄割据而三国鼎立，再进为群胡建国，南北对立，整整四百年间就是这些基本因素在持久地起作用，直待均田制实行，流人与土地在国家法令下又得以结合，中央皇权在经济上和政治上也由此得到巩固和加强；各民族在长期混战和共处中渐趋融合，这才滋生着重新统一和安定的条件，最后由获得这些条件的北方统一了南方，出现了隋唐繁盛时代。

由此而论，西晋的短暂统一，实在只是历史的偶然机遇，正如秦、隋的短祚是历史发展的偶然机遇一样；而汉末迄于北周的大分裂却是必然的，犹如汉唐之继承秦、隋得到统一发展和繁荣是历史的必然一样。

所以说西晋短暂统一是偶然机遇，是说它没有真正的社会基础，而依赖于历史人物的作为。其一是曹操在混乱中奠定了北方相对强大的局面，但曹操实行屯田制，却主要为了解决军粮供应；虽打击豪强，却只是政治措施，而身死法弛，豪门士族得到进一步发展；其二是吴蜀二国后期政治腐败，自取灭亡，给西晋统一造成有利机会。严格说来，西晋得以统一，一是食曹魏之遗惠，二是因蜀吴之衰敝，如此而已。就西晋本身而言，实在一无建树，于基本混乱的因素无所缓和克服，反更增添了皇室后党纠纷，又于民族矛盾之尖锐化，火上添油，故而一现既逝，实属势所必然。西晋士族或狂放浪荡，或清谈玄远，实在都反映一种回天无力的绝望心理。是的，西晋的灭亡，恰如山倾堤溃一泻万里，非任何个人所能挽回拯救，这倒是那个时代的历史潮流的表现。而曹操能统一北方，为西晋后来短期统一提供一方面的条件，则表现了英雄人物在历史上所能起的最大作用，然而最后毕竟不可能突破它的极限。

（三）陶侃的时代

陶侃就生活在这个历史潮流的展开时期。作为一个上层军官和方镇，透过他，我们可以看到他那个时代统治阶级各个集团、各种代表人物的复杂矛盾。

首先是争夺帝位的斗争，也包括争夺控制皇帝的斗争。晋怀帝洛阳政府眼见不行了，琅琊王睿出镇建邺，亲善王导，“军谋密策，知无不为”，称导“卿，吾之萧何也”（《王导传》），这是要做皇帝的架势；周馥表迎怀帝迁都寿阳，这是要排斥东海王越和琅琊王睿，争取控制皇帝于己手，其志亦不在小；司空荀藩移檄州镇以睿为盟主，而江州刺史华轶不从，结果和周馥一样，都被琅琊王讨平。大厦将倾洪水已临，他们却满不在乎，争帝位的斗争反而更为激烈。

愍帝所谓分陕而治，只是空话一句，陕东左丞相司马睿更高兴坐视愍帝之败亡；王敦协助堂弟王导“匡济”司马睿即帝位，但是王敦发现元帝不甘心受已挟持时，他又起兵谋反了；苏峻、祖约这些地方军阀仅仅不满意于外戚士族把持朝政，也起兵问罪，要来控制皇帝，如果连着惠帝时期的义阳蛮张昌建国号汉，广陵相陈敏自号楚公；李特，刘渊之称王称帝；则这一时期的皇帝实在如同儿戏，皇帝皇权，说来神圣，实际上，皇帝和皇权之所以被说做无比神圣、不可侵犯，只是为了便利于封建统治阶级的愚弄人民、统治人民而已。

东晋王朝统治集团内部也充满着矛盾，一种是真心要北伐收复中原的，如祖逖（后来又有假意北伐的）；一种是甘心偏安江东保全身家的，如王导、郗鉴等；这是依政治态度加以区别。如果从政治身份来区别，则支持东晋王朝的有地主阶段的政治代表人物门阀士族；有地主阶级的军事实力代表人物军阀方镇。门阀和军阀实是东晋赖以支撑的两大台柱。

陶侃显然是贫贱出身的军事实力代表人物的重要一员。庾亮显然是南迁的门阀士族代表人物的北伐派。郗鉴则是南迁名门代表人物以兼兖州、徐州、扬州方面的军事实力代表人物，与陶侃是东西两线对应的两大藩卫。他是偏安派，这从他临终所上疏文可以看得明白，正因郗鉴是这样一个重要人物，而与王导观点相近，所以陶侃、庾亮几次要黜王导，都赖郗鉴的回护而不得成功。

王导在清人王鸣盛看来，是个骗子，“要之，导似煌煌一代名臣，其实乃并无一事，徒有门阀显荣子孙官秩而已”，“导之庸鄙无耻甚”（《十七史商榷》卷五〇《王导传多溢美》条）。《晋书》编者诚有门阀偏见，于王导确多溢美，但王鸣盛这样斥骂也太过分，殊不知王导正是依靠他的“门阀显荣”起着重要作用，他把王敦、贺循这些北方和南方的实力人物拉拢到司马睿周围，奠定偏安的基础；他在王敦谋反和苏峻、祖约叛乱中，甚至在郭默作乱中，又都采取超脱、调和的态度，利用他的“门阀显荣”地位竭力使矛盾缩小，“以宽和得众”；在庾亮和陶侃之间也从容周旋。这样，王导在北伐派与偏安派之间，在门阀与军阀之间，在江东门阀与南迁门阀之间，在外戚和朝廷之间，一概采取调和态度，虽不能解决矛盾，只是“苞含隐忍，使其有地”，却也避免了矛盾的扩大化，这使东晋在各种矛盾的夹缝中，利用均衡得以延续。

总括来看，东晋支柱中，军阀仍是从属于门阀的，作为大地主阶级的政治代表、作为东晋前期的稳定因素，门阀仍是无可取代的。王敦、苏峻之得不到士族支持而败亡，王导之协调各方拱卫晋室而能立于不败之地，都是明证。故而陶侃两次重大选择是他审时度势的结果，第一次他抛弃了华轶，第二次他尽管对庾亮满腹怨愤，还是决定了与庾亮、温峤同盟讨逆，他甘心于委曲求全做东晋王朝的支柱，甘心于捍卫那帮高傲无能的士族，这是那时统治阶级内部各集团间力量对比客观形势所决定的。淝水之战后，门阀士族在实际政治军事斗争中一再暴露其腐朽无能，一再依赖军阀救援他们的中央政府，于是，军阀最终决定自己掌握政府，自己当皇帝，但这已是刘裕的任务了。

然而，即使刘裕代晋，士族门阀仍然保持着它的尊严和高贵，有他们自己的谈吐风度、婚配习俗、等级谱系，即帝王亦莫如之何，唯一的条件是不能反对皇帝，不管那皇帝出身如何鄙贱，士族门阀的这种独立性恰成了皇权的附庸和支持，一如中国神权也有其独立性，但必然服从皇权、至少不得反对皇权而只能成为皇权的附庸和支持一样。

当然，门阀也好，军阀也好，既是皇权的支柱，也必然与皇权有矛盾。从陶侃来看，他死时，成帝下诏给盖棺论定："作藩于外，八州肃清；勤王于内，皇家以宁。"这倒是没有夸张的事实。然而，实际上对陶侃却怀有戒心，一直把（他）安置在外作藩，又在江州高防警卫，排斥在朝权之外，生怕他有"窥窬之志"，陶侃再怎么"怀止足之分"，也难免于疑忌，这种政治态势在封建君主专制下的君臣关系中，几乎是代代有之的，从君主来说，叫"威能震主"，从将相来说，叫"满盈自惧"，往往酿成悲剧，或虽未酿成悲剧，也变为忠奸悬案，为历代史家辩论不休。其实，这只是君主专制政治的派生物，只有消灭君主专制制度，才能消除这种政治态势，这却是最高明的封建史学家也无法理解的，所以他们的辩难不会有结果。

（四）陶侃的评价

历来对陶侃评论，约有三种，一是唐朝编撰《晋书》的史官，他们在本传末尾指责陶侃"潜有包藏之志"，取消了陶侃"纯忠"的资格。第二种是清朝史学家王鸣盛，在《十七史商榷》卷五〇专写一节《陶侃被诬》，为陶辩冤，极称"陶侃乃东晋第一纯臣"，讥评《晋书》作者"终以无识，多寓贬词"，"不亦剌谬乎"。又有一位清人丁国钧在《晋书校文》中更愤愤然道："曰潜有，曰每思，曰自抑，皆非本人不知，作史者从何探得？桓公东晋第一名臣，而传文多微词，于无可捉摸之中，构坐以不臣之罪，尤可骇怪！"这都是说《晋书》不可信，陶侃为纯忠。第三种是王夫之，他在《读通鉴论》卷一二论及陶侃说："侃之不得为纯忠，帝启之，敦又首乱以倡之。"又说："有陶侃而不知任，帝之不足有为，内乱作而外侮终不能御也，不亦宜乎？"王夫之信《晋书》，不如清人之长于考据，但他把责任派给皇帝，这却是清朝学者所没有的"启蒙精神"的表现。

从这三种评论，我们可以看出封建史学家尽管纠缠于忠奸辩难，但他们的态度却严肃认真得可敬。《晋书》虽责陶侃，却原谅他说"人无求备"，不是全盘否定；王鸣盛、丁国钧不理会《晋书》定杂，为陶侃据实辩诬；王船山虽信《晋书》之诬，却全面分析，得出责任在皇帝的结论，历史学的法庭真如基督教想象的末日审判，既无从逃避，亦不容许虚假，即对陶侃也不例外。

但我们对于这种辩难，毕竟早已丧失了古人那种热情。我们完全无意为陶侃争得一顶"纯忠"的桂冠。我们只是想看看陶侃那个时代的历史客观条件和陶侃本人的主观努力活动之间的交叉。早生百年，他可以是魏武帝；迟生百年，他可以是宋武帝。在他的时代，就他的出身和地位，只能满足于长沙郡公。历史造就人物，更胜于艺术家创造典型，他只能是那个典型环境下的产品。当然，如果陶侃没有被王敦左迁广州达十年之久，如果他没受庾亮指引而得参朝政，他可能在历史舞台上发挥更大的作用。他的朋友梅陶评论他说："陶公机神明鉴似魏武，忠顺勤劳似孔明"，是有道理的，奈何未尽其才，这是陶侃的不幸，也是历史的无情了。

在今日看来，陶侃的名节问题倒不在于"梦生八翼"的流言，而是西晋末他在荆、湘地区的镇压张昌起义和杜弢起义。他多智狡诈，剿抚兼用，终以镇压有功进入上层统治集团。但，我们仍不应当就这样简单地否定陶侃。"晋保江东以存中国之统"（王夫之语），这在中国历史上有重大影响。就长江、珠江流域的进一步开发来说，就到了隋唐时期南方得能以自己样式的经济文化成果贡献于统一的中国来说，对于我国经济文化发展都有重大进步意义。陶侃继刘弘"辑宁江湘，莫上流以固建业"，于东晋创业之功不可没。左迁广州后，又在十年间加强东晋政府对广、交的统治，造成相对安定的局面，这是他贡献于他的时代的东西。他的活动已融汇在历史长河中难以辨认，但我们应该肯定他曾贡献过点滴涓埃。

陶侃还有异于他的时代的东西，那就是他特有的求实勤劳的思想和作风。在那个清谈成风，竞尚浮华，老庄流行的统治集团中，他独宣言"老庄浮华，非先王之法言，不可行也"。他又说，"大禹圣者，乃惜寸阴；至于众人，当惜分阴"，"岂可逸游荒醉，生无益于时，死无闻于后，是自弃也"。这都很击中时弊，把高贵时髦的士族风气全不放在眼里，而且敢于抨击，表现得很有个性和气魄，陶侃这种思想和作风则是他高于和异于自己时代的地方。

陶母贤德传千秋

◎陶至锦

陶侃母湛氏（239—307）是广受赞誉的贤母，在历史上与孟母、岳母、欧母齐名。母以子贵，子以母荣。侃母教养出有贤德的儿子，她不仅是一位勤劳的母亲、贤惠的母亲，更是一位伟大的母亲。

侃母的贤德故事，记载在《晋书》《资治通鉴》、方志、谱牒等多种史书上，只要记载陶侃的史书都会记载侃母。近代的《中国母亲》《鄱湖故事》等书中也有记载陶侃及其母亲的故事。唐皇浦湜拟陶母墓碑铭中赞曰："陶侃母得古正之道，发人伦之本，将宗教于天下。"侃母勤俭持家，种桑麻而纺纱，以人为本，教子有方。由于家境贫寒，侃母对子女的要求非常严格，对其志气循序善引，磨其励志，侃苦攻诗书，寻求名师，增长知识，侃母对其言行不得越轨，如有不慎，严厉训斥。功夫不负有心人，终于将陶侃培养成晋代的贤臣名将。

侃母在夫君陶丹（柴桑侯）病故后，将其安葬在浔阳鹤问湖，便带着年仅三岁的陶侃，按陶丹的嘱托寻找在鄡阳的陶氏族亲。侃母母子在行走数日后，来到鄱阳湖滨的姑塘渡口。遇到风雨交加的天气，摆渡的渡船停渡避风雨去了。侃母母子徘徊在湖边十分焦急。天无绝人之路，幸遇在湖边打鱼的渔民龚飚相助。上得渔船，龚问侃母为何带着幼儿在湖边。侃母倾诉了丧夫之痛，说明了带着幼儿去鄡阳寻找陶村族亲的心意。龚非常同情母子的遭遇，便带着母子二人坐渔船来到了鄱阳湖边矶山龚的家中。龚的妻子热情安顿了侃母，并让母子二人暂住在龚家，从长计议。侃母勤劳坚强，在矶山将身带的钱财置了些土地，种起了桑麻，养蚕纺纱，过着日种桑麻夜纺纱的日子。过了些年陶侃长大了些，侃母便将陶侃送往靠近矶山的都村读书、识字。陶侃遇上放假，就跟着龚飚下湖在渔船上学着撒网捕鱼。如不下湖，陶侃便拿自制的竹鱼竿在矶山湖港边上钓鱼，钓鱼多的时候就拿去都村集市上卖些钱，添补家中生活或买些书籍自学知识。陶侃是个懂事的孩子，每当夜晚，都坐在母亲的织布机边看书，有时陶侃贪玩，侃母便对陶侃说："母亲手里拿着是什么？"侃说："织布的梭子。"侃母说："这织布的梭子在机子上来来回回，奔跑很快，这日子就像梭子，一晃便是一日，孩子你要勤奋，珍惜这一缕很快便流失的光阴。"从此，陶侃在母亲的教导下再也不贪玩了，连去湖港钓鱼也带着书去看。陶侃在矶山港湖边的山嘴石钓鱼，时间长了石头便磨成了深痕。后人为了纪念陶侃的勤勉，便给此处取名为陶侯钓矶。

在矶山生活了些年月，侃母还是想寻找陶氏族亲，经龚飚多方打听，终于打听到陶村的下落。陶母便告别了龚家，起身前往陶村。母子行走数日，便来到了左蠡清晖，沿山谷北行便找到了苏山土目的十里陶家冲。家族的人们热情接待了侃母母子，并安顿了住所。寻到了陶村，寻见了族亲，达到了夫君的嘱托，侃母心情爽朗了。侃母一边操持生活，一边又访名师，把陶侃送往元辰山苏耽师父处读书深造学本领。侃母要陶侃读书积累知识，还要增长见识，结交胜于自己的朋友。有一年的冬天，鄱阳郡名士范逵带着仆人途经土目。天气寒冷，风雪交加，客人住在侃母家，陶侃家室四空，无以款待。侃母吩咐儿子陪客人，自己准备食物，可家中又无像样的食品。侃母便拿起剪刀在房间将自己珍贵的头发长辫剪下，拿去换来了酒菜，让客人们食用，并对客人彬彬有礼。范逵和仆人们都非常满意。侃母又见马匹没有草料，遂抽出自己垫床御寒的禾草，用刀剁碎，把客人的马也喂饱了。范逵事后得知十分感动，说："非此母不生此子！"范逵把侃母与陶侃的非同寻常的款待铭记于心，一生都善待陶侃。历史上有铭文盛赞侃母曰："截发惟闻陶侃母，断机只有乐羊妻。"后称侃母此举为"截发筵宾"。

经过与范逵的结交，范逵已知陶侃知识渊博、胆识过人，是个人才。公元296年，范逵向当时的朝廷推荐了陶侃，朝廷封陶侃浔阳县吏，具体管理彭蠡湖的渔业。陶侃认真为朝廷办事，同时也关心尊重渔民，深得民心。有一次，一个与陶侃熟悉的渔民，送了一坛鲊给陶侃，陶侃不肯收受。渔民朋友说："听说你是个孝子，你母亲喜欢吃鱼，就这一小坛腌鱼，是我孝敬你母亲的一点心意！"话既说到了深情处，陶侃只得收下。不久一位同乡回家，问陶侃可有信件带给侃母？陶侃将鲊坛交与同乡带给母亲。侃母收到后，问清了鲊坛的来历，先收好了。后来有同乡前往陶侃处，侃母将未曾启封的鲊坛带给陶侃，并写了一封信，责陶侃曰："汝为吏，以官物见饷。非唯不益，乃增吾忧也。”收到母亲的信，陶侃把那鲊坛退还给了渔民。从此，陶侃再也不接受别人送来的礼物，一生遵照侃母的教导，清廉为官，勤政为民。这就是后人称之为侃母“封鲊训子”。

陶侃升迁，朝廷命陶侃率军平乱，挂帅出征，屡立战功，使陶侃名声远播，并授予重任。陶侃晋升武昌太守时，决定接母亲去身边照料。临行前侃母把陶侃叫到跟前，拿出个包裹给陶侃，侃母为陶侃送了三件礼物：一是一包故乡的土，希望永远记住家乡的山水；二是一只土碗，希望锦衣玉食时添一碗粗粮，保持本色；三是一块土布，希望官袍加身，不忘布衣根本。侃母的严谨是为儿子好，并且剪了一小块土布缝在陶侃官服的袖口，以示警醒。从此，陶侃遵母命尽忠履职，爱民如子。

侃母在秆林（十里陶家冲）病逝后，陶侃将母亲安葬在离都昌县城以西五里的矶山牛嘴，是陶侃对母亲的无比敬重，是经过深思熟虑的。虽然另有几处墓地在外县,但都昌矶山的陶母墓是真实无疑的:一是陶侃在《辞位归国表》中自述:“臣父母旧葬今在浔阳”，都昌属于浔阳郡管辖;二是唐朝舒敬在矶山陶母墓地拟碑文，唐朝皇甫湜为陶母墓拟碑铭，唯独都昌才有；三是《都昌县志》有明确记载；四是都昌民间历来在矶山祭拜陶母，陶母的贤德精神在都昌千百年传承，妇孺皆知。这都说明陶母墓在矶山有着深厚的文化底蕴，同时都昌县政府已将陶母墓列入县历史文化遗迹进行保护，让陶母精神世代传承。

侃母的一生是在都昌矶山和秆林度过的，侃母的人格风范是在都昌历尽沧桑中形成的；侃母的贤德故事是在都昌传播于世的。陶侃尽忠报国，爱民如子的高尚品德，是在母亲高尚情操的熏陶下形成的，更是在矶山贫困的生活中磨炼成长的。侃母勤劳俭朴、教子惜时、截发筵宾、封鲊训子、三礼送子等贤德精神，永远激励着后人。

2021 年 8 月 13 日

寻迹鹤问湖

◎李冬凤

或许是出于鄱阳湖归来不看湖，我对江南大多数湖泊没多大兴趣。然而，赛城湖却是特例。

匡庐以东有鄱阳湖，其实匡庐以西湖泊也众多，如陶家湖、长港湖、大城门湖、赛湖、雪湖、牧湖等。其中，最为有名的便是赛城湖。赛城湖位于九江市西郊，由赛湖、大城门湖等子湖组成，枯水季节各子湖独立成泊，丰水期又彼此连成一片。

之前，我知道在西郊众多湖泊中有一个古老的湖泊，叫鹤问湖。但是查遍所有的名字，都没找到它。友人告诉我，赛城湖就是鹤问湖，我便动了看湖的念头。

赛城湖原是水产养殖场。20 世纪 50 年代末，一群知识分子响应“上山下乡”号召，来这里创办了“国营沙河—赛湖农林牧渔综合垦殖场”。进入 21 世纪，这里又纳入了沿江开发板块。随着九江市重心西移，赛城湖已经加入了太多的人工痕迹。所幸长约 50 公里的赛城湖绿道生态保护良好，岸线功能按湖光山色、乡村田园、岸芷汀兰、浔阳记忆、渔苑荷风五大区段划分，倒也别具一格。红白青黄绿色的沥青跑道宛如彩带在湖边飘逸，洼地和港汊之间有庐逸桥、鹤问桥、彩虹桥、迎宾桥等小桥相连，如起伏的排箫，亦如白鹤起舞，一桥一景，一桥一古浔阳历史文化，也不让人静寞。3.7 公里的亲水平台，移步换景，亦有视觉冲击力。

我不喜欢热情奔放，也不喜欢游人如织，而是选择了一个夕阳即将西下的初夏来到赛城湖。

渐渐失去光芒的日头洒在湖面，奇妙的镜像开始上演。天空与湖面已经融为一体，云朵的色彩越来越丰满。徐徐的风吹来，几缕血丝般的云彩从惨淡的太阳中逸出，随风幻化。更多的云朵渐渐向光环聚合，从绯红，到霞红、朱红、嫣红，直至被光灼成火焰般的红。从山脊线上升起的云朵，过于笨拙，攀爬半天，也无法到达光环之中，只好黑着脸，充满沮丧。

玛瑙似的圆盘缓缓下落，远处的楼群愈发清晰。遥不可及的山脊渐渐模糊，被光和影折叠成一条线，让一切美好像打开潘多拉宝盒一样，惊喜一波一波冲来。天空的云朵轻盈飘落，以凌波微步，或是草蛇灰线，如仕女游春，像雪山崩塌，似蛟龙潜水……湖面的镜像也变幻起来。玉盘似的太阳使出分身术，一个悬在半山腰，一个落在水中央，将即将被黑夜吞噬的赛城湖“吓”得半江瑟瑟半江红。玉盘终究是不堪重负，圆圆的脸蛋拉长在湖面，成了一盏橘红的灯。

“灯”终于熄灭了，天空变成了温润的瓦青色。桥上的灯，远山的灯，湖岸上的灯，同时亮了起来，像散落在水面的珍珠，又像满天的星星。迟归的白鹤和大雁掠过湖面，又让湖面热闹了起来。

我正是在这夕阳西下的沧桑中感受到了一丝微弱的历史脉搏。一个被叫了近两千年的“鹤问湖”的名字在醉美的晚霞中浮出水面。

鹤问湖由湖畔一座古村——鹤问塞而名。《九江府志》记载：“鹤问湖在府城西一十五里。世传晋陶侃择地葬母至此。”此大谬也。我曾就此翻阅了大量地方史料，鹤问湖不应是葬陶侃母，而应是葬了陶父。

陶氏宗谱鄱阳浔阳祖系年谱中说，浔阳分自丹阳，浔阳祖系始祖或宗同公，或宗丹公，同公仕吴为中书舍人，卜居鄱阳郡，吴晋时为鄡阳县，今之都昌。丹公仕吴为太子舍人，后为扬武将军，封柴桑侯，妾新淦湛氏，生子侃，丹公墓葬于浔阳四十里鹤问湖畔。

丹公即陶丹，陶侃之父。同公即陶同，陶丹之父。陶丹葬在鹤问湖更贴近历史。三国时吴国幼主孙亮即位，孙綝专权，废孙亮，立孙休。公元 258 年 12 月，张布、丁奉等人诛孙綝，还朝政清朗。陶丹因随丁奉诛孙綝有功，封为扬武将军，驻柴桑。彭泽定山谱、会宗谱、浔阳长岗栗里谱、星子蓼花谱、皖江谱、广济谱、武陵后肖谱、溧阳谱、太湖谱均记载，陶丹葬鹤问湖畔，湛氏葬饶州牛冈嘴牛眠地。其中武陵后肖谱、溧阳谱还记述更具体，湛氏墓在南康府都昌石壁精舍侧。饶州、南康均为后来的地名，前身分别是鄱阳郡和浔阳郡。

1981 年，江西省文物普查调查小组曾对赛湖村（鹤问塞）属境七里湖滩古城遗址及附近塞口、塞墩、玉兔山的古墓葬群做过一次全面调查，认定此为“六朝寻阳城遗址”，为县、郡、州所。古城东西均是万亩湖泊，东边明时叫陶家湖，现名七里湖（或八里湖），西边即鹤问湖，两湖由湓水连通。古城有两条道出入，东北通湓城；南道往庐山。有专家认为，三国柴桑城，即“六朝寻阳城”。这一发现更证实了陶氏宗谱的记载。

陶丹于259年在柴桑任扬武将军，同年陶侃出生。264年，陶丹死于任上，葬于鹤问湖。陶侃不得不随母回到老家鄡阳县（彭蠡之左）。《读史方舆纪要》载：鄡阳城，府城（饶州府城）西北百二十里，汉初置县。陶丹死后，陶侃成为孤儿，家徒四壁。陶母含辛茹苦，靠纺纱织麻维持生计。陶母“截发筵宾”“锉席喂马”“封坛退鲊”被尊为“贤母”。陶侃文武双全，后成为晋室中流砥柱，官至太尉、大将军。《江西通志》载：陶桓公（陶侃）府第在都昌县左蠡乡陶家村南二里处（即十里陶家冲）。

陶母殁于307年，这时陶侃已剿平张昌之乱，功封东乡侯。陶母葬于何处？《都昌县志》卷十六记载：“葬陶侃母湛氏在石壁山下。”石壁山即都昌县城西五里的矶山（石壁精舍侧）。唐代宰相舒元舆曾在彭蠡湖边上看到过陶母墓，并留下板文：“太岁在卯，小子汎彭蠡，见谢灵运石壁，壁东南行百步许，有高坟嵯峨。坟前有碑，书迹照湖。小子蹶起疾眩视之，则陶母之字存。矶山还有陶侃遗迹陶侯钓矶。”陶侃的《归国辞位表》称：“臣父母旧葬，今在浔阳。”这是因为鄡阳县在304年由鄱阳郡划归浔阳郡管辖，葬的地点没有改变，管辖地却发生了改变。

鹤问湖虽然葬的不是陶母，却也是一位伟大的父亲。

赛城湖生长着一种植物叫泥胡菜，又名苦郎头。这种植物花开顶端，一枝一花，亭亭玉立，绝不旁逸，淡淡紫色，花瓣如线，层层叠叠，团成纺锤状，极像一舞者。还有一种植物是一年蓬，一蓬一年轮，长在山坡田野，长在一切有泥土的地方。一年蓬是消食止泻之良药，花似雏菊，洁白如雪，一小朵一小朵，开得密密匝匝，枯萎时寂静无声，徒留花蕊在风中摇晃，直至把种子孕育成熟，让风带向远方的远方。我想，一个地方每一种生长的植物都有一个深意，就像鹤问湖、鹤问塞、浔阳城以及赛城湖。

（2022年10月20日发表于江西）

青山依旧在 杆林显风流

——陶侃都昌故里考

◎胡东春

陶侃（259—334），字士行，东晋大臣。寻阳陶氏之祖。关于陶侃的家庭籍贯，陶维墀新编的《陶氏史记》有考：陶侃祖籍丹阳（今属江苏省溧阳），祖父陶同，与东汉徐州牧陶谦是兄弟。父亲陶丹，“当汉末避乱徙江东之鄱阳，举家居之”。西晋太康二年（281），“吴平而丹即卒”。鄱阳陶家解体，陶侃始由鄱阳徙家庐江郡寻阳县。史籍根据陶侃的家庭住址后来在庐江郡寻阳县，论定陶侃为庐江寻阳人。《晋书》记载：陶侃“本鄱阳人也，吴平，徙家庐江之寻阳”。《资治通鉴》记载：“庐江陶侃为大都护……”南京大学历史系编写的《中国历代名人词典》写了陶侃是“庐江寻阳（今湖北黄梅西南）人”。

《都昌县志》和九江地方志以及都昌《陶氏宗谱》记载陶侃是都昌人，把陶侃列为都昌历史上的名臣。历代编修的《都昌县志》，对陶侃和陶母湛氏的事迹及其历代纪念陶侃的诗文、祠庙、碑记都作了翔实的记录。南宋淳熙七年（1180），知南康军（治所今星子县城）朱熹向朝廷上书《乞加封陶威公状》（此文收录在《都昌县志》），状中曰：“公始家鄱阳，后徙寻阳，见有遗迹在本军都昌县界。”明朝嘉靖十九年（1540），都昌县令杨昱在《重修陶桓公庙碑记》中说：“都昌为公桑梓之乡，声灵尤著故乡。”（《都昌县志》）《南康府志》（明正德版）记载：“晋，陶侃，字士行，徙家寻阳。”《九江人物志》记载陶侃是“东晋鄱阳郡鄡阳县（今都昌县）左里陶家冲人”。都昌《陶氏宗谱》记载：明朝正统年间，西源口舍陶家边始迁祖陶秉念“因游都邑马沥，见侃公之旧址，览钓矶山之胜迹，心中眷恋，兴怀故里，爰同兄秉思，由新建昌邑而迁居焉”，并传诗一首为证。其中“十里陶冲今不改”

一句，揭示了“侃公之旧址”就在“十里陶冲”。

关于陶侃是都昌人，存有两种解说：一曰“晋时都昌名鄡阳，公元304年前属鄱阳郡，304年划为浔阳郡，故史籍称陶侃为浔阳人，亦有称为鄱阳人”（新编《都昌县志》）。二曰“史载本鄱阳人也，吴平，徙家庐江（晋时郡名，九江一度属之）之寻阳。按晋鄱阳郡有鄡阳（唐改名都昌）县，实侃本籍。以郡论，侃为鄱阳郡人。就县言，则为鄡阳（都昌）县人。至于徙家寻阳，乃公之后裔”（台湾都昌同乡会新编《都昌文献》）。但是，对照史籍记载，以上两种解说都不确切。其一，按鄡阳县的先后隶属关系（实际并无先后关系），把鄱阳人和浔阳人落脚到鄡阳（都昌）一地，忽略了一个“徙”字。与《晋书》记载的陶侃是由鄱阳徙家寻阳相悖；其二，陶侃徙家寻阳时，只有寻阳县，尚无浔阳郡。鄡阳县在宋永初二年（421）被撤县之前，既不属浔阳郡，也不属庐江郡，而是一直属鄱阳郡。若陶侃是鄡阳县人，便无法解释陶侃是庐江人。并会因陶侃籍贯的这一误解，而引起与鄱阳县不必要的争议。因此，要正确解释陶侃是都昌人，就必须考证陶侃都昌故里在历史上曾经隶属过庐江郡寻阳县，而不是鄱阳郡鄡阳县。

陶侃徙家庐江郡寻阳县，时在“吴平”，即西晋太康二年（281）。在同一年，寻阳县改属庐江郡，至永兴元年再改属浔阳郡。寻阳县隶属于庐江郡只有24年。按照中国地名的特点，凡是宗族姓氏所取的地名、村名，基本不变，民间称呼一般不改。而由朝廷或地方政府命名的州、郡、县、乡，范围和名称则可变和多变。陶侃徙家后的家庭地址初属庐江郡寻阳县，后因郡、县变更，改属浔阳郡，再改属都昌县，符合历史演变的规律。朱熹关于陶侃“始家鄱阳，后徙寻阳，见有遗迹在本军都昌县界”的论说，把史籍记载和实地考察相结合，科学地解开了古寻阳县与都昌县的陶侃故里之谜。

一、都昌县界的“侃公之旧址”

在今都昌县的西北边界，有一处面积约有二十平方公里的半岛和湖州，盘踞在彭蠡湖东岸。地域范围含今苏山乡土目、马安、徐港三个村委会和左里镇清辉村委会的一部分。解放初期，这里属左里区土目乡。它东依苏山陶家冲，北邻湖口屏峰，南望星子康城（古南康府治，今星子县城），西与庐山一衣带水。由苏山西麓而出的支脉，在半岛中间蜿蜒而行，形成一条长长的“龙筋埂”，东端起于十里陶家冲，西端止于老庙嘴。再由老庙嘴倾斜入湖，约二里，一块绿洲屹立湖中，州上有山，其状如马，历史上名曰湖州山，今称马鞍岛，现为马安村委会。自西晋至中华民国的一千六百多年间，这个半岛和湖州上曾经居住过一支陶氏望族，其开基祖就是震古烁今的历史名人——陶侃。《陶氏宗谱》称此地为“都昌秆林”，也称“彭泽秆林”，秆林陶氏留下的历史遗迹，如陶家冲、陶家垅、陶家塘、陶家舍、陶家村、老庙山、茶园冲、孙家湾、钓矶石……至今名称依旧，历历在目。

十里陶家冲，是陶氏历史的见证。南北贯通，穿苏山而过。南口出今左里镇清辉村，接陶家港水路入潭子口；北口出今苏山乡徐港村，接八里港水路入屏峰湖。中端有一出口，名叫“牧牛巷”，是秆林陶氏出入苏山、牧牛打樵的必经之路。巷外有寺前港直通土目湖。

老庙，即陶侃祠的俗称。老庙旧基是陶侃故居的旧址。现为土目村委会驻地。在陶侃故居南边二百米处的开阔地，是陶侃子孙聚族居住的“秆林陶家”村遗址。村庄左首是“一经舍”“茶园冲”，与苏山一脉相承，右边是田庄、渔场，与“湖州山”“庐山”山水相连。村前是彭蠡湖的一个堰汊，形如圆盆，满堰芦苇。夏天芦花烟波，秋天芒秆挺拔，“秆林”之名称由此而来。陶家村遗址在一段时期大部分保存完好。我少年时曾亲眼见有基石、磉墩、石狮、旗杆石等建筑遗物。

老庙背后是一块面积约二十亩地的山坡，因老庙而称名老庙山，也叫老庙嘴。老庙山上，有一园竹林，相传为陶侃所栽。方圆数里之内，竹林独领灵秀，令人神往。每当旭日东升或是雨过天晴，这青翠欲滴的竹林，与层林尽染的苏山，恬静优美的田园，烟波浩渺的彭蠡湖，彩云飘绕的五老峰，交相辉映，绘成了一幅壮美的自然图画。

老庙周围，安息着许多陶氏先人。见之于《陶氏宗谱》的有以下几位：陶侃三十九世孙陶严华，殁于宋庆元六年庚申，葬都昌秆林孙家湾（老庙东南150米处），氏殁，葬秆林老庙。四十一世孙陶省一，殁于宋宝庆二年丙戌，葬秆林老庙背。陶珪，省一第三子，殁葬老庙山。陶琳，省一幼子，殁葬湖州蛇形山……他们殁葬之处的地名，传至今日，无一更改。

考都昌《陶氏宗谱》和《都昌县地名志》，南宋（含南宋朝）以前，都昌县境内的陶姓居民仅有秆林一处。现在都昌境内的五个陶姓村庄，都是在明代迁入。一支由秆林播迁，一支由新建昌邑复迁。都昌有陶侃故里，非秆林莫属。

二、秆林是“我祖故所”

陶侃故里在都昌秆林，可以从寻阳陶氏历代编修的谱牒记载中得到证实。编修于明朝万历庚戌年的《陶氏会宗谱》是保存下来的年代久远、内容完整、祖系分明、昭穆清晰的陶氏谱牒，是研究寻阳支陶氏历史最具权威性的文字依据。《会宗谱》序文中曰:“我祖自鄱阳往五柳乡,其处也彭泽,则我祖故所。令次子俟居焉。”又曰：“渊明次子俟，居彭泽五柳乡，为彭泽、湖口、星子、都昌秆林之祖。”这段记载作了两个重要的历史交待：第一，寻阳陶氏之祖陶侃是由鄱阳迁出（与史书记载“本鄱阳人”吻合），迁往的地点是彭泽县五柳乡（比史书记载的“徙家庐江之寻阳”更为具体）。至于寻阳与彭泽的关系，后文再作论述。第二，陶渊明次子陶俟居“我祖故所”——彭泽五柳乡，为彭泽、湖口、星子、都昌秆林之祖。据《陶氏史记》和都昌《陶氏宗谱》记载：彭泽、湖口的陶氏皆由秆林分支，系南宋都昌秆林陶省一之后。彭泽陶氏始迁祖乃陶省一长子陶琏。“琏，字汝器，生嘉定十七年甲申，娶钱氏，生子四：炎、丙、应、荐，分居彭泽等处。”

陶俟受父亲陶渊明之令居住秆林故所，时在南朝，未置都昌县，秆林属古彭泽县地域。故明代以后编修的陶氏谱牒，或袭历史所传而称彭泽秆林，或用当时所名而称都昌秆林。古彭泽县有五柳乡，见证于《江西省八十三县沿革考略》（吴宗慈编）。《考略》曰：“析彭泽县之彭泽乡及五柳乡之半，升为湖口县。”五柳乡的另一半，则入了都昌县。在土目《胡氏宗谱》中，土目胡氏先人的墓葬之地，多处记载有“五柳湾”地名。

《会宗谱》是由明代都昌秆林人陶芳茂首倡编修，得到了各地寻阳陶氏的积极响应。进贤嗣孙陶明通、字白夫所撰的《会宗谱序》曰：“无何彭泽秆林而生芳茂者，首倡是举，予因勉之襄焉。”彭泽定山庠生陶启龙于万历庚戌年所作的《定山陶氏谱前序》曰：“会秆林宗叔祖名芳茂者，议续宗谱，与诸伯叔父意甚合，爰有重修之命……”

清朝乾隆四十一年，陶氏合族在都昌秆林陶侃祠会集，祭扫侃祠，建议重修宗谱，更加显示了秆林在陶氏合族中的宗主地位。《陶氏合族重修宗谱序》曰:“今岁孟春，珪、琳二公子孙，会集秆林侃祠，循例祭扫，建议重修，莫不踊跃从事。”按照中国宗族活动的传统特点，只有祖宗圣地，才具有这样的地望和人望。

陶渊明自号五柳先生，作《五柳先生传》，表明了他曾是彭泽五柳乡人，即彭泽秆林人。从陶渊明的早期文学作品中，可以窥见他在秆林的生活经历，如《闲情赋并序》一文中“终阻山而带河……寄弱志于归波”所描写的山河受阻、归途坐船的景状，便是秆林人生活的真实写照。与他后来隐居在庐山栗里的生活场景完全不同。读了《桃花源记》，只见其中的人物、场景，与十里陶家冲的景物天然巧合。根据文中的故事情节，随时可在彭蠡湖上找一个“武陵渔人”，撑一条小船，进入谢家湖八里港（今土目村、徐港村境内），沿着小溪捕鱼。两岸可见桃花林。到了林尽水源之处，便见一山（苏山），舍船从山口（陶家冲北口）入，“初极狭，才通人，复行数十步，豁然开朗”（陶家冲北口狭，中段宽，南口开阔）。渔人见到的桃花源中的桃林、房屋、田地、池塘、桑树、竹林、小路、鸡鸣狗吠、耕田种地、男男女女等景象，在陶家冲南口的左里镇清辉村境内，应有尽有。明代崇祯朝兵部侍郎、三边总督余应桂（都昌人），在《都昌县志》序文中曰：“为俯仰古今，当认其人。秦汉以前，存而不论。迨于马晋，如陶士行之忠，足卑王谢；陶元亮之节，不愧夷齐。”论定陶侃、陶渊明是都昌古代名人。余应桂进士出身，学问高深，且少年时曾在秆林故里的《报恩寺》求学，其论应有充足证据。

三、以秆林为家

陶侃一生，四海为家，其出生之地，少长之家，任官之所，殁葬之处，皆各有所在，但陶侃引以为家的还是秆林。

陶侃在居家秆林之前，还居住过两个地方。一是他的出生地。《陶氏宗谱》记载陶侃：“生汉景耀二年。”“景耀”是蜀国纪元。当时吴国纪元“永安”，魏国纪元“甘露”。由此推理，陶侃出生之地在蜀汉国境内。二是陶侃父亲陶丹“当汉末避乱徙江东之鄱阳”（《陶氏史记》），陶侃随父母徙居鄱阳。在居住鄱阳时，陶侃只是家庭中的一个小成员，加上母亲湛氏是小妾，母子俩在陶氏家族中地位低下。公元 281 年，“吴平”。“吴平而丹即卒”（《陶氏史记》），国亡父丧，使陶侃陷于孤贫，并且受到世俗的歧视和封建礼制的压迫。《陶氏史记》收录的清朝康熙壬午秀溪四修族谱序文，对当时陶侃母子的处境，作了这样的记述：“父丹既为亡吴贱俘，母湛又是土族，小妾，故有‘望非世族，俗异诸夏’之讥而又加以桓公。”陶侃母子从鄱阳迁出，这应该是一个重要的原因。

陶侃之所以选择秆林创建家园，可能有以下几个因素：1. 秆林环境优美，资源丰富，有很好的生存条件和开发潜力；2. 秆林与庐山隔湖相望，津渡往来，距离只有十几里湖面，祭扫寻阳县境内的陶丹墓非常便利；3. 由秄林出湖口，入长江，直达庐江郡治（今安徽潜山境内）和寻阳县治（今九江市郊），快船一日可至；4. 改朝换代之际，居住在秄林的山水之间，既可渔樵耕读，作一隐士，又可以静观时变，蓄志待发。

西晋太康元年（280），晋武帝大赦天下，为稳定江南人心，“遣使者分诣荆扬抚慰。吴牧守（指原吴国的州、郡行政长官）以下皆不更易，除其苛政，悉从简易，吴人大悦”（《资治通鉴》）。陶侃的同宗兄弟、丹阳陶璜（陶谦孙，陶基子）以吴国旧臣归晋，仍任交州牧。这一形势的变化，使“少长孤贫，始愿有限”的陶侃，萌发了新的志向。陶侃经母亲湛氏的教诲资助和故友的引荐，走出秄林，步入了仕途。

陶侃自青年时代“初为县吏”，至晚年“位极人臣，”任官五十余载，在军四十一年。尽管公务繁忙，戎马一生，但他对家乡秄林的赤子之心、恋眷之情却始终愫之于怀。

陶侃在任武冈县令时，因遭太守吕岳妒嫌，“遂弃官归里”。在秄林故里留下了“陶侃骑竹马”的故事。我父亲曾在孩童时听村里的长辈讲过这个故事。后来又讲给我听。

西晋永兴二年（305）陈敏作乱，图谋江东，陶侃时为江夏太守，加鹰扬将军，为了不使家人遭受战祸，“侃备威仪，迎母官舍，乡里荣之”（《晋书》）。对那次陶侃回乡的情景，秄林民间传说当时陶侃随行 18 员大官。陶家门前的官船，遮了半边河。

陈敏乱平，陶母湛氏回家病故，陶侃“奔母丧去职”。《都昌县志·墓茔篇》载：“陶母墓葬。陶侃母湛氏在石壁山下，传即牛眠冢。唐皇甫堤，舒元舆俱有碑记。”唐元和进士、官至平章舒敬（字元舆）在《陶母坟板文》中记述了他在都昌县境内见到陶母墓葬的情形。其文曰：“小子汎彭蠡见谢灵运石壁，壁东南行百步许，有高坟嵯峨，坟前有碑，书迹照湖。小子蹶起，疾眩视之，则陶母之字存。”

永嘉五年（311），“时海内大乱，独江东差安，中国士民避乱者多南渡江”。时陶侃 52 岁，为武昌太守、扬武将军。其家属子侄除随军任官者外，大多数在家乡秄林居住，成为寻阳境内的陶氏望族。

东晋咸和四年（329），陶侃以古稀高龄，被推为盟主，督军讨平苏峻（东晋将领，咸和二年发动叛乱，次年陷建康，纵兵大掠，穷凶极恶），收复京师建康（今南京），居首功，进为侍中、太尉，封长沙郡公，都督荆、江、雍、梁、交、广、益、宁八州诸军事。旋还军荆州。不久又击退石勒（十六国时后赵建立者。控制中原大部分，330年称帝），收复襄阳。朝廷加赏，拜陶侃大司马、大将军，剑履上殿，入朝不趋，赞拜不名。面对位高权重的空前显赫，陶侃深以满盈自惧，固辞不受。遂移镇武昌，上表辞位归国。他在《辞位归国表》中曰："陨越之日，当归骨国土。"流露了将永离故乡秆林，死后只能归骨在朝廷封赐给他的藩国长沙的无奈心境。又曰"父母旧葬，今在寻阳"，"刻以来秋，奉迎窀穸"。说明了他的家庭中心当时还在寻阳。表示了他要回乡奉迎父母遗骨迁葬长沙的愿望。遗憾的是，他的这一愿望来不及实现，便在辞位归国的途中，薨于樊溪，从此永别了秆林故里。

千百年来，陶侃遗风在秆林故里影响深远。陶侃的名字和故事在这方水土代代传颂，陶侃母子的事迹风范教育和激励着居住在这里的后人。

慕陶侃故里之名，爱秆林山水之胜，北宋朝被誉为"铁御史"的侍御史、龙图阁学士吴中复（《续资治通鉴》）隐居秆林。在秆林繁衍子孙，分支播迁，成为都昌吴姓大族之祖。"吴中复祠"遗址在今土目村境内的小学旁边。南宋以后，徽州戴氏和华林胡氏先后迁入秆林。他们弘扬陶氏遗风，崇尚忠孝贤良。文风蔚起，仕绩显著，成为继陶氏之后的名门望族。

四、秆林的变迁

自公元281年陶侃在秆林开基创业，到1950年秆林陶氏全部外迁，上下一千六百多年。在历史的长河中，秆林陶氏经历了重大的变迁。陶侃去世后，东晋朝廷处在风雨飘摇之中，中原战乱迭起，独江东相对安定。陶侃子孙大多数留在秆林和寻阳境内，成为陶氏大族。秆林陶氏第一次分支迁徙，始自陶延寿。《会宗谱》记载："陶延寿，居都昌，袭长沙公。晋亡，降封吴昌（今湖南平江）侯。其后分居于长沙郡属下十二邑及衡永各境。"继后又有在外地任官的，举家徙居于任所。留在秆林的，剩下陶渊明一支。

东晋元兴六年（407）七月，晋太尉刘裕（南朝宋武帝）在左蠡（今都昌西北滨湖地区）与卢循（东晋末农民起义领袖）决战。"循单舸走，收散卒，还广州，公旋自左蠡"（《资治通鉴》）。刘裕部将檀道济当时正在秆林境内的罗城山筑城，阻击卢循。（《都昌县志》）秆林陶氏饱受战乱之苦。刘裕称帝后，陶渊明以曾祖陶侃为"晋世宰辅"，"耻复屈身后代"，不愿在刘宋朝为官，遂举家由秆林迁出，隐居庐山栗里。

陶俟奉父亲陶渊明之令返居秆林，成为复迁秆林之祖。秆林陶氏开始复兴，至宋代进入鼎盛时期。但在宋末元初，又逢改朝换代，秆林地处鄱阳湖交通要道上，若元兵南侵，进军鄱阳湖，秆林地区必然首当其冲。秆林陶氏为避战乱，大规模向外迁徙。据《陶氏宗谱》记载："陶青一，迁皖江。"今安徽皖江陶氏皆以青一公为始祖。现有八大房，分布于安庆地区的长江以北。陶省一，生六子，长子陶琏迁彭泽，其后裔分居宿松、太湖、望江、潜山等处。次子陶璋，迁桑洛州（今九江市柴桑区东南）。三子陶珪，迁湖北广济。今广济、黄冈、麻城、蕲州等处的陶姓，皆为珪公之后。民国要人陶希圣就是珪公之嗣孙。四子陶琥，迁安徽省歙县赤岭。五子陶环，迁湖口。幼子陶琳，先迁鄱阳朱塘，复迁都昌秆林。元代以后，秆林陶氏仅有陶琳一支，故见《陶氏史记》称："陶琳为都昌秆林之祖。"

清朝中期，秆林陶氏日渐兴旺。到了咸丰年间，太平天国与清军战于湖口一线。秆林所在的鄱阳湖区域成了内湖主战场。曾国藩率清军水师驻在庐山青山湖和马鞍屏峰湖。(《曾国藩家书》）与太平军在湖区相互进剿，秆林陶氏在战乱中人丁剧减，并逐户外迁，投奔于长江沿岸的陶氏宗亲。到 1950 年左右，秆林陶氏只剩下了一位孤寡老人。寻阳陶氏由秆林分支，秆林陶氏由陶侃——陶俟——陶琳而变迁。秆林故里也由寻阳——彭泽——都昌而改变着隶属郡县。

考三国东吴郡县设置，都是沿江按水域进行区划。从武昌沿江而下，设有八郡。上中游有武昌郡、九江郡、庐江郡、鄱阳郡……到了晋初，长江沿岸的郡县名称和行政区划有所变动。西晋太康二年（281），寻阳县由隶属武昌郡改属庐江郡(《宋志》)，这一隶属关系与当年陶侃"徙家庐江之寻阳"的时间、地点相吻合，与陶侃任庐江郡督邮，"庐江郡陶侃为大都护"的早期经历一致。

从两汉时期到西晋初，庐山地区属寻阳县境域。晋初寻阳县在柴桑与彭泽两县之间，图上的县域范围北起长江，南至海昏（县治遗址在永修吴城境内）。庐山周边及彭蠡湖沿岸区域都在寻阳县境内。秆林与庐山在同一水域范围、同一交通线上，同居鄱阳湖畔。湖面相隔仅十几华里，往来只要个把时辰。按照这一地理位置和当时郡县设置的规范，秆林与庐山同属寻阳县。古寻阳县地域所在的今九江市有关县（区），记载陶侃故里的只有都昌一县，也证明了陶侃徙家寻阳县的故里就是都昌秆林。

秆林由寻阳入彭泽，再由彭泽入都昌的演变过程如下：

西晋永兴元年（304），以寻阳和柴桑两县新设浔阳郡（《晋志》），寻阳县由隶属庐江郡改属浔阳郡。此时陶侃徙居秄林已经有24年。在这24年间，形成了陶侃是庐江人的历史定论。东晋义熙八年（412），即陶侃去世后78年，寻阳县建制取消，西南部地区并入柴桑县，东北部地区并入彭泽县。秄林于此时入彭泽县。九年后，南朝宋永初二年（421），鄱阳郡鄡阳县因彭蠡湖盆地发生多次沉降运动，湖水南浸，大部分县地沦入湖中，剩下地域不足立县，也被撤销，并入了彭泽县。古鄡阳县治遗址，在今都昌县东南端的鄱阳湖中。鄡阳县沉陷之前，大部分境域在县治的东南部盘地。今日都昌县的西北部地区，当时不是鄡阳县地。据清朝道光癸未年编修的《都昌县志》记载，都昌初志和府志皆有关于“都昌为鄱阳地”，又有“本彭泽地”的总论。同治年编修《都昌县志》时，编者对此评点曰："以余考之，都昌实割鄱阳、彭泽两县而成之者”，“今县志载彭泽故城在都昌县北四十五里，则以都昌为分于彭泽亦不为无据。盖汉时豫章郡所属凡十八县，而鄱阳、彭泽地最广。今之浮梁，万年、上饶与安徽之建德皆鄱阳所分，今之星子与安徽之东流皆彭泽所分，其疆索延袤可想。都昌界两县之交，则中分其地以为县也”。这一评点，符合历史演变的真实。指出了都昌县是由古鄱阳郡鄡阳县和古彭泽县的一部分合并而成。吴宗慈绘编的《晋郡沿革图》明确论定："今都昌县为彭泽鄡阳两县地。”

唐朝武德五年（622），分彭泽县置都昌县。此时距鄡阳县撤销已有200年，都昌县并不是原鄡阳县的翻版，而是在原鄡阳县的基础上，增加了由原彭泽县划入的一部分，即今天的西北地区。秄林在都昌县西北边界，原属彭泽县，而不属鄡阳县毋庸置疑。秄林划入都昌县后，一直延续至今。随着秄林所属郡县的历史演变，陶侃也由寻阳人而成为彭泽人，再成为都昌人。

南京大学历史系编写的《中国历代名人词典》，以两汉时期寻阳县治曾在湖北省黄梅县境内，推论陶侃寻阳故里在今湖北黄梅西南，忽略了时空的变化，定论不正确。《吴书传二》记载，汉末建安十八年（213），寻阳县治由江北“寻阳鄂陵”迁入江南湓城（今九江市区）十余里的寻阳城。三国时期，寻阳县属于孙吴政权辖地，境域皆在江南。寻阳县在江北的故地已荒芜弃耕（《吴书传十九》）。陶侃徙家寻阳时，江北早无寻阳县。

岁月流逝，世事沧桑。陶侃秄林故里的变迁，给后人留下许多感叹，许多思考。虽然秄林故里已无陶姓人家，但陶家的遗迹，陶家的称呼，却永远留驻在这块土地上，使人们深深地感受到陶家的历史气息。近年来，清明期间，常有湖北、安徽和邻县的秆林陶氏后裔来土目老庙祭祖扫墓，缅怀侃公，受到了陶氏眷亲——当地胡姓各村的隆重接待。如果秆林地下的陶氏先人在天有灵，一定会为陶氏子孙又昌盛于祖国各地而含笑九泉。

中国历史名人陶侃籍贯考

◎周清华

陶侃，东晋大臣，字士行。关于他的籍贯，长期以来多说不一。南京大学历史系编写的《中国历代名人辞典》（1986年版）说陶侃为庐江浔阳（今湖北黄梅西南）人。而中国商务印书馆出版的《中国名人大辞典》（1921年版）则云陶侃为鄱阳人。还有的人说："陶侃始家鄱阳，后徙浔阳。"更有甚者说陶侃随其父陶丹由浔阳徙鄱阳……

陶侃究竟是哪里人？我们根据都昌陶氏宗谱、都昌县志和部分府、县志记载以及有关资料，通过认真考证，认为陶侃确系今都昌县人。其根据如下。

一、陶氏家谱

陶氏家谱因世远年湮，后裔到处星散，难于绎考。据都昌陶氏宗谱"原委"，陶侃曾祖父陶敦，东汉安帝时拜大司徒；侃祖父陶谦，汉献帝时拜徐州牧，后封溧阳侯。侃父陶丹，汉末避乱，卧薪尝胆仕吴，为扬武将军、柴桑侯。陶丹娶新淦湛氏。生子二：曰偾，曰侃。陶侃少孤贫，始居饶州。晋怀帝永嘉五年辛未，海内大乱，独江东君安。中国士民避乱者多南渡江左。镇东司马王导说琅琊王睿及其贤俊与之共事。睿从之。辟掾属百余人，时人谓之百只掾，侃亦与焉。及愍帝建兴三年乙亥，侃为广州刺史。明帝大宁三年乙酉以功迁侃，都督荆湘八州军事，御赐剑履上殿。楚郢士女莫不相庆。至晚年深以盈满自惧，不干预朝权，屡欲告归国，佐吏等苦留之。及疾笃上表逊位，在军四十一年，封长沙公。明毅善断，诚察纤密，人不能欺。自南陵迄于白帝城数千里中，道不拾遗。咸和九年甲午六月薨，享寿七十有六。咸帝五年追封大司马，谥曰桓。后康帝思公有宏济艰难之功，勋葬长沙，谥长沙英佑王。苏子瞻称公忠义大节，横秋霜而贯白日。至今庙貌遍吴楚矣。侃娶龚氏，生子十七。曰洪，辟丞相掾。曰瞻，历广陵相，庐江、建昌二郡太守，迁散骑常侍都亭侯，为苏峻将冯铁所害，追赠大鸿胪，谥愍悼；曰太，夏大尉功封都亭侯。曰琦，任司空掾。曰旗，历散骑常侍迁郴开国伯。曰宏，光禄袭父爵长沙，被庾亮追之。曰斌，仕至尚书郎。曰称，任东中郎将、南平太守、南蛮校尉，后加建成将军监江夏义阳三郡军事。曰范，为光禄侍。曰岱，散骑常侍。曰延寿，袭爵降为吴昌侯督南康诸军事，宋元嘉二年改封吴昌公。曰茂，行八，为武昌太守，居江浔阳东村，娶周访女，生子四：曰定，曰淡，曰信，曰敏。穆帝时敏为姿城太守，娶孟嘉女，居柴桑上京。哀帝兴宁三年乙丑三月，潜生。潜少有高趣，博学不群，初为祭酒，解归台主笃不就。后为彭泽令，在官八十余日，赋《归去来辞》。义熙四年戊申，旧宅回禄之变，徙居栗里。尝于九月九日醉眠南崖之石壁，名曰醉石。后江州总管镌“陶潜故宅”于其上，即醉卧之所也。宋元嘉元年屡征不变。公以世为晋臣，不肯仕宋。至丁卯四年作挽歌行歌三章，享年六十有三。谥靖节先生。潜生子五:曰俨，曰俟，曰份，曰佚，曰佟。俨居栗里，俟居柳庄，份居南康都昌，佚居饶州鄱阳，佟居建康，散居姑熟……

从上述都昌陶氏宗谱“原委”中，我们可看出，陶侃出仕前始居饶州，以后转战东西南北，但那时是因侃平定有功封桑柴侯，说陶侃是浔阳人或庐江人是不确切的。

陶侃是否为饶州或鄱阳人或始家鄱阳，后徙浔阳，我们认为也不正确，不符合事实。其根据有以下几点：

据都昌陶氏宗谱记载，都昌县西源乡陶家边、内舍村，周溪镇之陶架村，这三个村子的祖宗是陶秉思，陶秉念兄弟两人。他们俩是在明朝万历年间从江西新建县迁来的。谱中写道，他们兄弟在迁来以前曾旅游过都昌，看到都昌秀丽山水，仰慕祖宗丰功业绩的发源地，决定迁来都昌定居，并赋诗曰：

我祖东晋居鄱阳，宋分此地立都昌。
十里陶冲今不改，钓矶圣址万古祥。

这首诗的前两句是说现在的都昌县在晋朝时，初属鄱阳郡，永兴元年改属浔阳郡。也就是说都昌陶氏之祖陶侃家族晋朝时居现在的都昌县陶冲（今在苏山乡，晋时陶氏家族昌盛，号称十里陶家冲）。

钓矶圣址是指陶侃经常钓鱼的地方，该地既到钓矶台也到陶侯钓矶。据县志载，陶侯钓矶在石壁，即钓矶山，古今记钓矶在椒邱下流二百零六里。陶侃少孤贫，尝坐此石而钓，累年不移其石，膝磨有痕在钓矶。《异苑》钓矶在都昌县南（当作西）五里。相传陶侃微时钓于此，得一梭挂石壁，风雨化龙而去。刘柏有诗纪其胜（详见《艺文志》）。

陶侃钓矶在明清以前，知名度很大，远近有不少文人墨客名士前来游览故址，并吟诗作赋不下十余篇。不然作何解释？这也表明陶侃始为鄱阳郡即今之都昌人也。又据德化套口五柳堂陶氏家谱记载，都昌有陶侃钓鱼台，或公依其母湛氏夫人时寓钓潇江未可知也。

二、陶侃所作“归国辞位表”

表中陶侃有这么一句：“臣父母旧葬，今在浔阳。”这就是说侃父母旧葬之地今属浔阳郡。不然，就说父母旧葬在浔阳，不应说“今”在浔阳。这就表明侃父母旧葬在鄱阳郡即古之鄡阳今之都昌县。因鄡阳在汉朝属豫章郡，孙吴改属鄱阳郡，至晋（永兴元年）改属浔阳郡。这也表明，侃父母旧葬不在鄱阳县，因鄱阳在晋朝不曾隶属过浔阳郡。

又据《鄱阳县志》卷四，鄱阳之古迹一项中所载：“鄡阳县旧址在鄱阳西北一百二十里。按鄱阳记云汉高祖六年置，汉永初二年废。”还记“泗望亭”在古鄡阳城址西旁泗重山（今都昌周溪镇泗山，又叫泗重山），这一记载也证明今之都昌为当时鄱阳的一部分。

再据《鄱阳县志》卷二四补遗七：“鄱阳为郡最早至隋始改饶州，故凡前人隶饶州者，书籍所载皆称鄱阳人，如马端临，乐平人，著《文献通考》；张世南，德兴人，作《游宦记》；闻余安，德兴人，著《石至言》；张根，德兴人，著《吴国易解》，俱自称鄱阳人。以及程端蒙，德兴人，有《朱子作墓表》……见府旧志皆称为鄱阳人，其余散见各书，不可枚举。然籍既区分，则其邑自有列传，固无事搜遗补阙也，以上遗人。”由此可知误将侃为鄱阳人其情有可原。

三、都昌县侃母墓碑

晋陶侃母墓查有五处：一在抚州临川，一在饶州鄱阳，一在临江新淦，一在九江德化，一在都昌。据《都昌县县志》载，都昌陶母墓葬陶侃母湛氏在石壁山下，即牛眠冢（其墓至今尚在）。这五处墓葬到底哪处为真呢？我们从唐宋间大文人的碑铭和诗文来看，当以都昌为真。唐朝舒元舆、皇甫湜均有碑记。陶侃裔孙浙江绍兴名士陶宗仪，读皇甫湜文集见陶母碑文不觉泪数行下（文章另附）。宋朝张齐贤，曹州人，进士，江南西路转运使后至左仆射，卒赠司徒。他尝泛彭蠡湖，过陶公庙下，访求钓矶石、牛眠冢，故作记。有句云：经牛眠鹤吊之乡，睹渔钓龙梭之迹（句见《明一统志》，兼采《宋史补传》）。另外还有明朝李梦阳（庆阳人，进士，官至江西提学副使）、舒梦兰（靖安人）、进士黄有华以及鲁修等吊谒侃母墓所作诗文（另附）。

这侃母墓也可进一步证实陶侃是都昌县人。

四、都昌县县志

都昌县旧县志（清同治版）所载乡贤名臣首推陶侃，贤母首推侃母湛氏，部分陶公庙还设有侃母后宫。陶公庙宇也遍布都昌县，各地共有41所。其中以南北庙为最盛，北庙在治北二十里飞凤山，有庙房九十九间，庙边建有贤母湛氏祠，并有石建牌坊。自陶侃公在湖地途中逝世，当朝一方面勋葬长沙，同时又遣使在都昌建造陶公庙祠时起，亦有一千数百多年（《陶氏宗谱》有记载）。长期以来，陶侃庙宇屡废而屡兴。都昌别的陶公祠庙不说，单说南北陶桓公庙的重修碑就有六块之多。其碑文分别是：

1.《乞加封陶威公状》 宋淳熙七年朱子（朱熹）

2.《陶桓公北庙记》 佚名

3.《重修陶桓公庙记》 本县训导熊维（丰城人）

4.《重修陶公庙碑记》 嘉靖四年乙酉兵备副使邵有道

5.《重修陶桓公庙碑记》 嘉靖十九年本县令杨昱

6.《重修陶桓公北庙记》 元至正四年县丞翟复

都昌陶公庙为什么这多？都昌官民为什么这么重视？除陶侃公清正廉明、明毅善断、忠义有公德等高贵品质之外，我们从碑文中可以看出还因为陶侃是都昌人。宋朝理学宗师大文豪朱熹朱夫子在《乞加封陶威公状》中说："谨按图径，公始家鄱阳，后徙浔阳，见有遗迹在本军都昌县界，又有庙貌在本军城的。"

又如本县训导丰城人熊维在《重修陶桓公庙记》一文中说："有若都昌晋陶

桓公其殆庶几乎？”

又如兵备副使邵有道在《重修陶公庙碑记》中说:“都昌旧属吴,实公之本土。”

再如本县令杨昱在《重修陶桓公庙碑记》中说：“都昌为公桑梓之乡，声灵尤著故乡。”

从以上庙碑庙宇可以看出都昌父老百姓对陶侃公的敬仰与爱慕。因而在都昌的陶桓公庙，真可谓是有求必应、威灵显赫、护佑乡梓。正因为这样，前来拜谒和瞻仰的人也连年不断。其中有不少是仁人名士，垂笔挥毫作诗。除有关陶侯钓矶的诗歌外，光拜谒陶桓公庙的文章诗歌就有十余篇。如：兴国人参政吴国伦写的《过都昌》，庆阳人提学副使李梦阳写有《泛左蠡》，苏州人观察御史陈述写有《谒陶桓公庙》，靖安人舒梦兰写有《过陶公史庙》一诗，还有直隶人县令吴鸣凤、县令吴鸾、进士黄有华等人都写有《陶桓公庙》诗文。

都昌旧县志关于陶侃的记载篇幅是较多的。从这些篇幅中我们可以看到都昌对先贤陶侃的推崇。例如除陶侃另列名臣传外，选举表一有晋太康朝陶侃、永兴朝陶洪、建兴朝陶臻。选举表二封赠有晋太康朝陶促、陶臻、陶夏、陶旗。选举表二荫袭一栏有陶斌、陶岱、陶范、陶宏。县志卷之九忠节一栏中有晋陶臻、陶瞻。卷九武勋中有晋陶舆。列女贤母首推侃母湛氏。文录首推陶侃《辞位归国表》，茔墓首推晋陶母墓葬侃母墓。又如旧县志的原序，六篇中有三篇提到陶侃为都昌之先贤，要修志继承发扬。其次，我们还可以从以下几篇文章中了解都昌人民对陶侃的仰慕之情。第一篇是《重修儒学建号置田记》，作者本县教谕，闽县贡士邹一麟，他在文章中说:“麟惟国家建学立教，联以师儒，所以甄陶忠孝廉节之士，扶纲常，厚风俗，佐圣治万世无疆之休。”第二篇是《重修邑治厅事记》，作者举人知县王尧臣，文章最后：“先忧后东侯之贤征矣！若夫万里侯，六非食射读法，不一治厅事，以求无愧于圣世，即可无愧于我！都陶彭黄冯曹江陈诸先贤。”第三篇是庙祭祝文，每岁六月二十日由印官率属致祭：“维公陶氏令子，晋室元忠，攘敌安夏，后世犹功，聪敏恭勤，分阴独惜，厥愠不殄，元勋愈积，身没名荣，英灵如在，维桑与梓，更云多赖，何以酬之，洁此蘩蘋，高山仰止，惟冀来歆！”

据旧县志载，都昌名胜古迹有关陶侃及侃母的有以下几处：

“钓鱼台”即钓矶山，其临湖有巨石水台，昔陶公垂钓常坐于此，后人指为钓鱼台。

“永贤坊”在治北百步陶公庙东偏，为陶母剪发易酒礼处，鄱阳贤士范逵立故名。

“洗马湾”在治西萃吉门外，传是陶侃洗马处。

“梭龙潭”有二，一在北庙湖中，一在弹子山口，传是陶母湛氏织机梭化龙处（已上旧志皆列封城）。

“洗笔池”在治北陶公北庙前，至今完好，云是桓公手绎。

“钓矶仓”在治北钓矶山，见《水经注》云：赣水历钓圻邸阁下，度支校尉治，太尉陶侃移置此。先是邸阔前洲没，去浦远，景平元年，校尉豫章因运出之力，于渚次聚石为洲，长六十余丈，洲里可容数十舫。《江西考古录》：“圻本作钓矶邸阁，今漕仓度支，晋官掌仓廪事故，知钓圻邸阁，即钓矶仓。”

“马蹄石”在钓矶山陶公庙侧巨石上，马蹄宛然。

以上古迹是都昌旧志上有记载的，还有不少古迹志上未载。随着时间的流逝、历史的变迁，这些珍贵的文物古迹也差不多已破坏殆尽。

今天是改革开放的时代，我们应该把长期搞错的陶侃籍贯纠正过来，让陶侃公具有中华民族风范的高尚情操和品德，在其桑梓故地都昌县继续发扬光大，让盛陶文化为都昌“招商兴工”增添异彩！

陶桓公祖系考

◎周清华

研读《史记》《汉书》《后汉书》《三国志》《晋书》、地方府志及各地陶氏宗谱，可以认定，陶氏祖系最早出自尧皇，自尧舜禅让，丹朱失国，世为唐侯，至汉开封愍侯、中尉陶舍时，即尧皇四十九代孙。而崇明谱则云陶舍为尧皇第六十六代孙。陶氏祖系除开封祖系外，尚有丹阳祖系、鄱阳及浔阳祖系，陶桓公则出自鄱阳、浔阳祖系。

一、开封祖系

西汉高祖五年（前 202），刘邦路经济阴时，开封愍侯陶舍从汉王，被任命为右司马。汉灭楚，陶舍以垓下战功转升中尉，即执金吾。后又因击燕、攻代、克韩战功，封愍侯，食邑二千户。定山谱云：陶舍生于秦始皇二十二年（前 225），卒于汉高祖十二年（前 195），配曾氏，葬龙回原，生有子青等五人。子青，嗣侯，于汉文帝后元二年（前 162）为御史大夫，汉景帝元年至匈奴和亲，次年进位丞相。汉景帝三年（前 154），陶青运筹帷幄，平定七国之乱，而后除苛繁，废笞法，主张与民休息，辅成“文景之治”。汉景帝中元三年（前 147）卒。终其一生，为御史，为丞相各七年，嗣侯四十八年，生有子偃等六人。司马迁的《史记》、班固《汉书》评陶青“为丞相，皆以列侯继嗣……有著于当世者”。纵观汉初将相，韩信、彭越醢俎，萧何、樊哙累绁，王陵廷争，食其仇杀，曲逆见疑，绛侯对簿，张苍忤旨，申屠呕血，加之亚夫绝食、晁错族诛，功高者不赏，善终者极少。汉初将相，唯有曹参终日饮醇酒幸免，灌婴为相仅一年，而陶青为御史，为相共十三年，以功名终，实为曹参第二。此后刘舍、许昌、薛泽皆师青公，而功绩则难与陶青相比。陶青子陶偃生于汉文帝元年（前 179），卒于汉景帝元光五年（前 130）。陶偃子陶睢生于汉景帝前元二年（前 155），汉武帝元鼎五年因酎金失侯。子豫生于汉武帝元狩元年（前 122），卒于汉宣帝五凤二年（前 56）。子文振生于汉昭帝始元四年（前 83），卒于汉成帝绥和二年（前 7）。子睿生于汉宣帝甘露四年（前 50），卒于汉平帝元始四年（4）。子昆生于汉成帝元延元年（前 12），子遂生于汉章帝建初元年（76），卒于汉灵帝光和五年（182）。

二、丹阳祖系

丹阳祖系即丹阳陶敦世系，为东汉章帝时陶遂之后，皖江、广济谱则云陶敦出自陶青次子长金之后。定山谱云：陶敦生于东汉永初二年（108），河南京县人。元初四年（117）与杨震同时被征召。东汉安帝延光四年拥汉顺帝即位，陶敦因功从少府晋升为司空。东汉永建元年（126），因朝廷变乱，陶敦为避祸，合族迁居丹阳（今南京、当涂之间），这对东汉末年及魏晋时期北民南迁，开发江南经济起了先驱作用。陶敦卒于东汉熹平四年（175），葬于当涂县从东 65 里横山附近。会宗谱云：陶敦配薛氏，生子良、俊。昌邑谱则载陶遂生子敦、瑞、洁，洁公生子六元、六贵、六奉。饶江谱云敦生谦，谦生丹。广济谱云敦生良，良生谦，谦生同。皖江谱对敦、谦之间少记了一代。广济谱云：谦与同为兄弟。无锡锡山谱云:世系为舍、青、偃、睢、士元、敦、某、谦，敦为青公九世孙。武进后肖谱载:世系应为：舍、青、偃、睢、濂、刚德、馨顺、俭、谦。陶谦生于汉顺帝阳嘉元年（132），卒于东汉兴平元年（194），领徐州牧，封溧阳侯，配甘氏，陶谦生子基，东吴时为交州刺史，生子璜、浚、抗。陶璜，东吴时为交州牧。陶浚，东吴时为荆州牧，后入晋为侍中。陶抗之子陶回，晋时为散骑常侍、领军将军，曾辅佐陶侃平定苏峻之乱，封康乐伯，晋咸康二年（336）卒。

三、鄱阳、浔阳世系

浔阳世系分自丹阳，浔阳系始迁祖，后世或称宗同公。宗同公开始随溧阳侯陶谦居溧阳，东汉末年因避战乱迁居江右，定居鄱阳郡，当时鄱阳湖南部尚为陆地，鄱阳郡含今日之都昌县，东晋两晋时为鄡阳县。世祖宗同公生于东汉灵帝光和三年（180），卒于蜀汉延熙十一年（249），配陆氏，生子丹。宗同公在东吴时被封为中书舍人，由溧阳迁居鄱阳，葬庐山西陲（今都昌县境内）。

宗丹公，字文仲，生于东汉献帝建安十八年八月初七（213），卒于蜀汉炎兴二年十月二十六日（264），后仕吴为太子舍人，升扬武将军，封柴桑侯，娶妾为新淦湛氏，生子陶侃。宗丹公墓在浔阳四十里鹤向湖畔。据《晋书·陶侃传》云，陶侃幼时孤贫，其父陶丹卒时，侃不过十岁。鄱阳、黄梅谱云陶丹卒于晋元康元年（291）。武进后肖谱则云陶丹卒于晋太康五年（284），寿五十。据溧阳谱云，丹公元配许氏。陶侃异母兄弟有黄等，谱云陶丹曾被封为庆国公。浔阳谱云：旧谱丹公封柴桑侯。据《晋书·陶侃传》载："未云封侯，不应妄记，盖长沙公自封柴桑侯，岂传讹耶？"另据定山谱载，陶母湛氏生于蜀汉建兴二年（224）六月十九日，卒于晋怀帝永嘉元年（307）十月二十日；而据黄梅谱记侃母生卒年为（221—311）。关于陶母湛氏生卒年月还有一些不同记载。从定山谱看，湛氏生陶侃时已36岁了。另据《全晋文》《世说新语》《太平御览》等记载，陶母湛氏系世豫章、新淦。对《晋书》《江西通志》《南康府志》《都昌县志》《陶氏宗谱》等资料分析，陶丹系鄡阳、浔阳祖系。

综上所述，作为东晋第一纯臣，陶侃出自鄱阳、浔阳祖系。

陶桓公岂有登天梦

◎陶维墀

陶桓公一代宗臣，千秋名将，以一介寒士而跻身将相，门望不及顾陆甘周江南旧族，而勋业功名则过之，在“上品无寒门，下品无势族”的魏晋社会里，陶公大节无亏，臣节称坚，却遭到势族们的白眼，惹起身后是非之讥，诬以梦寐之祥。

《晋书》评曰：“士行望非世族，俗异诸华，拔萃陬落之间，比肩髦俊之列，超居外相，宏总上流。布泽怀边，则严城静柝；释位匡主，则沦鼎再宁。元规以戚里之崇，挹其膺而下拜；茂弘以保衡之贵，服其言而动色。望隆分陕，理则宜然。至于时属云屯，富逾天府，潜有包藏之志，顾思折翼之祥，悖矣！夫子曰人无求备，斯言之信，于是有征。”

《晋书》赞曰：“长沙勤王，摛旗戎场，任隆三事，功宣一匡，繄赖之重，匪伊舟航。”

丁国钧在《晋书校文》中愤曰：“曰潜有，曰每思，曰自抑，皆非本人不知，作史者从何操得，桓公东晋第一名臣，而传文多微词，于无可捉摸之中，构坐以不臣之罪，尤可骇怪。”

王鸣盛在《十七史商榷》卷五〇有“陶侃被诬”节极称“陶侃仍东晋第一纯臣”，谓《晋书》“终以无识，多寓贬词”，“不亦剌谬乎”而认为“王导传多溢美”，认为“要之，导似煌煌一代名臣，其实乃并无一事，徒有门阀显荣子孙官秩而已”，“导之庸无耻甚矣！”认为唐修《晋书》“爱博，贪收异说”。

蔡东藩于公薨后评曰：“若东晋将才，足以畏赵者，唯祖逖、陶侃二人，而侃之功为尤大，史称其都督八州，据上流，握强兵，潜有窥窬之志，每思折翼之祥而止，是说未足尽信，侃生平并无逆迹，第当苏峻之乱，无遽入援，必待温峤之敦促而始发，时人乃疑其有贰耳。然袁氏了凡（袁黄，明人，有两行书斋等），犹谓其诬，是则侃固东晋之名臣欤。本回又于侃之没世，特加详叙，正善：从长之遗意也。”

周济《晋略》论曰：“史称侃梦翼而登天，天门九重，已登其八，折翼而止，是以季年怀止足之分，近于诬矣！稽苏峻之诛而严劾卞敦，致杜弢复反，而欲降郭默，观其旨趣，盖功名之士乎。拳拳节饮，而忘封鲊之训，是以启手之日衅起阋墙。然而荆湘交广，变难迭出，崎岖百战，蹶而复振，卒能底定，厥功懋焉，虽失宁州，所谓鞭长莫及，必欲以尹奉没蜀累知人之明，斯亦责人无已者也。”

赵翼认为“王导、陶侃二传褒贬失当，于导则略其疵累而比之管葛，于侃则因其一梦，而悬坐以无将之罪，岂非褒贬失当乎”。

胡三省《通鉴注》曰：“观陶侃在西藩颠末，岂有非望之图哉！晋史所记决指之事，折翼之梦盖庾亮之党傅致之耳！”

朱子曰：“其臣节终始夷险，无一可訾，穷晋二百年间，卓然独出，不忠之果安在哉！今晋史欲诬士行，而乃以梦寐之祥，不知士行既怀异志，则如此梦寐之事，只会自知耳，人安得而知之，其说不待攻而破之。”

苏东坡尝语刘羲仲曰：“陶桓公忠义之节，横秋霜而贯白日。”

《晋书》曰：“或云侃少时渔于雷泽，网得一织梭，以挂于壁，有顷雷雨，自化为龙而去。又梦生八翼，飞而上天，见天门九重，已登其八，唯一门不得入，阍者以杖击之，因坠地折其左翼，及寤，左腋犹痛。又尝如厕，见一人朱衣介帻，敛板曰：以君长者，故来相报，君后当为公，位至八州都督。有善相者师圭谓侃曰：君左手中指有纹理，若彻于上，贵不可言，侃以针决之，见血洒壁而为公字，以纸裹手，公字愈明，及都督八州，据上流，握强兵，潜有窥窬之志，每思折翼之祥，自抑而止。”

夫登天之梦，腾龙之梭，捧板之神，彻指之血，牛眠之地，化鹤之客，执镫之使，皆事涉神异。但千年传说，《晋书》《通鉴》皆书之，唐太宗一代英主，房玄龄一代贤相，司马温公一代良臣，皆不敢缺。若信若疑，若即若离，皆不敢予以辩驳，遂使千余年以来，人疑公有不臣之心，冤哉！

公之一生，《晋书》有传，地方志有传，有记。但是宋元明清以来，却很少见有以公之故事为题材而入戏剧、曲艺、评话等。亦不见专为公写小说者。

后人以公之一梦诬士行，而唐太宗在修《晋书》时，又不能以恰当的评说，任许敬宗辈胡为之，遂致流毒甚深，实唐太宗亦疑忌功臣，观其对李靖、尉迟恭、徐勣可知也。

陶桓公果有登天之梦，自抑而止乎！

陶桓公登天之梦，最早来自王隐《晋书》。据《太平御览》卷三九八所引："陶侃字士行，鄱阳人，少渔于雷泽，梦背上生八翅，飞入天门，见门非常，欲入不敢而下。侃后都督八州诸军事。"

这里尚无坠地折翼，而刘敬叔《异苑》则演变为坠地折翼了。"陶侃梦生八翼，飞翔冲天，见天门九重，已入其八，唯一门不得进。以翼搏天，阍者以杖击之，因坠地折其左翼，惊悟，左腋犹痛。其后都督八州，威果振主。潜有窥窬之志，每思折翼之祥，抑心而止。"

《晋中兴书》则曰："陶侃少渔雷泽，梦生八翼飞至天门而不入。"相者师珪曰："君位当上公，为八州都督。"（见《御览》卷二二九）

是则晋时只有梦生八翼，至宋时产生了坠地折翼，唐修《晋书》承袭了《异苑》坠地折翼之说，于是"潜有窥窬之志"矣！唐初重门第，时陶氏已衰落，故任许敬宗辈胡为之，而无人问焉！

王隐为东晋史学家，元帝时修撰《晋书》，后虞预私撰《晋书》，数访于隐，并隐所撰书窃写之，预结权贵以斥隐，隐遂被黜归于家，贫无资用，书遂不就，乃依征西将军庾亮于武昌，亮供其纸笔，书乃得成。

《初学记》引萧方等《三十国春秋》云："王隐始成《晋书》八十八卷，家贫无纸，未成其书，遂南游投陶侃于荆州，又江州投庾亮，乃获其纸墨，始书就焉。"

两书有所不同，《晋书》求纸笔若为咸康年间事，《三十国春秋》若为咸和年间事，李培栋认为王隐《晋书》中梦生八翼之事，就是庾亮指使加以宣扬的。而唐朝官修《晋书》，"爱博，贪收异说"（王鸣盛语），流传至今，真是流言可畏了。

李培栋的判断，胡三省亦已言之。公以君子坦然之心待庾亮，而庾亮以小人怀恨之心报复于公。间陶夏、陶斌、陶称兄弟，使之阋墙自讧，而或曰斌为庾亮使斌部将谋杀于夏、斌相争之时，而云夏所杀，黜夏杀称，陶氏之将兵者尽矣！

试问一梦谁知，公字何在，果公所说与众人，则如此梦寐之事，只合自知耳！纵观公之一生大节，则不臣之心不见，非分之望孰是，明帝以公从广州回驻荆州，超居上游，必有所选，否则王敦方平，又一王敦起兮，故以公代王舒，而不以他人为之。

使公果有“包藏祸心，窥窬神器”之志，当平苏峻时身为荆湘雍梁益交广宁八州都督，拥强兵，镇上流，居开府，加羽葆，已坐拥半个东晋。且苏峻乱后，朝廷上政治、军事和经济都已不振，一片紊乱，而荆州则兵精、粮足、民安、物丰。如公以王敦之余党废王导，以苏峻之祸首斥庾亮，只要指顾之间，那有司马小儿，正乃曹丕，司马炎所期望的机会。而公则飘然归藩而不顾，退居外藩，不执朝政。

又及复襄阳，走石勒，望重四海，威震胡羯，朝廷拜公为大将军，赐剑履上殿，入朝不趋，赞拜不名，天门九重，已登其八，这正又是前之王莽、董卓、曹操、司马，后之刘裕、萧陈、杨坚，中之八王、王敦、二桓求之不得之荣誉，正可擅朝政，挟天子，凌群臣之上，挟天子而命诸侯，取而代之，登天门之九重。而公却上表固让，坦然却之，退居外藩，不问朝政。

及公病笃上疏，不及家事，亦不为诸子请封代刺代督。不以权力遗之诸子，辞位归国，“有始有终，自古而然”，“方事之殷，当赖群俊”。推重与公素有猜忌的王导、郗鉴与庾亮，使公自知年老将薨，胡不为后事，如操之遗丕，昭之遗炎，前车皆在，势已可不下，三分天下有其二，何不为周文王。而云“臣年垂八十，位极人臣，启手启足，当复何恨”。以后事付王愆期，封印仓库，遣殷羡奉还节麾幢曲，功遂辞归，临宠不忒，飘然归国，何尝有窥窬之志耶！

公之心迹明朗如此，观三国两晋南北朝之际，权臣之心迹明朗者，唯公可比诸葛，王敦已为逆，王导不得为纯臣，谢安虽心迹亦明朗，但权与势皆远逊于公。故朱子曰：其臣节终始夷险，无一可訾，穷晋二百年间，卓然独出，不忠之迹果安在哉！

然公“望非世族，俗异诸华”，父为亡国之将，母为小妾，在当时已推行门阀制度的时期，为人所轻，为人所忌。公前为小人所谗，单骑赴会，如诬韩信之附陈豨，几为庾亮所害。而公皆能自持以正，渡险如夷平地，怡然不动卒能以功名终，陶桓公忠义之节、横秋霜而贯白日。

然公位极人臣，身膺重位，庾亮下拜，王导失色，又为势族所嫉，夏斌阋墙，称又被嫌杀，后继无人，身后诬陷不实之词，流毒甚为深远，亦千古之一冤。

故曰：陶桓公岂有登天梦，若欲登天，处公之时，有何难哉！

按照李培栋的评价，认为历来对公之评论的有三种。一是《晋书》作者于本传末尾指责“潜有包藏”之心，取消了“纯忠”的资格。二是王鸣盛在《十七史商榷》中为陶辩冤，极称“陶侃乃东晋第一忠臣”。丁国钧在《晋书校文》中更愤《晋书》

不可信，陶侃为纯忠。三是王船山《读通鉴论》认为“侃之不得为纯忠，帝启之，敦又首乱以倡之”，又说“有陶侃而不知任，帝之不足有为，内乱作而外侮终不能御，不亦宜乎”。

维墀认为第一种中，苏东坡、朱熹亦皆认为陶桓公是为《晋书》所诬，还有胡三省则直接指出庾亮之党傅致之。

还有赵翼之观点，则为第一种，又杂有第三种，认为“王导、陶侃二传褒贬失当，”又认为“唯苏峻祖约之反，侃以不予顾命，不肯勤王”，“此是其见小不达大义之处”。蔡东藩亦只于征苏时指责陶公。

维墀认为各家之论点所以不同，在于各家所处的时代的背景。

唐以藩臣而窃取帝位，认为自魏晋南北朝以来，凡藩臣之权重位高者，无不欲窃帝位而居之，以见唐承隋之必然性，实际上，自汉末以来，董卓、袁绍、曹操、司马氏、八王之乱、王敦、桓温、桓玄、刘裕、萧道成、萧衍、陈霸先、高欢、宇文泰乃至杨坚，王世充、李渊，无一逃出此规律。因之，陶桓公之权重位高，亦如以上诸人，岂能逃诬？

宋时藩镇已平，国势削弱，思有一代纯臣起而扶帝室，历查诸史，唯陶桓公与郭汾阳耳！于是朱夫子一代大儒，为之鸣不平。

清时三藩方平，思树藩镇位高权重而为一代纯忠者，稽之于史，又唯公耳！

李培栋谓陶桓公早生百年，可以是曹操，迟生百年，可以是刘裕，在他的时代，只能满足于长沙桓公，墀谓不然，于平苏时，废王导黜庾亮，即有司马小儿，非不能为，不为也！

毛泽东提出对历史人物的评价标准，即一是对人民的态度，二是对社会进步的影响。对人民的态度是对大多数人的生命、财产、权利的保障，尤其是救民于疾苦。对社会进步的影响，即是对社会发展的推动，对社会生产力的推动，促进了对社会的影响，人类历史的发展。

毛泽东又提出辩证唯物论者是强调动机和效果统一论者，为大众的动机和被大众欢迎的效果是分不开的，必须使二者统一起来。为个人的和狭隘集团的动机是不好的，有为大众的动机，但无被大众欢迎的效果是不好的。

我们对陶桓公的评价，应以毛泽东提出的标准来评价，即评其对人民的态度和对社会进步的影响。绝不能因梦、因抽象的东西，来忽视其一生的大节。也有人认为其效果是好的，但动机是一梦登天，就是动机和效果不统一了。因此梦总是梦，其一生大节无亏，岂能以一梦而损其大节。

既然评价历史人物，主要看其对人民的利害和推动历史的作用。陶桓公在这两方面，在两晋南北朝的社会中，可说是鹤立鸡群的人物。

陶桓公少长寒门，曾以捕鱼为业，深知人民疾苦，久历军旅，深入民间，见抢掠烧杀之害。自为江夏太守，为荆州刺史时，便注重民生，关怀民计，故及从广州再刺荆州时，楚郢士女，莫不相庆。当永嘉之际，胡羯入侵，中原离乱，人民涂炭。刘弘方要定荆州而死，荆州又乱。而陶桓公安抚之，芟除祸乱，荆湘复安，于是江汉远近，悉皆瞻刘弘、陶侃之德，以其能摒巨寇，荆襄复得安居乐业，更加励精任事，随才援使，爱民节用，轻徭薄赋，民称为“刘父陶母”，生育之恩。有诗赞陶公曰：“为政从来在得民，陶公德可感群生。襄夷闻迹咸宾服，荆寇倾心愿献城。”荆州既安，物产丰富，地位重要，故不久王敦即攫取之，改公刺广州。公未至广州时，交、广亦乱，不一年便又芟靖祸乱，交、广又安宁，士女乐业。公闲居无事，运甓官斋以习劳官。东晋中士女相庆之刺史唯刘弘、陶侃与祖逖，但弘为政不长，逖弟约又为乱。公之所以得民心，在爱好人伦，引接疏远，勤于吏职耳，三十一年中所在无不治。

公之治民既得士女相庆，公之治州，又得兵精、粮足，物阜，推动了社会的发展。公在广州十余年，广州生口日繁，士民日富，分南海置东官郡，治海安，促进了港九的发展。置晋兴郡，开泉源，民为立陶侃碑。正所谓，陶士行拥三州之旅，郢外以安。在襄阳收回失地，置义成郡，经桓宣经营，兵变之后，得以恢复。与五水蛮互市，促进了进化与发展。与南海诸国互贸，促进了与海外诸国的来往和发展。有史可证者有林邑、扶南、婆利，狼牙修等地。大力造船，促进了造船业的发展，由吴时的万斛发展到二万斛。又促进了手工业的发展以及制军器，制器材的发展。

故王船山曰：“江东立国，以荆湘为根本。西晋之乱，刘弘、陶侃，勤敏慎密，生聚之者数十年，民安食足兵精，粮食舟车器仗，旦求之而夕给。”南朝得苟安近二百年者，公奠基顾也。微刘弘治于先，陶公理于后，则荆襄危矣。荆襄乱，则胡羯乘虚而入，开元清入居中国之先导。

世或以公之讨张昌，杜弢之流民起义为非之。然当八王乱后，五胡乘虚而入，铜驼荆棘，遍地皆是。杜弢、王如又北结石勒，既称藩于汉，又与石勒约为兄弟。为民族计公不得不征讨之，以安荆襄。荆襄安，南朝才能立足江南。呜呼！李自成逢清兵而一路逃窜，遂扬州十日，嘉定三屠，江南人民遭此大劫！日寇侵华，南京大屠杀，人无唾类，微陶公，江南人民遭清兵、日寇之灾矣！史评六代豪华，自刘弘、陶侃捶安荆襄始。其功长在，又岂能以一梦而诬其动机耶！

故曰：陶桓公岂有登天梦。我们是辩证唯物动机和效果统一论者。

身系东晋安危的陶侃

◎朱大渭

陶侃生平，唯苏峻、祖约之反，侃以不与顾命，不肯勤王，经温峤等再三邀说，始率兵东下，此是其见小不达大义之乎。按：陶侃为东晋之名臣，但出身寒微，颇为当权之豪门贵族庾亮等所排陷，所谓不与顾命，迟迟不肯与兵云云，即诬词之一。清代学者多为之辨正者，以王懋竑之说为最详尽，见《白田草堂存稿》卷四《论陶长沙侃》，可参看。

在东晋门阀贵族统治的极盛时期，一个出身“贫贱”的下层人物，以其出类拔萃的军政才能，居然跃身于最高军政集团，军政建树斐然。

陶侃（259—334）字士行，本是鄱阳郡奚族人，西晋平吴后徙居庐江郡寻阳县。他“少有大志，家酷贫”（《世说新语·贤媛》）。早年为县吏，吏职卑微，被高门士族视为“小人”，甚至被骂为“溪狗”（《世说新语·容止》）。同郡孝廉范逵敬佩陶侃的才能和为人，将他推荐给庐江太守张夔。陶侃精明能干，做事称职，深得太守的器重，举为孝廉，至京都洛阳，见西晋名臣张华。张华知陶侃是边远少数族人，不热情接待。但陶侃神情自若，仍数往拜见，及至二人交谈后，张华大为惊奇，说：“后来匡主宁民，君其人也。”（《世说新语·言语·陶氏叙》）此后，陶侃因与太守不和，弃官归家。

西晋太安二年（303），张昌起义爆发，荆州刺史、领南蛮校尉刘弘辟陶侃为南蛮府长史，陶侃又步入仕途，参与镇压张昌起义，屡破张昌军，永兴二年（305），陈敏乘天下大乱起兵，意欲割据江东。刘弘认为陶侃为官“忠能”，派为江夏太守，抵御陈敏。陶侃居大郡，统强兵，军政齐肃，每有虏获，都分给士卒。战士乐为之效命，多次击败陈敏叛军。

当时北方各族人民起义和少数民族酋帅的叛乱，如火如荼，西晋王朝行将灭亡。晋宗室琅琊王司马睿（晋元帝）听从镇东司马王导建议，收揽英俊，抚镇江南，以陶侃为龙骧将军、武昌太守。那时益州流人杜弢在湘州起义，夺取首府长沙，攻城略地。司马睿以征讨都督王敦为统帅，指挥陶侃、周访镇压杜弢起义。建兴元年（313），新任荆州刺史周顗被破，陶侃派兵援救，杜弢军退走。陶侃料定杜弢必偷袭武昌，便从近道赶回武昌伏兵以待，果然大败杜弢军，获其辎重，杀伤甚众。王敦说："若无陶侯，便失荆州矣。"陶侃与义军前后数十战，战斗异常激烈。建兴三年（315），陶侃率甘卓乘胜进军湘州，围攻长沙，与杜弢的主力展开最后的决战。杜弢派骁将王真率精锐断官兵粮运，陶侃遣部将郑攀等偷袭，大破王真军，斩首千余级，招降万余口，王真逃还长沙。杜弢军大败后，人心沮丧，遂起内乱，杜弢杀部将张奕，义军离散，降者益多。陶侃临阵诱王真归降，一举攻克长沙，义军败亡。

杜弢是战斗力最强的一支义军，陶侃消灭杜弢后，威名大振。野心勃勃的士族官僚王敦深忌陶侃之功，怕他手握强兵，坐镇荆州，有碍自己政治阴谋的得逞，便以其堂弟王廙代陶侃为荆州刺史，而转陶侃为广州刺史。陶侃虽遭王敦排斥，南居广州，但仍不忘平息中原之乱，实现全国的统一。他每日早起将百砖运于斋外，暮运于斋内。人问其故，他说："吾方致力中原，过尔优逸，恐不堪事，故自劳耳。"（《通鉴·晋纪》建兴三年）

当西晋灭亡后，司马睿得到南北大士族的支持，于建武元年（317）建立了东晋政权。东晋政权的建立，对于阻止北方少数民族酋帅政权的南进，保护长江以南社会经济文化和人民生命财产，都起了进步作用。王敦（王导堂兄）、王导是南北大士族的首领，以开国之功，兄弟二人，一在外统领兵权，一在内掌管朝政。所以当时人说："王与马，共天下。"东晋永昌元年（322），王敦举兵反叛，攻入京城建康，后退回武昌，遥制朝政。元帝忧死，晋明帝即位后，王敦将谋篡逆，带兵东下，移镇姑孰。晋明帝亲自调兵遣将，击败王敦军前锋。王敦也愤惋而死。晋明帝为了彻底改变高门士族势力控制长江上游荆州，对朝廷形成威胁的局面，便毅然起用出身卑微的陶侃为征西大将军，都督荆、湘、雍、梁四州诸军事，荆州刺史、领南蛮校尉。荆州人民得知陶侃为刺史，莫不相庆。

陶侃坐镇荆州后，晋廷来自上游的威胁刚刚解除，长江以北的士族地方势力又起兵叛乱。曾在平定王敦之乱中立功的冠军将军、历阳内史苏峻，握有强兵二万，自负骄横，“潜有异志”（《晋书·苏峻传》）。晋成帝即位后，庾亮以国舅秉政，他既疑惧苏峻，同时对“有威名于荆楚”的陶侃也不放心，一面修筑建康屏障石头城，一面派温峤为江州刺史镇武昌。并对温峤说：“吾忧西陲（指陶侃）过于历阳（指苏峻）。”（《晋书·庾亮传》）咸和二年（327），晋廷调苏峻入朝，意在解除其兵权。苏峻联合豫州刺史祖约，以讨庾氏兄弟为名起兵反叛。次年二月，苏峻军攻入京城建康，“纵兵大掠，侵逼六宫，穷杀极暴，残酷无道”（《晋书·苏峻传》）。庾亮逃奔寻阳，与温峤共谋平乱。为形势所迫，二人不得不推陶侃为平叛的盟主。陶侃率军日夜兼程而进，兵至寻阳。他以维护东晋政权的大局为重，不计嫌怨，与庾亮共谋靖难之策。苏峻闻盟军东下，挟晋成帝守建康西面的石头城。陶侃认为：“贼盛，不可争锋，当徐以智擒之。”后果然累战无功。盟军将领李根靖筑白石垒，说：“唯白石峻极险固，可容数千人，贼来攻不便，灭贼之术也。”陶侃立即采纳，命令夜筑白石垒，拂晓而成。苏峻率步骑万余四面进攻白石，不能取胜，便派兵东出掠京口一带。陶侃令郗鉴还镇京口，阻遏叛军东进。又在建康东南面筑大业、曲阿、庱亭三垒，使敌军数道攻垒，兵力分散，盟军便好集中优势兵力进攻石头城。同时，命令毛宝分兵上岸烧毁贼军资粮。叛军乏食，人心惶惶。苏峻部将韩晃急攻大业垒，陶侃听从长史殷羡建议，采用围魏救赵之计，与温峤等率主力数万猛攻石头，大战于白木陂。在盟军优势兵力袭击下，兵力分散的苏峻束手被斩，叛军大溃。苏峻之乱平息后，陶侃便以盟主功居第一，拜侍中、太尉、长沙郡公，加都督交、广、宁三州诸军事，共督七州诸军事。

咸和四年（329）冬，江州刺史刘胤“纵酒耽乐，不恤政事，大殖财货，南贩百万”（《晋书·刘胤传》）。晋廷下诏免刘胤官职，刘胤欲上书中理。后将军郭默乘机发泄私恨，擅自袭杀刘胤，又劫掠胤府姬妾和金银财宝。并伪作诏书，称奉诏杀刘胤。当时执政司徒王导因郭默骁勇难制，即任命郭默为江州刺史，以为权宜之计。陶侃得知，愤然而起说：“此必诈也！”为了维护晋廷法纪和威严，准备进军讨伐。部属多进谏说：“默不被诏，岂敢为此？若进军，宜待诏报。”陶侃厉声说：“刘胤为朝廷所礼，虽方任非才，何缘猥加极刑？郭默骁勇，所在暴掠，以大难新除（指平苏峻），威纲宽简，欲因隙会骋其纵横！”遂遣使上表陈述情状，并与王导书说：“郭默杀方州，即用为方州；害宰相，便为宰相乎？”王导回书说：“默据上流之势，加有船舰成资，故包含容忍，以待足下兵到。”陶侃看看，笑着说：“是乃遵养时贼也。”立即率大军进讨。郭默出战不利，入城固守，内部混乱，其将宗侯缚郭默父子出降，陶侃斩郭默于军门，传首京师。于是晋廷下诏以陶侃都督江州、领刺史。陶侃出身寒贱，位列三公，都督荆、江等八州诸军事，领荆、江二州刺史，集扬州上游广大地区军政于一身，这在东晋朝只有他一人。

陶侃天资聪敏，谦虚谨慎，勤于军政事务，反对高门士族清谈浮虚之风和腐败荒诞生活。他说：“老庄浮华，非先王之法言，不可行也。”又说：“大禹圣者，乃惜寸阴；至于众人，当惜分阴。岂可逸游荒醉，生无益于时，死无闻于后，是自弃也！”他在治理两州政事和八州军事中，虽千端万绪，而有条不紊。对上下级的启奏书信，常亲笔书写。接见宾客，不问亲疏，他的部属有以饮酒钱误事者，轻则取其酒器、财具扔到江中，重则加以鞭罚。有向其馈赠礼者，必询问清楚，若是自身勤劳所得，虽微必喜，而且加倍偿还；若赠物得之非理，则严加训斥，还其所赠。在他言传教下，其僚佐多能廉洁奉公，政治清明。

陶侃早在作武昌太守时，晋宗室西阳王司马羕部下断江劫掠，深为民害，陶侃不畏权贵，逼司马羕交出劫掠者二十人，尽斩之为民除害。武昌地区水陆肃清，流民大批归来，陶侃“竭资振给”。在治理荆、江二州时，惩办贪官污吏，其都尉夏施盗公家柳树种于家门，发觉后当即惩处，夏施“惶怖首伏，三军称其明察”。陶侃综理细密，节俭过人。在他所辖区域内，军资器仗牛马舟船皆有定簿，仓库封印，自加管钥。一次官府造船，所余木屑、竹头甚多，陶侃悉令收藏。大家都不解其意。后来，陶侃召集僚佐议事时，正是大雪初晴遍地水雪，陶侃便命以木屑铺地，人们这时才体会到陶侃的用心。所存竹头，后来桓温伐蜀时，都用以作钉造船，解决了军用急需。陶侃还特别重视农业生产，“勤务稼穑，虽戎阵战士皆劝厉之”。他有句名言：“民生在勤。”（《世说新语·政事》）有一次，路遇一人手持一把未熟稻，便问，“用此何为？”那人回答：“行路所见，聊取之耳。”陶侃大怒，说：“汝既不种田，而戏人稻？”将此人痛打一顿。此事一传开，军皆勤于农稼。在陶侃的治理下，史称荆、江二州数千里中，“家给人足”“路不拾遗”。可见劳动人民生活确有改善。在东晋高门士族统治下，官场糜烂腐败成风，而陶侃不受其习染，政绩卓著，更显得难能可贵。

东晋政治形势稳定，经济有所发展后，陶侃积极准备实现其最后宏愿，北伐中原，统一全国。咸和七年（332）秋，陶侃遣其子平西参军陶斌，及南中郎将桓宣攻破樊城。同时遣兄子陶臻和竟陵太守李阳攻破新野。后赵荆州刺史郭敬弃襄阳逃窜，陶侃令桓宣镇襄阳，整理军政，待机北伐。桓宣招抚流民，减轻刑罚，劝课农桑，并手持农具率民耕种，发展生产，储备军粮，以便迎接陶侃率军北伐。咸和九年（334）六月，陶侃突然病重，上表说：“当复何恨，但以余完未诛，山陵未复，所以愤慨兼怀，唯此而已。……欲为陛下北吞石虎，西诛李友，势遂不振，良图永息。”（《世说新语·言语》）不久，陶侃怀着壮志未酬的遗恨而死去，终年七十六岁。

陶侃戎马生涯四十一年，对缓和门阀势力与东晋皇室之间的矛盾，维护东晋政权的稳定，起了显著作用。当时人尚书梅陶曾评价说：“陶公机神明鉴似魏武，忠顺勤劳似孔明。”这个评论指出，陶侃的军政素质集中了曹操和诸葛亮两身上的突出特点，在一定程度上是符合实际的。（凡引文未注者，均见《晋书·陶侃传》）

为陶侃一辩

◎王健秋

赵翼史学名著《二十二史札记》卷七《王导陶侃二传褒贬失当》一则，为陶侃说了好话。他批评《晋书》二传的传论，指出“于导则略其疵累而比之管、葛，于侃则因其一梦而悬坐以无将之罪，岂非褒贬失当乎？”所论有根有据，总体上是正确的，但也有可能商榷之处。他说：“陶侃生平，惟苏峻、祖约之反，侃以不与顾命，不肯勤王；经温峤等再三邀说，始率兵东下。此是其见小不达大义之处。”

这里所说的陶侃出兵迟缓，是事实。然而事实背后尚有许多事实，绝非只有“不与顾命”一条原因。不作深入考察，不具体分析其多种原因，便加给一个“见小不达大义”的讥评，是不公正的。

按苏峻、祖约举兵反叛，在东晋成帝咸和二年（327）十一月。次年二月，叛军攻破京师建业。平南将军、江州刺史温峤忠肝义胆，平叛乱卫朝廷最为积极。当叛军攻下姑孰威胁京都时，他已率兵出动，次于寻阳。京都失陷后庾亮来奔，他即发出檄文号召勤王，并敦请陶侃出兵。陶侃行动迟缓。五月，陶侃与温峤、庾亮一起舟师东下，到达蔡洲。算来陶侃迟疑的时间约有两个月。

这是为什么？

第一，京师的局势不明朗。

温峤檄文中说：“逆贼肆凶，陵蹈宗庙，火延宫掖，矢流太极；二御幽逼，宰相因迫，残虐朝士，劫辱子女。”这是揭发苏峻的罪恶，但又恰恰提出令人关切的重大问题：苏峻将怎样对待皇帝？与丞相王导关系如何？这有两种可能：一是杀掉或废掉皇帝，诛戮大臣，篡位灭晋。假如出现此种局面，忠于晋室的大臣们是易于抉择的：倡义赴义，共讨叛贼。二是挟天子以令诸侯。这将是棘手局面，因为假如苏峻这一手得逞，他就会从逆变成合法，局势一转，征讨者反会变成叛逆，陷于被动。而苏峻入京之初的行动显示，他可能正是想采取这种模式，他没有危害皇帝，也没有诛杀大臣，而组织一个自己的班子，自任骠骑将军、录尚书，只打击庾亮一家：太后庾文君“见逼辱，遂以忧崩”（《后妃传》）；庾亮的儿子庾彬遇害，弟庾冰逃亡。他“矫诏大赦，惟庾亮兄弟不在原例”，“朝廷政事一皆由之”（《苏峻传》），一时“州郡多遣使降峻”（《桓彝传》），似乎苏峻真有控制朝廷、站住脚跟的趋势。

在此种形势下，京城内一个最重要的关键人物是三朝元老司徒王导。皇帝是个八岁的孩子，不起作用；苏峻成败如何，决定于王导支持他还是反对他。假如苏峻争取王导，王导仍保持原先的职务，器于他之上。

王导对苏峻采取什么态度呢？

当时陶侃这样的高级官吏都清楚：王导跟庾亮有矛盾。明帝死后，成帝即位，太后临朝。庾亮是太后的兄长，成帝的舅父，顺理成章地执掌朝政，夺了王导的权。王导公开表露他的不满，成帝的登基大典他居然称病不参加，直到尚书令卞壶义正辞严地提出批评他才勉强出席。后来他又称疾不朝，却又出门约郗鉴送行，用行动表明他其实没有病。在对待苏峻的问题上，他又与庾亮截然对立：他主张宜包容之，庾亮却不顾王导、卞壶等多人的反对，坚持征峻入朝，终于招致苏峻反叛。在这种时刻，王导会不会利用苏峻，除掉庾亮呢？而这一手段，又恰恰是王导采用过的。就在四年前王敦第一次“称兵犯顺”，破城入京，讨刘隗、刁协，杀周顗、戴渊，正如赵翼在同篇中所说，“导虽不欲敦移国祚，而欲诛刁、刘等，则其肝隔本怀”。如果王导这次也假苏峻之手除掉庾亮，苏峻的称兵就成了“匡救朝廷之失”的性质，而不是反叛朝廷了。当然，苏峻与王导远非王敦与王导的兄弟之亲，苏峻也没有王敦那样强大的政治、军事实力。然而此种可能性，不能不在陶侃及其亲近僚佐的谋虑关注之中。等到王导密以太后诏使三吴起兵讨峻，问题自然就解决了。

第二，与庾亮合作，必须谨慎。

庾亮执政时，王敦之乱刚刚平定，余悸未消。陶侃此时的官职是都督荆、雍、益、梁诸军事、领护南蛮校尉、征西大将军、荆州刺史、镇江陵。这个职务，以及“拥重兵、据上游”的形势，都与王敦当年十分相似。于是庾亮就疑陶侃为第二个王敦，忌之甚深，并且也采取先前朝廷防范王敦的同一手法，派温峤为江州刺史、持节、都督、平南将军，镇武昌，其目的即“为上流形援”，戒备陶侃。同时修缮石头城，防备陶侃为乱。直到苏峻、祖约已举兵叛之后，温峤下镇寻阳，庾亮还作书与温峤云：“吾忧西陲过于历阳，足下无过雷池一步也。”明确地把陶侃看作比苏峻更危险的敌人。这些都是公开的秘密，后来陶侃、庾亮见面时就公然说破：“君侯修石头以拟老子，今日反见求耶？”而温峤与庾亮是深交，极为密切。猜忌到已经以行动严加防范的敌对者庾亮、温峤，现在反转来邀他出兵共同去讨苏峻，这个行动难道不要慎重考虑吗？战争行动，变幻多方，猜忌者与被猜忌者联盟，能协调配合得好吗？陶侃不得不慎重掂量。

事实上温峤对陶侃也缺乏足够的依赖。最初陶侃未答应出兵，他就准备放弃陶侃。他又与庾亮推为盟主，没有推陶侃为盟主的打算。庾亮、温峤这些人，是东晋门阀士族专政的核心人物，对于陶侃，他们一方面承认他位重兵强，出兵平叛很需要他；另一方面，出于一种深入骨髓的阶级偏见，他们又总是鄙视他，因他出身寒微而视之为“小人”。温峤在与陶侃的书信中尊称他为“仁公”，私下动员庾亮去见陶侃时则蔑称为“溪狗”（《世说新语·容止篇》）。他们从思想深处不把陶侃认同为自己人。陶侃之所以“不与顾命”，以及在明帝去世、成帝即位褒进大臣时未受褒进，都与这种深刻的门第界限有关。然而在这种危急时刻倘不团结陶侃，孤军轻进，势必失败；所以他们终于采纳了部将毛宝、温峤从弟温充的建议，继续邀说陶侃出兵，并推之为盟主。倡议者的犹豫和响应者的迟疑是一件事的两个方面，不应单责陶侃。

第三，据守重镇，地接二虏，未可轻动。

荆州是东晋国防重镇，西接李雄，北邻石勒，都是晋朝的严重外患。陶侃手握重兵，责在防边守土；大军一动，胡、蜀入侵，又当如何？必须侦察敌情，判断态势，作好部署，这也需要时间。

陶侃这年已是68岁高龄的老将军。他久涉仕途，历经征战，无论政治上、军事上都充分成熟了。他耳闻目睹并亲身经历了许多政治风波。他曾因功高为王敦所忌，被扣留软禁，险些丧命。朝廷内部又是那样矛盾交错、派系纷争。他对庾亮说过：“朝政多门，用生国祸，丧乱之来，岂独由峻也！”在平定苏峻之乱的初期，他确实不像温峤那样坚定、热情、果断、迅速，而温峤也没有陶侃的处境及其所面临的矛盾，更缺乏陶侃的老谋深算。对这两人是不可一律要求的。主客观许多因素，使陶侃在平乱之初有两个月的调查研究、反复权衡、最后决策出兵的过程，何致受“见小不达大义”之讥呢？史学家总是面对既成的历史事实作静态的观察，因而有时会忽略历史事件处于动态时当事诸人心态的变化及其依据。瓯北之轻断，或即由此。

况且陶侃终于亲率大军赴义平叛，身任盟主，取得了靖难卫国的胜利。从率军东下到乱平受赏的整个过程中，我们没有看到陶侃对初期的审慎有任何愧疚之情。反之，他豁达坦荡，光明磊落，踌躇满志。当王导到石头城取回逃走之际丢下的故节时，陶侃嘲讽他：“苏武节似不如是！”表明在陶侃心理上，自己无愧于苏武之节。安南将军、湘州刺史卞敦在平叛中拥兵不下，又不给军粮，“陶侃奏敦阻军顾望，不赴表明他自问是无愧于大臣之节的”。

假如陶侃真的“不达大义”，那么他尽可公报私仇，借机把引发苏峻叛乱以致众怨所归的庾亮杀掉。当时“议者咸谓侃欲诛执政以谢天下”（庾亮传），他不但未杀，反而与庾亮消释旧憾，结成了团结战斗的盟友。实践是检验是非的标准，实践表明他是深明大义、胸怀宽广的。

陶侃·奚人·晋室的再造

◎许怀林[1]

陶侃字士行，生于魏晋时代，政局变化难测，人生沉浮无定，集团势力频繁组合，新旧更替层出不穷。当时是社会灾难严重的时期，也是推陈出新旺盛的阶段。一方面，文明程度提高，文化人士增多，“乡曲之徒，一介之士，曾讽《急就》，习甲子者，皆奋笔扬文，议制论道。出草苗，起林薮，御青琐，入金塘者，无日不有”[2]。身处乡间草野的士人，虽然读书不多，甚至只读过启蒙读物《急就章》，刚会轮甲子、乙丑的水平，就敢于写文章，论时政，挤进了统治上层。如此现实，是文化下移、人才涌现的反映，然而对于世代为公卿，拥有政治特权的贵族豪门来说，这太不正常了。

另一方面，君主昏庸，朝政混乱，所谓才智之士，竭力干时辅政，却不一定安居善终。不少“智足安时，才堪佐命”的人，“进不能辟昏匡乱，退不能屏迹全身，而奋力危邦，竭心庸主，忠抱实而不谅，谤缘虚而见疑，生因己而难长，死因人而易促”。[3]在权势角逐之中，实心实意为君主卖力的斗士，往往被虚浮的诽谤伤害，生死命运操在别人手中。

陶侃，一个出身低微的士人，既有机会升入上层，又面临险恶的包围，时刻都可能被抛入死亡深渊。诡谲的政治风云，竟将他拥上权势高峰，不能不说是一奇迹。从他的经历中，我们得到了几点启示。

① 许怀林，江西师范大学历史系教授。

② 《晋书》卷五五，《夏侯湛传》。

③ 《晋书》卷五四，《陆云传·制曰》。

一、“奚族”文化上升，江西开发加速的最好见证

陶侃（259—334），鄱阳人，后迁居浔阳，都昌县有其遗迹。他生于三国吴统治后期，殁于东晋前期，亲身经历了吴国的灭亡，西晋短暂的强盛与剧烈的祸乱，以及元帝东迁之后的危难，终年76岁。谚云“乱世显英雄”。陶侃由郡县小吏，稳步上升为太尉，都督八州挽救晋朝，不愧是乱世的杰出英雄，尤其是“寒门”出身的英雄，成为江南“土著”人群文化水平上的显著标志。

汉末魏晋至南北朝，士族豪门极盛，他们把持政权，鄙视众庶。以中州为核心的黄河流域是当时的政治经济重心，江南大地的开发程度相对较低，被视为蛮荒之区。司马氏取代曹魏，获得短暂统一，誉为“东苞百越之地，南括群蛮之表”，豪门贵族对江南才智之士，或骂为“溪狗”，或骂作“貉奴”“吴狗”，流露出可恶的霸气。陶侃被骂“溪狗”即是一例。

苏峻叛乱，晋室危殆，温峤与庾亮“投陶公求救”，庾亮忧惧不敢往，温峤曰：“溪狗我所悉，卿但见之，必无忧也。”[①] 温峤，太原望族；庾亮，晋帝元舅，皆势倾朝野。尽管大难临头，他们仍不收敛。但又考虑到陶侃统帅强兵，须赖其挽救危局。舆论认为“必戮庾（方）可以谢峻。庾欲奔窜则不可，欲会恐见执，进退无计”。温峤劝庾亮“卿但遥拜，必无了，我为卿保之”。庾亮听从劝告，“诣陶，至，便拜”，并“引咎责躬，深相逊谢”。[②] 庾亮、温峤行动上的被迫谦逊，却丝毫没有减少士族贱视“寒门”的观念。

陆机被骂作“貉奴”，是又一个例证。陆机是吴郡人吴丞相陆逊的孙子，大司马陆抗的儿子，论社会地位该是高贵，可是在西晋统治者看来，仍是劣等。成都王司马颖宠信的宦者孟玖之弟孟超，“纵兵大掠”民众，身为河北大都督的陆机，拘捕其首犯，孟超将其夺回，并怒骂陆机“貉奴能作督不！”[③]

在古老的政治观念中，把中原看作华夏文明之区，其他周边均为落后的夷蛮之地，所谓“《春秋》之义，内诸夏而外四夷”。《周礼·职方氏》就是以“辨其邦国、都鄙、四夷、八蛮、七闽、九貉、五戎、六狄之人民”为职掌。这些古老的部族名称，曾是和文化落后联系在一起；如果将其和“狗”“奴”等同，则是人格身份上的

---

① 《世说新语》卷五，《容止》。

② 《世说新语》卷六，《假谲》。

③ 《晋书》卷五四，《陆机传》。貉，读mò，《周官·夏官·职方氏》：“七闽九貉。”

贱视与侮辱。然而，这正是世家士族根深蒂固的观念。

三国以后，江南的开发加速，文化水平也不断提高，江东的吴国与魏蜀势均力敌，长期对峙，就是最好证明。如今，南方士人对中州世家子弟也不客气，讥骂他们是“伧子”。伧，读 cāng，意为粗野，鄙陋。伧子，伧夫，是吴人对中州士族的轻蔑称呼。义兴郡阳羡县（今江苏宜兴）人周玘被西晋愍帝疑忌，忧愤不平，临终前对儿子说:“杀我者诸伧子。”“吴人谓中州人曰‘伧’,故云耳。”[①] 前述的陆机，对齐人左思写《三都赋》，评价极低，他“与弟云书曰:此间有伧父，欲作三都赋，须其成,当以覆酒瓮耳”[②]。诚然,中州士人并非皆是粗鄙伧夫,《三都赋》写成之后，豪贵之家竞相传写，洛阳为之纸贵，陆机也极叹服。然而，这种评议本身，正是南北文化水准趋向接近的反映。

单是就族属而言，江西当时是傒人的生活区域。陶侃的老家在鄱阳县，父亲陶丹仕至吴国扬武将军。晋灭吴后，他家迁徙至浔阳县。比陶侃晚约一个世纪的南昌人胡谐之，也是傒人。因其方言口语，引来皇帝的特殊照顾。南齐高帝建元二年（480），谐之“为给事中、骁骑将军。上方欲奖以贵族盛烟，以谐之家人傒音不正，乃遣宫内四五人往谐之家教子女语。二年后，帝问曰：‘卿家人语音已正未？’谐之答曰：‘宫人少，臣家人众，非唯不能得正音，遂使宫人顿成傒语。’帝大笑，遍向大臣说之”[③]。由此二例可见，魏晋南北朝时期的江西傒人，数量不少,对主流文化也很熟习,与中州华夏人的水准已基本一致。正是有这个基础条件，到了南北朝时期，江西地区成长起大批政治军事人才，如奉新余孝顷、南昌熊昙朗、巴山（今崇仁县一带）黄法𣰰、临川周迪、南康蔡路养等[④]，他们的政治能量、军事实力，以及治理地方的业绩，不比中州人士逊色。史书上称他们为“酋豪”，仍然是豪门世族对南方人的偏见的留存。

陶侃位高权重，叱咤政治风云，四十余年不衰，确是南方升起的一颗明星。

---

① 《晋书》卷五八,《周处传》。

② 《晋书》卷九二,《左思传》。

③ 《南史》卷四七,《胡谐之传》。

④ 参见《陈书》三五,《周迪传》等相关传记。社会经济方面的史事，此处从略，感兴趣的读者可参阅《隋书·地理志》，拙著《江西史稿》第四章。

二、母妻的内助，是陶侃成功的一大要素

男子居绝对统治地位的古代，妇女的聪明才智集中寄寓于相夫教子上面，以贤内助的角色，发挥其“无名英雄”的作用。如果不贤，其能耐也通过对男性的制约而展开。孟母三迁，培育出了儒学大圣人，是典型的教子成功的范例。陶侃的成长与上进与其母湛氏的功劳分不开。

陶侃少年丧父，家境凋零，由母亲独力支撑。《世说新语》记述说，“陶公少有大志，家酷贫，与母湛氏同居”。湛氏为新淦县人，为人处世“虔恭有智算。以陶氏贫贱，纺织以次给侃”。她教育陶侃，“使交结胜己”，要与才学超过自己的人交朋友。“同郡范逵素知名，举孝廉，投侃宿。于是冰雪积日，侃室如悬磬，而逵马仆甚多。侃母湛氏语侃曰：“汝但出外留客，吾自为计。”她将头上装衬的假发卖掉，换得米粮菜肴，又将垫床的稻草剉碎喂马。[①]范逵一帮人马“皆无所乏。逵既叹其才辩，又深愧其厚意”，于是向庐江太守张夔等人推荐陶侃。此后，侃由寻阳县吏升为庐江郡吏，举孝廉，除郎中，任鄱阳小中正，获得“上品”的考核。时论公认，“非此母不生此子”[②]。湛氏诲侃谨慎社交，融入士族群体，是那时的潮流，侃能出任“中正”官，获得品评、推荐人才的职权，便登上进入上层的一级关键阶梯。

湛氏爱子，不唯极力节俭勤劳，在经济上资助，更关注其品德修养，重视做人的教育。在侃年少时，告诫他饮酒不逾限。侃曾为收渔税的小吏（“鱼梁吏”），一次托工将罐装腌鱼（“坩鲊”）带给母亲吃。湛氏没有启封，而是回信责备儿子：“尔为吏，以官物遗我，非惟不能益吾，乃以增吾忧矣。”[③]吃点土产，似为小事，然而擅占官物，则是不廉之举，因贪贿而身败名裂者，莫不由小事而起。“福兮祸所伏”。湛氏不以吃腌鱼为福，相反因此而增忧的警告，确是“贤明有法”的教子之方。自古至今，都看重母教，因而重视对女儿的教养。优良的母教，源于为长、妻者自身的文化与志趣。只有贤妻良母才能使子女从幼小养成好习惯，对他将来的发展产生长远的影响。

不可否认，陶侃身处瞬息万变的政局，而能保住名爵，位高不折，与他谨遵

① 江西农村在新中国成立以后，仍是以干稻秆垫床。

② 《世说新语》卷五，《贤媛》。

③ 《世说新语》卷五，又《晋书》卷九六，鄱阳湖滨居民，至今以酒糟鱼为特产。

母训分不开。如史传中记载说："侃戎政齐肃，凡有虏获，皆分士卒，身无私焉"；"陶使君孤根特立，从微至著，忠允之功，所在有效"；"侃在州无事，辄朝运百甓于斋外，暮运于斋内。人问其故，答曰：'吾方致力中原，过尔优逸恐不堪事。'其励志勤力，皆此类也"；"有奉馈者，皆问其所由。若力作所致，虽微必喜，慰赐参倍；若非理得之，则切厉诃辱，还其所馈"；"尝支游，见人持一把未熟稻，侃问：'用此何为？'人云：'行道所见，聊取之耳。'侃大怒曰：'汝既不田，而戏贼人稻！'执而鞭之。"

诸如此类的事实，表明陶侃严格律己，忠允励志，不贪恋货财，坚拒不义之财；并且关注民生，重视农事。他的这些品质，在当时的官僚显贵中是罕见的，尤其是玄学清谈盛行，士风放旷颓废的两晋时期，更觉难能可贵。

从另一角度观察，陶母湛氏不愧是历史上著名的"贤母"，上接孟母，下启以荻画字教子的欧阳修之母，以"精忠报国"四字刺儿背的岳飞之母，世世代代为中国人民称道。历代贤母教子的成功经验，皆十分注意其"修身"，使之立大志，做好人，能吃苦，不害民，干出利国利民的事业。明代洪武年间张九韶在《重修陶母墓记》中写道："使世之为母者如湛氏之能教其子，则国何患无人才之用？而天下之事恶有不理哉？"[①] 湛氏等贤母的事迹，在今天依然不失其积极的教育意义。科学技术更精密高超了，做人的品行愈不能忽视。德才兼备的人才标准，永远不会过时。

三、忠贞不渝，立大功业，千古流芳

陶侃对晋朝统治建立了大功，在当时的文武重臣中难有其造化。

西晋惠帝太安中（302—303），陶侃受荆州刺史刘弘辟为南蛮长史，从此卷进政治大潮，不断在重大事件发挥关键性作用。兹举数例说明如下：

当时，义阳蛮张昌统领几万人马，反叛晋朝，击溃官军，接连攻破荆、江、扬等五州，"当时五州之境皆畏逼从逆"[②]。危急之际，陶侃奉令率先头部队进击襄阳，与张昌"苦战累日，大破之，纳降万计"，平定叛乱。

接着，庐江人陈敏，又据历阳起兵反叛，扬州刺史、丹扬太守等皆弃官奔走，

① 同治《新淦县志》卷一〇。

② 《晋书》卷一〇〇，《张昌传》。

敏“遂据有吴越之地”。这时，刘弘以陶侃为江夏太守，加鹰扬将军。他统兵御敌，所向必破，保住了武昌，在平叛战中立了大功。

东晋元帝初期，蜀人杜弢率巴蜀流民起兵反抗，攻破郡县，自称梁益二州牧、平南将军、湘州刺史。这时陶侃为荆州刺史，元帝命他与征南大将军王敦合力攻讨杜弢，前后数十战，使杜弢败逃，党羽溃散。事后，王敦深忌陶侃之功，将他降为广州刺史。

永昌元年（322），王敦举兵反。王敦为晋武帝驸马，在元帝东迁之时，他与堂弟王导共辅政，有拥戴之功，时人称：“王与马，共天下。”王敦以其显赫的权势，手握强兵，专制朝廷。他乘晋朝屡经叛乱，统治脆弱时机，起兵攻入建康，杀戮大臣。太守元年（323），明帝即位，组织军队进讨王敦。陶侃奉诏领江州刺史，寻转都督、湘州刺史。他遣将击败交州贼梁硕，再领交州刺史。不久，王敦病死，余党被逐一平定。录陶侃前后功，迁都督荆、雍、益、梁州诸军事，领护南蛮校尉、征西大将军、荆州刺史，全面掌管着东晋西部的统治局面。

几年之后，苏峻反叛，京城失守，陶侃长子（时任庐江、建昌二郡太守）被害。苏峻，是西晋永嘉之乱时期屯聚流亡的武装首领，东晋元帝初年为安康将军，后转鹰扬将军，以击灭王敦余党，进使持节、冠军将军，权势显赫。他有锐卒万人，骄横滋甚。太宁四年（326），明帝病卒，幼小的成帝即位。苏峻以庾亮（成帝之舅，护军将军中书令）欲谋害己，起兵反，攻陷京城，改易官司，执掌朝政，下诏大赦，唯庾亮兄弟除外。

为挽灭亡，平南将军温峤劝请陶侃东下，反击苏峻，“因推为盟主”。侃妻龚氏也赞同丈夫启程。陶侃于是戎服登舟，自武昌赶赴石头城，儿子瞻的丧仪也未参加。五月。陶侃采纳部属建议，筑白石垒，扎稳了阵地，督诸将猛攻石头城，大败叛军，阵斩苏峻，挽救了东晋。史言，“苏峻之祸，职亮是由”，全因庾亮引起，“及石头平，惧侃致讨，亮用温峤谋，诣侃拜谢，侃遽止之”。[①] 遂有上节温峤称侃为“溪狗”的一段故事。当此国家安危之际，陶侃不计较个人毁誉，以宽容大度改善了与温峤、庾亮的关系，稳定了统治中枢，使飘摇中的晋朝没有倒塌。

陶侃返回江陵，成帝命侃为侍中、太尉，封长沙郡公，加都督交、广、宁三州军事。不久侃又平定了后将军郭默杀刺史，占据在江州的叛乱，遂又被诏都督

---

① 《晋书》卷六九，《陶侃传》。

江州、领刺史。至此，陶侃已都督八州，控有东晋半壁江山，面对年仅八九岁的成帝，他忠诚不虚，毫无骄横专断之举。

咸和九年（334）六月，陶侃病重，上表成帝，主动辞职，奉还官爵，并将军资器仗牛马舟船登记造册，封印仓库，自加管钥，以后事付左司马王衍期。侃“视去方伯之重，不啻脱履”，忠贞豁达，史册难寻。卒年 76 岁。成帝下诏称：“故使持节、侍中、太尉、都督荆江雍梁交广益宁八州军事、荆江二州刺史、长沙郡公经德蕴哲，谋猷弘远。作藩于外，八州肃清，勤王于内，皇家以宁。”[①]追赠大司马，谥曰“桓”。

综上简历，可见陶侃“在军四十一载，雄毅有权，明悟善决断”[②]，毕生忠顺勤劳，在打击张昌、陈敏、杜弢、王敦、苏峻等叛乱的战争中，屡建大功，尤其是阵斩苏峻，再造晋室，安定社会，勋业超群。然而《晋书·陶侃传》文末章说他“潜有窥窬之志”。对此贬辞，后世学者极予驳辩。北宋史学家刘羲仲（高安人）说：“陶桓公侃有大功于晋，读其书，凛乎若见其倡义于武昌，破石头，斩苏峻，何其壮也。”苏轼说：“桓公忠义之节，横秋霜而贯白日。”南宋时抚州人吴澥著《辩论》曰：“（侃）行高于人，众必非之。加以苏峻之诛，庾亮耻为之屈。而庾氏世总朝权，其志一逞，遂从而诬谤之耳。”侃“既坐拥八州，据上流，已重泰山，晋轻鸿毛，移其宗社曾不反掌，而臣节益修，未始擅作威福以自封殖，……穷晋二百年间，卓然独出，不忠之迹，果安在哉？”朱熹任南康军知军时，访知都昌县有陶侃庙二所，特述其梗概，奏请朝廷“特赐庙额，以表忠义”。[③]

历史是公正的裁判。在极力宣扬忠孝，厉行君臣名分的封建王朝朝代，“名莫大于忠孝，分莫大于君臣”。真正实践忠孝名分的，只是很少数，高官显宦的贵族们往往是篡逆的祸根。陶侃是晋室横流中的砥柱，笃行忠孝的佼佼者。他的才智胆识，品德操行，军政能力，文化素养等诸方面，都是时代一流的。今天我们重新审视陶侃，仍能看到他的人格魅力。他在贵族门阀统治的社会环境中，不以奚族寒门而自轻，维护人格尊严，达到学养、气节上的超越，以德才俱优的强者形象，赢得了社会的敬畏；他是非分明，功高而不震主，抗拒叛乱如常的黑潮，对权贵不阿护，不与恶势力同流合污，有光明

① 《晋书》卷六九，《陶侃传》。

② 《晋书》卷六九，《陶侃传》。

③ 朱熹《晦庵集》卷二〇，《乞加封陶威公状》。

的正直政治品格；他廉洁自励，不贪恋钱财，尤恶不义之财，唾弃窃权谋私的卑劣行径；他爱惜光阴，运砖励志，顶住士人委靡尚玄的浊流，拒绝荒嬉懒散，以毕生精力，为社会谋利。陶侃留下的精神遗产，是中华文明史册上的珍贵财富，永远值得我们景仰与传承。

陶侃的道德人格观

◎张春生

道德人格是个人在其成长的社会过程中，自身由遗传而具备的生理心理素质与其所处的具体社会环境因素相互碰撞，彼此熔铸而形成的个人特定的文化心理结构和社会行为特质。它既能体现个人内在的心理结构特征，同时也对个人外在的行为趋向起决定性作用。

被时人誉称为“机神明鉴似魏武，忠顺勤劳似孔明”的东晋名将陶侃，在中华民族传统的儒家思想熏陶以及其家母湛氏言行的约束和教化影响下，形成了独特而高尚的道德人格观。将孔孟倡导的“仁”的思想在现实生活中加以实践并发扬光大。“弟子入则孝，出则悌，谨而信，泛爱众，而亲仁。”（《论语·学而》）陶侃在其长达四十一年的戎马军旅生涯中，所表现出来的孝悌、忠信、仁爱、智勇等完美的道德人格，对待工作、处理事情的严谨认真，待人真诚、慈爱利人，对于当今社会主义精神文明的彰扬、国民社会公德的提高，具有重要的借鉴和促进作用，从而激发起人们追求真理、献身正义的自信力和责任感。

“事父母能竭尽其力。”每个人都会经历由幼年、青年到老年，这是谁都无法抗拒的生命运动规律。在这个生命运动中，作为子女，当父母年富力强时备受父母的养育之恩，当父母进入暮年时，则理所当然地得到子女的赡养。陶侃对待其母湛氏的恭敬备至，竭尽其能的言行在史书上多有记载，在鄱湖大地成为流芳千古的佳话，如浔阳县吏任上的第一笔俸禄“缸鱼献母”典故，江夏太守进“迎母官舍”早晚问安侍候。当湛氏患病忧虑之时，陶侃辞职在家，全心侍奉安慰。陶侃不仅对家母如是，就是对朋友也是竭尽其力。寒雪时节“诸纲纪皆难之”时，毅然替友张夔“迎医于数百里”，并从心灵深处发出“安有事尔母之疾不尽心乎”

之感叹（《晋书·陶侃传》卷六六第 1768 页）。“孝”除了子女给予父母物质上的供给之外，还需要有感情上的体贴。儒家“以敬为孝”的原则千百年来成为我们中华民族的优良品德，单纯是物质上对父母的供养，若没有感情上的体贴，早已被孔子批之曰“无异于对犬马的喂养”。陶侃的“孝”德不仅体现在赡养、敬仰上，而且还表现在对父母的教诲的铭记和尊重。例如：陶侃公余之，也常与名士们饮酒聚会，但他喝酒从来都是有限度的，绝不多喝一口。有时限额已足而余兴未尽，殷浩等人劝他再饮几杯，陶侃便不胜悲伤感叹，告诉大家：“我年轻时曾因喝醉酒而犯过失，父母亲给我定了个喝酒的度，如今双亲都早已亡故了，我怎么能忘记他们的教导呢？”在社会精神文明建设的今天作为子女，我们应以陶侃为榜样，对养育自己成人的父母，不仅要表现出一种出自内心的崇敬和关怀，而且应当对父母有深厚的情感，给予精神上殷切的安慰和体贴，对父母的谆谆教导时时铭记在心。

“仁”是个体人格构成的根本内涵，是个体言行规范的基本依据和归宿。“仁”的基本含义是“爱人”。它是指个体在符合自身的社会关系和行为规范的前提下去爱社会中的人，个体对“仁”的社会实践，指向于自身是修德徙义改过向善，指向于他人则是忠恕之爱。从道德的含义讲，忠是自由向外的高尚情操、品德和诚实的行为，是对人特别是对上对友要竭心尽力、诚实负责。陶侃对上的忠，在《晋书》中多有记载，例如：陈敏之乱时，扈环以“侃与敏有乡里之旧……脱有异志，则荆州无东门矣”为由而离间于荆州刺史刘弘，刘弘答：“侃之忠能，吾得之已久，岂有是乎？”出于对陶侃仁德忠义的信任，坚持用陶侃为将领兵平叛乱终取得胜利，而后来的行动事实也证明了陶侃对正义的忠、对上的忠诚负责，竭心尽力的高尚道德人格，武昌时“遣兵逼，令出向贼”一并尽斩之事件，体现了陶侃在处理君臣之间的政治关系和个人与国家利益关系上的不惧权贵，以国家社稷安危为己任的忠君意识和大义凛然的高尚情操。战争中凡有俘获，皆分士卒，身无私焉（《晋书·陶侃传》卷六六第 1769 页），体现了陶侃对部属将士的仁爱之心，荫庇之意，这在强肉弱食、等级森严的晋代是极为难得的仁慈品德。

“义”是个体人格构成的重要组成部分和取舍准则，是个体在社会活动中对自身行为的应当与否所进行的道德判断。孔子说，“君子以义为质，礼以行之，孙以出之，信而成之”，所以“义”是个体的重要道德品质。《辞海》对义的含义解释是鄱阳孝廉范逵路过陶侃家时，恰逢下雪，陶母湛氏把自己床上铺着的新草铡碎给客人喂马，把头鬓发剪下来换钱办酒招待客人。这故事的发生，陶侃母子对朋友的“义”便跃然纸上，堪称为“义”之楷模，战争中“凡有俘获，皆分士卒，身无私焉”体现了其对将士部属的“义”。陶侃晚年，从不超越职责，争夺朝政权力，离职时对所有的军需物资、武器辎重、牛马舰船，全部造册登记封存入库，亲自上锁，然后一一清点交给了王愆期，千百年来成为从政来去分明行为的美谈，更体现了陶侃对国家、对朝廷的“忠”和“义”。王敦之乱平定后，陶侃升迁为都督荆雍益梁州诸军事，领荆州刺史，楚、郢地区的老百姓听说陶侃从广州调回来了，都高高兴兴奔走相告，表示庆贺对百姓的“义”。

“礼”是个体人格的外在行为规范，是个体在自身的活动中应去认同和实践的由社会的伦理和政治等属性所决定的带有强制性和规范性的社会行为准则，从道德上讲，它主要是让人克服自己来服从社会秩序的需要，故孔子强调“克己复礼为仁”的原则，就是个体应当坚持“非礼勿视非礼勿听，非礼勿言非礼勿动”的行为规范。封建社会中，对“礼”是具有严格规定的，如君臣之礼、上下属之礼、父子之礼、夫妇之礼、朋友之礼、师生之礼等。人们的一举一动，一言一行都要合乎于礼。用礼来调节和谐人们之间的社会关系，保证人们的道德品性不偏离于人伦纲常轨道，在平定杜弢叛乱时“侃招携以礼，怀远以德，子来之众，前后累至”（《晋书·陶侃传》卷六六第 177 页）。对叛军部众采取恩和怀柔相结合的分化瓦解政策，以德感化之，以礼服之，达到不战而屈人之兵的目的。晋朝时的士大夫们有一种极不好的习气，即不务实际而崇尚清谈，许多政务之事请人代劳，书请人代写。而陶侃“性聪敏，勤于吏职，恭而近礼，爱好人伦”，他所经营的千头万绪的众多军务和政务，却无一遗漏，往来信札，大多是他亲手书写。每一位来访的客人，都是亲自接见，事事以“礼”行之。由于陶侃对待属下部众臣民待之以礼、行之以义，因此也就出现在他戎马军旅四十一年中，部众诚服，上下齐心，大小数百战，无一败绩，取得了军事上的巨大胜利。

“智”和“勇”是儒家所提倡的君子所必备的基本品德，在中国长期的封建社会中一直受到儒家学者的高度重视，成为志士仁人一生的奋斗目标。大智大勇、见义勇为一直是文人学士歌颂的对象，唐代韩愈称赞“智能谋，力能任”（《与卫中行书》），“人生处万类，知识最为贤”。苏轼说“夫智贵乎决，勇贵乎为，早决者无后悔，必为者无弃功”（《代侯公说项羽辞》）。陶侃的智和勇既得益于他的聪敏的天资和家母训导，又和他的勤奋与正直的人品有密切的关系。在晋代那种不务实际而崇尚清谈，不重真才实学而重门第等级的时代，陶侃都能做到惜时如金、勤奋苦读。无论是在行军打仗之际，还是在地方从政之时，每每都是书不离身，有意穷乏自身，磨炼意志。正如《晋书·陶侃传》卷六六第 1774 页说："至于众人当惜分阴，岂可逸游荒醉？生无益于时，死无益于后，是自弃也。"正是由于陶侃的勤奋攻读，为陶侃在为人行事中的智与勇的发挥打下了坚实的基础。如：陶侃在平定陈敏之乱中所体现出来的对国家朝廷的义，武昌城下出兵捕捉司马羕的部下，武力平定杜弢之乱，以及巧妙处置与朝中王敦的关系，无一不体现了陶侃的智与勇。

用我们今天的观点看陶侃的道德人格观，固然以精华为主，但也有其或多或少的封建糟粕，但是他所体现出来的提倡人际关系的和谐、事父母必尽其力的美德，重视个人道德的自觉，以及待之以礼、行之以义的社会准则，对我们今天建设社会主义精神文明和人与人之间彼此信任、相互合作的新型人际关系，对于社会公民道德的提高和维护安定团结的社会局面，都具有积极的意义。

是亮非侃欲废王导

◎周清华

《晋书·庾亮传》记载："王导辅政，主幼时艰，务存大纲，不拘细目，委任赵胤、贾宁等诸将，并不奉法，桓公尝欲起兵废导，而郗鉴不从乃止。"另据《东晋门阀政治》一书论述："咸和五年（330），郭默擅杀江州刺史刘胤，王导顺势任命郭默为江州刺史，庾亮欲起兵废王导，又咨郗鉴，而鉴又不许。"那么到底是陶侃还是庾亮欲废王导，笔者认为应是庾亮欲起兵废王导。

据《晋书》记载，王导与庾亮积怨甚深。晋明帝死后，成帝即位，太后临朝，庾亮是太后的兄长，成帝的舅父，顺理成章地执掌朝政，"政事咸决于亮"，王导因从兄王敦的叛乱，受到排挤，王导公开显示过他对庾亮的不满，连晋帝的登基大典他也居然称病不去参加，直到尚书令卞壶对他提出严厉批评，他才勉强出席，后来他又屡次称疾不朝，同时又约郗鉴送行，用行动表明他其实无疾，而是对庾亮有意见。另在对待苏峻这一问题上，王导与庾亮的意见截然相反。王导主张包容安抚，而庾亮却不顾王导及群僚的普遍反对，力排众议，坚持召苏峻入朝，终于招致苏峻反叛朝廷。当然，王导主张包容苏峻，庾亮认为这是王导想利用苏峻来除掉自己。因为这一手段，恰恰是王导采用过的。就在四年前，其兄王敦兴兵犯顺，攻破京师建康，讨伐刘隗、刁协，杀周顗、戴渊。正如清代史家赵翼所言："导虽不欲敦移国祚，而欲诛刁、刘等，则其肝隔本怀。"所以王导这次也欲假苏峻之手除掉政敌庾亮。由上可见，王导与庾亮之间互相猜忌，矛盾加剧，庾亮欲起兵废导也是顺理成章之事。

据《资治通鉴》云："欲起兵废导者，谋为庾亮。"苏峻叛乱后，庾亮失责，被降职贬官，离开权力中枢。而王导因老练圆滑，又重新执政，但在人事问题上，一味宽容，不能严之以法。陶侃弹劾卞敦徘徊观望，不发兵粮，王导反给其加官晋爵；刘胤非才，王导仍命其为江州刺史。于是陶侃忿而放梅颐，讨郭默。但陶侃在讨郭默中，发现郭默之杀方州，皆王导姑息而成，而庾亮也早有同感，认为要整顿朝纲，非废王导不可，却遭到王导的亲家郗鉴包庇不从而止。咸康五年（339），庾亮又欲率兵废导，又咨郗鉴，而鉴又不许。故亮致笺与鉴云："昔于芜湖，反复谓彼罪虽重而时蔽国然，且令方岳道胜，亦足有所镇压，故其隐忍，解释陶公，自兹迄今，曾无悛改。主上自八九岁以及成人，入则在宫人之手，出则唯武官小人。读书无受韵，顾问未尝遇君子。侍臣虽非俊士，皆时之良也。知古今顾问，岂与殿中将军司督同年而语哉？不云当高选侍臣，而云高选将军司马督，岂合贾生愿人主之美习以成往之意乎！秦政欲愚其黔首，天下犹知不可，况乃欲愚其主哉！主之少也，不登进贤哲，以辅导圣躬，春秋既盛，宜复子明辟，不稽首归政，甫居师傅之尊，成人之主，方受师臣之悖。主上知君臣之道，不可以然，而不得不行殊礼之事。乃乘之君，寄坐上九，亢龙之父，有位无人，挟震主之威，以临制百官，百官莫之敢忤，是上帝无顾命之臣。势屈于骄奸而遵养之也。赵贾之徒，有无君之心，是可忍，孰不可忍。且往日之事，含容隐忍，谓无罪可宥。良以时弊国危，兵甲不可屡动，又冀其当谢往衅，惧而修己。如顷日之纵，是上无所忌，下无所惮，谓多贤无赖，足以维持天下。公与下官，蒙先朝存顾，荷托付之重，大奸不扫，何以见先帝于地下，愿公深惟安国家，国家社稷之远算，次计公之与下官负荷轻重，量其所宜。"因郗鉴与王导为儿女亲家，故郗鉴居中调停，将废王导之事，全推给陶侃，最后以庾亮杀陶侃之子南蛮校尉陶称而了之。然从陶桓公遗表看，还是推重司徒王导、司空郗鉴、平西将军庾亮的。认为此乃陛下之周召，所以说陶侃要废王导，实不可能。

司马光等在《资治通鉴》中评论说："晋室无政，责由王导。"而王夫之认为："王导澳涊两端，不足为晋之纯臣也。"盖导者，以庇其宗族为重，而累其名节也。王氏之族，自导以外，未有贤者。又据《通鉴》云：陶侃死后，其子陶称积功升为东中郎将、南平太守、假节南蛮校尉，后又加建威将军。咸康四年（338）六月，庾亮与王导矛盾日炽，欲起兵废导，与司空郗鉴言："大奸不扫，何以见先帝于地下乎？"陶称以庾亮之谋告王导，导泰然处之，后郗鉴调停，孙盛密谏亮，事乃止。另据《晋书》云，陶侃薨后，庾亮代之，奏请伐赵，使毛宝、樊峻戍邾城。翌年，赵兵五万来寇，毛宝等突围赴江溺死，晋兵大败，庾亮发疫卒，既而王导亦卒。《甄异录》云："亮死前登厕，忽见厕中一物如方相，两眼尽赤，身有光耀，渐渐从土中出。庾攘臂以拳击之，应手有声，缩入地下，亮遂得疾猝亡。"《通鉴》评庾亮："其智小谋大，昧经邦之远图，才高识寡，缺安国之长算。……是使苏峻祖约寻戈，宗祧殆复，已与猜忌上宰，谋黜负图，向使郗鉴协从，必且戎车犯顺，亦可谓不惑名实。导之庸鄙怀奸，实为晋室罪人，故陶侃与庾亮，史乃以此为其深罪。"从以上史实及史评看，确是庾亮而非陶侃欲起兵废导。

综上所述，陶侃欲废王导，或许有过议论，但言桓公欲起兵废导，纵观陶公一生大节，定不肯为，因为如起兵废导，必继王敦、苏峻之续。而纵观庾亮平生言行，若无所阻，则必欲起兵废导。正如胡三省所言："必再乱天下矣！"此亦如晋成帝所云："大舅已乱天下，小舅复欲尔耶？！"

综观陶侃一生，我们可以认定，桓公陶侃实为东晋第一纯臣、第一名臣。

陶桓公岂是奚人

◎陶维墀

陶桓公为汉族，古今无人置疑，可在20世纪五十年代，陈寅恪先生却来一个标新立异，他认为陶渊明的曾祖陶侃不是汉族，而是奚族人，《文汇报》《学林》已有《陶渊明是奚族人吗？》为之辩述。

陈寅恪之主要根据，出于《世说新语·容止篇》中温峤曰："溪狗我所悉卿但见之必无忧也。"（暂不点断）这里所谓溪狗，是温峤骂陶公的话。但在《假谲篇》，温曰："卿但遥拜，必无他，我为卿保之。"

正因温峤一语，陈寅恪遂认为陶公是溪人，因公生于鄱阳，鄱阳为溪人居住之地，故为奚族。但古直反对此论点，认为温峤骂陶侃为溪狗，犹如古代北方人骂南方人为蛮子，蛮子非少数民族，则溪狗也不是奚人。

何光岳《南蛮源流史》中认为溪人乃奚仲之裔，奚仲为任姓，任姓乃黄帝十二姓之人，故奚仲出于黄帝族。奚仲为助夏少康中兴者，其所居地，《路史·国各纪甲》："奚，郑樵云鲁奚邑，今徐之滕东南六十表丘村，有奚公冢，脂公山。阳晔《徐州记》云，仲造车辙存焉。"奚仲由河北伍城南迁至山东滕县。奚人南迁可能于战国初年与薛国同被齐国所灭，有一支奚人南迁至荆楚之地。由于奚人所居多在深山中急流，因称曰溪。陈连庆把溪人称为溪族，"如东晋太尉长沙郡公陶侃，鄱阳人，后徙庐江郡寻阳，正是溪人分布之地。侃少时捕鱼为业，杨晫称之为小人，温峤嘲之为溪狗"。何光岳的观点，是侃公因住在溪族人之地。与陈寅恪有所不同。

陈寅恪认为侃公是奚族，古直认为嘲侃公为蛮子，何光岳认为嘲侃公是溪族同化者，都认为是温峤指陶公。但维墀认为这一句话是温峤嘲笑庾亮，如此胆小，不敢去见陶公。

首先纵观当时形势，温峤方推崇陶公，好不容易，温峤三次修书，王愆期多次苦请，才请得陶公挥兵东下。温庾兵少粮少，威望又有逊，正需利用陶公声望、荆州兵粮，去号召四方，同除祖约、苏峻，难道处此情况，温峤还嘲骂陶公吗？如陶公闻之，必勃然发怒。公本已疑心重重，疑温、庾之嫌己。于是或即返旗西归，不闻阃外之事，不再越雷池一步，或即兵戎相见，大兴问罪之师。几度邀请之功，废于一旦，甚至义师先讧。温峤智者，试问能出此败著吗？

因此，维墀认为这句话是温峤嘲笑庾亮的话。庾亮促成苏峻之乱，应变无策，一战而乱窜，家族受害，太后忧奔，急投温峤求救。温庾势单力弱，只好请陶公出师。但庾亮一闻陶公师至，又躲在船后，不敢与之相见，欲逃既不可，欲见又不敢，可见其狼狈心理。温峤一再促其负荆见陶，师克在和，共靖国难。温峤见庾亮狼狈状态，嘲笑他几句，又何妨呢？后来晋末南北朝之时，庾氏得势，陶氏衰落，庾氏子孙感到此语对祖宗不光彩，就加到陶公头上，后人不察，流讹至今。今人好奇，就得出陶公是溪族人，标新而立异，哗众而取宠。

《世说新语·容止篇》与《假谲篇》，同一句话而语言不同，哪知这句话究竟温峤是怎么说的，现在无法知悉，只好就句论句。这句话过去是这样断的。“溪狗我所悉，卿但往见之，必无忧也。”如果把溪狗译成蛮子，那么可以翻译成:“蛮子，我知道得很清楚，你但去见他，必定是用不到忧怕的。”这个蛮子可以指庾亮，正因庾亮处事鲁莽，促成苏峻之乱，嘲笑庾是蛮子，也正因情理。当然也可硬指是陶公。如果我们把这句断为“溪狗我所悉卿，但往见之，必无忧也”。就是说：“你这个蛮子，我知道你的心理矛盾，你去见他吧，是不致于碰壁的。”那么蛮子是指庾亮，就更易了解了。古人是无标点的，后人断之，也非不可。加上以后来庾亮负荆请罪、见辕门就拜的狼狈相，应该蛮子是指庾亮的。

陶氏出于陶唐氏帝尧之后的伊祁姓，并不是出于轩辕氏黄帝之后的任姓。况且家谱历历在目，而渊明公之命子诗，自帝尧，陶舍、陶青诸公一直至侃公，脉系分明，出于汉族本无异议。且史载公为汉丞相陶青九世孙陶敦之孙陶同之孙，青公为开封侯陶舍之子，舍公自济阴从汉王，出于济阴陶氏，帝尧之裔孙，敦公因避祸迁居丹阳，同公又因戢守迁居鄱阳。今人不察，尚有踵此谬论者，请静而三思之。

但是公出身低微，父为亡国残将，母为小妾，出身寒门，难比北方王、庾势族，在“上品无寒门，下品无势族”的社会中，屡遭白眼，在李唐时期亦有“望非世族，俗异诸华”之讥。这个俗异诸华，指公为南方寒门，并非中原世族，故其风俗有所不同。因在魏晋南北朝时期，南方正从百越族统治中，进到由中原汉族统治中来，难免南方人遭到北方世族的白眼，何妨南方寒门中？当时能“拔萃陬落之间，比肩俊髦之列”者仅公一人，顾周甘陆尚不能跻身将相，难道陶公能不遭白眼吗？以是登天折翼，起兵废导，种种诋毁皆不胫而走矣！

陶侃简论

◎周榜师[①]

陶侃，生于公元258年，卒于公元334年（一说生于公元259年，卒于公元332年），原籍鄱阳，出身官宦门第，官至长沙郡公，系东晋一代功名可与魏武曹操、武侯孔明相提并论的封建大臣。目前对他的研究还很薄弱，本文拟就其人生价值、文事武略、人品道德及其时代阶级局限作一简要评述。

一、陶侃的世界观、人生观

陶侃的世界观总的来说属于客观唯心主义。

他是一位非常注重事功，注重实际的实干家，是儒家价值观念的崇尚者。陶侃认为，人的一生，虽然苦短，但不可荒废，不可醉生梦死，应当勤奋进取，有所作为。他说："大禹圣者，乃惜寸阴。至于众人，当惜分阴。岂可逸游荒醉，生无益于时，死无闻于后。"他非常反对清谈，不尚浮华，对那些"理论上的高子，行动上的矮子"，不与苟同。他说："老庄浮华，非先王之法言，不可行也。"陶侃的人生观、世界观可说是积极向上的，他重实践更重理论。"有所为"思想，在当时魏晋"玄风"日盛的时局里，真可谓是一枚重磅炸弹，发表那种言论确实需要很大的勇气，黄老的"无为"思想，在那个时候可谓是发展到了极端。清谈、崇尚浮华、不重实践给魏晋门阀士族带来的直接严重后果就是四体不勤、五谷不分、驴马之声不辨，更不知民间疾苦，以致有些贵族子弟在答"民无以为食"问题时，竟然会说出"何不吃肉"的通天大笑话来！等到北方蛮夷入寇江南时，那

① 周榜师：上海师范大学经济史博士、江西省委党校经济社会发展研究所干部。

些官宦子弟只得在家等死。陶侃的这种注重实践的思想，在当时确有非常重大的意义，他那种积极向上的主动的改造客观世界的观点是值得我们肯定的，否则，真的会有“清谈误国”之虞。人的一生应该主动积极投身到活生生的社会生活之中，不应该远离尘世，要有干一番事业的精神，做一个于国于家都有利有功的人，这才是真正的人生。雁过留声，人过留名。如果默默无闻地、无所作为地随意打发掉了自己的一生，不是空来世上走了一圈么？这样的人生又有什么意义？

二、陶侃的文事武略

陶侃的文才，史书记载不多，但从他两次上表要求逊位以及谈吐来看，当与诸葛武侯不分轩轾。他的《逊位表》堪与孔明的《出师表》相媲美。他那抨击懒惰人生的名句“生无益于时，死无闻于后”真乃千古绝唱，盖有“两句三言得，一吟双泪流”之味。陶侃作为一个长期戍边在外的武将，加之那时天下总是多事，叛乱造反蜂起，难得有时间来谈诗论画，更多的是血与火的考验，所以陶侃没有留下很多奇文美句。虽然如此，也不能认为侃只是一介武夫，他是文武双全的人才。

陶侃一生东征西讨，南征北战，大小数十余战，先后挥兵平定了“张昌之乱”“陈敏之乱”“王机之乱”“王敦之乱”“苏峻之乱”等。在这些戡乱剿匪之中，他立下了赫赫战功，挽救了晋朝的统治，成为东晋一代重臣。

陶侃忠勇笃实、不畏权贵、不枉私情、治军有方、军纪严肃、赏罚分明。陈敏作乱时，陶侃受命率兵剿灭，因侃与敏系同乡，当时有人怀疑陶侃不会尽心尽力，可能会做做样子，作作表面文章而已，因而在陶侃的上司刘弘面前说三道四。然而，由于陶侃一向忠心笃实，刘弘并不怀疑他，还是信任他，结果不出其所料，侃军所向披靡，大败陈敏，敏军无一完垒。作战所得，一律论功行赏，陶侃从不中饱私囊，私藏一丁半点。

陶侃作武昌太守时，长江上面常有杀人越货之事发生。陶侃令部下诱捕，结果发现那些经常在长江上为非作歹、谋财害命的竟是当朝权贵西阳王羕的部下。面对强权，侃不畏惧，亲自率兵向西阳王要窃贼，西阳王无奈，不得不交出二十多个属下恶人，侃悉数斩之，决不轻饶。

陶侃对部属管束甚严，发现有纵酒浪言者，轻则施以鞭刑，重则投入江中喂鱼。在武昌督军时，令三军在营哨门前植柳，有一部将偷了一棵官家的柳树移栽到自己的府第上，侃发现后，质问这个部将说：“这是武昌西门前柳，是官柳，你为什么偷种到你自己家来。”部将惊恐万分，乞求谢罪。

陶侃一生，大部分时间在马背上，效命疆场，平叛剿贼，保境安民，武功赫赫。

三、陶侃的人品道德

生活在封建社会的陶侃，所受教化深受儒家思想的渲染，处处表现出中国传统道德意识，其突出之处主要反映在下列几方面。

（一）安贫乐道，重义轻利

陶侃出生于没落的封建士大夫官宦之家，父亲陶丹，官拜东吴扬武将军。及至东晋灭吴，家道便陡然中落，流离到浔，备受艰辛，孤独奋发。为县吏时，曾有同乡鄱阳孝廉范逵来访，陶侃未作准备，家中空乏，无以待客。侃母急中生智，削发易市，换取酒菜，聊当宴客。当范逵离开府时，侃送至百余里方归，其仗义忠诚，于此可见一斑。及至张夔妻生病，时值隆冬，大雪纷飞，求医要到百里之远，众人皆以为难。唯有陶侃，顶风冒雪，欣然前往，其忠勇至诚精神，令众人叹为观止。

（二）勤俭节约，物尽其利

陶侃认为，物总有所值，货可尽其利。造船的时候，他把木屑和竹头都收拾起来众人都不解其意。至寒冬腊月，瑞雪纷飞，雪后放晴，官府前残雪犹存，地湿不可过人，他便以木屑布地，桓温渡江北伐之际，侃把他所收藏起来的竹头用来作丁装船。从这两件小事可以看出，侃是多么地注意充分利用资源，其综理微密，类似上述诸事，比比皆是。

（三）廉洁奉公，以身作则

陶侃一生，公私分明，一身正气，清白做人。当他因病告老还乡的时候，最后一班岗也站得非常出色，晚节昭昭，光可鉴人。离任之际，他把一切军资器仗牛马船等国家财产一一登记造册，封印入库，亲掌匙锁，清点彻底交付接任者之后，才登船离开，其廉洁精神与况钟不相上下。况钟离任苏州知府之时，曾赋诗曰：“清风两袖去朝天，不带江南一寸绵……检点引囊一担轻，长安望去几多程？停鞭静忆为官日，事事堪持天日盟。”

（四）疾恶如仇，珍惜民财

陶侃非常珍惜劳动人民的劳动果实，对那些饕餮天物之徒非常愤懑。有一次，陶侃外出巡游，见一人手持一把未成熟的稻子，便问其故。那人说，他走路的时候，闲得无聊，见田野青青、稻子森森，煞是好玩，便扯了一把捏在手中。陶侃听后，怒发冲冠，厉声说："你不耕种，坐食民物，还反而加害百姓之物，随意糟蹋百姓的稻子。"命部下将那人捆起来狠狠打了一顿，以示惩戒。

（五）身体力行，勤勉有加

陶侃认为健康的体魄是保家卫国的根本，正如毛主席所说："身体是革命的本钱。"陶侃一向注意锻炼身体，磨炼意志。孟子说："天将降大任于斯人也，必先苦其心志，劳其筋骨，饿其体肤……"陶侃贵为皇家藩将之后，仍不忘励志勤力。在任广州刺史的时候，闲来无事之际，每天早上搬砖一百块屋外，晚上搬回屋内，天天如此，循环不已。这表现出他坚韧不拔、持之以恒的精神。

四、陶侃的局限

生活在封建社会的士大夫官僚，其言论行为无不打上时代和阶级的烙印，陶侃也一样。从史书上看，陶侃的局限主要表现在以下两方面：一是思想意识上迷信天命；二是妻妾成群，养奴蓄婢。陶侃一生非常重视封建迷信的宿命观念。陶侃年小时，曾梦见自己生有八翼，直飞天宫，穿过了玉皇大帝的八道宫门，唯有后一门不得进去，他便拿木杖猛击天门，结果最后一道门非但未开，他反而从天上掉了下来，折断了左翼。梦醒之后，他的左膀还觉隐隐作痛。又有一次他上厕所时，有一朱衣老者对他说："（汝）日后当为公，位至八州都督。"因此，当陶侃身为长沙郡公，掌督八州军事之后，虽然也曾心有异志，但当他"每思折翼之祥"时，便"自抑而止"，未敢造次了。对陶侃来说，一切都是命中注定，命中安排，君臣之位，天意已决，非人力可为，不可违抗。这种封建的宿命观点，我们当然要摒弃之。

陶侃在世时，拥有"媵妾数十，家僮千余"，这种妻妾成群，家奴成堆的剥削阶级享乐生活方式也为我们所不齿。但在他那个时代已是一种风尚，较之同时代的石崇等草菅人命的封建野蛮官吏要好得多。

五、简短的评论

陶侃一生，文韬武略，治国安邦，建功立业，名垂青史。陶侃死后，时人评价甚高。尚书梅陶说他"神机明鉴似魏武，忠顺勤劳似孔明"。当朝丞相谢安说他"虽用法，而恒得法外意"。晋成帝下诏赞曰："作藩于外，八州肃清，勤王于内，皇家以宁。"陶侃作为东晋一代中兴名臣，国之栋梁，掌军四十多年，戎马半生，效命朝廷，为东晋的封建统治立下了汗马功劳。他是儒家价值观念的身体力行者，是中国几千年来封建士大夫正人君子的典范。对他的世界观、人生价值观我们要历史地辩证地看待。我们不能用现代的价值标准来衡量他、要求他，我们要取其精华，弃其糟粕。我们要摒弃他的封建宿命观点，用辩证唯物主义和历史唯物主义观点来武装自己，要吸纳他的积极进取、奋发向上的人生观，借鉴学习他的重义轻利、勤俭节约、廉洁奉公、疾恶如仇、持之以恒精神。

陶侃的一生，就封建社会的人生价值观来说，是极其成功的一生。他的很多方面值得我们好好学习，他留给我们的积极的精神遗产，值得我们好好继承和光大。

也谈陶侃“折翼之梦”

◎周清华

陶侃，字士行，吴平，徙家庐江之浔阳。据考证，陶侃确系今都昌县人。在军四十一年，他明悟善断，雄毅有权，处事严谨，大节凛然，堪称一代忠臣，千秋名将。然而，一千六百年来，世人因其登天之梦，决指之血，被疑有不臣之心，身后长受是非之讥，实为冤屈。

纵观陶桓公一生，忠顺勤劳，机神明鉴，既无非分之想，更无不臣之行。若陶侃真有“包藏祸心，窥窬神器”之志，当时身为荆、湘、雍、梁、益、交、广、宁八州都督，拥重兵，镇上游，居开府，加羽葆，已坐镇东晋大半江山。且苏峻之乱以后，朝政已衰，若以王敦之从逆废王导，以苏峻之祸首诛庾亮，只要指顾之间，哪还有司马氏收复襄阳，走石勒之举？更何况此后陶侃望重四海，威镇胡羯，朝廷拜他为大将军，赐剑履上殿，入朝不趋，赞拜不名，天门九重，已登其八。这正是前朝王莽、董卓、曹操、司马师、司马昭、司马炎，后朝刘裕、萧衍、陈霸先、杨坚、李渊、中朝“八王”、王敦、二桓梦寐之所求，正是陶公可以专擅朝政，挟天子而令诸侯，并取而代之之时，然而陶侃却上表固让，坦然却之。后到七十六岁病重之时，辞位归国，“有始必终，自古而然”。他既不以权力遗之诸子，也不请为子侄代督州事，而谓“方事之毅，当赖群隽”，推荐与自己素有猜忌的王导、郗鉴、庾亮等人。假使陶侃自知年老病重，可以仿效曹操移位曹丕，司马昭移位司马炎，前车犹在，可以势压人，天下三分已有其二，陶公何不为晋文王？事实上，陶侃却以后事付王愆期，遣殷羡奉还节麾幢曲，劝遂辞归，封印登舟，何尝有窥觎之志！

纵观魏晋南北朝，权臣之心朗朗，唯独陶侃可比诸葛，所以尚书梅陶与亲友曹识书说："陶公机神明鉴似魏武，忠顺勤劳似孔明，陆抗诸人不能及也。"而当时其他权臣皆有篡位之心，然而陶侃屡为小人所诬，王敦欲杀陶侃，他单刀赴会，如刘演之遇更始，王庾猜忌，欲挤位与祖苏同列，诬韩信之附陈烯，但陶侃皆能匡扶正气。故能以功名善始善终。陶侃"望非世族，俗异诸华"，父为吴将，母为小妾，当时推行门阀士族制度，为人所轻视。后来，陶侃位极人臣，庾亮下拜，王导失色，又为势族所嫉，屡遭陷害，后继无人，陶侃身后，却受不实之词，成千古一冤。《晋书》论曰："士行拔萃陬落之间，比肩髦携之列，超居外相，宏总上流。布泽怀边，则严城静柝；释位匡主，则论鼎再宁。元规以戚里之崇，挹其膺而下拜；茂弘以保衡之贵，服其言而动色。望隆分陕，理则宜然。至于时属云屯，富逾天府，潜有包藏之志，顾思折翼之祥，悖矣！"南宋大儒朱熹说陶侃："其臣节终始夷险，无一可訾，穷晋二百年间，卓然独出，不忠之迹，果安在哉！"北宋苏东坡则认为"桓公忠义之节，横秋霜而贯白日"。清代学者王鸣盛在《十七史商榷》卷五十中言及"陶侃被诬"，清代学者王懋雄在《白田草堂存稿》卷四《论陶长沙侃》为陶侃受诬辩白。清代史家赵翼在《二十二史答记》卷七有王导陶侃二传褒贬失当之语，为陶侃叫屈正名。清代思想家王夫之在《读通鉴论》亦推重陶侃人品。

总之，无论是从史实看，还是以后世之名评看，陶侃均可谓是"千古忠臣，万世英模！"

陶桓公征苏不得不缓

◎陶维墀

赵翼曰："陶侃生平，惟苏峻祖约之反，侃以不与顾命，不肯勤王，经温峤等再三邀说，始率兵东下，此是其见小不达大义之处。"

蔡东藩评说："陶侃为晋室重臣，拥兵上游，理应为国图存，与同休戚，乃以一时之私忿，置国家于不顾，宁非大误？温峤一再贻书，推为盟主，而侃犹不从，甚至龚登已遣，尚欲召还，何私憾之深，一至于此耶？及闻陶瞻战死，舐犊生哀，乃登舟东指，与峤相会，然犹讥嘲庾亮，情见乎词。亮固有误国之罪，而侃亦不得为保国，若非温峤之推诚相与，则侃必不肯赴难，其去亮果几何也。厥后屯兵江上，旷日持久，虽峻兵尚盛，未易撄锋，然其徘徊瞻顾之状，犹可想见。桓彝之死，安知非侃之敛兵不动，有以致之？以视温峤之志在勤王，毛宝之志在鼎力相助，盖不能无惭德矣！虞母孙氏尚知大义，奈何以堂堂之须眉，反出巾帼下？吾不禁为陶士行叹息云。"

《晋书》未予论评。王船山《读通鉴论》亦未予论评。

千百年来，认为公一生中，大节无亏，惟征苏峻时出兵迟缓一事行为遗憾。

近人王健秋有《为陶侃一辩》一文，指出公所以不立即发兵的苦衷。"认为陶侃出兵迟缓是事实，然而事实背后尚有许多事实，决非只有不与顾命"一个原因，不作深入考察，不具体分析，其多种原因，便扣给一个"见小不达大义"的讥评，是不公正的。自四月温峤敦请陶侃出兵，五月陶侃与温峤、庾亮一起舟师东下，到达蔡洲，算来陶侃迟缓的时间，约有两个月。这是为什么？第一，京师的局势不明：苏峻是篡位灭晋呢，还是挟天子以令诸侯？是只打击庾亮一家还是诛杀大臣，组织自己班子？王导是欲借苏峻之手除掉庾亮，匡救朝廷之失吗？直至王导以太后诏使三吴起兵讨峻，局势遂明。第二，是与庾亮合作，必须慎重。陶公拥重兵，据上游，庾亮就疑陶公为第二个王敦。忌之甚深，派温峤为上流形缓，"吾忧西陲过于历阳，足下无过雷池一步也"。而温峤与庾亮是深交，这个行动难道不要慎重考虑吗？事实上温峤对陶公也缺乏足够的信赖，最初陶侃未答应出兵，他就准备放弃陶侃。倡议者的犹豫和响应者的迟疑是一件事的两个方面，而决不应单责陶侃。第三，据守重镇，地接二虏，未可轻动。

王健秋的文章毋须重复，当然，部署边防，准备军粮，调整部队亦均需时间，但是维墀认为最重要的怀疑点，是否温庾阳为奉尊，而阴图诈赚而除后顾之忧。

王敦之乱，公初命高宝牵军北上，后又领湘州刺史，蹑敦之后，后又兼领江州。其功如何，史虽不著录，乱平，论功进爵时，未见有公之名，但倏尔跃居征西大将军，都督荆雍梁益四州诸军事，任荆州刺史，领护南蛮校尉，不久湘州即并入荆州。玉帐牙旗，身居上游，膺重寄岂能忘主君之忧。可见明帝对公信任之重。明帝壮崩，太后年少，嗣主孩提，庾氏族大，甚至以白衣领职。岂无吕霍窦梁外戚擅权篡位之虑。庾亮欲征苏峻，抑外藩，苏峻早征，而晚则及公矣！观庾亮之筑石头，防雷池，忧西陲过于历阳，岂曾须臾忘公耶？但时机未至，祖约、苏峻未除耳！庾亮之征召苏峻，是欲擅权篡位而先制藩臣耶？萧何赚韩信而钟室遭族诛，更始诈刘縯而未央遭收，前车皆在，安知温峤不步伍萧何，庾亮不追踵王敦耶？疑团未释，危机四伏，公焉能贸然而赴温庾之会呢？公出兵之迟缓，皆庾亮之一系列对公之行动所造成，岂能以此尤公，当尤庾亮也。

苏峻之讨庾亮，是左袒安刘而欲诛诸庾耶？时苏峻尚上奉天子，尊王导，礼群臣，唯驱承诸庾，若民安其居，士安其业，岂能谓其为反叛耶！惜峻巨奸，包藏邪心，有侵上之志，又纵其下劫掠，士民遭殃，而公遂举兵而讨之，公之迟缓，岂无因耶？否则其能从庾亮而讨苏峻乎？

故曰：公出师之迟缓，皆庾亮使之然，岂能责公，当责庾亮也。

五月，公率诸军至石头，九月公与苏峻相持久不决。东线屡败，西线受挫。七月以来又淫雨连绵，温峤粮尽，向公借贷，公怒而又欲回师，或又责之。

维墀认为时义军屡失利，苏峻东西攻掠皆捷，兵精粮足，朝士之来奔者，皆曰：峻狡黠有胆决，其徒骁勇，所向无敌，温峤粮尽，卞敦又拥兵观望，不济军粮，而荆州虽有粮，若不能速决，将何以济全部义军，荆州粮尽，问复谁济？胡蜀二寇，挟持二侧，时石勒虽方攻刘曜，无暇南侵，但岂能不防。王船山有言："然而勒不来之而入犯者，非勒无狡焉之志也，刘曜破石虎于蒲坂，进围金墉，勒方急曜而不暇及也，咸和三年九月斩苏峻，十二月勒执曜于洛阳。迟之一年，峻约始破，则约逼而导勒以东，晋其靡矣！”而苏峻则粮精兵足，又挟天子。如逼之急，则恐天子群臣受害，逼之宽，则军粮问继。如屯兵坚城之下，内无粮储，后有寇虏，前有强敌，又将蹈曹操赤壁之误，先主猇亭之失矣！此公之所以欲回师，再图进攻也。

公赫斯怒，怒欲回师，三军震动，朝士惶恐，震动所以激奋战之心，惶恐所以去怯懦之气。孙子曰："合军聚众，务在激气。复徙合军，务在治兵利气。临境近敌，务在厉气。战日有期，务在断气。今日将战，务在延气。气之不整，师陷于困。"行军粮尽，何以行军。袁绍集关东十八路诸侯而讨董卓，初则气盛，一战不成而气馁，主将无谋，众不用命，军心涣散，谁敢先进，不图进取，劳而无功而军散。公见今日之势，虽尚非众不用命，但粮尽则气馁，胡蜀之情势不明，则心恐。祖约有导石勒之势，石勒必乘虚而袭荆州，如石勒与苏峻东西夹攻，则师溃矣！公之一怒，温郗震怖，众志成城，因而加速苏军之灭亡。公非吝啬于区区军粮，盖荆州之粮未到，又怒温峤之不知备粮，及李阳粮到，便慷慨予之。胡为公咎。正为公之智算处。

世谓平苏峻之乱，温峤之谋为多，温峤之功为大。然纵观之，温峤虽言壮气盛，却为匹夫之勇，书生之气，行军只有七千，却如卵投石，备粮尽于三月，又不能破釜沉舟，此所谓勇而弱者也，岂能勍敌。温太真仅凭一片孤忠，半腔热血，若无陶公之军，陶公之粮，则亦为卞壶、桓彝矣！观温峤之行军也，初尚思借温庾之力，无温充之言，则不请陶公，所以不请者，疑焉！请而不至，则欲弃公而先行，既无粮备，又无强军，焉能克敌而制胜。关键时刻，皆迫出毛宝，毛宝劝峤再请公，毛宝二次烧粮，以缓和僵局，迫出克敌之奇功，微毛宝，则温公休矣！盖毛宝初为陶公部将，深知公者也。而温公则疑于公者也。袁绍之讨董卓，以疑而致败也。若当时陶公为主帅，则必不致于败。公之一怒，必怒众将之不一于己，故欲整军而再举也。公欲退师，乃激众将用命，否则屯兵坚城之下，将何以已！

故曰：公欲回师再举，非真欲回师也，若有深谋远虑，公赫斯怒，苏峻授首，祖约遁去而乱平，微公之怒，不知克苏，又将何日。岂能咎陶公耶！公出师之缓，欲回师再举，岂无因耶？胡为公咎。

论陶侃的军事观

◎周清华　段玉泉[1]

陶侃（259—334），鄱阳（今江西都昌）人，字士行，晋太尉侍中、都督荆（含湘）、雍、梁、益、广、交、江、宁八州军事，荆、江二州刺史，封长沙郡公，加羽葆鼓吹，进大将军，追赠大司马，谥曰桓。（《长沙桓公陶侃年谱》）

陶侃一生戎马倥偬，在军中四十一年，是晋朝朝廷安危维系的重要将领和大臣，其文治武功，不仅建立了卓著的功勋，而且流芳百世，成为后人纪念和景仰他的重要因素，下面就论述他的军事才略。

一、仁义治军

对一些营管成功的军队，我们称之为仁义之师，其统帅也因此被后人景仰和钦佩，如汉朝的刘邦曾约法三章、三国的诸葛亮、南宋的岳飞等，都是杰出的代表。陶侃作为一位具有多年军旅生涯的将军，在治军这一方面，也有其成功和独到之处。

西晋历史上曾多次处于内忧外患之中，在陶侃刚参与军务的时候，就发生了张昌叛乱。当时张昌借助社会不安定，人民生活艰难而较迷信的因素，宣扬“江淮以南，统已造反，官军大起，悉加诛戮，惟得真主保佑，方可免难”（蔡东藩《西晋演义》）。一时间到处都是“真主救难”“真主保佑”的谣言。张昌招纳大批信徒，起兵反晋，“旬月间，多达三万人，皆着绛帽，用马尾作髯，几与戏子演剧，仿佛相同”（蔡东藩《西晋演义》）。由于民众有了这种心理，作战骁勇异常，许多

① 周清华，都昌二中教师；段玉泉，宁夏大学讲师。

前去围剿的官军都被张昌杀得大败。张昌乘势四处劫掠,弄得民不聊生,怨声四起。

陶侃自小就有报效国家的雄心壮志，在这国家危急存亡之际，他便招兵买马，扩大军备，同时加强操练，提高实战能力。陶侃熟读兵书，深知兵不在多，而在作战能力，如何提高作战能力，是一个非常重要和关键的问题。他的脑海之中不时泛过古人用兵的范例，经过深思熟虑，决定把仁义治军放在首位，并立即付诸行动。

1. 以身作则。与官兵同吃同住同训练，不搞特殊化，增强与官兵之间的了解和感情。士兵们因此训练非常认真、刻苦，作战能力提高很快。

2. 认真细致地做士兵的思想工作。与官兵交流沟通，及时了解官兵的思想与心理动态，发现问题立即解决，并且从不采取简单粗暴的方法。

3. 解除官兵的后顾之忧。按时足额发放粮饷，了解官兵的困难，并设法解决，使官兵能一心操练，士气高涨，争上战场杀敌立功。

通过以上措施，陶侃部队的战斗力提高很快。当各路军马围剿失利时，诏令荆州刺史刘弘为镇南将军，都督荆州诸军事。刘弘立即派遣南蛮长史陶侃为大都护，东门将尚初为都战帅，进据襄阳，据守要塞（蔡东藩《西晋演义》）。陶侃终于得到报效国家的机会，他不仅率军打败了张昌的多次进攻，而且进兵重陵，与张昌大小数十战，尽得胜仗，张昌被迫遁入山中。陶侃乘胜追击，入山搜缉，斩首凯旋。

这是陶侃平生第一战，也是成名之战，初露锋芒，显示了其卓越的治军和作战能力，特别是仁义治军，不仅深受官兵拥护，而且为朝廷所嘉奖，“封东乡侯，授江夏太守”。（蔡东藩《西晋演义》）

二、攻心为上

俗话说，两军相遇，勇者胜。但在战场上却又有很多例子不在此列，而往往是两军相遇智者胜！攻城拔寨，确实需要超人的胆识和勇气，但平息兵戈之争，可能运用智谋的效果更佳，而且能避免流血牺牲。

陶侃一战成名之后，不仅没有居功自傲，而是不断总结经验教训，思考不战而屈人之兵的良策。

与第一次不同，此时更加成熟和稳重的陶侃更多地重视运用自己的智慧获取胜利，而避免无谓的牺牲。其实，只要切中要害，抓住致命的弱点，如上所述，陶侃抓住“天下无白头贼也（天下叛贼不可能长久）”这一敌人的要害，使叛将心理产生了动摇，再趁热打铁，何愁丰功伟业不成！而且后来又有许多人学习运用陶侃的攻心战术，化干戈为玉帛的佳话，将其方略发扬光大。

三、进退有度

剿灭杜弢之后，陶侃转任广州刺史，又被授予柴桑侯。天下相安无事，太平无虞。可是陶侃却没有耽于享乐之中，而是在思考如何为朝廷效忠尽力，如何使自己能保持清醒头脑而不亚于“业荒于嬉”。他“朝运百甓至斋外，夜运百甓至斋内”，当别人问他为何这样做时，他回答说：“我方欲致力中原，不宜过逸，今得少暇，欲借此习劳，免致筋力废弛呢。”（均据蔡东藩《西晋演义》）由于陶侃头脑冷静、思路清晰，所以能够处变不惊。公元 327 年，苏峻祖约谋反，陶侃年已 69 岁，任征西大将军，又被温峤、庾亮推为盟主，共赴国难。

苏峻本是历阳内史，讨贼有功，威望素著。所以恰巧不久，陶侃就遇到了一次绝好的机会，让他又一次展示其过人的智慧和机变。

公元 312 年，益州刺史杜弢起兵叛乱，声势浩大，接着又有胡亢、杜曾作乱。荆湘人民得不到安宁，流离失所。扬州刺史兼征讨都督王敦，屯兵豫章，急檄武昌太守陶侃，寻阳太守周访，历阳内史甘卓等，合兵讨峻。陶侃深知大敌当前，不宜轻动，而且不能只凭武力平叛，经过深思熟虑，他找到了克敌制胜的捷径：攻心之策。

语曰：“攻心为上，攻城为下。”当时周访专攻杜曾，陶侃主伐杜弢，两军交战都立马阵前，杜弢命部将王真出战，王真倨傲不恭。陶侃不为所惧，策马上前，对王真说：“杜弢为益州小吏，盗用库金，父死不奔丧。君本善人，何随之？天下无白头贼也！”（蔡东藩《西晋演义》）王真闻言，态度神色有了转变，而且言语也变得缓和。陶侃心知王真已为其语所打动，为不使杜弢疑心，乃策马回阵，高训:“今日天色已晚，明日再战不迟。”晚上便遣使慰谕，并截发为信，誓不记仇。王真遂趋降侃营，侃推诚相待，令真反袭杜弢。结果大败杜弢，仓促逃窜，成为光杆司令，后来竟无下落，可能死于荒郊野外，陶侃凭智慧和机变取胜。

陶桓公岂欲起兵废导

◎陶维墀

陶桓公欲起兵废导乎？人云其说而已，并未付之行动，维墀认为王庾矛盾，庾亮为推卸起兵废导之事，皆推之于陶公以杀陶称而了之，以说明亮非主谋。

按，公欲起兵导事，不见于《陶侃传》，又不见于《郗鉴传》，仅见于《庾亮传》。陶公薨后，庾亮都督江荆豫益梁雍六州诸军事，领江荆豫三州刺史。掌握了上流兵权之事。时王导辅政，主幼时艰，务存大纲，不拘细目，委任赵胤、贾宁等诸将，并不奉法，大臣患之。陶侃尝欲起兵废导而郗鉴不从乃止。（田余庆《东晋门阀政治》认为此事当在咸和五年（330），即庾亮居芜湖的次年，也就是郭默擅杀江州刺史刘胤，王导循势以郭默为江州刺史的时候。）至是亮又欲率众黜导，又以咨鉴，而鉴又不许。亮与鉴笺曰：

昔于芜湖，反复谓彼罪虽重而时蔽国危，且令方岳道胜，亦足有所镇压，故其隐忍，解释陶公，自兹迄今，曾无悛改。主上自八九岁以及成人，入则在宫人之手，出则唯武官小人，读书无从受音句，顾问未尝遇君子，侍臣虽非俊士，皆时之良也。知古今顾问，岂与殿中将军司督同年而语哉？不云当高选侍臣，而云高选将军司马督，岂合贾生愿人主之美习以成往之意乎！秦政欲愚其黔首，天下犹知不可，况乃欲愚其主哉！主之少也，不登进贤哲，以辅导圣躬，春秋既盛，宜复子明辟，不稽首归政，甫居师傅之尊，成人之主方受师臣之悖。主上知君臣之道，不可以然，而不得不行殊礼之事。万乘之君，寄坐上九，亢龙之父，有位无人，挟震主之威，以临制百官，百官莫之敢忤，是先帝无顾命之臣，势屈于骄奸而遵养之也。赵贾之徒，有无君之心，是可忍，孰不可忍。且往日之事，含容隐忍，谓其罪可宥。良以时弊国危，兵甲不可屡动，又冀其当谢往衅，惧而修己。如顷日之纵，是上无所忌，下无所惮，谓多贤无赖，足以维持天下。公与下官，并蒙先朝厚顾，荷托付之重，大奸不扫，何以见先帝于地下，愿公深惟安国家，国家社稷之远算，次计公之与下官负荷轻重，量其所宜。

鉴又不许，故其事得息，墀按鉴与王导儿女亲家，岂能从庾亮起兵。

《王导传》中云，南蛮校尉陶称间说亮当举兵内向。或劝导密为之防，导曰："吾与元规休戚是同，悠悠之谈，宜绝智者之口，则如君言，元规若来，吾便角巾还第，复何惧哉！"又与称书以为庾公帝之元舅，宜善事之，于是谗间遂息。时亮虽居外镇，而执朝廷之权，跃据上流拥强兵，趋向者多归之。导内不能平。常遇西风尘起，举扇自蔽。徐曰："元规尘污人。"

咸康五年庾亮以恢复中原为名，以陶称为南中郎将，江夏相，率部曲五千人入沔中，以本部所领二千人自随到夏口，自将二百人下见亮。亮大会吏佐，责称前后罪恶，称拜谢因罢出。亮使人于阁外收之弃市。且上疏罪称。

《晋书》云陶称间说亮当举兵内向。而《通鉴》则于亮与郗鉴书之后，南蛮校尉陶称以亮谋语导。才接或劝导密为之备。最后以孙盛谏亮曰："王公常有世外之怀，岂肯为非人事邪，此必佞邪之徒，欲间内外耳。"亮乃止。胡三省注曰："庾亮之谋，微郗鉴拒之于外，孙盛谏止于内，必再乱天下矣！"又于导曰元规尘污人下注曰："史言导不平之习，不能自禁于言语之间者，惟此而已！"又于亮斩称下注曰："亮素怨陶称，而称又间亮于王导，盖以私忿杀之。"

《通鉴》与《晋书》对陶称叙述不同，《晋书》认为庾亮欲起兵废导，乃陶称谗构其间，《通鉴》则说陶称将庾亮欲起兵废导之谋告诉王导。称既以亮谋告导，则称决不能说亮举兵内向。《通鉴》如此书法必有所本。如称知亮素怨侃公，则必不能说亮举兵内向，欲起兵废导者，主谋应该是庾亮。夫王、庾矛盾，由来已久。自从成帝即位，庾亮原以帝舅辅政，政事一决于亮。而王导因王敦反叛，王氏家族幸而不遭放逐，尚能在朝，但受到庾氏家族的排挤。苏峻之乱，庾亮犯了严重的政治错误，降职贬官，离开中枢。而王导却老练圆滑，又重新执政，但务政专求宽宥摆平，不能绳之以法。这样却又出现了一系列问题：苏峻之乱，湘州刺史卞敦观望，拥兵不下，又不给军粮，唯遣督护荀璲领数百人随大军而已，时朝野莫不怪叹，陶公亦切齿忿之。峻平，公奏敦阻军顾望，不赴国难，无大臣之节，请槛车收付廷尉。而王导以丧乱之后，宜加宽宥，转为广州刺史，病不之职。征为光禄大夫，领少府，以忧卒。司马光认为晋室无政，亦可知矣，任是责者，岂非王导乎！

苏峻乱平，公欲将孔坦上，用为豫章太守。而王导、庾亮并欲用坦为丹阳尹，坦固辞之，于是迁吴兴内史。豫章太守梅颐出事，导欲捕之，公以“天子富于春秋，万机自诸侯出，王公既得录，陶公何为不可放”。公以颐与梅陶曾于王敦前救公，而王导抑或以梅陶贰于王敦而收颐，于是公怒而放之。

温峤死后，刘胤任为江州刺史，远近皆谓非迁。陶公、郗鉴咸云胤非方伯才，而王导不从，言温峤梦中所荐。而胤至江州，只顾自己的商旅继路，耽误了江州运漕。有司请免胤官，使郭有机可乘，袭而杀之。

郭默杀胤，诈称奉诏，传胤首于京师，自任刺史。王导生怕其反，反而任命其为江州刺史、西中郎将。公则大怒，问王导：“郭默杀方州，即用为方州，害宰相，便为宰相乎？”导即发诏书命庾亮助公讨郭默。大军西下，郭默即授首。

史谓公欲废导，乃除郭默之后。但纵观当时形势，公既斩郭默，认为以上一系列问题，晋室无政，责在王导，庾亮更因王庾矛盾，亦有同感，有所议论，欲整顿朝纲，需废王导，加以陶公遭王敦之害，以公一生之大节观之，决不肯为。真欲废导，亦何需起兵。公亦不欲执朝政，如欲执朝政，则咸和六年，平襄阳，进大将军公即可执朝政，架空王导，胡为上表固让。在临终时却推重司徒王导、司空郗鉴、平西将军庾亮，即陛下之周召也呢？陶侃尝欲起兵废导，仅见于庾亮欲废导之表中，真相如何，不得而知。

至于庾亮则不然。陶公薨后，居上流，拥强兵。当年苏峻乱前，执朝政废王氏，从其表观之，的确欲起兵废导，重执朝政。王、庾矛盾，此时已尖锐化。欲执朝政，非废王导不可，必再乱天下矣！成帝亦知“大舅已乱天下，小舅复欲尔耶？”

陶公欲起公废导，必将蹈王敦，苏峻之覆辙。或亦庾亮推卸责任而强加于公的诬陷不实之辞，以衬“潜有窥窬之志，每思折翼之祥，自抑而止”，陶称见导，或亦自明先公无废导之意，而卒以杀陶称而和解之。观以后庾氏家族受到王氏家族之起用桓温而制之，亦可知当时之形势矣！

千秋贤者　一代名臣

◎陶鼎金[①]

侃公幼年丧父，家境贫寒，母子相依。公之母有孟母之贤，对公宽严并济，苦心栽培。公少有大志，聪慧好学，砥砺不懈，遂成经纬之才。

公初为武冈县令，即有贤名。继为武昌太守，则恩泽一方。时值杜弢之乱，公率部随征，初展武略，戎政齐肃，平分虏获，多谋善断，雄毅果敢，卒建大功，升为荆州刺史。在任之时，军纪严明，政务整肃。百姓安乐，道不拾遗。万民称颂，声名显赫。在任不久，即招人嫉妒，谪贬广州。

晋时广州乃蛮荒之地。公处逆境，不效世俗寄情山水，游戏文字，而是心怀天下，致力中原。运甓自劳，风雨不懈，磨练体志，以备效力，逆且益坚，不坠青云之志。

刁协、王敦之乱相继平定之后，公重回荆州重地，加征西大将军。是时内外多事，千头万绪，军政事务，极其繁杂。公勤于吏职，“远近书疏，莫不手答；笔翰如流，未常壅滞；引接疏远，门无停客”。公珍时惜物，清廉爱民。扔酒器、赌器于江中，规部下爱惜分阴；储木屑、竹头备时用，开节俭爱物风范；执鞭玩穗之人，使百姓安于农植；拒不宜之礼送，倡廉风于乱世。公之盛德，如日月经天。

咸和二年（327），苏峻叛乱，攻陷建康，满朝重臣，一筹莫展，晋室危如累卵，百姓处于倒悬。是公主盟为帅，平定叛乱。成帝以公有再造晋室之功，擢公一身兼任朝内侍中、太尉之要职，外领荆、江二州之重任，都荆、江、雍、梁、交、广、益、宁八州之军事，封爵长沙郡公。功高位显，权重倾国。然公慎终如始，临宠不惑，

① 陶鼎金，瑞昌市政协原副主席。

愈加忠顺勤勉，谦和谨慎。功高而不震主，位显不逼人。虽屡交辞呈，不允身退，乃至以七十六岁高龄，逝于告老下藩途中。可谓鞠躬尽瘁，死而后已。高风亮节，令人仰止。

公为官四十余年，忠顺勤谨，清廉爱民，识察纤密，刚柔兼备。处逆不废，居高益谦。朝野内外，广受赞誉。成帝称公“作藩于外，八州肃清；勤王于内，皇家以宁”。梅陶谓公“机神明鉴胜魏武，忠顺勤劳似孔明”。谢安言公“用法恒得法外之意”。属州百姓，更是感恩戴德。公去之时，朝野震悼，山河哭泣。公虽已矣，然公之令名，传颂千古；公之懿德，垂范后世；公之军政业绩，警鉴后人。公不愧为“千秋贤者，一代名臣”。

陶氏宗谱恭录

◎陶维墀

维墀为编著“陶氏史记”遍读各地陶氏宗谱，都在恭录之，既编侃公之系年谱，遂将所录之谱，有关者一一录出，以明侃公之祖系、子系、生卒年及葬地祠庙。侃公父母之生卒年，葬地祠庙，众谱既多，所述亦大同而小异，证诸史传，以为谱之所本。

在浙江之地，所见各谱中，有四谱有祖系图，亦已录入。但各谱皆有存疑之处，皆注于谱中。各谱中，列于各公前面的数字（如 1、2）为统一的世次。

一、彭泽定山谱

（一）远祖纪略

1. 舍公生于秦王政二十二年丙子，仕汉高为（右）司马，高帝五年击燕大有功，封（漏开封）愍侯。夫人曾氏生与公同庚，生子曰青，尚有四子皆失考。公薨于汉武帝建元三年癸卯（前 138），夫人薨于二年壬寅，合葬龙回原。按史，舍公死于汉高帝十二年丙午（前 195）。

前面有文为：陶叔仕周为司徒，陶氏得姓始此，自陶叔之后，舍公之前，世次无征始缺之。墀按，陶叔为周成王子、弟，或叔非陶唐氏之后，陶氏得姓自陶唐氏始。

2. 青公：舍公长子，生于汉高帝十年甲辰，袭封，谥夷侯，景帝朝拜丞相，扫除繁苛，与民休息。夫人陈氏生于汉高帝十二年丙午，生子六，曰偃曰世征，余皆失考。公为相十八年而薨，与夫人合葬龙回原。按史，青公为御史大夫为丞相共十三年，汉景帝前元七年罢相，中元三年薨（前 147）。

3. 偃公：青公之子，生于汉文帝元年，七年戊辰嗣封（缺谥）节侯，配司马氏，生子二，曰睢曰祚。《汉书》作景十三年嗣侯，元光五年薨。《史记》作中元三年嗣侯，元光元年薨。如偃嗣侯十七年，应以中元三年嗣侯，元光五年薨为是（前130）。

4. 睢公：偃公之子，生于汉景帝前元二年丙戌，武帝元光五年辛亥嗣侯，至元鼎四年。生子二，曰豫曰務。《史记》作元鼎五年酹金而失侯国除，《汉书》作元狩五年坐酹金失侯国除，睢在位十八年。按《汉武纪》，元鼎五年（前112）九月列侯以酹金而失侯者百另六国。

5. 豫公：睢公之子，生于汉武帝元狩元年，殁于汉宣帝五凤二年。配韩氏，与公合葬锡类山。生子三，曰文华、文振、文明。

6. 文振公：豫公次子，生于汉昭帝始元四年戊戌，娶周氏，生于宣帝地节二年癸丑，生子二，曰睿曰叶。公殁于汉成帝绥和二年甲寅（前7），妣殁于哀帝元寿二年庚申，合葬祖陇。

7. 睿公：文振长子，生于汉宣帝甘露四年辛未，殁于平帝元始四年甲子，葬光原山，配窦氏，生子曰昆。窦妣殁葬失载。汉宣帝元康四年（前62）舍公玄孙之孙长安公士元始诏复家。元，会宗谱作文华子。

8. 昆公：睿公之子，字元始，生于汉成帝元延元年，娶吴氏，生子曰遂。吴妣事姑尽孝，家常不给，纺绩供养，诏旌其门，蠲其差役。公妣合葬先原山。昆公若即长安公士。

9. 遂公：一名聩，昆公之子，生于汉章帝建初元年丙子（76），配樊氏，生与公同庚，生子二，曰敦曰瑞。公殁于汉灵帝光和五年壬戌（82）。（按寿106岁太长，疑误，且昆公88岁生子？）妣殁于灵帝中平元年癸亥二月，公妣同葬奕山。

10. 敦公：遂公长子，生于汉安帝永初二年戊申，桓帝朝为大司徒，配桓氏，生于永初六年壬子，生子三，曰明弼，曰数治，曰洁公，殁于汉灵帝熹平四年乙卯六月（108—175），葬风坡山，夫人殁于汉桓帝延熹七年甲辰九月，葬与公同处。《后汉书》敦公于顺帝永建元年为司空，同年罢（126）。墓在当涂县东65里，为迁丹阳之祖，陶澍在芜湖谱序曰："司空敦与杨震同征至三公。"震被征在初平四年（193），则敦公生卒年存疑，若至丹阳不久即卒。

明弼之子谦仕汉为徐州太守，赠溧阳侯，谦之子璜为交州牧，生子威。威生回，平苏峻有功，封康乐伯。回生益，益生信寿，信寿生余。余之子弘景字通明，萧齐高帝朝为诸王侍读，武帝永明中为奉朝请，挂冠神武门而去，隐居应天句容县句曲山，自号华阳居士。梁武帝早与之游，及即位，每以手敕招之，不起。凡有大议，必先谘门，时人称为山中宰相。自弘景后旧谱破缺，无从查考。（墀按，谦、璜皆为丹阳之系，谦从子基，基子璜、浚、抗。抗子回，浚七世孙宏景，谦子商、应。

11. 洁公：一名良，字奉，敦公幼子，生于汉桓帝永兴元年癸巳，配金氏，生子二，曰启曰同，公殁于汉献帝建安二十年乙未（153—215），葬原岭。妣殁于献帝建安五年庚辰，葬奕山。

12. 同公：洁公之子，字皆吾，生于汉灵帝光和三年，娶禄氏，生于光和二年。生子五，曰倩曰丹，余皆无考。公殁于后汉延熙十一年（180—248），妣殁于后汉延熙十三年，公妣合葬庐山西原。同公为始迁鄱阳之祖，官职未详。西原在今都昌。

13. 丹公：字文仲，同公之子，生于汉献帝建安十八年癸巳八月初七日，仕吴为扬武将军，封柴桑侯，娶新淦湛氏，生于汉后帝建兴元年甲辰六月十九日。生子二，曰偾，曰侃。公殁于汉后帝炎兴元年甲申十月二十六日，赠太师庆国公，葬鹤问湖畔，旧云寻阳四十里。湛母诰赠庆国夫人，卒于晋怀帝永嘉元年丁卯十月二十四日，葬鄡阳牛冈嘴牛眠地。（公，213—264；妣，223—307）

偾，一名瑜，交州牧。生子二，曰臻，曰舆，臻领南蛮校尉，死节，进赠平南将军，谥曰肃，舆亦死节，其后裔均无考。（偾，交州牧，为璜之讹错）。

14. 侃公：丹公次子字士行，生于汉后帝延熙十三年辛未五月十八日，夫人龚氏生于汉后帝景耀四年壬午六月十七日，殁于晋惠帝光熙元年甲子十月十七日，葬江山绎山（261—306）。墀按，龚母于侃公征苏峻时（329）尚健在，此或为另一母。续娶韩氏，妻妾凡十五，生子十七曰：洪、瞻、夏、琦、旗、茂、斌、范、岱、称，余皆早逝，第十女适长史孟嘉。公性聪明英断，严密忠勤，少孤力学，佩服母训，卒成大器，历事有惠、怀、愍、元、明、成，凡六主，自小吏县令迁太守、刺史、八州都督、征西大将军、侍中、太尉、大司马。尤长于用兵，独久于外镇，布泽怀边，尽忠匡主，讨平逆乱，兴复渝鼎，屡建大勋，进爵长沙公，食邑六千三百户。在军四十一年，励志尽力，未尝少懈。检摄从事，无有遗漏，恭而近礼，崇尚名教，常以勤敏礼法，戒论吏民，力矫当时沉湎清谈之弊，实晋代中流之砥柱也。晚年以盈满自惧，屡欲告老，吏民苦留之，至成帝咸和九年甲午始以疾上表逊位，六月初三日公死，享年八十有四，勅葬绎山，与龚夫人合墓，追封长沙王，谥桓（251—

334）。墀按，《晋书》公寿七十六，葬长沙国南一十里，未闻封王。

15. 洪为荆州参军。瞻任广陵庐江二府太守，迁散骑常侍，苏峻反，公死难，谥曰愍悼，世称为陶三相公。生子二，曰宏，曰安。宏任光禄勋，宏子延寿袭长沙公（？—328）。墀按，娶周访女，子宏，宏子绰之，绰之子延寿相继袭爵。

夏以太尉功封都亭侯。

琦为司空掾。

旗任散骑常侍，封郴县开国伯，生子定，定生应寿。墀按，定子袭之，袭之子谦之相继袭爵。

茂：侃公第七子，行量三，字梅九，生于晋怀帝永嘉二年九月十六日。娶朱氏，生于晋怀帝永嘉三年十月十六日。生子三，曰淡、敏、实，女一适罗企生。公任武昌府太守，卒于晋孝武帝太元三年戊寅十月二十日（308—378），夫人卒于晋孝武帝宁康三年乙亥八月十四日（309—375）。

斌官至尚书。

范为光禄勋。

岱任散骑常侍。

称任南平太守、南蛮校尉，加威武将军。

16. 淡：字处寂，妻死不婚，结庐湘中，号白鹿先生，从祀乡贤。墀按，淡为夏子非茂子。

敏：茂公次子，字奉义，生于晋康帝建元元年癸卯九月二十六日，娶长史孟嘉之第四女，生于晋成帝咸康六年庚子六月十七日，生子一，曰渊明。公任姿城太守，卒于刘宋武帝永初三年壬戌十月二十八日，葬兹山（343—422），夫人卒于晋安帝隆安五年辛丑十一月十八日，与公合墓（340—401）。墀按，敏公卒年有误。

实：字由中，生子敬远，敬远生子纲，纲生九相公。墀按，实或为夔之笔讹。

17. 渊明：敏公之子，字元亮，生于晋哀帝兴宁三年乙丑六月十五日午时，娶陈氏、翟氏，生子五，曰俨、俟、份、佚、佟。（中略）殁于刘宋文帝元嘉四年丁卯十月十一日，士大夫慕之称为靖节先生（365—427）。翟母生于晋哀帝隆和元年壬戌七月十八日，亦能与公同志，安于勤苦，终始如一，卒于刘宋文帝元嘉十年癸酉十月初四日（362—433）。公与妣合葬德化县楚城乡鹿子坂面阳山。

18. 俨讳舒，生子熙之、谦之，为南（昌）、新（建）、进（贤）三县之祖。

俟：渊明公次子，讳宣，字居易，生于晋安帝隆安五年辛丑（401—），娶詹氏，生子二，曰庄，曰甫。为彭泽、皖江、蕲黄之祖，为定山祖。

份讳雍，生子曰冠，迁桐城曰就乡、抚州等处。

佚讳端，生子曰冕，迁彭泽县城，天目、武陵、陕西等处。为彭泽县城祖。

佟讳通，生子曰旒，迁新昌、星子、德化、湖广、宝庆等处。

（二）先代遗迹

1. 湛母

延宾坊：在饶州府城内侃公故居。（都昌县古街也有延宾坊）

化梭亭：在临江府城东北清江镇。

牛眠地：在饶州牛冈嘴。（都昌县城西三里处有牛眠嘴）

2. 侃公

惜阴亭：在桐城即古之枞阳。

西门柳：在武昌，公镇武昌时所植。

侃公故宅：在武昌，宅有黑石，中坳如樽状，元末修之以藏酒。

鹤问湖：在九江府城西，公尝至此，遇异人与之言，言毕化鹤而去。

桓公祠：公都督八州，德泽深入人心，故立祀庙，祀之者甚众。

有六处：武昌、长沙、新淦、都昌、九江、彭泽。

陶王山：在彭泽新兴乡，其山有祠，祠公故名。

二、会宗谱（由德化套口谱入）

（一）历代总系图一

1. 帝尧，字放勋，号陶唐氏，陶氏得姓从此始。子一丹朱。

2. 丹朱，封唐侯，高辛甲午（前 2367）生，子一肇基。

3. 肇基，袭封侯，戊午（前 2283）生，子一纪录。

4. 纪录，封侯，乙亥（前 2206）生，子一圣清。

5. 圣清，袭封侯，太康甲午（前 2187）生，子一智桐。

6. 智桐，封侯，丙子（前 2145）生，子一攸趣。

7. 攸趣，封仪侯，甲辰（前 2087）生，子一同景。

8. 同景，唐侯，戊子（前 2011）生，子一忠靖。

9. 忠靖，袭封侯，甲午（前 1957）生，子一信渎。

10. 信渎，封唐侯，乙酉（前 1896）生，子一是实。
11. 是实，唐侯，癸酉（前 1848）生，子一主恺。
12. 主恺，封伯，乙卯（前 1806）生，子一礼额。
13. 礼额，少傅，丙午（前 1745）生，子一让明。
14. 让明，冀州牧，壬午（前 1719）生，子一自承。
15. 自承，典礼，戊午（前 1683）生，子一躬成。
16. 躬成，封侯，丁酉（前 1644）生，子一族统。
17. 族统，司徒，辛未（前 1610）生，子一缘教（太戊时）。
18. 缘教，典礼，癸酉（前 1548）生，子一邦怀。
19. 邦怀，司谏，甲午八月（前 1527）生，子一国观。
20. 国观，庚午七月（前 1491）生，子一文元。
21. 文元，封侯，丁酉（前 1464）生，子一教立。
22. 教立，封侯，庚午（前 1431）生，子一华荣。
23. 华荣，封侯，壬寅（前 1399）生，子一戎元。
24. 戎元，封侯，戊辰（前 1373）生，子一事成。
25. 事成，唐侯，子一宜家。
26. 宜家，封侯，癸亥（前 1258）生，子一权衡。
27. 权衡，典礼，丁卯（前 1194）生，子一度思。
28. 度思，司牧，壬子（前 1149）生，子一启圣。
29. 启圣，甲午（前 1107）生，子一迪恕。
30. 迪恕，雍州牧，乙丑七月（前 1076）生，子一声闻。
31. 声闻，司教，癸卯（前 1038）生，子一容敬。
32. 容敬，甲申（前 997）生，子一道明。
33. 道明，封侯，癸未（前 938）生，子一传书。
34. 传书，封侯，壬子（前 907）生，子一一麒。
35. 一麒、封侯，乙酉（前 876）生，子一贯纪。
36. 贯纪，武侯，壬戌（前 839）生，子一普详。
37. 普详，封伯，生子一系坟。
38. 系坟，袭侯封，壬午（前 699）生，子一诸伦。
39. 诸伦，大司徒，甲辰（前 677）生，子一公延。（为司徒约周襄王时，穆穆司徒或指此)。

40. 公延，少傅，襄壬申（前 649）生，子一永衍。

41. 永衍，生子一锡套。

42. 锡套，官至感伯，子一祚庆。

43. 祚庆，官至典礼，子一胤恭。

44. 胤恭，任都督，子一允恒。

45. 允恒，任国师，子一执瑚。

46. 执瑚，副将，子一厥仁。

47. 厥仁，都督，子一中立。

48. 中立，乡士，子一舍。

前四十八世，自尧至中立，仍遵旧谱修存祖宗令绪。

（二）历代总系图二

1. 舍（？—前 195），中立之子，尧四十九世孙，汉右司马，谥曰愍（封开封侯），娶夫人曾氏，合葬面龙原，生子一青。

2. 青，袭父爵，官至丞相，谥曰夷，配夫人陈氏，合葬面龙原，（？—前 147），生子一偃。

3. 偃（？—前 130），名世征，袭父爵，谥曰节，配夫人司马氏，生子二，睢、祚。

4. 睢，袭父爵，夫人陈氏，生子二，豫，务。

5. 豫（前 86—？），生汉昭帝乙未八月，娶韩氏，合葬锡类山，生子三，叶、文振、文明。

6. 叶，一名文华，娶周氏，生子一元。

7. 元，汉宣帝元康五年为长安公士，诏复其家，娶窦氏，生子一昆。

8. 昆，一名瑣，娶吴澄女，生子一遂。

9. 遂，娶樊氏，生子二，敦、瑞。

10. 敦，汉安帝元初五年（漏被征，顺帝永建元年）为大司徒（应为司空），迁入丹阳，娶薛氏，生子二，良、俊。迁入丹阳约在永建二年（127）。

11. 良，一名洁，为中垒校尉，娶贾氏，生子一谦，谦字恭祖，汉献帝兴平元年为溧阳侯，徐州牧，生子商、应，俊，赠扬武将军，娶陈氏，生子一同。按，谦与从子基，居丹阳，是为丹阳之祖。

12. 同，汉末避乱江东鄱阳，娶陆氏，生子一丹。是首迁鄱阳之祖，后迁寻阳。

13. 丹，字文仲，仕吴官太子舍人，娶新淦湛氏，生子二，偾、侃。生汉后帝延熙丁未，仕吴为扬武将军，湛葬都昌牛冈嘴牛眠地，碑志存祀。公葬于寻阳四十里鹤问湖畔，赞曰:“智勇天锡，群伦超轶。伏节临戎，功烈赫爽。截发筵宾，贤哉佳匹。列爵封侯，永嗣进秩。”王十朋《题延宾坊》:“门外俄临长者车，贤哉阿母断青丝。虽然发去名便在，坊名延宾千古奇。”

14. 偾，封左散骑大将军，娶洪氏，生子二，臻为南郡太守，舆迁威武将军，赠长沙太守。偾公在汉生二子，并任官爵，古称明德之后，必有达人，谅非碌，无奇者，姑以俟其子孙。

15. 侃，字士行，生晋元帝大兴二年。娶龚氏等十妻，生子十七，十有闻，四子无闻，女一适长史孟嘉。公都督荆江雍交广益宁八州军事，荆江州刺史，中书令（应为太尉、侍中），御赐剑履上殿，封长沙郡公，赠大司马，薨于晋成帝咸和八年癸巳岁六月，享年七十六，谥曰桓。康帝思公有宏济艰难之勋，敕葬长沙，谥长沙英佑王（王史无考），赞曰：“晋室之衰，先生奋激。江中投局，斋前运甓。功名一代,天门八翼。前溯于汉伯禹吴汉之俦,后视于唐子仪光弼之匹。噫嘻先生，人臣之极。”龚殁于晋成帝咸和九年甲午六月，葬饶山府城荐福寺前。

16. 洪，公长子，辟丞相掾。

瞻，公次子，字道贞，历广陵等处太守，今陶三相公是也，娶贾氏，生子二，宏袭长沙公，娶琅琊王氏。安为昌邑令婆洪氏，生子二，绰之、缢之。

旗，公三子，字某，郴县开国伯。

夏，公四子，以太尉功封都亭侯。

琦，公五子，司马（空）掾。

宏，公六子，袭父爵，被庾亮进之。（按，宏为公孙，瞻子，其子为绰之）

茂，公七子，行重三，任武昌府太守，晋建元二年（344）生，娶周氏，访女，生子四，定、淡、信、敏。

斌，公八子，仕至尚书。

范，公九子，太元初为光禄勋。

岱，公十子，散骑常侍。

绰之，公十一子，袭爵，（按，绰之为公曾孙，宏子，瞻孙，子为延寿）

称，公十二子，任中郎将，寻加扬武将军，监江夏、隋、义阳三郡军事。

延寿，公十三子，袭爵，降为吴昌侯，至南宋元嘉甲子年，改封吴昌公，督南康诸军事，居都昌。（谨按，侃公十三子，其中宏、绰之、延寿，皆非公子，为瞻之子、孙、曾，何以抄讹不解。）

17. 定，茂公长子，娶陈氏，生子三，袭之、谦之、敬之。迁居栗里。（按，定为旗子，定子袭之，袭之子谦之；皆袭郴县伯。）

淡，茂次子，修炼不婚，字处寂，号白鹿先生，结庐湘中。（按，淡，夏子，与侄恒均肉身蜕化。）

信，茂三子，字由中。（按，或作夔，或作实，或作信，实为同一人）

敏，茂四子，字奉义，生晋……（按，未书完，应为生晋永和二年，任姿城太守，娶孟嘉第四女，生子三：恂之、熙之、渊明。）

（按，茂公仅二子敏、夔。）

18. 渊明，为陶之靖节公，盖自是而陶大显于世矣，后之慕公者至曰：每逢姓陶人，使我心依然。一若陶有公，而陶更鲜艳。公出而陶愈韶也，宜子孙修家乘者，皆推公为一世祖。公字元亮，在宋名潜，宅边有五柳，因号五柳先生，娶程氏、翟氏。生子五，俨、俟、份、佚、佟。

19. 俨，明公长子，为南（昌）、新（建）、进（贤）之祖，子惠。

俟，明公次子，字居易，娶詹氏，生子三，曰侧、庄、甫，为都昌、彭泽、湖口之祖。

份，明公三子，子宏国，迁桐城曰就乡、羊城。

佚，明公四子，子冕、隐、惠、意。为彭泽县城、天目、武陵、陕西祖。

佟，明公五子，居星子，为栗里之长岗、套口、德安之祖（另一表作为星子、新昌、德安、湖广之祖）。子道宏。

三、寻阳长岗栗里谱

（一）自汉至吴源流图系

1. 汉愍侯舍（？—前195），以右司马，初从汉王击代、秦、项有功，汉高祖十一年十二月丙辰（封开封侯），谥愍侯，享三千户，一年薨。

2. 丞相青（？—前147），汉高十二年嗣夷侯，孝景二年六月夏以开封侯为丞相，六年春免，十八年薨，《前汉书》载四十八年薨，今二存之。按，《前汉书》汉高十二年夷侯青嗣，四十八年薨是也。

3. 节侯偃（？—前130）：汉孝景中三年嗣节侯十七年。按，史册载一年薨，今从《前汉书》正之。

4. 睢，汉孝武元光五年嗣侯，元狩五年酎金免，孙元继之。按，应为元鼎五年酎金免，元为曾孙辈。《前汉书》于睢公之下书玄孙、六世俱未详其爵讳。

5. 元，汉孝宣元康四年，舍玄孙之孙长安公士元始诏复家。按，《前汉书》称元公为七世。

6. 大司徒敦，丞相青九世孙，汉帝时为大司徒（汉顺帝时为司空）。

7. 中长某，汉帝朝任中垒校尉，今未详。

8. 同，当汉之末，避乱江东。

（二）长岗栗里上世源流图系表

9. 吴扬武将军丹，字文仲，后汉延熙二十年生，仕吴为扬武将军，娶新淦湛夫人，生侃公。葬寻阳，夫人葬饶州之牛冈嘴地号牛眠，盖长沙公精堪舆，即双鹤翱翔之处也，碑志存焉。旧谱：丹公封柴桑侯，据晋史，侃公传，未云封侯，不应妄记。盖长沙自封柴桑，宣传讹耶？曰有陶之兴，不有天祚哉！自愍侯以一剑辅汉，功绘日月，带砺山河，实亢洪宗，中由丞相青而下至吴扬武将军丹凡十二世，以今考嗣袭薨谥之次，父子祖孙之行，不能详也，故前谱依龙门之法，编为授受之图，变其类而散书之，以示缺疑之意，谨处之述汉至吴源流图系。按，延照二十年侃公亦将降世，误讹也。

10. 晋长沙公侃，咸和七年六月，薨于樊溪。封长沙公，三千户，赐绢八千匹，置左右长史、司马、从事中郎四，掾属十二人。考遗河南归德府虞城县待宾寺，世传晋长沙公故宅基，初公母家贫，客至无以为礼，剪发易酒淆待之，因以为寺名焉（见《舆地纪胜》）。按，陶氏入汉以来，自愍侯后，因皆属天下之域，岂公实始家此欤！又江西临江府清江县化梭亭，长沙公尝钓泽中得织梭挂壁，一日雷雨，梭化为龙去，后人作亭表之（见《广舆考》）。今都昌县也有钓台，或公依湛夫人时寓钓潇江，未可知焉！传异，湛夫人死有二羽客来吊，须臾跨鹤去，公梦生八翼飞上天，见天门九重，已登其八，阍者击之以杖，同坠地，折其左翼，及寤，左肋犹痛。尝如厕，见一朱衣介帻剑板，告以后当为公，相者师珪亦云公左手中有竖理当公，若彻上，贵不可言，公以针决之，见血洒壁而为公字，以纸裹手，公字愈明，俱极确！

11. 晋武昌太守茂公，据旧谱以公行曰重三，娶在城朱氏，生子敏，按茂龄谱，以岱为祖，今按旧史正之。

12. 晋姿城太守敏，据旧谱称公字奉义，行七，娶江夏孟嘉公之第四女，生四子，史失载，靖节其一也，茂麟谱以逸为父，其谬至此矣！

13. 征士渊明公，墓在德化县之面阳山，有明正德七年本省学使者抚讲李公梦阳，表为立祠，世袭祠生员，以奉祀焉。《安福县志》："南四十里有书冈，竖石层耸其领，有平石名渊明读书台，相传元亮解组后尝栖此。"

四、星子蓼花谱

1. 舍。2. 青。3. 世征。4. 祚。5. 豫。6. 文振。7. 睿。8. 昆。9. 遂。10. 洁。11. 六奉。

12. 同，行启一，汉末避地江东鄱阳，光和庚申年六月十九日生，延熙己巳年十月十七日殁，娶陆氏，迁居江州，葬庐山西源，子丹。

13. 丹（213—291），行青二，为吴太子舍人，封扬武将军，加封柴桑侯，赠太师，追封庆国公，建安癸巳年八月初七日生，元康辛亥年十月二十六日殁，葬寻阳鹤问湖仙居乡兴良社，唐敕禁樵采。洪武年间官役居民危德看守，永免其差役，都昌立庙以祀。夫人新淦湛氏，辛巳年六月十九日生，辛未年十月二十四日殁，葬瑞昌某乡兴良社牛眠地，追封庆国夫人，尝截发筵宾，世称贤母。子偾、侃。

14. 侃（259—334），字士行，鄱阳郡人，徙居庐江之寻阳，庐江太守张夔荐于朝，仕晋都督荆江雍梁交广益宁八州军事，荆、江二州刺史，中书令（侍中）兼太尉，赐剑履上殿，封长沙公，后汉景耀己卯生，东晋咸和甲午年薨，寿八十三，赐大司马，谥曰桓，葬国南二十五里，娶龚氏等。子洪、瞻、夏、琦、旗、斌、称、茂、范、岱。

15. 茂，武昌太守，娶刘氏，子敏。

16. 敏，字奉久，行觉七，姿城太守，娶孟嘉第四女，子三，悔之、熙之、渊明。

17. 渊明（365—427），字元亮，宅边有五柳树，初为州祭酒，少日自解归，州召为主簿不就，后为彭泽令，任官八十三日，赋《归去来辞》，自以世为晋臣，耻屈身刘宋，不就征召，改名潜。晋兴宁乙丑六月十五日生，宋元嘉丁卯九月十五日殁，春秋六十三，谥靖节先生，世祀彭泽，葬德化县楚城乡面阳山，娶翟氏，隆和壬戌七月十八日生，元嘉甲戌十月初四日殁，合葬面阳山，生子五，俨、俟、份、佚、佟。

18. 俨（383—459），字求思，小字阿舒，居饶州马鞍山，癸未二月初三生，己亥十一月二十八殁，为南昌、新建、星子、进贤、建昌、抚州、新昌、湖广、福建、诸陶之祖，生子惠。

五、新建昌邑谱，都昌栗里谱（西源）

1. 舍（前 225—前 195），生于秦丙子。

2. 青（前 197—前 147），生于汉高甲辰。景帝二年拜丞相，子偃、世征。偃子睢。

3. 世征（前 171—前？），生于汉文帝庚辛，子祚。

4. 祚（前 148—前？），生于汉景帝癸巳，子豫。

5. 豫（前 121），生于汉武帝元狩庚申，子文华、文振、文明。

6. 文振（前 76），生于汉昭帝元凤乙巳，子睿。

7. 睿，子昆。

8. 昆（前 29—前？），生于汉成帝建始壬辰，子遂。

9. 遂（前 5—？），生于汉哀帝建平丙辰，子瑞、敦、洁。

10. 洁，生卒不详，子六元、六贵、六奉、不几。

11. 六奉，生卒不详，子同。

12. 同公，行启一，汉末避乱居江东，生于光和三年庚申六月十九日亥时，娶陆氏，生于光和二年己未六月十一日巳时，生子曰丹，公殁于延熙十二年己巳十月十七日，妣殁于延熙十四年辛未二月十六日，夫妇合葬庐山西原。（公 180—249，妣 179—251）

13. 丹公，同公之子，行青二，生东汉建安十八年癸巳八月初七日丑时，为吴太子舍人，封扬武将军，加封柴桑侯，赠太师，追封庆国公，娶新淦湛氏，生子曰侃，殁于晋元康元年辛亥十月二十八日，葬寻阳鹤问湖仙居乡兴良社，唐敕禁樵采，洪武间官设居民危得看守，永免差役，都昌立庙以祀之，（213—291），夫人湛氏御葬都昌牛冈嘴牛眠地，有碑存证，追封庆国夫人，尝截发筵宾，世称贤母，详传。子偾、侃。偾子臻、舆。

14. 侃公，丹公之子，字士行，生汉景耀二年己卯，都督荆江雍梁交广益宁八州刺史，中书令（侍中）兼太尉，御赐剑履上殿，封长沙公，娶龚氏，妻妾十五人。生子十七，长曰洪，次瞻，三夏，四琦，五旗，六宏（宏乃公孙，瞻子，袭长沙公），七斌，八茂，九称，十范，十一岱，见旧史。余无考，一女，适征西大将军长史孟嘉。公薨于东晋咸和九年甲午，享寿七十有六，追赠大司马，谥曰桓，康帝思公有宏济艰难之勋，敕葬国南二十里，谥曰长沙英佑王，（259—334）。夫人龚氏封益国夫人。（封王未见晋史。）

15. 茂公（322—386），侃公八子，行量三，任武昌太守，生晋元帝永昌元年壬午十月初五日申时，娶周访女，生于太宁二年甲申四月十二日未时。生子二，长敏、次聪。公殁于太元十一年丙戌，氏殁于隆安三年己亥（324—399），公妣合葬先原山。

16. 敏公（344—428），茂公长子，字风义，行觉七，任姿城太守，生晋康帝建元二年甲辰六月初十日巳时，娶孟嘉第四女，生于永和三年丁未七月十一日寅时，生子三，长悔之、次熙之、三渊明。公殁于义熙十四年戊午四月初三日，妣殁于永初元年辛酉十月二十三日（347—420），公妣合葬锡类山。

17. 渊明公（365—427），字元亮，宅边有五柳树，因号五柳先生，生晋兴宁乙丑三月初八日子时。初为州祭酒，不久解归，召为州主簿不就，任彭泽县令，在官八十三日，赋《归去来辞》，自以世为晋臣，耻屈身刘宋，拒宋征召，改名曰潜。娶陈氏、翟氏，生子五，俨、俟、份、佚、佟。殁于宋元嘉四年十一月十五日，寿六十三，谥靖节先生，葬柴桑，今之庐山西边是名曰面阳山，墓旁有靖节祠，奉恩世袭祀，又同处楚城乡鹿子坂，现有祭田存祀。谱之原序次表出于公之手。陈氏（？—434）殁于元嘉十一年甲戌十月十九日，与夫合葬面阳山。翟氏殁于元嘉丙子年八月初十日（？—436），亦葬面阳山。按，其他谱陈氏生俨、俟、份而产卒，则翟殁于元嘉甲戌。

18. 俨公，渊明长子，字求思，小字阿舒，生晋德兴八年癸未九月初十日，居饶州马鞍山，为新建、进贤、建昌、永修、抚州、福建诸陶之祖，娶聂氏、陈氏，生子一曰熙。按，晋无德兴年号，癸未为太元八年（383）。

俟，渊明次子，字居易，小字阿宣，生晋隆安五年辛丑（401），娶詹氏，生晋义熙元年乙巳，子三，长恻、次庄、幼甫。为彭泽定山、星子、湖口、秆林之祖。

份，渊明三子，小字阿雍，娶孙氏，生子一曰冠，居南康、都昌。

佚，渊明四子，小字阿端，娶谭氏，生子一曰冕，迁彭泽、鄱阳、天目、武陵、陕西等处。

佟，渊明幼子，小字阿通，娶徐氏，生子二，洪景、浩景。为新昌、星子、德化、德安、湖口、湖南宝庆、江南丹阳等处之祖。

六、鄱阳栗里老谱（西源）作

佚，渊明次子，小字阿宣，为彭泽定山、星子、湖口、杆林之祖，生晋德兴十年乙酉五月十六日寅时，娶王氏，生德兴十一年丙戌四月十五日巳时，生子一曰理。公殁于癸卯年二月二十四日（385—463），妣殁于庚申年八月十二日（386—475）。

份，渊明三子，小字阿雍，居南康、都昌，生德兴十二年戊子十一月二十六日，娶孙氏，生德兴十二年戊子十二月初十日亥时，生子曰玩。公殁于壬寅年十二月二十九日（388—462），妣殁于甲辰年九月初七日（388—464），合葬先原。

佚，渊明四子，小字阿端，生德兴十四年庚寅八月十六日巳时，娶谭氏，生德兴十五年辛卯六月二十四日亥时，生子曰式。公殁于辛亥年八月初二日（390—471），妣殁于癸丑年五月十三日（391—473），合葬益山。

佟，渊明幼子，小字阿通，生德兴十七年癸巳六月十四日寅时，娶徐氏，生于德兴十六年壬辰六月初二日子时，生子曰正，为德化诸陶之祖。公殁于甲寅年十一月二十四日亥时（393—474），妣殁于丙辰年九月十八日巳时（392—476），公妣合葬文禄山。

墀按，俟、份、佚、佟四公生卒年，鄱阳栗里老谱与新谱不同，新谱仅俨公列德兴年号，其余皆略去。老谱则全列德兴年号，以甲子推之，当为太元年间，但未知何故列德兴，甚至列宋德兴，未详，今以太元甲子折合公元。

七、皖江谱（潜山）

1. 舍，为汉右司马，汉高帝五年初从。以中尉击燕破代有功，十二年封为开封愍侯。

2. 青，舍之长子青袭封，谥夷侯，汉景帝三年拜为丞相，生子二，曰偃，曰金。

3. 偃，青之长子，孝景帝三年袭封，谥节侯，生子曰睢。金，青次子，金承大庶长，比武爵五等官秩，生子曰石。

4. 睢，元光五年嗣侯，元狩（鼎）五年坐酹金免。

5. 丝，石之子，克光先业，生子曰竹。

6. 竹，丝之子，为定陶长史，生子四，曰胞、越、带。

7. 带，为定陶长史，生子曰铎。

8. 铎，带之子，承定陶长史，生子曰卫。

9. 卫，铎之子，为定陶卫尉，生子曰敦。

10. 敦，卫之子，青九世孙也。东汉安帝永宁庚申（漏就征，后为少府，顺帝永建丙寅）拜为大司徒（空），生子曰谦。（谦为敦孙。）

11. 缺。

12. 谦，敦之子（孙），汉献帝初年间拜徐州牧，讨董卓有功，封溧阳侯。

13. 丹公，谦之子（墀按，应为同之子，同，敦之孙辈），字文仲，生汉后帝延熙丁未（延熙无丁未，如为建兴丁未，公元 227 年），娶新淦湛氏，生子曰侃。公葬于寻阳四十里鹤问湖畔山，妣葬于饶州牛冈嘴牛眠地，碑志存祀。赞曰："智勇天锡，群伦超轶。伏节临戎，功烈赫爽。截发筵宾，贤哉佳匹。列爵封侯，冢嗣进秩。"王十朋题延宾坊:"门外俄临长者车,贤哉阿母断青丝。虽然发去名便在，坊曰延宾千古奇！"按鄱阳旧志，以丹公为始祖，丹公以上不传。盖公封柴桑葬鄱阳，子孙遂家焉，本朱子祖所始迁之例，推公为始祖，百世不祧，此鄱湖之陶与皖城之陶之共祖也。丹公遗像旁对联：扬威显三国，武德播九州。

14. 侃公，丹之子，字士行，生晋元帝大兴二年八月乙卯（按，大兴二年为己卯年，公已六十一岁矣，查己卯误推后甲子一周，前一己卯为汉后主景耀二年，公元 259 年，正为公生之年）岁，娶龚氏等十一妻，生子十七，中有四子无闻。女一适长史孟嘉，公都督荆江雍梁交广益宁八州军事，荆江二州刺史、中书令（侍中、太尉），御赐剑履上殿，封长沙郡公，赐（大）司马，薨于晋成帝咸和八年癸巳岁六月乙卯日，享年七十六岁（应为咸和九年，公元 334 年），谥曰桓。康帝思公有宏济艰难之功，敕葬长沙，谥长沙英佑王（或唐朱所追封），赞曰："晋室之衰，先生奋激。江中投局，斋前运甓。功名一代，天门八翼。前溯于汉伯禹吴汉之俦，后视于唐子仪光弼之匹。噫嘻先生，人臣之极。"侃公遗像旁对联：都督八州威声赫，勤劬百甓迹事奇！

15. 洪公，侃长子，辟丞相掾。

瞻公，侃次子，字道真，历广陵等太守，今陶三相公是也。

旗公，郴县开国伯。

夏公，侃四子，以太尉功封都亭侯。

琦公，侃五子，司空掾。

宏公，侃六子，袭父爵，被庾亮进之。

茂公，侃七子，行量三，生晋建兴二年（314），娶周访女，生子四，曰定，曰淡，曰信，曰敏。公任武昌府太守。

斌公，侃八子，仕至尚书。

范公，侃九子，太元初为光禄勋。

岱公，侃十子，散骑常侍。

绰之公，侃十一子，袭爵。（绰之为公曾孙，瞻孙。）

称公，侃十二子，任中郎将，寻加扬武将军，监江夏、随、义阳三郡军事。

延寿公，侃十三子，袭爵，降为吴昌侯，至南宋元嘉甲子改封吴昌公，督南康诸军事，居都昌。（延寿为侃公玄孙，瞻公曾孙，袭长沙公，入宋，降为吴昌侯或作醴陵侯。）

以上宏、绰之、延寿皆非侃公子。

16. 定公，茂长子，生子曰敬远，居栗里。（定为旗子，子袭之，孙谦之相继袭郴县伯，入宋，国除。敬远，夔子，夔或即信。）

淡公，茂次子，字处寂，不婚，号曰白鹿先生，结庐湘中。（淡为夏子，与侄恒均肉身蜕化。）

信公，茂三子，字由中（或作夔，或作实，若为同一人），子敬远、仲德。

敏公，茂幼子，字奉义，即史逸，生晋永和二年（346），任姿城太守，娶孟嘉第四女，生子曰渊明。

17. 渊明公，敏之子，字元亮，在宋名潜，宅边有五柳，因号五柳先生，生晋哀帝兴宁三年乙丑（365）三日，配陈氏，生子三：俨、俟、份，翟氏生子二：佚、佟。公初为州祭酒，不久解归，召主簿不就，躬耕自给，常谓亲友曰：聊以弦歌为三径之资可乎？执事者闻之起为彭泽令，在官八十日，郡督邮至，吏请曰应束带见之，公曰：我岂能为五斗米折腰向乡里小儿乎？即日解绶，赋《归去来辞》。渊明遗像旁对联：五柳独显柴桑节，一词专擅普朝文。

18. 俨公，渊明长子，字求思，一曰阿舒，生晋隆安戊戌年（398），配钱氏，迁居南（昌）、新（建）、进（贤）三县之祖。

俟公，渊明次子，一曰阿宣，字居易，生晋隆安辛丑（401）九月十四日戌时，娶詹氏，生子二，曰庄，曰甫。

份公，渊明三子，曰雍，子冠，迁桐城日就乡、羊城。

佚公，渊明四子，曰端，子冕，配贾氏，子维，配钱氏，迁居秣陵。子宏景，

字通明，为诸王侍读，永明中挂冠神武门，隐金陵华阳山，号贞白先生。（宏景非佚后）

佟公，渊明五子，曰通，子施，迁新昌、星子、德化、湖广等处。

八、广济谱

（一）寻阳陶氏历代世系

1. 陶舍，汉高五年以右司马从，以中尉击燕代有功，封开封愍侯，见《功臣表》，生子五，长青。

2. 陶青，袭封，（谥）夷侯，景帝朝拜丞相，十八年薨，奏减笞法，扫繁苛，与民休息，生子金、偃。（为侯四十八年薨。）

3. 陶金，乃青之长子，生子石。

陶偃，乃青之次子，孝景时袭封，（谥）节侯，生子睢。

4. 陶石，乃金之子，为庶人，置济南定陶，生子丝。陶睢，一作睦，乃偃之子，汉元光五年袭封谥节侯，元狩（应为元鼎）五年坐酹金免，按景帝至元光五年共二十七年耳，果父子祖孙俱袭侯耶！又元狩五年至敦公拜司徒之年，何二百三十七年之远耶？存考，生子元。

5. 陶丝，乃石之子，生子竹。

陶元，乃睢之子，一作睢孙，汉元康四年任长安令，诏复丞相。（按，元为舍玄孙之孙，应为七世，为长安公士，诏复家，赐功臣嫡嗣每人黄金二十斤。）

6. 陶竹，乃丝之子，亦作元之子，生子带。

7. 陶带，为定陶长史，生子铎。

8. 陶铎，为定陶长史，生子卫。

9. 陶卫，为定陶长史，生子敦。

10. 陶敦，乃丞相青九世孙，东汉安帝永宁庚申（漏就征，后为少府，顺帝永建元年）拜大司徒（空）。生子良。（考永宁庚申距元康四年隔一百八十三年。）

11. 陶良，任中垒校尉，生子谦。

12. 陶谦，字恭祖，汉献帝初平年间拜徐州牧，讨董卓，封溧阳侯，子同。（同非谦子，同为敦孙辈，谦子商、应。从子基为丹阳之祖。）

陶同，字皆吾，当汉末避乱江东，生子丹。

13. 陶丹，为寻阳祖。

（二）寻阳陶氏一派始于丹公，姑以丹为一始祖

14. 丹公，字文仲，生后帝延熙丁未（应为建兴丁未 227），仕吴为扬武将军，封柴桑侯，葬寻阳四十里鹤问湖西北山下，娶新淦湛氏，葬饶州牛冈嘴牛眠地，有碑志记赞。生侃。考传载葬地其名各别，或丹葬饶州，湛葬寻阳耳。寻阳即九江，有柴桑山鹤问湖，新淦属临川。

15. 侃公，字士行，生汉景耀二年己卯（259）始居饶州，娶龚氏等十一妻，生十七子，中有四子无闻，余皆受封爵。女一适鄂县长史孟嘉。侃少家贫，湛母纺绩供给，令交名流。范逵至，母截发延之。少为寻阳吏监鱼梁，以鲊遗母，还而责之曰："汝为吏以官物遗我，增吾忧耳！"后以范逵荐，举家孝廉。晋惠帝永兴二年乙丑，陈敏据江东时，公为江夏太守，刘弘命公将兵讨破之。怀帝永嘉五年辛未，海内大乱，独江东差安，士民避乱者多南渡江。镇东司马王导说琅琊王睿收贤俊，与之共事，辟掾属百六人，公与焉。愍帝建兴三年乙亥，王敦徙公为广州刺史，朝夕运百甓，明帝太宁三年乙酉五月，以公都督荆江雍梁交广宁益八州军事，为征西将军镇荆州。咸和四年己丑以平王敦、苏峻功，封太尉、长沙郡公，在军四十一年。咸和九年甲午六月卒，时七十六岁，追赠大司马，谥曰桓。康帝思公助，敕葬长沙，谥长沙英佑王。赞曰："晋室之衰，先生奋激。江中投局，斋前运甓。功名一代，天门八翼。前溯于汉伯禹英布之俦，后视于唐子仪光弼之匹。噫嘻先生，人臣之极。"生十七子，长洪，辟丞相掾；次瞻，广宁丞相；三旗，郴县开国伯；四夏，都亭侯；五琦，司空掾；六宏，袭父爵；七茂，武昌太守；八斌，仕至尚书；九范，太元初拜光禄勋；十岱，散骑常侍；十一绰之，袭爵卒；十二称，任中郎将，寻加扬武将军，监江夏、徐（随）义阳三郡军事；十三延寿，袭爵除吴昌侯，至南宋元嘉甲子改封吴昌公，督南康诸军事。十四、五、六、七俱无闻。（六宏，十一绰之，十三延寿，为瞻之子、孙、曾，非公子。）（长沙英佑王晋史不见。）

16. 茂公，侃之七子，生晋建元元年，居江州寻阳东林，任武昌太守，娶周访女，生子四，定、淡、信、敏。定生敬，居栗里。淡字处静不娶，结庐二湘中，号白鹿先生；信字由中。按建元元年癸卯，侃公已殁八年矣！前人失者如此，以前后相证，茂公当生于惠、怀间。（墀按，建元应为建兴元帝癸酉（313）。定为旗子袭爵，淡为夏子，信或作实作夔。）

17. 敏公，行宽七，字奉义，茂之四子，生晋永和二年，任姿城太守（346），

娶孟嘉第四女，生子潜。

18. 潜公，在晋名渊明，在宋名潜，而元亮之字则未易，自号五柳先生，颜延之谥为靖节征士。生晋哀帝兴宁三年乙丑(365)。少为州祭酒，不堪吏职，解归，召主簿不就。安帝元兴三年甲辰，公年四十为镇军、建威参军。义熙元年乙巳秋，公年四十一岁，为彭泽令，在官八十余日去职，征著作郎不就。尝往庐山，江州刺史赉酒具于半道，栗里之间速之，与周续之、刘遗民为寻阳三隐。妻翟氏亦能安勤苦，与之同志，自以曾祖，晋世宰辅，耻复屈身宋代，终不仕。元嘉四年丁卯，将复征命，会卒，时年六十三，世号靖节先生。始居柴桑上京，还旧居诗，畴昔家上京，六载去还归。《南康志》云近报五里，地名上京有靖节故宅，即柴桑县之柴里。戊申六月遇火，庚戌迁徙居南里之南村，即栗里，宅边有五柳树，因以为号。葬柴桑栗里南山左之高陇。江州总管薛安书“陶潜故宅”四大字，镌之石壁之上，按张丙云：先生辛丑斜川诗，开岁倏五十，若以诗为正，则先生生于壬子岁，自壬子至辛丑为年五十，迄丁卯考终，得年七十六，按敏公生永和二年丙午，至壬子才七年耳，应以乙丑生年为是。生五子所出异母，长俨字舒，次俟字宣，三份字雍，四佚字端，五佟字通。

19. 俟公，字居易，潜之次子也，生晋隆安辛丑(401)，娶詹氏，生子二：长庄、次甫。长庄字寅中，娶汪氏，生子二：曦、阳。次甫字峻中，生宋元嘉十一年甲戌(434)，任郑州左史，娶向氏，生子二：长暄、次晔。

(三)陶代先代迁居存考

陶丹公避乱江东，仕吴为柴桑侯，葬寻阳四十里鹤问湖西北山下，湛母新淦人，葬饶州牛冈嘴牛眠地，有碑志记赞。按柴桑在德化属九江府，寻阳即府治，鹤问湖在府城西。而志载陶侃葬母择地至鹤问湖遇异人云前有牛眠处佳，是鹤问湖乃湛母葬地址。又南康府属之都昌有陶母墓在谢灵运石壁精舍之侧，即侃母处，未知孰是，新淦今属临江府。

陶侃公始居饶州，敕葬长沙，按鄱阳本隶饶州，长沙今隶湖南，九江东南有陶侃祠，又南康之都昌，亦有陶桓公庙。

陶茂公任武昌太守，居江州寻阳东林，嗣子延寿袭侯爵，居都昌。按，江州即今九江。(延寿为瞻之后袭长沙公，宋降为侯。)

陶敏公任姿城太守，居柴桑上京。

陶潜公营柴桑以老，葬柴桑栗里南山左之高陇，江州总管薛安书“陶潜故宅”

四大字南山崖，镌之石壁之上。按地志，瑞州府属之新昌，有渊明故里。渊明始家宜丰，后徙柴桑，宜丰即新昌也，洗墨池、读书台遗迹尚存。又南康府西有上京山，为靖节旧居，陶诗畴昔家，上京是也。有五柳馆在栗里，为靖节故宅，有醉石在栗里涧中，一大石隐然有人形，靖节醉即卧此。又九江府西有寻阳城，西南有柴桑山云。地近栗里城南有虎溪，庐山之阴有王宏邀饮处，德化有靖节祠，其地名不同如此。彭泽有五柳馆、九曲池，则为县令时所浚也。

陶俨公居寻阳栗里，故居鄱阳马鞍山，传二十一世而生陵，为南昌全府之祖。

陶俟公居五柳庄，徙居彭泽之定山，又徙居都昌、湖口、星子。

陶份公居南康都昌。

陶佚公居饶州之鄱阳，去都昌隔湖百里近寒山，又徙居彭泽县城。

陶佟公居德化之长江，又于建康、秆林散居。又按饶郡太守姑敦陶安家谱，姑孰之支，实元亮第五子佟之裔也。佟有二子：宏景，字通明，居丹阳；凝景居燕湖，徙居江口，待考。

九、宜丰秀溪谱

宜丰秀溪云为渊明幼子佟之后，但与德化、套口等佟公系之谱，父既不同，佟子系也不同。父曰回，回弟曰延，则丹阳系也，回父抗，延为回祖基之从孙。（维墀仍按原谱，并以各谱相统一的世次，冠于首。疑宜丰有渊明之后和回之后二支，谱乃二支混合。）

1. 丹公。

2. 侃公，丹公子，字士行，生于汉景耀二年，卒于晋咸和九年（259—334），享年七十有六。子五：长曰夏；次曰瞻，袭长沙公；三曰茂；四曰洪，同伯横子臻佐刘弘；五曰岱，守郏城。女一适晋征西大将军长史江夏鄂人孟嘉。

3. 茂，任武昌太守，赠大司徒。配在城朱氏，生子一回。继刘氏，生子一延，为伏波将军，茂居寻阳柴桑。

4. 回，名麟，字若愚，茂长子，母朱氏。公为姿城太守，晋征西大将军长史孟嘉以二女妻之。子三：长曰注，次曰渊明，三曰敬远，承继胞弟延（回为侃公族子，明公族祖）。

5. 渊明，字元亮，在宋名潜，谥靖节先生，父回为姿城太守，母孟氏，晋哀帝兴宁三年而公生焉。元嘉四年丁卯九月，卒于柴桑里，春秋六十有三，葬德化县楚城乡鹿子坂面阳山之麓，（365—427）。前妻王氏，婚宜丰，生子俨，继娶寻阳翟氏，生子俟、份、佚、佟。

十、义乌谱

义乌之谱与众大异，云先世广州，秦时居福州，后至寻阳，且父祖子孙名讳皆与世异，仍按世次录之，以供疑。维墀识。

1. 始祖镇南（131—216），先世广州，秦时徙居福建福州，东汉建安时在开封府太康令，十八年除调江西寻阳郡，子孙遂家焉，生永建辛未，殁于建安三十一年丙申冬丁丑日，娶周氏，生子润、泽。

2. 二世润，字方叔，初平元年庚午七月十五日生，景耀四年二月二日辛丑殁，娶梅氏，子侃、侣。

3. 三世侃（250—334），字士行，西晋广州刺史，居常运甓，光熙十三年庚午九月十一日生，咸和九年六月乙卯日殁，娶王氏，子禾。

4. 四世禾，字思淑，太康十年二月十六日未时生，延康八年壬寅八月十七日子时卒，娶许氏，子梁。

5. 五世梁，字光允，登进士第，任河南太史，咸和六年辛卯十月十二日巳时生，隆安二年戊戌二月十九日午时卒，娶詹氏，子源、潜。（两晋无进士，靖节无史兄长。）

6. 六世潜（370—427），字渊明，号元亮，太和五年庚午八月十五日卯时生，元嘉四年丁卯十一月庚子卒，娶邵氏，子舒（俨）、宣（俟）、端（份）、雍（佚）、通（佟）。

7. 七世宣（390—439），字子勉，晋太元十五年四月四日未时生，义熙十六年己卯十月十五日未时卒，娶刘氏，子汪。

十一、昆陵谱（武陵后肖谱）

陶氏大宗图总表

谱中丹阳、寻阳二系混乱，错漏较多，武陵云为丹阳系陶回之后，但将丹阳之回与寻阳之丹列为群从，且出于徐州牧谦，本表仍按原表，但其首冠以与各谱相同之世次。维墀识。

1. 一世舍，汉左司马，从高帝击燕定代，封开封侯，食邑二千户，迹载前汉《功臣表》，薨谥愍。子青。

2. 二世青，袭父爵，汉文帝（后元）三年为御史大夫，景帝元年，匈奴入代，遣至代，约和貌，二年拜丞相，在官四十八年薨谥夷。子偃。

3. 三世偃，字敏道，汉景帝（中元）三年袭开封侯，在官十七年薨，谥节。子睢。

4. 四世睢，汉元光五年袭侯爵，在官十八年，元狩（鼎）五年坐酎金免。子濂。

5. 五世濂，字仲才。子刚德。

6. 六世刚德，子馨顺。

7. 七世馨顺，字士元，汉武帝元康四年诏复侯爵。子一佺。

8. 八世佺，字孟贤，后汉为余姚长，子谦。（按，佺应为十一世，馨顺与佺间漏三世。）

9. 九世谦（132—194），字恭祖，号润州，生汉顺帝阳嘉元年二月十五日，献帝初平四年领徐州牧，封溧阳侯，卒兴平元年九月十五日，寿六十三。有三夫人，甘氏（134—200）生于顺帝阳嘉三年，卒于献帝建安五年，寿六十七。合葬溧阳县西大石山之麓，因名陶侯岭，行详本传，子商、膺。

10. 十世商（164—233），字辅国，又字玄晖，号怀州，赠冠军将军，生汉延熹七年三月十一日，寿七十有一，卒后汉建兴十一年十一月初一日。配周氏，合葬陶侯岭。子二，琪、璜。（璜为谦从孙，为基长子。）

十世膺（166—223），字辅朝，又字玄伏，号仰川，生汉延熹九年八月初五日，卒后汉章武三年九月十五日，寿五十八。配周氏，俱葬姑孰。子三：坎二、坎五、坎六。

11. 十一世琪（194—292），字世用，又字仲珍，号后峰，生汉兴平元年三月初二日，任黄州判，卒于晋元康二年九月初五日，寿九十有九。配房氏，合葬陶庄马罗墩，今名官爆，子一汝达。

十一世璜，字世英，又字仲玉，号后溪，生汉建安元年正月十二日，吴交州牧，晋封冠军将军宛陵侯，任交州三十年，卒晋咸宁三年十一月初一日，寿八十有二，配吴氏，俱葬官家，子二:威、汝仪，故仪子震一。（孩，谦从孙，基长子，卒晋太熙元年（290），咸宁时尚仕吴未入晋室。子威、淑。）

12. 十二世汝达（248—321），字子通，号省修，生汉建兴七年七月十五日，卒晋太康四年七月三十日。寿五十有四，葬马罗墩。子二：侗、震五。（侗应与伺为兄弟，似非汝达子。）

十二世威（217—288），字子行，号省吾，生汉建安二十二年正月二十日，维父职领交州牧，卒晋太康九年八月十八日，寿七十有二。配王氏，俱葬马罗墩。子二：侗、震二。（威卒于建兴三年315，弟淑，子绥相继牧交州，侗非威子。）

13. 十三世侗（248—321），字思省，号继修，生汉延熙十一年九月十五日，卒东晋太兴四年，寿七十有三。配孔氏，俱葬马罗墩，子一回。回子杰、仪。杰七世孙尚德，尚德子弘景。（回父抗，抗父基，兄璜，回非侗子，回子，非杰、仪。）

十三世同，字思察，生汉建兴十四年（236）。避乱徙江右，配颜氏，子丹。公后皆为寻阳籍。（丹父同，同为谦从兄弟，移居鄱阳。）

14. 十四世丹（254—284），字德成，生汉延熙十七年，吴扬武将军，丹阳内史，晋封柴桑侯，卒太康五年，寿五十。娶湛氏，豫章新淦县人，生卒未详，葬江西南康府都昌县石壁精舍侧，即所号牛眠地，子一侃。寿五十，应生建兴十二年（234）。

15. 十五世侃，字士行，号楚南，鄱阳郡人，生晋太始十年，吴平徙居庐江寻阳。以范逵荐举孝廉，为武冈令，后迁江夏太守，都督荆州，讨陈敏、破杜弢、平王敦、诛祖约、斩苏峻，授征西将军，又进号平南大将军，拜太尉，都督荆湘等八州军事，封长沙郡公。在军四十一年，为晋一代勋臣。卒咸和九年，谥曰桓。士民思之，立庙樊口，寿七十六（274—334，寿76，为景耀二年，与史合，此生年所以频出矛盾者，以谦、同本应同辈，而今插了四代，故也），葬武昌江夏县。载传，配龚氏，子十七人：洪、瞻、夏、舆、臻、琦、旗、斌、称、范、岱、茂。十二人俱封邑二千户，余五子失考。女一适征西将军（长史）孟嘉。

16. 十六世侃公长子洪，刘弘引为参军，早卒。

侃公次子瞻，字道真，号少南，庐江太守，大宁三年讨苏峻战死（应为咸和三年），追赠大鸿胪，谥愍悼世子，子宏。宏字友才嗣位，光禄勋，子绰之即元辅。绰之嗣位，北禄勋，子延福、延寿。延寿宋受禅降为吴昌侯。

侃公三子夏，瞻卒诏以夏为世子，送父丧还，其弟斌兵相图，悉取国中械器财物，夏至杀之，庾亮奏加放黜，表未至而夏病卒。诏以瞻子宏嗣世子爵，子一淡。淡字处静，因父被废卒，绝谷不婚，卜筮于长沙临湘山中，养白鹿自娱，州举秀才，逃罗山中，终身不返，莫知所终。见《隐逸传》。

侃公四子舆，果烈善战，以功封武威将军，与苏峻将韩晃战殁，赠长沙太守，子逸。

侃公五子臻，字彦遐，有勇略，赐爵当阳亭侯，咸和中加南郡太守，领南蛮校尉，卒赠平南将军，谥曰肃。（舆、臻，侃公兄子，奥征杜，于长沙被创卒。）

侃公子琦，司空掾。

侃公子旗，历位散骑常侍，封（郴县）开国伯，子定。定，晋散骑常侍，子袭（之），袭（之）晋散骑常侍，子谦之。谦之，晋散骑常侍，宋受禅国除。

侃公子斌，尚书郎，为兄夏所杀。

侃公子称，南平太守加节建威将军，监江夏、随、义阳三郡军事。

侃公子范，光禄勋，子夔。夔字敬远，子元卿。（敬远非夔字，或为子敬远，字元卿之误。）

侃公子岱，散骑常侍。

侃公子茂，字德成，号敬南，武昌太守，子实。实字友经，号南溪，姿城太守，年五十九，配孟氏，征西将军（长史）嘉第四女，子渊明。渊明字元亮，宋移晋祚，乃改名潜，示不臣宋意，生于晋哀帝兴宁三年乙丑，始为镇军参军，后为州祭酒，复为彭泽令，在这八十余日即解印绶去，宋征著作郎不就，卒于宋元嘉四年，寿六十三，世号靖节先生，梁昭明太子有传，宋王质有年语。元配失传，继娶翟氏，同志偕老，子五：俨、俟、份、佚，佟，俱系寻阳籍。

十二、溧阳谱

谱中丹阳，寻阳同样混乱，与武陵谱大同小异，把谦、商、璜、威、伺、丹六公连在一起，丹阳谦公系，丹阳基公系及寻阳系各二位，溧阳为谦公之后，如此问为谁公之后，陶湘已有论证，现仍按原谱原文，但其首冠以各谱相统一的世次。维墀识。

远祖世表

1. 第一世谦，字恭祖，汉大司徒（？），献帝朝以讨黄巾功，封溧阳侯，实载国史，生未详，兴平元年甲戌薨。配甘氏，苍梧敬公女，封溧阳侯夫人，生卒未详。俱葬大石山之麓，今名陶侯岭。子二：商、膺。

2. 第二世商，字元晖，征西将军，任江西太守，赠封宛陵侯、冠军将军，生卒未详。配刘氏，继配周氏，生卒俱失考，封江西夫人，赠封宛陵侯冠军将军夫人，俱葬大石山之麓。子二：琪、璜。

3. 第三世璜，字仲玉，吴进持节将军，任交州牧，晋封宛陵侯、持节将军。配吴氏，封宛陵侯夫人，生卒葬失考。子二：汝威，汝仪。

4. 第四世汝威，字子行，号省五，任苍梧太守，生卒葬失考。配徐氏，封苍梧郡夫人，生卒葬失考。子一伺。（伺非威子，与谦同。）

5. 第五世伺，字思察，号继吾，生卒失考。配颜氏，生卒失考，俱葬姑孰南阳山之麓。子一丹。

6. 第六世丹，字景朱，扬武将军，封柴桑侯，赠侍中太尉长沙郡公。配湛氏，赠长沙郡夫人，继配许氏赠柴桑侯夫人，生卒葬俱未详。行实见《贤节集》，墓在南康府都昌石壁精舍侧，子一侃，湛出。

7. 第七世侃，字士行，晋武昌太守，以讨杜功，加大将军，又以平苏峻功，加太尉封长沙郡公，增邑二千户，兼都督八州诸军事，行实载国史。世祖泰始七年三月生，建元二年甲午夏六月薨，享年六十四（271—344）（按，应为享年七十六，259—334），葬武昌府江夏县，封赠大司马，谥曰桓。今南康府都昌有陶桓公庙。配龚氏，晋世祖泰始九年生（373），卒失考，封赠长沙郡夫人。子五：夏、瞻、范、茂、洪。

8. 第八世瞻，字道真，一字季文，以文学应试举，为中书提擢著作郎，直史馆，兼荫长沙郡公，行详国史，惠帝太安元年癸丑生，孝武帝太元十五年丙寅卒，寿登七十四（302—390）（咸和三年 328，苏峻反，战死）。配周氏，鄱阳太守访女，封长沙郡公夫人，生卒失考，俱葬武昌江夏县地。子二：宏、淡。（淡为夏子。）

9. 第九世宏，一字葵，生卒失考，荫长沙郡公，配某氏失考，子一元辅。

10. 第十世元辅，字睦宗，号绰之，荫长沙郡公，生卒葬失考，配奚氏失考，荫长沙郡公夫人。子二：延寿、延庆。

11. 第十一延庆，荫长沙郡公（应为延寿袭长沙公），生卒失考，配某氏，生卒未详，合葬寻阳南高地，子一季直。（下文为季直子尚德，尚德子宏景，宏景子藕，又回入丹阳籍了。何混乱如此？）

十三、无锡锡山谱

1. 舍，2. 青，3. 偃，4. 睢

（中缺三代，误以士元为睢子。）

5. 士元

（中文缺二代，误以敦为士元子。

6. 敦，7. 某，8. 谦，9. 豫

（豫或为基父，但非谦子。）

10. 基，11. 璜，12. 淑，13. 绥

（以同为绥子，太误，同为谦群从兄弟。）

14. 同，15. 丹

十四、太湖谱

1. 陶氏始祖舍公

初从汉王击秦项有功，以大（应为右）司马封（缺开封）愍侯，食邑三千户。配霍夫人，子青。赞曰:“骎骎七国，奄奄二周。秦踵以爆，群修戈杯。飞鹄摩室，奔鲸骇流。天眷有汉，乃自愍侯。伟我愍侯，附风攀龙。抚剑威迈，绛灌比功。砺山带河，启宇开封。绳绳万世，是君是亲。”

2. 二世青公

嗣愍侯，寻改开封侯（应为嗣开封侯），配钱夫人，子偃。赞曰：“愍侯肇烈，公乃王承。太史纪之，千秋播名。”

3. 三世偃

嗣开封侯，配钱夫人，子睢。

4. 四世睢

嗣开封侯，武帝元狩五年癸亥，坐酎金免，配李夫人，子元。（按，《汉书》，元为舍玄孙之孙。）

5. 五世元

宣帝元康四年己未始诏复家，嗣开封侯，配吴夫人，子敦。（《尚友录》作敦，为青九世孙。）

6. 六世敦

后汉安帝永宁元年庚申拜大司徒（顺帝永建元年拜司空），配卫夫人，子谦（谦、敦关系不详，敦孙同，同子丹），赞曰:“敬敷五教，式和民则。不刚不杂，有严有翼。功加于时，昭哉嗣服。呜呼不忐，载歌令德。”

7. 七世谦

汉献帝初平十二年辛未，官徐州刺史，讨董卓有功，封溧阳侯。配蒋夫人，子丹（丹非谦子）。赞曰:“少克歧克，凝郡守爱，而妻之长，允武允文，天子嘉而，仕之作牧，有来绥之，仁讨叛有，决胜之智，宜其食德于溧阳，施芽于先世也。”

8. 八世丹

字文仲，汉末避乱江东，后汉延熙二十年（257）仕吴（封扬武将军），配湛氏夫人，子侃。公葬寻阳山白鹤乡，夫人葬饶州牛冈，地号牛眠，事详墓志。赞曰：“公居江东，草木知兵，公辅吴侯，夙夜殚心，上挟国祚，如日贯精，下视民听，如谷应声，位当赤乌，冠玉佩珩，封启柴桑，烈士专城，终配享于庙庭者乃公之德，与公之勋。”

9. 九世侃

字士行，生汉后帝景耀元年戊寅，初为广州刺史，明帝乙酉三年拜征西大将军，都督荆湘雍梁等州军事，成帝咸和三年戊子讨苏峻于石头，进封太尉长沙公，配龚夫人，续配十一妻，生子十七有三子失名，唯、洪、瞻、旗、夏、友、尚、行、衍、沼、淦、琦、茂，女适孟嘉。公卒于咸和九年甲午夏六月，享寿七十六（258—334），谥曰桓。后康帝思公有宏济艰难之勋，敕祠寻阳，祠以太牢。赞曰：“两晋之英，万夫之杰。百甓唯运，分阴是惜。纬武经文，化行南国。造舟勤王，虎步龙骧。天回再造，人戴一匡。伟绩丰功，山高水长。”

10. 十世

唯，袭爵，卒载《寻阳府志》，配秦氏。

洪，晋惠帝二年乙丑，随父讨陈敏，荆州都督刘弘，引为参军，后子孙迁陕。

瞻，初历广陵等处太守，晋成帝咸和四年己丑三月论平苏峻功，追赠大鸿胪，谥愍悼。赞曰：“浚而不厌，简而有文，化行政美，俗厚民醇，成一郡之盛绩，播千古而芳馨，终拒贼以捐躯，翳蹇蹇兮王臣。”

旗，开国伯，子孙迁湖广。

夏，以太尉功，封都亭侯。

友，字仲玉，配艾氏。

尚，字仲相。

行，字仲伯，配吴氏。

衍，字仲楷，配杨氏。

衔，字仲沼，配王氏。

沼，字高瑞，配宗氏。

淦，字言有，配宋氏。迁江西新淦县。

琦，子孙迁湖广汉阳府。

茂，任武昌太守，配周访四女。子定、淡、信、敏。（定为旗子，淡为夏子。）

11. 十一世

定，居栗里。

淡，晋居士，（字）处寂，不婚，结庐湘中，与鹿为偶，世号白鹿先生，迁浙江钱塘门外，传载晋史。

信，字仲尤，配孟嘉三女，迁应天府。

敏，字奉义，生晋永和元年（345），任姿城太守，配孟嘉四女。赞曰："住守姿城，威惠并行，功成身退，恬养山林，黎杖幅巾，适意琴尊，物我而忘，无怀之民。"

12. 十二世

潜，字元亮，号渊明，世号靖节先生，生晋哀帝兴宁三年乙丑三月，配陈氏、翟氏。卒元嘉四年丁卯八月，葬庐阜之西、德化县楚城乡，子俨、俟、份、佚、佟，赞曰："明德之后，挺生达人，襟怀浩荡，浑然天真，时穹节立，素位而行，耕桑课子，诗酒延宾，不激不诡，独醒独清，尚哉界乎，五柳先生。"

13. 十三世

俨，字求思，配韦氏。子京，字通明，齐武帝永明丞相属官，配张氏。子二珊迁陕西，为官永和太尉属官，配杜氏，子锦。（锦为16世，锦后30世日月二公即太湖祖。）

俟，字居易，子孙迁都昌、湖口、彭泽。

份，居南康、都昌，子言一、言二迁寿州，言三居彭泽。

佚避兵居饶之鄱水，后迁彭泽，子孙繁盛。

佟，居南康，后散居休宁、姑熟。

十五、泰顺谱

吾陶氏乃西汉右司马愍侯之后也，其先出于陶唐之裔，在虞为虞宾氏，在夏为御龙氏，又曰刘累氏，在商为豕韦氏，在周为姬氏，又为唐杜氏。周克商，以商民七族，封康叔，陶居其一焉，继命陶叔为司徒，遂以陶为氏，属徵音，济南、寻阳，九江、庐江其后郡也。历汉右司马舍，高帝朝以功封开封愍侯。厥子青，景帝时拜相，袭封夷侯。青子曰偃，曰伏，偃嗣侯爵。偃子睢，坐酎金免。至七世曰元，诏复其家，元子曰士安、士明。士安复侯爵。安子曰敦，东汉安帝朝授大司徒。敦子曰京，京子曰同，汉末避乱居江东润州。同子曰丹，仕吴为扬武将军，封柴桑侯。娶湛氏，生子侃，自鄱阳徙家寻阳，历武冈令，以军功封东乡侯。

迁江夏太守，元帝时迁广州刺史。成帝咸和中，都督荆、梁、江、雍、交、广、益、宁八州军事，以功拜太尉，封长沙郡公，晋帝深相器重，赐以剑履上殿。子孙簪缨不替，故润州有碑云："陶姓子孙，历台省者，六百一十八人。"昔公丁父丧时，感仙来吊慰，指以鹤问湖西北山下卧牛地，令公葬父。谓公曰："若葬此地，必出三公九卿。"言毕，化鹤而去。葬后果符其言。其母湛氏，贤能名垂史册。墓在临江军新淦县东，有南唐徐谐碑志焉。公因镇武昌，卒于夏口，遂葬武昌江夏，墓尚存。又云，改葬鹤门湖西贯仙乡兴良社。公平素德泽深远，后人感之，立祠庙祀焉。祠二：一在江州城东；一在城南龙溪。庙二：一在南康军都昌县北，二在县南。其在他处者不计。公娶一十五妻，生二十三子，散居丹阳、鄱阳、江州等处。有曰夏，曰茂，曰瞻，曰范，曰舆。夏嗣长沙公，茂为武昌守。瞻、舆赴国难，瞻赠大鸿胪，舆赠长沙守。瞻子曰弘，弘子曰绰，均嗣公爵。绰子曰延寿，刘宋降吴昌侯。茂子曰岱，曰峦。岱为安城太守，娶王氏，生渊明。娶孟氏，生敬远。渊明公居江州栗里，晋拜彭泽令，时筑玩月台，浚九曲池，暇则与陆修静，周续之等流，赐赋诗而饮。公素善文喜书，凿洗墨池，以涤笔砚。创五柳馆，门植五柳，自号五柳先生，著《五柳先生传》以自况。后隐居柴桑栗里，卒谥靖节征士，墓在江州城北九十里。时贤称其德，立祠祀之。祠二：一在柴桑山下；一在彭泽县东。唐白居易诗云："柴桑古村落，栗里旧山川。不见篱边菊，但余炉中烟。"公子曰俨，曰俟，曰份，曰佚，曰佟。份拜尚书，份子曰侧，曰崇，侧广州都督，崇别驾。崇子曰旻，曰清，是授蔡县主簿。旻子曰元吉、元安、元会。元安隋为户部员外郎。安子曰琮。琮子曰处寂，曰锐，曰文正。处寂韶州始兴令，娶刘氏，生子曰褒，因避乱，托亲寄居东南婺州兰溪。褒子曰训，曰计。计子曰纯如，曰美如，曰嘉如，曰信如，曰佚如。嘉如子曰峋。峋子曰某，某子长曰庆孙，次子曰泰，泰公即吾之高大父也。泰生曾大父讳乔，曾伯大父讳戬。泰公因族众繁衍，借子侄自兰溪分徙苍括，仅数年，群盗蜂起，遂避居白龙缙云，恒如其家，以自适焉。缙公因当今之世，与其求富贵而取祸，孰若隐遁以自娱，以故晦迹于家，不求荣达。惟我乔公登唐长庆辛丑进士，高擢官至中军都督，封上柱国，开国公。平日出将入相，勤劳王事。然曰：人在富贵，宜省察自己，以防后祸。虽得高爵厚禄，自当居高思危，处满思溢，所谓知足不辱，知耻不殆也，如范蠡泛游五湖，张良之从于赤松子，庄子之钓于濮，严子陵耕于富春山，皆古之贤人也。岂有祸患之虑乎，矧功成身退，天之道也。遂即上疏乞休。复召，托疾不赴。竟为权奸陷害，坐事削爵。于是奉父母率子侄下东瓯，入安固，逾江涉川而上，沿溪入山，至百丈，居白鹤溪口，方七载，父母俱卒，就葬百丈蒋潭山边岭底岗。以所居之地不甚惬意，转徙仙居。奈陆田薄收，复徙居下革村。未几以寿终，复葬仙居后山，因名其地曰陶家埠。夫人王氏（有作叶氏）继卒，葬于下革村之源。公生吾伯祖讳崇伯，吾大父讳永，兄弟怡怡，手足无间，伯祖娶潘氏，生定、酉、占。吾大父娶龚氏，生吾伯父讳归，吾先府君讳史。大父因吾伯父嗜钓溺于溪潭，不乐溪居。一旦逆流而上至洪口，见紫萍随流，乃逾山岭见一小洋，山环水绕，尚有颓垣故址。查无人迹，旋至洪口，询诸父老，闻原有汤、黄、章、葛四姓居焉。遂与兄率子侄，仆从具偕其地，诛茅辟基，草创室宇四五余间，以为食息之所。至次岁后梁龙德元年（921）元月十四，偕家属而定居焉。因取葛姓名其村曰葛洋。后吾弟分徙上村坑下，故此为葛洋下村。又葛洋为葛溪也。自吾大父居此，艰苦创业，日积月累，规模遂宏远矣。卒葬于水沼边崇伯公之墓右。吾之先府君，通经书，尤长于易，于后唐天成丁亥（927）登科甲，官至国子监祭酒。因时纷乱，解绶而归。享寿九十有三岁，卒于皇宋开宝元年，戊辰（968）三月二十七日，葬大洪里石梯岭下双桥洋牛栏垄。呜呼！吾大父生于乱离之世，有功名不敢自显，有田宅不获安居。凡我后人其知前辈之艰苦乎。幸而天开泰运，宋德兴隆，治教古若，余得一墨而为氓私窃欣慰，今修辑家乘一帙，爰述先人迁徙经营功绩大略，以贻后世，用作将来之龟鉴也。

（大宋端拱二年己丑三阳月吉旦葛溪下村四世孙珣撰）

陶桓公行迹志图

◎陶维墀

陶桓公一生，年垂八十，行迹遍天下，据史所志，在军四十一年，从参孙秀军为舍人起至临终时止，东西征讨，南北安抚，踏遍东晋王朝。

兹就洪亮吉《东晋疆域志》所载有关公之行事及遗迹，及《武昌志》与《郡国志》等有关各条，并附《东西晋舆图》，以明公之行止。

一、洪亮吉《东晋疆域志》四卷

（一）扬州

沈钧《宋书州郡志》记载魏晋治寿春，晋平吴治建业。乐史《太平寰宇记》，元帝渡江历江左扬州，常治建业不移。（避愍帝讳，改名建康。）

丹阳郡：建康，《太平寰宇记》云县初置在宣阳门内，晋咸和三年苏峻作乱烧尽，遂移入苑城。咸和六年以苑城为宫，乃徙出宣阳门外御街西今建初寺门路东，是时有七尉部，江尉在三生诸，西尉在延兴寺后巷北，东尉在吴大帝陵口今蒋山西门，南尉在草寺北湖宫寺前，北尉在朝沟村，左尉在清流溪孤首桥，右尉在沙市。有蒋山、覆舟山、牛头山、岩山（《苏峻传》云督护李闳追张健等及岩山，攻之甚急，健等不敢下山）、四望山（《元和郡县志》云晋温峤代苏峻于四望山，筑垒以逼贼）、卢龙山、慕府山、三山、土山、梅岭岗（《六朝事迹》云梅岭岗因晋豫章太守家于冈下得名）、南冈（《郭璞传》云王敦收璞诣南冈斩之）、蔡洲（《陶侃传》云侃等讨苏峻，舟军四军次蔡洲）、阖闾洲、马昂洲、例州、白洲、南洲、淮水、迎担湖、苏峻湖（《六朝事迹》称南徐州记，迎担湖西北有苏峻湖，本名白石陂。《建康实录》云陶侃督护李阳临阵斩四通八达于白石陂，至今呼此陂为苏峻湖，在城北十五里，周回五里）、太子湖（湖本吴太子孙登所创，元帝即位，明帝为太子更加修之，多养武士于池内，筑土为名，呼为太子西池北湖。案，即今玄武湖）、青溪、复杯池、曲水、相浦（成帝纪成和三年陶侃屯查浦，四年王师攻石头，李阳与苏峻战于相浦，阳军收）、沙门浦（《温峤传》云陶侃屯查浦，峰屯沙门浦）、茄子浦（《郗鉴传》云鉴与陶侃会于茄子浦，《御览》称之十国春秋，咸和二年温峤与陶侃起义兵伐苏峻，率师四万直指石头，泊嘉子洲，即此）、板桥浦、牧马浦、直渎（《成帝纪》云王愆期、邓岳等次直渎）、竹格渚、安乐渚、汝南湾、方山康、白木陂（《苏峻传》云峻回趋白木陂，牙门彭千等即投之以矛，坠马斩首，脔割之）、白石垒（《成帝纪》云咸和三年司徒王导奔于白厂。《陶侃传》云监军部将李根建议立白石垒，侃从之。《郗鉴传》云鉴筑白石垒）、药园垒、廷尉垒、东陵、西陵、北陵、南塘、倪塘、横塘、越城、苑城（《成帝纪》云咸和四年帝在石头，贼将匡术以苑城归顺，五年造新宫，始苑城。《陶侃传》云命毛宝守东城，邓岳守西城）、台城（《成帝纪》云苏峻子硕攻台城。《元和郡县志》云成帝时苏峻作乱焚烧宫室殆尽，温峤以下，咸议迁都，王导固争不许，咸和六年使王彬营造，七年帝迁于新宫，即此城也）、扬州刺史城、东府城、丹阳郡城（案，丹阳郡治，俗谓之小丹阳，即《晋书》陶回谓庾亮曰峻必向小丹阳道步来，即此也）、石头城、冶城、太初宫、咸和新宫、崇德宫、崇训宫、永安宫、太元新宫、东宫、太极殿、含章殿、清虚殿、式乾殿、显阳殿、徽音殿、太庙、宣太后庙、闾阖门、广莫门、神虎门、朱雀门、宣阳门、云龙门、建阳门南掖门、西明门、大航门、中堂、南皇堂、东堂、西堂、乐贤堂、延贤堂、螽斯则百堂、国子学堂、广室、秘阁、积弩堂、建平园、华林园、听讼观、北郊坛、社稷坛、征虏亭、新亭、延贤里、大清里、中黄里、三井里、乌衣巷、长干巷、运巷、七战巷、朱雀航、榻杭、五马渡、挥扇渡、张侯桥、板桥、蒋侯庙、吴大帝西陵、元帝建平陵、明帝武平陵、成帝兴平陵、康帝崇平陵、哀帝安平陵、简文帝高平陵、孝武帝隆平陵、安帝休平陵、恭帝冲平陵（郡设有丹阳、秣陵、江宁、于湖、芜湖、永世、溧阳、勾岩、江乘、湖孰及建业等县）。

丹阳，汉归县，有姑孰（《苏峻传》云峻使将韩晃、张健等袭取姑孰，取盐米）、牛诸山、苏屯山（《太平寰宇记》云昔苏峻屯于此山，因以为名）、龙山（孟嘉落帽处）、青山、九井山、慈湖、竹格桁、陵口（苏峻济自横江，登牛渚，军于陵口，胡三省驻在牛渚东北，亦江滨戍守处）、白石。

宣城郡：沈志晋武帝太康元年分丹阳立，《晋书地理志》云晋平吴分丹阳之宣城、宛陵、陵阳、安吴、泾、广德、宁国、怀安、石城、临城、春榖十一县立。

阳谷：汉旧县，本名春谷，晋宁康中改。有春谷山、战鸟山、梅根山、赭圻城、南陵（《陶侃传》云自南陵于白帝，数千里中路不拾遗）。

晋陵郡：《晋书·地理志》，吴分会稽、无锡，以西为屯田，置典农校尉，太康二年省校尉为毗陵郡，东晋领县八（晋陵、丹徒、曲阿、武进、延陵、既阳、无锡、南沙）。《沈志》云毗陵郡治丹徒，后复还毗陵，东海五越世子名毗而东海国故食毗陵，永嘉五年帝改为晋陵，始自毗陵徙治丹徒，大兴初郡及丹徒县悉治京口，郗鉴复徙还丹徒。

曲阿：汉归县，《晋志》：吴嘉禾三年复曰云阳，晋武帝太康二年复曰曲阿。有大业垒（《郭默传》云郗鉴于曲阿北作大业垒，以默守之，使拒苏峻。张健、韩晃等急攻大业垒，垒中乏水，人饮粪汁，默、潜突围出外，留兵守之）、曲阿垒（《郗鉴传》云大业、曲阿、庱亭三垒皆鉴拒苏峻时所筑）、郗亭垒（《元和郡县志》：在县东四十七里，苏峻将管商攻略晋陵郡，郗道微以此地东据要路，北当武进故遣督护孝李闳筑此拒之，今置埭。案，《通鉴》注，丁度曰在吴兴，疑误）、练湖、新丰湖。

扬州统旧郡九（丹阳、宣城、吴、吴兴、会稽、东阳、新安、临海、晋陵），增置郡二（永嘉、义兴），县九十三。

（二）豫州

《晋志》：永嘉之乱，豫州沦没石氏，成帝乃侨立豫州于江淮之间，又并淮南、庐江、安丰并属豫州。州治：元帝元昌元年，刺史祖约始自谯城退还寿春，成帝咸和四年，侨立豫州，庾亮为刺史治芜湖，咸康四年毛宝为刺史治邾城。

西阳郡，《晋志》云晋惠帝又分弋阳为西阳国属豫州，《太平寰宇记》又云惠帝改薪春郡为西阳郡，今考《陶侃传》为荆州刺史领西阳、江夏、武昌。《成帝纪》云咸和三年江州刺史温峤救京师，遣西阳太守邓岳等为先锋，使西阳国又曾属荆江二州。

庐江郡，汉置，东晋分出堂邑、晋熙二郡凡领县二：灊、舒（汉归县，乐史称太康地记庐江郡治皖，更移居于舒。《水经注》云庐江郡治舒）。今考《陶侃传》，庐江太守张夔以侃领枞阳令。案，《晋志》无此县，故附见于此。庐江郡旧县又有阳泉、皖、居巢、临湖、襄安、龙舒、六渚县。（枞阳县汉置晋废，梁陈复置，在桐城东南。）

颍州郡，秦置。《晋志》：泰始二年分置襄城郡。东晋领县可考者三，许昌、长社（汉旧县有陶城。《太平寰宇记》：东晋陶侃征杜于此屯军筑城）、长平。

弋阳郡，魏置，东晋领县可考者五：弋阳、西陵、期思、安卡（谷名之曰安城，有芍陂）、松滋（《晋太康地志》属安丰，有马头山，《桓宣传》，祖约与苏峻作乱，宣拒约不与之同，欲南投寻阳，营马头山）。

晋熙郡，《沈志》提到，晋安帝分庐江立，乐史称宋书州郡志，晋安帝复于归皖县地置怀宁县，仍分庐江郡置晋熙郡，凡领县二：怀宁、新冶（《沈志》：晋安帝立。《太平寰宇记》：晋安帝义于皖县，地立新冶县，亦为大雷戍。有大雷池。《通鉴》：咸和二年苏峻反，温峤欲下卫京师，庾亮素忌陶侃，报温峤书曰："吾忧西陲过于历阳，足下毋过雷池一步。"）

（三）荆州

今考《晋志》，惠帝以桂阳、武昌、安成三郡属江州，新城、魏兴、上庸三郡属梁州，穆帝以长沙、衡阳、湘东、零陵、邵陵、分零陵所立之营阳六郡属湘州，以益州之巴东郡隶属，又乐史称义阳国，元帝迁都沦陷刘石，安帝时以流人在南郡者立南义阳郡于南都郭下，东晋凡统郡十五，增署郡五（南郡、南平、武宁、绥安、江夏、竟陵、襄阳、南阳、顺阳、义阳、隋、新野、建平、宜都、武陵、天门、巴东、临贺、始兴、始安）。

《州治地形志》：魏晋治江陵。《通典》云晋初理襄阳，平吴理南郡，今江陵郡。王敦为刺史理武昌，其后迁徙无常，自王抗以来复理江陵不复移改。《陶侃传》：周为荆州刺史先镇浔水城，侃为荆州镇于沌口，又移入沔江，侃平苏峻后，以江陵偏远，移镇巴陵，又移镇武昌。

南郡，秦置，《晋志》云晋武帝太康元年改曰新都，寻复旧，东晋领县十（江陵、编、当阳、华容、都、枝江、旌阳、州陵、监利、石首）。

江陵，汉归县有内外城，纪南城、金隄、东皇堂、南蛮府（《水经注》称盛弘之荆州纪南蛮府东有三湖。案，东晋荆州刺史常兼南蛮校尉，此即校尉署也）、江当戍、马头、枚回洲、宠洲、龙洲、涌口、零口、豫章口、柞溪、龙泉、沙桥、破冢、女观湖、灵溪、杨林、鲁宗之垒。

当阳，汉归县，郭璞《山海经注》云，漳水出荆山至南郡当阳，入沮山，有章山（《水经注》：沔水下当阳之章山上有故城，太尉陶侃伐杜曾所筑也）。

南平郡，吴置以为南安郡，晋太康元年改曰南平，领县四：江安、孱陵、上明、沓中。南安郡，作唐，治江安（王庆为马俊等袭奔江安）。

江夏郡，汉置，《元和郡县志》云，曹魏与晋具理安陆，东晋领县四（安陆、滠阳、沌阳、曲陵郡有蕲春故县，县有长岐）。

长岐：《晋书》云：陶侃与皮初等共破钱端于长岐，胡三省云当在江夏郡界。

滠阳：《晋志》云：晋惠帝世安陆人朱伺为陶侃将，求分安陆东界为此县。

沌阳：《元和郡县志》云：晋于安陆县地临漳山下置沌阳，属江夏郡，自上昶城移理焉。后郡又移理夏口沌阳县，属下不改。《水经注》云晋永嘉六年王敦以陶侃为荆州镇此。有鲁山、障山（《水经注》：晋建兴二年太尉陶侃为荆州，镇此也）、沌口（《水经注》：沌水迳沌阳县南注于江，谓之沌口。永嘉六年王敦以陶侃为荆州镇此，明年移林障）。

竟陵郡：《水经注》云晋惠帝元康四年分江夏西部置，治石城，领县四（竟陵、南新市、云杜霄城、新阳）。

竟陵有石城、沔阳城（《沈志》：陶侃为荆州刺史治沔阳，通鉴注属竟陵郡界）、管城、甑山（《朱伺传》：伺就王庆于甑山）、激水、巾水戍、杨口垒。

襄阳郡：魏置，领县八：襄阳、宜城、中庐、临沮、上黄、印、邓城、邓。

襄阳有州治中城、夫人城、樊城（《晋书成帝纪》：咸和五年石勒将郭敬寇襄阳，屯于樊城，七年陶侃遣子斌等破敬克樊城，竟陵太守李阳拔新野戍之）、平鲁城、马鞍山、岘山方山、蔡洲、沔水、浊水、（刘弘子璠遵弘志，墨经率府兵讨迈斩于浊水）、樊溪（《陶侃传》云侃与车出临津就船，薨于樊溪）。

临沮：《晋志》称晋太康地志属襄阳。《水经注》云沮水又屈迳其县南，晋咸和中为沮阳郡治也。今考地理书不言晋之沮阳郡，道元所记当有所本，姑附记此（维墀认为或陶侃使桓宣，陶斌拔襄阳，以淮南部曲置义成郡时同置，后即省）。有临漳城（《水经注》云沔水又东经临漳故城北，晋建兴二年太尉陶侃为邢州镇此也）、沮中。

新野郡：《水经注》云咸宁三年封大司马扶风扶王少子歆为新野郡公，割南阳王属棘阳、蔡阳、邓、山都封焉。

新野：有湟水（《桓宣传》云宣与石勒将郭敬战于湟水破之。案，《水经注》云湟水出湟阳县东南，迳安众新野二县。下言陶臻及竟陵太守李阳拔之，则此盖新野之湟水也）。

义成郡：《晋书桓宣传》云宣平襄阳，陶侃使宣镇之，以其淮南部典立义成郡。《晋志》云晋孝武立治襄阳。案，晋哀帝兴宁二年以桓豁监荆州及扬州之义成，《桓冲传》督扬州之义成、新野二郡。今考豁与冲所督之义成即陶侃侨立于襄阳者，其侨置之地在荆州，其人户则属扬州也，图经义成废郡在光化县西北，领侨县四：义成、下蔡、平阿、万年。

始兴郡：吴置统县七，《晋志》云晋武帝平吴以属广州，成帝属荆州，去京城水五千里。六县为曲江、桂阳、始兴、含洭、浈阳、中宿。

桂阳：汉归县，属桂阳一名小桂，陶侃执刘沈于小桂即此。

（四）江州

《晋书·地理志》，惠帝元和元年有司奏荆扬二州疆土广远，疏理尤难，于是割扬州之豫章、鄱阳、庐陵、临川、南康、建安、晋安、荆州之武昌、桂阳、安成合十郡因江水之名而置江州。《水经注》云惠帝永平中始置江州。《元和郡县志》云有司奏分江州在元康元年，定立"江州则在二年也，永兴元年又分庐江之寻阳，武昌之柴桑二县置寻阳郡属江州，凡领归郡十，增置郡一，县八十八"。案，《太平寰宇记》云元帝过江始置江州误，卫恒传族弟展永嘉中已为江州刺史矣！

州治：《晋志》云初治豫章，成帝咸康六年移治寻阳，庾悦又治豫章，寻还寻阳。《元和郡县志》：晋惠帝元康二年于豫章郡理立江州，东晋元帝时江州自豫章移理武昌郡，自后或理湓城，或理寻阳，或理半洲，并在湓城侧近。《太平寰宇记》云晋成帝咸康六年移江州理湓城，即今寻阳郡是也，晋初理在江北岸地名兰城，温峤为守之日移于此。（维墀案，咸和元年温峤刺督江州，陈豫章十郡之要，宜以刺史居之，寻阳滨江，都督应镇其地，自居武昌，陶公亦居武昌。）

寻阳郡，《晋志》云寻阳本县名，因水名县，水南注江，二汉属庐江，吴立蕲春郡，寻阳属焉，晋武帝太康元年省蕲春郡，以寻阳属武昌，改蕲春之安丰为高陵及邾县皆属武昌，二年以武昌之寻阳复置庐江郡，惠帝永兴元年分庐江、武昌立寻阳郡，通典、汉寻阳归县在江北，晋温峤移于江南。《太平御览》称《晋书·地理记》曰：寻阳南通五岭，北导长江，远行岷汉，亦一都会也。《太平寰宇记》云地本蒲塘，春秋时为楚之东鄙地，至晋永兴初始以为郡，乃领寻阳、柴桑、彭泽、上甲、九江五县。今考《晋书地理志》，怀帝永嘉元年又以豫章改彭泽县属寻阳郡，元帝渡江，寻阳郡又置九江、上甲二县省九江县入寻阳，义熙八年省寻阳县属柴桑，后又省上甲号入彭泽，凡领县二（柴桑、彭泽），侨县别见（安丰、弘农）乐史以为永兴初即领县五误。

柴桑，汉归县，《晋志》云晋属武昌，二汉晋太康地志属豫章，立寻阳郡，后割度。《晋书地理志》云安帝义熙八年省寻阳县入柴桑，仍为郡治。有浔水城（周顗屯）、湓口城、陶公垒（《祖约传》，约遣祖涣、桓抚袭湓口。《庾亮传》云亮讨郭默，军次湓口。《元和郡县志》云晋咸和四年，后将军郭默杀平南将军刘胤叛于此，陶侃讨默，筑垒以攻之，默乃以布囊成米为垒以应陶，今称为陶公垒）、庐山、西岸小山、鄂陵（因访屯兵讨华轶）、半洲、鹊洲、濑乡。

彭泽，汉归县，郭璞《山海经注》，彭泽今彭蠡也在寻阳彭泽县。《晋书·地理志》，属豫章，怀帝永嘉元年移属。有县治城，左里城，桑落洲。

武昌郡，吴置，东晋领县六（武昌、阳新、沙羡、沙阳、鄂，官陵）。《晋志》《晋起居注》云，太康元年改江夏为武昌郡。

武昌：《晋志》云魏黄初三年孙权改鄂为武昌。《晋书穆帝纪》云永和七年桓温率众北伐，次于武昌。《水经注》云惠帝永平中始置江州。傅综为刺史治此城，后太尉庾亮之所镇也，通典东晋时谢尚、庾翼并屯守于此。有吴大帝城（《太平寰宇记》云魏黄初二年吴主置，城有五门，各以所向为名。又《晋中兴书》云陶侃领江州刺史镇武昌，课种柳，都尉夏施夜盗拔郡西门柳为己所种，后因驻在施门，问此是郡西门柳，何以盗种，施布谢罪，时人惮之）、西塞矶、樊溪（陶侃薨于樊溪，《图经》：樊溪在武昌西三里）、峥嵘洲、五丈湖（《太平寰宇记》云在县东有长湖通江南，冬即涸干，陶侃筑塘以遏水，于是水不竭，因取瑯琊聂湖惠菱置湖内，其菱异于他处，有鲫鱼长三尺，永嘉初颓破，太守褚儁之重修复）、钓台（《陶侃传》云侃整阵于钓台）、夷市（《陶侃传》云侃立夷市于郡东，大收其利。《舆地纪胜》云晋西阳有五水蛮，侃领武昌作夷市于吴城东，以为交易之所）。

桂阳郡，汉置，东晋领县八（郴、汝城、平阳、耒阳、临武、晋宁、南平、阳山）。平阳（《元和郡县志》云东晋陶侃分佛县立）。

安成郡，吴置，东晋领县七（平都、宜阳、新喻、永新、安复、萍乡、广兴）。

晋安郡，《文选注》称王隐《晋书》太康三年置，统县八（原丰、新罗、宛平、同安、侯官、罗江、晋安、温麻）。

豫章郡，汉置，东晋领县十五（南昌、海昏、新淦、建成、望蔡、永修、建昌、吴平、豫宁、艾、康乐、丰城、新吴、宜丰、钟陵）。

南昌，汉归县，有松阳门、石马山、石头渚、南塘、度支步、范宁学台、钓圻邸阁（《水经注》云干水历钓圻邸阁下，度支校尉治，太尉陶侃移置此）。

鄱阳郡，吴置，东晋领县七（广晋、乐安、余汗、鄡阳、历阳、葛阳、晋兴）。

庐陵郡，吴置，东晋领县十（石阳、西昌、高昌、巴丘、南野、东昌、遂兴、吉阳、兴平、阳丰）。

临川郡，吴置，东晋领县十（临汝、西丰、南城、东兴、西丰、永成、宜黄、安浦、西宁、新建）。

南康郡，《晋书地理志》云太康三年置，统县六（赣、零都、宁都、平固、南康、陂阳）。

建安郡，吴置，东晋又立，凡领县八（建安、吴兴、东平、建阳、将乐、邵阳、延年、绥安）。

（五）湘州

《晋志》云怀帝分长沙、衡阳、湘东、零陵、邵陵、桂阳及广州之始安，始兴，临贺九郡置湘州。《元和郡县志》云怀帝分荆州湘中诸郡置湘州，南以五岭为界，北以洞庭为界。穆帝时又分零陵立营阳，而临贺、始兴、始安、桂阳四郡移属湘州。《晋志》云晋怀帝永嘉元年分荆州之长沙、衡阳、湘东、邵陵、零陵、营阳、建昌。江州之桂阳八郡立，治临湘，成帝咸和四年省，安帝义熙八年复立，十二年又省，凡统归郡五（长沙、衡阳、湘东、零陵、邵陵），增置郡一（营阳）县四十二。

长沙郡：秦置，东晋领县十：临湘、攸、下隽、醴陵、浏阳、建宁、吴昌、罗（汉归县有埤山、陶淡传、逃罗县山中即此）、巴陵、巴丘。

临湘，汉归县，郭璞《山海经注》，长沙郡临湘县有故陶关。《元和郡县志》云晋杜弢湘州，又陶侃讨之，因置此城。案，陶侃墓亦在此县。

巴陵，吴立，《晋志》《山海经注》洞庭地穴也在长沙巴陵，有陶侃城（《元和郡县志》云在县东北八里。《陶侃传》云侃以江陵偏远，移镇巴陵），清水山，清中湖。

（六）广州

吴置，《晋书地理志》：太康中吴平以荆州始安、始兴、临贺三郡来属，统郡十，县六十六，怀帝永嘉元年又以临贺、始兴、始安三郡，凡二十县为湘州，成帝又以三郡还属荆州，东晋凡领归郡六（南斯拉夫海、苍桔、郁林、桂林、高凉、宁浦），增置郡七（晋兴、东官、新会、晋康、新宁、永平、义安），县一百九。州治番禺。

南海郡，秦置，东晋分出东官、新会二郡。

东官郡，《晋志》称何志故司盐都尉，晋成帝立为郡。《广州记》云晋成帝咸和六年分南海立。（维墀案，时太尉陶侃为荆棘江交广等八州都督，荆江二州刺史，荆州含湘州。方平郭默，以南海富庶，市舶要道，遂奏请分南海立东官，时领宝安、兴宁、海丰、海四县。）

晋兴郡，晋志晋元帝太兴元年分郁林立，《水经注》又云：晋兴郡太康中分郁林置，未知孰是？《元和郡县志》云晋于领方县置晋兴郡，凡领县八。晋兴有泉源（《太平寰宇记》称《南越志》云，晋兴县泉源与建都、兴宁二郡分境，陶侃即开此郡贡赋由是日盛，有陶侃碑）。（维墀案，是则大兴中公刺广州时所开。）

二、武昌记

陶太尉庙东有盘龙石，旧传曰：龙盘于此石。（《御览》）陶侃宅在武昌县西，有黑石平地如樽状，唐孟仕源命为杯樽。（《湖广志》）

武昌寒溪寺，侃得文殊铜像于海上，初送寒溪即此。（《湖广志》）

三、郡国志

鹤问湖者，陶侃微时丧母，忽有二客来吊，化为双白鹤飞去，后因以为名。（《御览》）

长沙南寺贾谊宅，亦陶侃宅在焉。（《御览》）

四、中国文化名人名胜

［引自伍宝根、黄成军编著，西南交通大学出版社出版］

陶公庙，在湖南长沙市郊榔梨镇临湘山，为祀陶侃及其孙陶淡之所。南朝梁天监六年（507）建，历代香火不断，被誉为“千古名山，六朝遗庙”。清咸丰二年（1852）钦封陶淡为孚佑真人，故又称陶真人庙。现由山门、戏楼、台阶、正殿、桂花园构成主轴线，富有晚清南方民间建筑风格。殿中悬朱熹手书“德化无疆”及清同治帝书“民赖恩福”大匾，另有清书法家翁同龢书“古戏构”一匾，殿后桂花园风景雅秀，旧为文人墨客吟诗作赋之所。按，此庙以陶淡及侄陶恒为主，旧有二肉身，文化大革命中毁，今改为二塑像。已一新。

惜阴书院遗址，在湖南长沙市惜阴街，因陶侃曾封长沙郡公，居官有善政，常语人曰：“大禹圣者，乃惜寸阴。至于众人，当惜分阴。岂可逸游荒醉，生无益于时，死无闻其后，是自弃也。”郡人念其功德，故建祠以祀。明嘉靖年间，知县吕廷爵塑陶侃像于祠中，名“惜阴书院”。现其遗址上建有惜阴街小学。长沙公府遗址。

惜阴亭，在安徽枞阳县城内，为纪念陶侃而建，陶曾任枞阳令，曾提倡珍惜光阴，后人建亭，以“惜阴”名之，今亭毁，遗址尚存。

雷池，又称雷港，在安徽望江县东10公里，因古雷水自湖北黄梅县界东流至此，积而成池故名。东晋时置东晋戍，为江防要地。晋咸和二年（327）历阳镇将苏峻等叛乱，江州刺史温峤欲带兵保卫京都建康，朝中重臣庾亮担心当时手握重兵的陶侃乘虚而入，提醒温峤“足下无过雷池一步也”。后来表示不逾越的一定范围。明天启中，池为浮沙所塞，雷水改自望江华阳镇入江。

三贤亭，在湖北鄂州市西二公里的西山之上，因晋陶侃、唐元结、宋苏轼三人曾在山上居住故名。又因亭边有滴滴泉、活水泉、涵息泉而称为三泉亭。亭为上下两层，上层为藏经阁，下层为梅花石刻，是西山上的著名胜迹，远近闻名的东坡饼，即是用三泉之水做成。

五、国家文物事业管理局

（引自《中国历代名人胜迹大辞典》）

陶侃（259—334），鄱阳（今江西鄱阳县）人，字士行，后徙家浔阳（今江西九江），东晋名宦。少孤贫，曾以捕鱼奉亲举孝廉。初为县吏，廉洁不苟，经鄱阳范逵引荐，与庐江太守张夔相识，遂任枞阳令（今安徽枞阳县），迁郎中尚书，先后平定张昌、杜弢反晋之乱，讨平陈敏割据势力，晋永嘉元年（307）积功，任荆州刺史，镇武昌（按永嘉元年为武昌太守，建兴元年为荆州刺史）。旋为王敦所忌，调任广州刺史。每日清晨搬砖百块于斋外，暮时搬回斋内，从不间断，以习劳自励。王敦谋乱败绩后还荆州。东晋太宁三年（325），加征西大将军。咸和三年（328），苏峻、祖约起兵叛晋，都城建康（今江苏南京市）失守，大臣庾亮、温峤赖陶侃兵力收复都城。陶侃受封长沙郡公，任荆江二州刺史，都督八州军事。他从军四十年，为人所称道。咸和九年武昌告老还乡，死于樊溪，谥曰桓，著有文集两卷（《唐书经籍志》）行于世。

陶侃洗墨池：在安徽枞阳县城内惜阴亭前，原为一水塘，相传东晋陶侃任枞阳县令时，曾在此洗刷笔砚，遂名洗墨池。池为椭圆形，周长5.3米，深0.9米，池东西壁上，有宋代吴绍、明代杨子升题诗石刻，今池尚在，壁上题诗多清晰可辨，池东北原有纪念陶侃之陶公祠，今已毁。

陶公山：在湖南湘潭市西北隅，原名壶山，临湘江，晋永嘉元年（307），陶侃任湘州刺史。墀按，公领湘州刺史在永昌元年（322），进讨王敦时，时疑此乃建兴三年（315）进围杜弢时驻兵壶山，建茅房，垦荒种菜，修文习武，后人更名为陶公山，附近有一五垒小桥，传为陶侃亲手所建，今称陶公桥。

临嶂山：在湖北武汉市汉阳城东二公里处，又名城头山，濒汉水南岸，晋建兴二年（314）陶侃为荆州刺史移镇于此。1976 年和 1977 年两次考察，在此发现陶侃所筑古城残部，长十米，宽四米，汉水边坡面亦发现大批东晋时期文物，西陵岭有砖室墓，出土文物有东晋铜镜。

陶侃墓：在湖南湘潭市十八总陶公山上，为三合土封固，墓前有石栏、石柱。镌联曰：媲衡山千秋不朽，偕湘水万古流芳。墓碑刻：晋都督陶桓公之墓，为民国十年（1921）重刊，相传系陶侃衣冠冢。

陶侃衣冠冢：在江西鄱阳县荐福寺旁，现为校园，今墓冢已夷为平地，墓地尚在。

陶公祠：在江西鄱阳县城南。始建年代无考。据县志载，此祠原祠陶、余二公，清乾隆五十六年（1791）县人改祀陶侃一人，故名，今已不存。

惜阴亭：在安徽枞阳城内百步云梯山下，原名运甓亭，为纪念晋代枞阳令陶侃所建，取意陶侃立志收复中原失地而“运甓自励”之事。明正德二年（1507）更今名。《晋书陶侃传》记载，陶侃尝言：“大禹圣者，乃惜寸阴，至于众人，当惜分阴，逸游荒醉，无益于时，是自弃也。”后人景仰，遂以“惜阴”命亭名，亭前有洗墨池，亭于抗日战争中遭毁。

六、《水经注》（郦道元著）

（一）卷二八，沔水

又东过荆城东。

注：沔水自荆城东南流，经当阳县之章山东，山上有故城，太尉陶侃伐杜曾所筑也。《禹贡》所谓内方至于大别者也。既滨带沔流，定公《尚书》之文矣。

（二）卷三一，涢水

又南过江夏安陆县西。

注：隋水出隋郡永阳县东石龙山，西北流，南回，经永阳县西，历横尾山，即《禹

贡》之陪尾山也。隋水又西南，至安陆县故城西，入于涢，故郧城也。因冈为墉，峻不假筑，涢水又南经石岩山北。昔张昌作乱，于其下笼彩风以惑众，晋太安二年，镇南将军刘弘遣牙门皮初与张昌战于清水，昌败，追斩于江族，即《春秋左传》定公四年，吴败楚于柏举，从之，及于清发，盖涢水兼清水之目矣！（时刘弘辟陶侃为南蛮长史，大都护率蒯恒、皮初等先向襄阳讨张昌。）

（三）卷三五，江水

又东北至江夏沙羡县西北，沔水从北来注之。

注：沌水上承沌阳县之太白湖，东南流为沌水，经沌阳县南，注于江，谓之沌口，有沌阳都尉治。晋永嘉六年，王敦以陶侃为荆州，镇此。明年徙林鄣。

（四）卷三八，湘水

又北过临湘县西，浏水从县西北流注。

注：苏林曰青阳，长沙县也，汉高祖五年以封吴芮为长沙王，是城即芮筑也。汉景帝二年封唐姬子发为王，都此，王莽之镇蛮郡也。于《禹贡》则荆州之城，晋怀帝以永嘉元年，分荆州、湘中诸郡，立湘州、治此。城之内，郡廨西有陶侃庙，云是贾谊宅城，中有一井，是谊所凿，极小而深，上敛下大，其状似壶。旁有一脚石床。又有大柑树，亦云谊所植也。城之西北有故市，北对临湘县之新治。

（五）卷三九，赣水

（赣水）又北过南昌县西。

注：赣水又历钓圻邸阁下，度支校尉治，太尉陶侃移置此也。归夏月，邸阁前洲没，去浦远，景平元年，校尉豫章因运出之力，于渚次聚石为洲，长六十余丈，洲里可容数十舫。

附：陶桓公史杂拾零

维墀方为长沙桓公敬撰系年谱，余君星初问余辑谱之所本，余于是从年谱之注释中，辑成史杂拾零，以为若叙述于年谱中，既零乱而又不成章。

史者，晋代所佚失的史传。杂者，《史通杂述篇》曰："若祖台之《志怪》、干尘《搜神》、刘义庆《幽明录》、刘敬叔《异苑》，此之谓杂记者也。"

时代已久远，几度变迁，几度离乱，史传多佚失，余从《世说新语》《太平御览》《异苑》中将各书辑录，又及《补晋书·艺文志》《东晋疆域志》。至于《历代神仙通鉴》，虽虚虚实实，文者可爱，亦附于末。至于《晋书》列传、地方志传，有待另辑。

一、《大司马陶公故事》卷三

《北堂书钞·酒食部》：苏峻平后侃上成帝鳝十斛（《白贴》亦云）。《太平御览·兵部》卷三三六：臣侃言郭默狂狡，肆行凶虐，鱼阻城险，用稽天诛，臣土（一作上）山陵其城，楼橹攻具备设。

《全》上卷三五七，臣侃奏献（章宗源《隋书经藉志考证》有金鳝白旄四枚）金华大羌楯五十幡、青绫金华楯五十幡。

《全》上卷七五九，器物部，侃上杂物疏有上成帝蚰杯一枚。（以上三则，《艺文类聚》杂器物部同。）

《全》上卷七六〇，侃上成帝水精盌一枚，上成帝漆复簇五十枚。（以上并见章宗源《隋志考》。）

《全》上卷三四六，兵部，陶侃表曰：伏承（一作惟）大宫厨器损失，谨奉献狼炙刀槊二具。

《全》上卷七五九，器物部，陶侃表白（曰之误），唯作方九子樑，趋以供事，谨上五十叶。

《全》上卷三五三，兵部，陶侃表曰：伏惟武库倾荡，宿卫有缺，辙简选其差可者，奉献金铃大战五十张。

二、《陶氏序》

侃字士衡，其先鄱阳人，后徙寻阳，侃少有远概，纲维宇宙之心，桑孝廉，入洛，司空张华见而谓曰："后来匡主宁民，君其人也。"刘弘镇沔南，取为长史，谓侃曰："昔吾为羊太傅参佐，见语云：君后当居身处，今相观，亦复然矣！"累迁湘、广、荆三州刺史，加羽葆鼓吹，封长沙郡公、大将军，赞拜不名，剑履上殿，进太尉，赠大司马谥桓公。（《世说言语注》）（墀按，《陶氏序》仅见此处。按《晋书》，应为封太尉，进大将军，赞拜不名，剑履上殿。）

三、《陶侃别传》

母湛氏贤明有法训，侃在武昌与佐吏从容饮燕，常有饮限，或劝犹可少进，侃凄然良久曰："昔年少曾有酒失，二亲见约，故不敢逾限。"（《世说贤媛注》）（墀按，《晋书》作亡亲见约。）

及侃丁母忧，在墓下忽有二客来吊，不哭而退，仪服鲜异，知非常人，遣随视之，但见双鹤冲天而去。（《世说贤媛注》）（墀按，《御览》卷五六一及九一六皆引用，但文字小异，如鲜异作鳞异等。）

庾翼薨表其子爰之代为荆州，何充曰："陶公重勋也，临终高让，丞相末薨，敬豫为四品将军，于今不改。亲则道恩，优游散骑，未有超擢若此之授。"乃以徐州刺史桓温为安西将军，荆州刺史。（《史说识鉴注》）

范字道则，侃第十子也，侃诸子中最知名，历尚书秘书监，可法盛以为第九子。（《世说方正注》）

外国献氍毹，公举之曰："我还国当与牙共眠。"牙名淡之字处静，是公庶孙，小而被知，以为后嗣。（《御览》卷七〇八）

四、《陶氏家传》

侃迁太子中庶子，君少而好学，善谈玄理，尤明诗易，以孝行闻于时，储选殊难其人，特召君焉。(《太平御览》卷二四五)(墀按，时张华为太子少傅，华既知公，特相荐之。)

五、刘义庆《世说新语》卷六(刘孝标注)

陶公少有大志，家酷贫，与母湛氏同居。同郡范逵素知名，举孝廉，投侃宿，于时冰雪积日，侃室如悬磬，而仆马甚多。侃母湛氏语侃曰："汝但出外留客，吾自为计。"湛头发委地，下为二发，卖得数斛米，斫诸屋柱，悉割半为薪，锉诸荐以为马草，日夕遂设精食，从者皆无所乏。逵既叹其才辩，又深愧其厚意。明旦去，侃追送不已，且百里许，逵曰："路已远，君宜还。"侃犹不返，逵曰："卿可去矣，至洛阳，当相为美谈。"侃乃返，逵及洛，遂称之于羊(晫)、顾荣诸人，大获美誉。(贤媛)

陶公少时作鱼梁吏，尝以鲊饷母，母封坛付使，反书责侃曰："汝为吏以官物见饷，非唯不益，乃增吾忧也。"(贤媛)

石头事故，朝廷倾覆，温忠武与庾文康投陶公求救，陶公云："肃祖顾命不见及，且苏峻作乱，衅由诸唐庾，诛其兄弟，不足以谢天下。"于时庾在温船后，闻之，忧怖无计。别日，温劝庾见陶，庾犹豫未能往。温曰："溪狗我所悉卿但见之必无忧也。"庾风姿神貌，陶一见便改观，谈宴竟日，爱重顿至。(容止)(墀按，溪狗一语，遂有公为溪人之说，容另辩之，故不句断，但试观下文，则无溪狗二字。)

陶公自上流来赴苏峻之难，令诛庾公，谓必戮庾，可以谢峻，庾欲奔窜则不可，欲会恐见执，进退无计。温公劝庾诣陶曰，卿但遥拜，必无他，我为卿保之。庾从温言，诣陶，至便拜，陶自起止之曰："庾元规何缘拜陶士衡！"毕又降就下坐，陶又自要起同坐，坐定，庾乃引咎责躬，深上迎谢，陶不觉释然。(假谲)

苏峻之乱，庾太尉南奔见陶公，陶公雅相赏重，陶性俭吝，及食啖薤，庾因留白，陶问用此何为，庾云："故可种"。于是大叹庾非唯风流，兼有治实。(俭啬)

成帝在石头，任让在帝前戮侍中钟雅、右卫将军刘超，帝泣曰："还我侍中！"让不奉诏，遂斩雅、超。事平之后，陶公与让有旧，欲宥之。许柳儿思妣者至佳，诸公欲全之。若全思妣，则不得不为陶公让。于是欲并宥之。事奏帝曰："让是

杀我侍中者，不可宥。”诸公以少主不可违，并斩二人。（政事）

梅颐尝有惠于陶公，后为豫章太守，有事，王丞相遣收之，侃曰：天子富于春秋，万机自诸侯出，王公既得录，陶公何为不可放？乃遣人于江口夺之，颐见陶公拜，陶公止之，颐曰：“梅仲真膝，明日岂可复屈邪！”（方正）

陶公疾笃，都无献替之言，朝士以为憾。仁祖（谢尚）闻之曰：“时无竖刁，故不贻陶公话言。”时贤以为德音。（言语）

陶公性检厉，勤于事，作荆州时，敕船官皆录锯木屑，不限多少，咸不解此意，后正会，直积雪始晴，厅事前除雪后犹湿，于是悉用木屑覆之，都无所妨。官用竹，皆令录厚头，积之如山，后桓宣武伐蜀装船，悉以作钉。又云：尝发所在竹篙，有一官长连根取之，仍当足，乃超两阶用之。（政事）

王修龄尝在东山，甚贫乏，陶胡奴（范）为乌程令，送一船米遗之，却不肯收，直答语：“王修龄若饥，自当就谢仁祖（尚）索食，不须陶胡奴米。”（方正）

袁宏始作《东征赋》，都不道陶公，胡奴诱之狭室中，临以白刃，曰：“先公勋业如是，君作《东征赋》，云何相忽略？”宏窘蹙无计，便答：“我大道公，何以云无？”因诵曰：精金百炼，在割能断，功则治人，职思靖乱，长沙之勋，为世所赞。（文学）

六、王隐《晋书》卷九三

陶侃字士衡，鄱阳人，少渔于雷泽，梦背上生八翅，飞入天门，见门非常，欲入不敢而下，侃公都督八州诸军事。（《御览》卷三九八）

陶侃字士衡，鄱阳人，为郡主簿，夫人病，欲使主簿迎医于数百里，天太寒雪，各辞疾，召侃使行，侃曰：“资于事父以事君，夫人亦当次母，安有父母之疾而闻迎医，不便行者。”（《御览》卷二六五）

侃母既截发供客，闻者叹曰：“非此母不生此子。”乃进之于张夔，羊晫亦简之。后晫为十郡中正，举侃为鄱阳小中正，始得上品也。（《世说贤媛注》）

丹长子操伍武昌，私还视丹病，丹责以朝廷用我为边将，取尔为伍，而敢越法移行，竟不见。（陶讨《芜湖陶氏家谱序》）

陶侃字士衡，亲友过侃宿，时大雪无草，侃母湛撤床杂荐，手锉给客牛马。（《御览》卷七〇九）

陶侃击蜀贼王真，真钩得侃有雀船，侃欲投水，都督王禳苏扶侃入小船得脱。

（《御览》卷七六八）

陶侃为荆州，杜弢将王真遥语，真横脚马上，侃曰："杜弢为益州刺史，盗用库金，父死不奔丧，君本佳人，何随之，天下无白头贼也。"真闻下其脚，辞又顺。侃知其意，使降人喻真，真乞得先信，乃截发为信，蜀贼粮尽，真既降而走。（《御览》卷三七二）

陶侃为广州，梦有司马与侃铠者，长史陈协以为司马者，国姓也，铠者捍御之器，节下当进位，大兴二年，侃加平南将军。（《御览》卷三九八）（《御览》卷三五五亦同，但云俄转都督湘州刺史。）

陶侃少长勤整，自强不息，常语人曰："大禹圣人，乃惜寸阴。至于凡俗，当惜分阴。"（《御览》卷三四一）

太宁时陶侃表仓曹参军袁谦为高凉太守，未至百余里，浦中有蜜蜂蔽日而下谦船上，谦不觉甚恶，会得留郡文书，贼欲乘虚攻郡。谦欲速赴，明早进西南，卒遇大风飞沙，天地晦合，不复得还浦，遂没海中。（《御览》卷九五〇）

陶侃为都督荆雍益梁四州诸军事，是时荆州大饥，百姓多饥死，侃至秋熟辙籴，至饥复价粜入，士庶欢说，咸蒙济赖。（《御览》卷二五一）

贼杜弢下蜀，蜀人饥，陶侃多作粥以待之，于是悉降。（《御览》卷八五九）

苏峻事平，陶侃欲将孔坦上用为豫章太守，坦辞母老不行，召以为关郡，吴郡多名族而坦年少，乃授吴兴内史，不闻尹京。（《世说方正注》）

石勒攻夏口，朱伺衔铁面，以弩矢射贼大帅，数人皆杀之，并以磊石弓箭雨下，所向摧破，贼皆抛船上岸，于水边作阵，伺身被数十箭，胆气不变，诸军寻至，贼兵便崩退，投死水者百数，夏口之会，伺之勋也。（《御览》卷四三五）（永嘉年间）

陶侃平苏峻，除侍中、太尉，加羽葆鼓吹。（《御览》卷五六七）公薨，成帝为置石碑，立庙像于武昌西江上。（《书钞》）

七、孙盛《晋阳秋》卷二

侃父丹，娶新淦湛氏女，生侃，湛虔恭有智算，以陶氏贫贱，纺绩以资给侃，使交结胜己，侃少为寻阳吏，鄱阳孝廉范逵尝过侃宿，时大雪，侃家无草，湛彻所卧荐锉给，阴截发卖以供调。逵闻之叹息，逵去侃追送之，逵曰："岂欲仕乎？"侃曰："有仕郡意。"逵曰："当相谈致。"过庐江向太守张夔称之，召补吏，举孝廉，除郎中，时豫章顾荣或责羊晫曰："君奈何与小子同舆？"晫曰："此寒俊也。"（《世

说贤媛注》)

是时成帝在襁褓，太后临朝，中书令庾亮以元舅辅政，欲以风轨格政，绳御四海，而峻拥兵近甸，为逋逃薮，亮图召峻。王导、卞壶并不欲。亮曰:“苏峻豺狼，欲为祸乱，晁错所谓削亦反，不削亦反。”遂下优诏，以大司农征之，峻怒曰:“庾亮欲诱杀我也。”遂克京邑。平南温峤闻乱，号泣登舟，遣参军王愆期推征西陶侃为盟主，俱赴京师，时亮败绩奔峤，人皆尤而少之，峤愈相崇重，分兵以配给之。(《世说假谲注》)

侃练核庶事，勤务稼穑，虽戎陈武士，皆劝厉之。有奉馈者，皆问其所由，若力役所致，欢喜慰赐，若他所得，则阿辱还之。是以军民勤于农稼，家给人足。性纤密好问，颇类赵广汉。尝课营种柳，都尉夏施盗拔武昌郡西门所种之柳，侃后自出，驻车施门，问此是武昌西门柳，何以盗之，施惶怖道伏，三军称其明察。侃勤而整，自强不息，又好督劝于人，常云："民生在勤，大禹圣人，犹惜寸阴，至于凡俗，当惜分阴，岂可游逸，生无益于时，死无闻于后，是自弃也。”又老庄浮华，非先王之法言而不敢行。君子当正其衣冠，摄以威仪，何有乱头养望，自谓宏达邪！(《世说政事注》)

八、何德盛《晋中兴书》

陶侃少渔雷泽，梦生八翼飞至天门而不入。相者师珪曰："君位当上公，为八州都督。”(《御览》卷七二九)

侃尝检校佐吏，若得樗蒲博弈之具，投之曰:“樗蒲，老子入胡所作，外国戏耳！围基尧舜以教愚子，博弈纣所造，诸君国器，何以为此，若王事之暇，患邑邑者，文士何不读书，武士何不躬弓？”谈者无以易也。(《世说政事注》)

陶侃在荆州，见佐吏博弈戏具，投之于江曰："围基者尧舜以教愚子，博者商纣所造，诸君并怀国器，何以为此。”(《御览》卷七五三。一本末有《牧猪奴戏》)(墀按，同一事而二书所录不同。)

陶侃明识过人，武昌道上通种杨柳，人有窃之植于其家，侃见而识之，问何以盗官所植乎？时以为神。(《御览》卷四三二)

建兴九年冬，左将军王敦遣振威将军周访、广武将军赵诱受陶侃节度征蜀贼杜弢大战，蜀贼以桔槔打没侃舰二十余艘，人皆投水。(《御览》卷七七〇)

王机篡广州，惧王敦来讨，杜弢在郁林，与机结好，机劝弢取交州，弢至，

机执节曰："节当相与迭，特何可独捉？" 机遂以节与弢。后并为陶侃所杀。（《御览》卷六八一）

苏峻反，温峤推陶侃为盟主，峤说侃曰："天子幽逼，社稷危殆，四海臣子肝脑涂地，峤等与公致命之秋，事若克济，则臣主同休如其不然，身虽灰灭，足以谢责于先帝，今之事势，义无旋踵，骑虎之势，可得下乎，公独违众独反，众心必沮，沮众以败事，义旗将回指于公矣。" 侃无以对，遂留不去。（《御览》卷四六二）

东海王越以侃为参军、督护、江州议军事。（《书钞》）

镇南将军刘弘以陶侃为长史，谓侃曰："我昔为羊太傅参军，羊公见语云：君后当居我身处，我今相察，亦复然也。"（《御览》卷二四九）

九、邓粲《晋纪》卷一一

周顗为荆州，始至而建平民傅密等叛迎蜀贼，顗狼狈失据，陶侃救至得免，顗至武昌投王敦，敦更选侃代顗，顗还建康，未即得用也。（《世说赏誉注》）

初有谮侃于王敦者，乃以从弟代侃为荆州，左迁侃广州，侃文武距廙而求侃。敦闻大怒，及侃将莅广州过敦，敦陈兵欲害侃，敦咨议参军梅陶谏敦乃止，厚礼而遣之。（《世说方正注》）

十、徐广《晋纪》卷四六

肃祖遗诏，庾亮、王导辅幼主，而进大臣官，陶侃、祖约不在其例，侃、约疑亮寝遗诏也。（《世说客止注》卷九）

十一、秦荣光《补晋书艺文志》

《黄庭内景经》《黄庭外景经》《黄庭内景经注》《宝经》三十一卷、《大洞真经》，上五种并授南岳魏夫人，魏夫人读于阳洛山中者。据《太平广记》引《集仙传》云：夫人伍城人，晋司徒剧阳文康公舒女，名华存字贤安，幼好道慕仙，父母强适太保掾南阳刘文字幼彦，生二子璞、瑕。幼彦后为修武令，夫人斋于别寝，逾三月忽有真人来降授经，中原乱，携二子渡江。璞为庾亮司马，又为温太真司马，后至安城太守。瑕为陶侃从事中郎将。夫人住世八十三年，以晋成帝咸和九年托剑化形，径入阳洛山，道陵天师授符录之诀，太微帝君授为紫虚元君，领上真司命，南岳夫人后屡降茅山，子璞后至侍中，夫人令璞传法于司徒琅琊王舍人杨羲、护军长史许穆，穆子玉斧，并皆升仙。以晋兴宁二年降杨家与众真吟诗。（陶贞白真诰所呼南真即夫人也。）

十二、郭澄之《郭子》卷二

郭子曰：陶公自上流来（陶侃字士衡也）赴苏峻之难，含怒于庾公，庾公谓必戮己，进退无计，温公乃劝诣陶公，卿但径拜，必无他，我为卿保之，庾殊未了，而不得不往，乃从温言诣陶，至便拜，庾风姿雅润，陶见拜，不觉自起止之曰："庾元规何缘拜陶士衡！"（《御览》卷五四二）

十三、刘敬叔《异苑》十卷

陶侃左手有文，直达中指上横节便止，有相者师珪谓侃曰，君左手指中有竖理，若彻于上，位在无极。侃以针挑令彻，血流弹壁，乃作"公"字，又取纸裹，"公迹"愈明。

钓矶山者，陶侃尝钓于此山下，水中得一织梭，还挂壁上，有顷雷雨，梭变成赤龙，从空而去，其山石上，犹有侃迹存焉。（《御览》卷四八、七二、八二五）

陶侃曾如厕，见数十人，悉持大印，有一人朱衣平上帻，自称后帝，云："以君长者，故来相报，三载勿言，富贵至极。"便起，旋失所在，有大印作"公"字，当其秽处，杂五行书曰，厕神曰后帝。（《御览》卷一八六、八八二引之，作单衣平帻，语云，以君长者，故来相见二载，说富贵，无可言。）

侃家童千余人，尝得胡奴，不喜言，尝默坐。侃一日出郊，奴执鞭以随，胡僧见而惊礼云，此海山使者也。侃异之，至夜，失奴所在。

陶侃字士行，微时遭父艰，有人长九尺，端悦通刺，字不可识，心怪非常，出庭拜送，此人告侃曰："吾是王子晋，君有巨相，故来相看。"于是脱衣帢，服仙羽，升鹄而腾飏。

陶侃梦生八翼，飞翔冲天，见天门九重，已入其八，惟一门不得进，以翼搏天，阍者以杖击之，因坠地，折其左翼，惊悟，左腋犹痛。其后都督八州，威果振主，潜有窥土之志，每忆折翼之祥，抑心而止。（《御览》卷二）

十四、祖召之《志怪》卷四

《太平御览》录《志怪》二则，文字不同，是否另一则录自孔氏或曹毗所撰不详。

《御览》卷九〇〇。陶太尉微时，丧当葬，家贫，亲自营作砖，有一班牸牛载砖致，忽然失去，便自寻觅。忽于道中，逢一老翁，问云："君欲何所觅？"太尉具答。便举手指云："向于山岗上见一牛眠山圩中，必是君牛。此牛所眠处，便好作墓安坟，当之致之极贵，亦当位极人臣，世为方岳矣。"又指一山云："此山亦好，但不如向耳，亦当世为刺史也。"言讫便不复见。太尉墓之，皆如其言。

卷五五九，陶太尉微时，遭大丧葬，家贫，亲自营砖，有一班牸牛专以载致，忽然失去，便自寻觅。道中逢一老公，便举手指云："向于岗上见一牛眠山洿中，必是君牛，眠处便好，可作墓安坟，则致极贵，小下当位极人臣，世为方岳。"侃指一山云："此好，但不如下，当世有刺史。"言讫不复见。太尉之葬如其言。侃指别山与周访家，则并世刺史矣！

十五、徐道《历代神仙通鉴》卷一八

（小说之书，虽为稗宦，虚实难分，然是书集神话与民间传说于一书，尚可一读，是亦录之于内。维墀注。）

初，陶侃为母湛卒，欲营葬而无吉地，家中失去一牛，仆从寻之，路见一老翁，指曰："汝家主寻善脉，前山牛眠处，下有真穴，当位极人臣。"仆牵牛记地，归告。侃即葬母于此，老翁乃朱提郡郭志生，少得导引延年。元初间，须弥女吏戚逍遥来游南土，以道法授之，精通地理，更喻天机，游世已四百年，如五十许人，有短卷书二箧，常负之而行。复欲东游，上成公石坦，为道伴王烈，嵇康往南海会鲍靓，故来相寻，因遇志生。言及侃事，述其品行，成石曰："盍往视之！"侃庐于墓，忽有二客来吊，不言姓名，化双鹤冲起，州里异之，谓其孝感神人。

晋陶侃家童百余，唯一童不喜言语，常默坐，一日出郊，奴执鞭随，胡僧惊礼之曰："海山使者也。"侃异之，至夜，失其所在。

陶桓公祠墓寻踪

◎陶维墀

桓公薨后，功德在民，遗爱长存，公之祠庙、主要有下列几处；

武昌，公镇武昌，前后达十二三年，遗爱在民，故士女为立祠，又立碑于城西。

长沙，为公之封国，南门外建有陶公祠祀公，其左原为惜阴书院，现有惜阴街，祠建于明嘉靖中，张植有《陶公祠怀古》"运甓从来保令名，英雄心事最分明。防江那用郛城戍，种柳争夸太尉营。肝胆最期酬晋室，敦盘（珠盘王敦，古时结盟时所用食器，敦盛食，盘盛血）何必押齐盟。萧条旧垒湘水冷，愁见寒鸦向晚鸣。"祠中有陶公井，唐释齐己诗："太尉遗孤井，寒澄七百年。未闻陵谷变，终与姓名传。影浸无风树，光含有月天。林僧晓来此，满汲洒金田。"

新淦县有陶桓公祠，明宪宗洪万善肖晋太尉陶公侃像于祠，以曾孙靖节先生配。

九江府城南甘泉乡有陶桓公祠，明罗伦作记。

彭泽新兴乡有陶公山，其上有陶桓公祠。

星子旧县南楚华桥俗名七石桥有陶桓公庙，祀晋陶公侃，宋淳熙间朱熹奏赐庙额，刘又仲有记，元吴澄又有重修记，明洪武四年赐晋侍中大司马长沙桓公之神每年夏举祀，咸丰三年兵毁，后又建小庙祀之。

都昌有南、北二庙，北庙在今新妙湖。南庙在县，亦朱熹奏设，洪武赐祭。碑有朱熹《乞加封陶桓公状》，邵有道《重修陶桓公庙记》。杨昱篇，《重修陶公庙碑记》及《陶桓公北庙记》《陶桓公南庙记》。

后人过陶桓公庙，吟咏很多。舒梦兰诗云："天门八翼古疑团，谤口何从入梦看。半壁江山移鼎易，十全忠孝似公难。劳兼运甓过诸葛，义主归藩愧阿瞒。倘忆龙棱少年事，也应追惜旧渔竿。”又：“梭化我欲问龙津，两晋河山百髭身。江水有情同洒泪，西风多恨只飞尘。更无官物愧阿母，况复征君是逸民。留得一门奇节在，衣冠千载记忠臣。”又：“八州威望靖边尘，晚节如公得几人。百甓分阴真志气，竹头木屑亦经纶。紫阳奏状陈心迹，青史传疑记梦身。至竟石头兵直下，莫将窥何疑纯臣。”参政、兴国吴国伦诗：“湖上群山抱邑城，夕阳孤棹远天横。黄花何处无人笑，白发应从此夜生。万里星辰缠杀气，几家砧杵动秋声。陶公事业遗墟在，千古中原抱甓情。”黄有毕：“老树高秋白露团，风云犹作大旗看。及时事业成功易，震主勋名晚节难。但恐先鞭输祖逖，几曾跋扈等曹瞒。千载遗庙依彭泽，犹有梭龙畏钓竿。”

公之墓除长沙临湘外见于世者尚有：

湖南湘潭市西北隅，十八总陶公山上，为三合土封固，墓前有石栏、石柱，镌联曰：“媲衡山千秋不朽，偕湘水万古流芳。”墓碑刻：晋都督陶桓公之墓。为民国十年（1921）重刊。相传系衣冠冢。

江西鄱阳县荐福寺旁，现为校园，今墓虽已夷为平地，墓地尚存。荐福寺在今东湖东侧，寺建于唐开元年间，为陶公衣冠冢。城南原尚有陶公祠，始建年代无考，原祀陶、余二公，清乾隆二十五年改祀陶公一人，今已不存。东晋长沙公延寿。易代后，曾居鄱阳城内锦昭坊的安国寺。而鄱阳亦有鹤问湖，在荐福寺北、东湖边。其东三里尚有牛冈嘴。

《王导》《陶侃》二传褒贬失当

——《二十二史札记校证》卷七·一五四

◎赵翼

《晋书》惟《王导》《陶侃》二传褒贬颇为失中。导为元帝佐命功臣，历事三朝，以宏厚镇物，固称贤相。当元帝初政时，其从弟敦，惮帝贤明，欲更议所立，导固争乃止。其后敦以讨刁协、刘隗、戴若思为名，称兵向阙，导率群从，待罪阙下，帝亦谅导之心，曰："导大义灭亲，可以吾安东时节假之。"（《导传》）是其心固信于君也。孔愉在帝前，极言导忠贤，有佐命之功。（《愉传》）周顗亦极言导忠诚，申救甚力。（《顗传》）是其心又信于友也。然当敦入石头，王师战败，敦问导曰："周顗、戴若思当登三司也。"导不答。又曰："若不三司，便应令仆耶？"导亦不答。敦曰："若不否，正应诛耳！"导亦无言。敦遂诛周、戴。（《顗传》）又王彬数敦曰："兄抗旌犯顺，将祸及门户。"敦大怒，欲杀之。导在坐，劝彬谢，彬竟不拜。是导之与敦，情好甚密，既不阻其发兵，反欲借敦以诛除异己。盖渡江之初，王氏兄弟布列中外，其势甚大，当时有"王与马，共天下"之谣。帝心忌之，特用刘隗、刁协、戴若思等为腹心，排抑豪强，疏忌王氏。刁、刘等劝帝出亲信以镇方隅，乃用谯王丞为湘州，隗及若思为都督，隗、协并请尽诛王氏。（《隗等传》）是以不惟敦恶之，即导亦恶之。而是时敦亦未敢遽有篡夺之举，观其申雪导枉一疏，全以刁、刘等为词。甘卓自襄阳将袭敦，敦闻之曰："甘侯虑吾危朝廷耶，吾但除奸凶耳。"（《卓传》）此敦初次起兵，专欲除刁、刘、戴数人，正与导意相合。其后敦再起兵时，病已危笃，与兄含偕行。导与含书曰："兄此举，谓可如往年大将军乎？往年奸人乱朝，人怀不宁，如导之徒，心思外济。"（《敦传》）此直自吐衷怀，谓敦之诛刁、刘，与己意同也。又敦初次起兵时，兵至石头，周札守石头，即开门纳之，以是敦兵势盛，而王师败。敦后又忌札宗强而杀之。敦死后，札家请雪，卞壸等以札开门延贼，不宜雪，导独曰："札在石头，知隗、协乱政，信敦匡救，开门延之，正以忠于社稷。"（《札传》）是更以敦之起兵为匡救朝廷之失。可见是时导虽不欲敦移国祚，而敦欲诛刁、刘等，则其肝膈本怀。夫帝即偏信刁、刘，疏外王氏，岂遂可肆其威胁乎。顗之论曰："人主非尧舜，岂能无失，人臣遂可举兵正其失耶。"此论最为端正。则导之幸敦举兵以除异己，安得尚称纯臣也。且导之可议者，更不止于此。导辅政，委任群小赵胤、贾宁等，陶侃当欲起兵发之，庾亮亦欲举兵拙之。（《亮传》）桓景谄导，导昵之，陶回谓景非正人，不宜亲狎。（《回传》）成帝每幸导第，犹拜导妻曹氏，孔坦甚非之。（《坦传》）苏峻贼当匡群欲杀孔术尝，或救之得免。后术既降，与群同在导坐，导令术劝群酒，以释前憾。群答曰："群非孔子，厄同匡人，虽阳和布气，鹰化为鸠，而识者犹憎其目。"导有愧色。（《群传》）此亦皆导之弛纵处。而《晋书·导传》论，至比之管仲、孔明，谓："管仲能相小国，孔明善抚新邦，抚事论情，抑斯之类也。提挈三世，始终一心。为仲父，盖其宜矣。"又于《刘隗刁协传》论，谓其专行刻薄，"使贤宰见疏，以致物情解体"。是转以激变之罪坐刘、刁，而导无讥焉，殊未为平允也。至陶侃生平，惟苏峻、祖约之反，侃以不与顾命，不肯勤王，经温峤等再三邀说，始率兵东下，此是其见小不达大义之。其他则尽心于国，老而弥笃。朝廷加以殊礼，侃固辞，又因病上表去位，曰"臣少长孤寒，始愿有限"云云。未没前一年，已逊位归国，佐吏苦留之，不果。及疾笃将归，以后事付右司马王愆期。出府门就船，顾谓愆期曰："老子婆娑，正坐诸君辈。"（《侃传》）是亦可见其超然于权势矣。本传亦云，侃季年常怀止足之分，不与朝权。而传末乃云，侃曾梦生八翼，上天门，至第九重，折翼而坠。后督八州，据上流，握强兵，有觊觎之志，每思折翼之祥，自抑而止。传论亦谓其"潜有包藏之志，顾思折翼之祥，悖矣"。是直谓其素有不臣之心，因一梦而不敢也。于导则略其疵累而比之管、葛，于侃则因其一梦而悬坐以无将之罪，是非褒贬失当乎。

悠悠南山何处是

——晋代田园诗人陶渊明故里考

◎袁小帆

“采菊东篱下，悠然见南山。”这是晋代田园诗人陶渊明所作二十多首《饮酒》诗中的二句，也是尽人皆知的二句。千百年来读者只知陶渊明是江西浔阳人，却说不准是浔阳治下的何县何乡，诗中的“南山”，又在何处？近年来，由于旅游事业的兴起，为了打文化名人品牌，出现了多座“南山”，好几处“故里”，其目的是招徕游客，发展地方经济，又另当别论。但作为严肃的学术探讨，作为对历史文化名人籍隶的考证，似应忠于史实，理当言皆有据。遗憾是在一家独鸣的年代，有权威居然语无质证，言皆杜撰地宣称：渊明诗中的“南山”就是庐山，“醉石”就是渊明故里，饮酒诗就是陶渊明醉后在“醉石”写的。自此错引错注，谬误至今，但读者是否认同，颇值怀疑。因为庐山就是庐山。其得名始于殷周时代有位姓匡名俗字子孝的人，结庐于此山修道，周定王及后代的周威烈王先后遣使臣登山寻访，均未遇，唯庐独存。后人遂称此山为庐山、匡山或匡庐。所谓“南山”即庐山之说，实语出无据。至于说渊明此诗是在“醉石”写的，更有悖于常情。我们知道醉石就在庐山汉阳峰侧，也就是庐山之上。试想如果陶渊明身居庐山，又何须云“见”呢？难道一个正常人会看不见脚下的山么？年前有媒体著文称：“总之，人们都不认为庐山就是陶诗中的‘南山’。”（见《信息日报》01、09、14《陶令不知何处去》一文），但未引起学界重视。《汉书·礼乐志》有云：“汉兴，拨乱反正，目不暇给。”改革开放至今二十多年了，对于古旧诗文中的错引错注，窃以为亟宜进行一次正本清源，以免误导后学。近年笔者因编纂《豫章历代名人韵事录》（暂定名），翻阅了不少的古旧文献资料，发现古人叙及渊明祖居时并无含混不清之处，如《艺文志》录存的元代参政吴国伦（兴国人），经都昌时写的一首七律《过都昌》云：

湖上群山抱邑城，夕阳孤棹远天横。
黄花何处逢人笑，白发应从此夜生。
万里星晨缠杀气，几家砧杆动秋声。
陶公事业遗墟在，千古中原抱甓情。

又如元观察御史陈述（苏州人）写的《陶桓公庙》（节录）："苏峻谋不轨，肆意掠郡邑。我公举义旗，奋勇诛贼逆。正义横秋霜，忠贞贯白日。无端萋菲语，苍蝇污白壁。紫阳朱夫子，上疏曾剖白。都昌公故乡，千载享庙食。"

前诗的作者是元代参政，后者是观察御史，都是一言九鼎的名公耆旧。前者说他路过都昌时陶公遗迹还在，后者说都昌是陶公故乡，可见古代人对渊明祖居是一清二楚的。为了让历史事实说话，本文力求采证史料记载，客观真实地对渊明故里之村舍起源，家族沿革，先人事迹以及渊明诗中的"南山"均一一对照文献记载和渊明在诗中的自白加以阐述，以便正本清源。

一、渊明故里考证

陶渊明故里在古之浔阳郡鄡阳（今九江地区都昌）县左蠡乡十里陶家冲。左蠡位于蠡水东岸，古代以东为左，故称左蠡。在三国时隶属柴桑郡，为东吴孙权屯兵处（见《三国志》）。当时陶丹（渊明高祖）在柴桑郡任都尉（是一种仅次于郡守的武官）。为安置妻妾，遂筑庐于蠡水东岸，这就是左蠡陶家村的起源。魏甘露四年，陶丹湛氏夫人生子侃字士行（渊明曾祖），公元 266 年晋司马炎篡魏称帝，晋灭吴为一统建都洛阳。是年陶丹战死，当时陶侃六岁，由寡母陶太夫人抚育成人。侃幼有大志，常坐湖畔巨石作垂钓状，实默筹匡时济世事也。后人遂称此石为陶侯钓矶。据《今古记》载："陶侃幼孤贫，常坐湖畔巨石垂钓，累年不移，其石膝磨有痕。"又据《江西通志》载："钓矶山在都昌县城西南，晋陶侃微时垂钓于此，得一梭，挂石壁，后化龙而去。"历代骚人墨客游此，颇多题咏，兹录其一以为证。

《陶侯钓矶》元・邵新远

烟波浩渺笑沉浮，一线竿头钓八州。

任是壁间梭化去，矶头独把五湖筹。

侃初为县吏，娶邻女蔡氏，生子嗣洪、瞻、斌三人。《南康府志》称生子十六人；《都昌县志》称生子十七人，见诸史书可考者，唯洪、瞻与斌耳。如《晋书·陶侃传》有云：初范逵荐侃于庐陵太守，至洛阳，张华见而异之，除郎中（官名），既而补武冈令，会刘弘为荆州刺史，辟为南蛮长吏，讨贼张昌，破之，以功封东乡侯。后闻母病，侃事母至孝，倾囊中所有，命长子洪返里，建豪华府第于村南颐养慈母天年。《陶氏族谱》叙及此事有云："侃备威仪，迎母官舍，乡里荣之。"《江西通志》载："陶桓公旧府第在都昌县左蠡乡陶家村南二里处。"永兴三年，陈敏据历阳，弘以侃为江夏太守往讨，或谓弘曰："侃与敏同郡，又同岁举吏，脱有异志，荆州无东门矣。"弘不听，且曰："匹夫之交，尚不负心，况大丈夫乎？"侃闻言遣长子洪（这是史书二次提到陶洪）诣弘署以自固（相当于人质），弘用为参军，侃讨敏累年不克，忽报老母病逝。遂辞官归里守孝。隆重葬陶太夫人于蠡水之滨。有唐代名臣舒元舆、皇甫湜手书陶母坟碑铭可考。原文均较长，仅节录其一以为证。

《陶母坟板文》："太岁在卯，小子汎彭蠡，见谢灵运石壁，壁东南行百步许，有高坟嵯峨。坟前有碑，书迹照湖，小子蹶起疾眩，视之，则陶母之字存。及落帆之陆，修式恪礼……呜呼！贤母之风，可以卓往赫来，为千万年光……"

陶母墓侧之谢灵运石壁古文献亦有记载。据《太平寰宇记》载："石壁精舍在都昌县西北七里处，有石如壁。"西有层台，本谢灵运旧宅。所谓精舍者，谢自有诗云"错旦迹气候，山水含清晖"云云。壁间旧有"石壁精舍"四字。系谢灵运手迹。明正德时，提学李梦阳书以新之。今尽崩没矣。又据《江西通志》载：石壁精舍在都昌县西北临江处，有石如壁，谢灵运居此。旧有"石壁精舍"四字今不存。明正德年间，提学李梦阳书以新之。

侃次子瞻史书记载颇详，瞻少有才气，历任广陵相，庐江，建昌太守。迁散骑常侍，封都陵侯。后被苏峻贼将冯铁谋害。朱熹在《乞加封陶威公状》有云："始苏峻之祸，贼将害侃子者冯铁也。峻伏诛。冯铁奔石勒（胡人），石勒畏陶公之强，杀冯铁。"瞻遇害后，追赠大鸿胪，谥曰愍。荫其子陶淡（渊明父）袭祖爵世享国恩。

幼子斌，史亦有记载：咸和四年，江州刺史温峤卒，朝廷命峤军司马刘允都督江州。侃曰，刘允非都督之材。用此人必生内乱。司徒王导勿听。次年允部右将军郭默果杀刘允请自代。司徒王导惧默骁勇难制许之。侃闻变遂举兵征讨。兵至，默部将缚默来降。诏命侃都督江、荆、雍、益、梁、交和江夏八州军事，领刺史衔。侃为了巩固东晋统治，又马不停蹄，遣幼子斌与南中郎将桓宣西伐樊城败石勒。又使兄子臻及竟陵太守李阳共破新野，遂平襄阳，加拜大将军。从侃晚年仅用幼子陶斌一人这一事例分析，侃生子十六七人之说，可能不确。若有如许子嗣，上阵未有不用父子兵之理。朱子所云“既士行溘，后嗣零落”是可信的。（见朱熹《乞加封陶威公状》）

陶淡（渊明父）名如其人，诏命荫袭长沙郡公，却终生未就，故《都昌县志》只在《寓贤篇中》中，简单地提到他“名冠隐逸”，却无正传。晋代朝野“崇尚清谈，专事虚无”，特别是佛教道教，在江西盛极一时。由江州刺史桓伊首倡立寺，慧远和尚主持的庐山东林寺，当时就形成了“僧众云集，四海归心”的局面。在当时社会风气的影响下，陶淡待到渊明婚娶后。即与友人外出云游五岳名山而莫知所终。

“陶渊明博学善属文，有高趣，尝著《五柳先生传》以自况，又撰《桃花源记》而名重故里。起为州祭酒，因不堪吏职自解归里，州召主簿，不就。后为镇军建威参军，尝谓亲朋曰：聊欲弦歌以为三径之资可乎？执事者闻之，起为彭泽令。郡遣督邮至，吏白宜束带见。渊明曰：我岂能为五斗米折腰向乡里小儿？即日解绶，赋《归去来辞》。”（见《都昌县志》）是时为义熙二年（406），渊明 41 岁。他从彭泽解绶后，连夜乘小船回家，深感过去有如“误落尘网中”，顿觉“今是而昨非”。他站在船头引吭高吟《归去来辞》腹稿：“舟摇摇以轻飏，风飘飘而吹衣。”心情轻松舒畅。次晨，船抵左蠡陶家港，当时天还未亮。由陶家港到陶家冲还有一段山路，夜黑看不见，因此“问征夫于前途，恨晨光之熹微”。走着走着，东方渐现鱼肚白。终于，“乃瞻衡宇，载欣载奔”。他远远望见了自己的府第。心里高兴，跑步向前。“童仆欢迎，稚子候门。”家里的书童仆妇都出来欢迎他归来，小儿子在门前等候他……衡，古代楼殿边上的栏杆。《汉书·袁盎传》：“百金之子不骑衡。”衡字，即有栏杆的楼台殿宇，此处指陶公府第。在越穷越光荣的年代，有学者将“乃瞻衡宇”诠释为“远远望见了自己简陋的房子”。并详加注释云：“衡，同横。衡宇，即用横木为门的房子。”（不用木板光用横木做门，是农民关耕牛的牛棚），陶渊明当时会赤贫至此么？这纯属迎合时弊的违心之谈，实不足为训。试想，陶渊明当时如果贫困至此，他又怎样养得起书童仆妇呢？又怎会有“童仆欢迎”他呢？

陶渊明自彭泽辞禄归来后，对当时的“权钱勾结，货赂公行”“谗人高举，贤士无名”的东晋腐朽政权感到极度失望。“请息交以绝游”。这是渊明发自内心的悲愤。“世与我而相违，复驾言兮焉求？”世俗和我格格不入，我又何必驾车出去游说，去求他们什么呢？“登东皋以舒啸，临清流而赋诗。”他的大量田园诗文就是在这期间创作的。“农人告余人以春及，将有事于西畴”“开荒南野际，守拙归田园”“晨也肆微勤，日入负来还”，使他有“久在樊笼里，复得返自然”之感。他在自己的故乡写诗学圃，慢慢也就习惯了，他希望“但愿长如此，躬耕非所叹”。可是无情的战火却烧到了他家门口。这才使诗人“南圃无余秀，枯条盈北园。倾壶绝余沥，窥灶不见烟”的困苦境地。据《都昌县志》载，檀道济初为晋太尉刘裕参军。义熙六年从征卢循，激战于左蠡，双方难分上下。后卢循欲趋豫章城，尽拆民房筑栅寨，悉数将刘裕军栅断于左蠡。裕军不得食，即抢劫民宅，奸淫烧杀，无恶不作。陶家冲一日数次遭受抢劫，村民死的死，逃的逃。此时的陶渊明既贫且病，逃不掉，走不动，加上岁暮年关，他只有哀叹“凄厉岁云暮，拥褐曝前轩”。独自在轩廊上晒太阳，檀道济为了解刘裕之困，强迫民工于都昌县城五十里处筑土城扎寨为游兵，形成对卢循的夹攻之势，裕始得破栅攻循，土城至今仍在，称城山，山上有城山庙，后改为城山小学。该乡亦因城山得名。公元 420 年，陶渊明 55 岁。他“种桑大路边，三年望当采。枝叶始欲茂，忽值山河改”。是年刘裕代晋为宋。这一改变，对这位世享国恩的遗老，真是雪上加霜。为了避祸，他化名潜，“草庐寄穷巷，甘以辞华轩”而隐居在大矶山。诗中的“轩”是陶公府第中有长廊连拉房楼的书室。华轩，是美观华丽的轩廊，陶公府第中至少有二座轩廊。如《饮酒》“啸傲东轩下”和《咏贫士》“拥褐曝前轩”，等。据都昌历史名人研究会考证，陶桓公旧府第改为陶桓公祠。清举人黄有华游此，感而赋七律一首云：

莪莪祠庙古华轩，俎豆难忘百战身。
江左不摧苏峻旅，中原应满庾公尘。
龙骧旧第英雄梦，渔钓当年市井身。
底事良图终未遂，涛头千载泪忠臣。

陶渊明辞别陶家冲祖居后，与长子俨、次子俟结庐于大矶山麓，过着苟全性命于乱世的渔樵生涯。可是祸不单行，次年夏天，“正夏西风急，林室顿烧燔”。一场林火，把诗人的草庐烧掉了。别无栖身之处，只好住进自己一条破渔船上，哀叹“一家无遗宇，舫船荫湖边”“躬耕未曾替，寒馁常糟糠。岂期过满腹，但愿饱粳粮”。在诗人生命最后一年，为饥饿所驱使，他实际上已沦为乞丐。“饥来驱我去，不知竟何之。行行至斯里，叩门拙言辞。”他迫于饥惊，身不由己地走到邻里家叩门，门开了，他又不知如何开口。幸好“主人解余意，遗赠岂虚来。谈谐终日夕，觞至辄倾杯”。“感子漂母惠，愧我非韩才。衔我知何谢？冥报以相贻。”元嘉四年，陶渊明在饥饿寒冷和疾病的折磨下，终于在一个寒冷的冬夜，凄然与世长辞，享年63岁。陶渊明的一生，虽然没有建立过显赫的功绩，却给后世留下了一册千秋万代传颂不衰的《陶渊明诗文集》，并被翻译成十几个国家的语言，在全世界广泛流传。公元420年，陶渊明虽然“甘以辞华轩”离开了左蠡陶相公府第，隐居在大矶山，但据《江西通志》载：“大矶山在都昌县城西七里处，一名望仙山，世传晋许旌阳拔宅飞升，苏耽于此望之，故名。”由此可见，陶渊明晚年虽然离开了陶家冲，但并未离开他的故乡都昌县境。

二、陶渊明诗中之“南山”考证

经与友人反复讨论和实地探访，终知渊明诗中之“南山”就在都昌县城南二里处。此山矗立在鄱阳湖上，三面环水，不仅风景秀丽，且早在汉武帝时就知名于世。据《都昌县志》载：“邑治南山，汉时有老人童颜皓发居岩下，武帝南巡，诏逸民，老人辞不出，左右强以见帝。老人曰，尧仁如天，孤云自飞，一木一石，民之乐也，簪缨措笏，束身王朝，非野老所望。帝嘉其志，礼而遣之，后人遂以野老名岩。岩下石罅溢清泉，甘洁清洌，虽大旱不涸，宋学士东坡游此，悦其泉，乃于岩壁刻‘野老泉’三字，自是岩与泉共知于世。”后人有诗云：“豁岩石罅溢清泉，曾有高人此息肩。隐姓南山号野老，力辞搢笏乐云烟。”此即渊明东篱采菊时，悠然所见之南山也。渊明尝谓人云：“富贵非吾愿，帝乡不可期。”南山乃野老等隐逸栖息之地。野老力辞簪缨搢笏，渊明不为五斗米折腰，可谓“同声相应，同气相求”（《易乾·文语》）也。其气一也。是故渊明东篱采菊时，悠然见到的也就是他所仰所向往的南山。至于说南山远，其实“悠然见南山”句中的“悠”字，本身就寓有远意。“悠即遥远之假借，古悠、遥同音通用”（见《辞海》）。

据《江西通志》载，都昌南山，旧时有苏仙磨剑池，陶桓公庙，谢康乐翻经台，南山寺，观音阁，唐代还建有泰陵皇帝所赐名之清隐庵。北宋重修改名为清隐禅院，黄庭坚为之作《清隐禅院记》有云："据彭蠡上游，距南康军之落星湾，舆行一舍，舟行十里，有大聚落，是为古之鄡阳，今为都昌县治所。山悠而邈，能阴而善晴，升南山而望之。如李成、范宽得意图画，盖南山之于都昌，如娟秀人直其眉目清秀处……野老岩之下，泉甘而繁松竹，曰清隐庵者，唐泰陵皇帝所赐名也。"（余略）北宋绍圣元年，苏东坡南贬惠州，沿途速散侍女，过都昌时，只剩碧桃和朝云二妾。碧桃性尚静，爱南山之清幽，自请入清隐庵为尼。东坡许之，并手书一绝云；

鄱阳湖上都昌县，灯火楼台一万家。
水隔南山人不渡，东风吹老碧桃花。

水隔二句，喻碧桃皈依佛门后，即仙凡永隔，从此终老南山耳。次年苏辙路过南山，见乃兄此诗，感而赋七律一首。其尾联云："谁道豁岩许深处，一篇行草认元昆。"东坡诗碑仍在，清隐庵等古迹多已不存。改革开放后政通人和，文化遗产的名胜古迹，未能修复深以为憾，有先生赋诗一首云：

浪花静静说当年，古院尘埋未忍看。
倦客归来人不识，南山春老碧桃残。

后据江西作家企业家联谊会主编之《新潮报》报道，都昌旅台同乡会会友共同捐赠 20 万元，作为修复南山古迹之资。可见陶渊明诗中之南山，自汉武帝游幸至今历时二千三百余年，而被后人珍爱不衰者，岂独风景秀丽，实因渊明爱之，而人皆爱之之故也。一家之言，旨在抛砖引玉，以期正本清源，是为文。

陶侃倡导"综合利用"

◎冯唐波[①]

陶侃是晋朝的大将军，今都昌人氏，生于公元259年，卒于公元334年。在76年的人生道路上有长达41年的军旅生涯，由于在翦除暴乱中功勋卓著，官至都督八州诸军事，以"忠孝勤廉"著称，是名垂千古、历代受崇的人物。而他萌发"综合利用"的思想却往往不为后人所注视。

他出身贫寒，且幼年丧父，靠母纺绩维持生计，艰难度日。成人后在浔阳当差，依靠微薄的收入养家糊口，但无余钱剩米。一次童年时代的好友雪天骑马前来探访，家里竟然拿不出像样的东西招待远道专程来访的客人，也无草料饲马。陶母只好剪下头发换来酒食招待客人，将自己床上所铺稻草剪碎喂马，足见其生活窘困。自幼饱尝生活艰辛、深知物质财富来之不易的陶侃，特别重视劳动，格外珍惜劳动成果，公差之余，就闲垂钓，以充生活之源，增收节用，以备急难所需。时越一千六百余年，在都昌尚存其垂钓场所的遗迹，名曰"陶侯钓矶"。他无论当小吏还是做大官，始终保持勤劳节俭的劳动者本色和风格，力主物尽其用，倡导"综合利用"。

他任荆州刺史期间，修造船只散落的木屑很多，众人都认为弃之不足惜，留着也无用，他却命督造官收集保存起来，别人不解其意。是年正月初一，官员集会，久雪转晴，雪冻开化，集会场地既滑且湿，很难行走，他叫人将木屑铺就其上，解决了场地湿滑的难题。官府平时所用竹子，裁下的竹节竹蔸，工匠也把它当作废料，而他则命人收集储存起来，以备急时所需。后来组织伐蜀战争，紧急打造

① 冯唐波，都昌县政协原秘书长。

大批战船，船钉无着，干燥的竹节竹蔸，被削成坚韧的竹钉，成了造船用的船钉，派上了大用场。从此，“竹头木屑”的佳话传颂于朝野。

在陶侃看来，自然资源中，原本无废物，只不过是没有物尽其用罢了，所以他力倡“综合利用”。在构建“节约型社会”的当今，我们从他的“竹头木屑”的佳话中可以获得许多有益的启示。

修复陶母墓园　传承贤母精神

——在中华第二届陶氏文化促进经济发展研讨会上的发言

◎陶至锦[1]

尊敬的各位领导、各位宗亲：

大家好！

首先热烈祝贺中华第二届陶氏文化促进经济发展研讨会胜利召开！

陶母、陶侃、陶渊明是我们陶氏的先祖；传承陶母、陶侃、陶渊明的历史文化，都是我们陶氏宗亲应有的责任。陶母湛氏，是举世公认的贤母，是中华民族历史上与孟母、岳母、欧母齐名的四大贤母之一。陶母教养成神机明鉴、勤勉惜时的儿子陶侃，同时也以自身的贤德声望赢得了历代士子的尊重、民众的敬慕，陶母是一位贤惠的母亲、勤劳的母亲、伟大的母亲！

陶母墓在鄱阳湖北岸的都昌矶山，这里三面环山，一面朝湖，山清水秀，紫气腾腾。唐人舒敬（元舆）在《陶母墓碑文》中写道："小子汎彭蠡，见谢灵运石壁，壁东南行百步许，有高坟嵯峨，坟前有碑，书迹照湖，小子蹶起，疾眩视之，则陶母之字存。"又曰："贤母之风可以卓往赫来，为千万年光，文版不书岂斯意耶？徘徊耸慕，纂成斯文。辞曰：彭蠡之滨，峨峨高坟，有晋陶君，哲太夫人。前瞻千年，卜孟为邻，后千万年，卜谁为邻？西江悠悠，东湖滔滔，彭蠡有竭，斯文更高。"《都昌县志》记载："陶侃母墓，在县城西五华里矶山牛眠嘴。"陶母墓成了都昌县千多年的历史古迹，历朝历代的文人墨客留下许多脍炙人口的诗篇。

陶丹公病逝于浔阳德化之时就叮嘱陶母带侃儿去鄱阳湖北岸寻找陶姓家人、

① 陶至锦，都昌县陶氏文化研究会会长。

陶母强忍丧夫的悲痛，带着儿子陶侃，颠沛流离走向了茫茫的鄱阳湖，幸遇龚飚一家倾力帮助，才在离都村（今都昌县城）五里的陶园冲居住。为了生存，孤儿寡母过着日种桑麻夜绩纱的农耕日子。陶母日夜劳作，养育着年幼的陶侃。陶母唯一的精神支柱，就是要将陶侃培育成人，只有养大了儿子，为儿子求得了前途，才有一家人的出路。于是，在矶山生活了一段时间后，又启程去寻找陶村，寻找族亲。母子俩历尽千辛万苦，来到了十里陶家冲（即秆林），找到了亲人。她勤俭持家、缩衣节食，送陶侃读书。为了儿子广结良友，她截发筵宾、锉席喂马；为了使儿子廉洁从政，她封鲊训子，终于把陶侃培育成国家的栋梁。

陶母的一生是在都昌矶山和秆林度过的，陶母的人格风范是在都昌历尽沧桑中形成的，陶母的贤德故事是在都昌传播于世的。陶侃尽忠报国的高尚品德，是在母亲高尚情操的熏陶下形成的，更是在矶山贫困的生活中磨炼成长的，所以陶母葬在都昌的矶山，是陶侃深思熟虑的。虽然另有几棺墓地在外县，但矶山牛眠嘴的陶母墓是经过历史上许多文人论证的。据资料记载早在陶丹逝世时，想选择一处牛眠地，是因贫困无资而放弃，只好葬于寻阳鹤问湖兴良社。陶侃一直感到愧疚。其次是唐朝舒敬在矶山陶母墓地撰碑文，唐朝皇甫湜为陶母墓拟碑铭，这是各处陶母冢都没有的；再次是《都昌县志》多处明确记载，陶母安葬矶山牛眠嘴。这说明都昌矶山的陶母墓有着深厚的文化底蕴，是我中华陶氏一处千多年的古迹。

都昌人对陶母、陶侃是无上崇敬的，都昌陶氏宗亲更是顶礼膜拜，都昌陶氏文化研究协会为修复陶母墓，做了近十年的工作。去年县委、县政府在资金极度困难的情况下，安排资金 40 多万元，修通了从县城到陶母墓地的公路，使许多文化人前去瞻仰和谒拜。今年元旦，由都昌县历史文化研究会发起的“祭拜陶母，传承孝道文化活动”，得到了广东千素文化传媒公司、伏羲书院、都昌知青农场等多家民间团体的响应。他们冒着大雪，前往墓地举行祭祀活动，显示了都昌人民对陶母精神的求知若渴。但是都昌陶姓人口少，都还处在温饱线上，没有能力集中大笔资金复修陶母墓，所以我们期盼本省及外省的陶氏宗亲、仁人志士共同捐款献爱复修陶母陵园。

陶母是中华陶姓共同的祖先，修复陶母墓是我们共同的心愿，也是都昌陶氏宗亲不可推卸的责任，愿我们共同携起手来，打造陶母墓地，让陶母精神传承千秋万代。

最后我有几句赞语：

陶母一生勤持家，贤德精神惠中华。
截发筵宾倾真情，锉席喂马传佳话。
抛梭教儿惜光阴，封鲊训子重教化。
言传身教树楷模，清贫耔林世人夸。

以上发言如有不妥之处望批评指正。我们真诚邀请陶氏宗亲来都昌走访。谢谢！

桓公故乡陶公庙考

◎陶辉

陶侃是东晋一代名臣，都督八州太尉，所辖之地，夜不闭户，路不拾遗。平乱之后，年岁已高，七十有六，辞国归于耕莘，解甲尽孝，移墓合葬，以表忠孝两全之心。但由于操劳国家安危过度，年迈体弱，行程中途，因病与世长辞。

陶侃逝世后，朝廷根据他的功德，追封为长沙郡公。桓公故乡——鄡阳县（今都昌）黎民百姓为了纪念陶侃，自发自愿捐资先后建起陶桓公庙四十六座。据史料记载：当时朝廷派官员前来都昌督促建祠庙，明洪武年间又派官员再来都昌督促修建祠庙，最享盛名的有南庙、北庙。南庙坐落在都昌县城邵家街县实验小学内，庙宇面积约二百平方米，前院三百多平方米。玄角雕龙画凤，非常壮观，香火很盛，解放初期被拆毁，建成县城小学，当时保留一只生铁铸钟，重约一百斤。近十年来，我跟踪作过调查，此钟被县中（现更名县一中）用作上下课的响钟，后来县中买来铜钟，此铁钟就下落不明。北庙坐落在新妙湖（原叫北庙湖）东北岸（今汪墩乡细桥村），屡兴屡败。原因有二：一是水灾冲洗；二是战争。据我县考古人员考证，剩下的两根花岗岩龙柱、墙砖等还在原处。这座庙始建于宋朝年代，明、清时代多次重修，北庙在“文革”时被拆毁。1985 年，当地百姓在原庙旧址重建陶桓公庙。

四十六座陶桓公庙中，在 20 世纪 60 年代被学校占用有二座，即县城实验小学的南庙，矶山中心小学占用的陶侃庙，还有大沙、张岭石岳林场占用的陶公庙。近年来，人们对信仰的开放，加之历史的流传，把陶侃公说得更神，求雨及雨，百姓都祈祷保平安。故此到目前止，都昌镇矶山、西源陶家边、大港盐田、土塘化民等地，先后重建了陶桓公庙。这些庙，现在善男信女抽签拜佛，香火鼎盛。

《陶侃研究》序

◎陶怀仲

先祖桓公陶侃（259—334），字士行或士衡，东晋名宦，鄱阳郡鄡阳县（今都昌县）人。少孤贫，曾以捕鱼奉亲，举孝廉，初为县吏，廉洁不苟。经鄱阳范逵引荐，与庐江太守张夔相识，遂任枞阳令（今安徽枞阳县），迁郎中尚书。先后平定张昌、杜弢反晋之乱，讨平陈敏割据势力。晋怀帝永嘉元年（307），积功为武昌太守，晋愍帝建安元年（313），任荆州刺史。任内，主惜分阴，珍爱时间。造船时，所余竹头木屑，悉数藏之，后均为用。复奖励农殖，家给人足。旋为王敦所忌，调任广州刺史。朝搬百砖于斋外，晚运回斋，从不间断，借以习劳自励。王敦谋乱败后还荆州。东晋明帝太宁三年（325），加征西大将军。成帝咸和三年（328），苏峻、祖约起兵叛晋，都城建康（今江苏南京市）失守，翌年，大臣庾亮、温峤赖侃兵力收复都城。荡平王敦、苏峻之乱，使黎庶安宁，生产发展，自南陵迄于白帝，数千里中，路不拾遗。南朝得以偏安二百年，公之功伟矣。陶侃受封长沙郡公。袁宏赞曰："精金百炼，在割能断。功则治人，职思靖乱。长沙之勋，为世所赞。"既任荆江二州刺史，复都督荆、江、雍、梁、交、广、益、宁八州军事。昔公梦生八翼，果督八州。他从军四十一年，于咸和元年（336），武昌告老还乡，死于樊溪，享寿七十六岁，谥桓。综计桓公一生，忠顺勤谨，雄毅善断，识察纤密，珍时惜物，清廉爱民。讨平苏峻，安定晋朝，扫除尼勒，阻止外侵，内安外援，十足功勋。梅陶说："陶公机神明鉴似魏武（曹操），忠顺勤劳似孔明，陆抗诸人不能及也。"谢安每言："陶公虽用法，而恒得法外意。"其为世所重如此。

江西省都昌县历史名人研究会会长余公星初，于2002年5月10日来函，为桓公籍贯正名。据《晋书·陶侃传》载："公始家鄱阳，后徙浔阳。"据都昌县志沿革：

晋怀帝永兴元年（304），此前都昌属鄱阳郡管辖，这年属浔阳郡管辖。时陶侃 45 岁，都昌时称鄡阳县。陶侃故里在都昌县十里陶家冲，同晋书说的“鄱阳”“浔阳”，并不矛盾。余公又对海内外陶姓宗亲通告三点：一、欢迎为陶侃研究赋诗、撰文，借以编入“陶侃研究集”，俾使“研究集”增色。二、欢迎为出版《陶侃研究集》和陶侃文化景点、陶母墓修复，解囊相助。对捐助者，将立碑刻石，以彰公德。三、欢迎组团来都昌考察陶侃文化，以体现两岸携手，共同弘扬中华民族传统文化。按台北市陶姓宗亲会，已捐助人民币五千元，响应余公号召。

浙江杭州陶姓族人陶维墀（字德培）兄，自 1990 年冬至 1996 年春节，其间四处搜集资料，编写《陶氏史记》，曾三易其稿，终由九江县印刷厂出版。全书分为上下两册 40 章，正文 410 面，附录 9 面，60 余万言。陶氏之史，始于陶唐氏帝尧，迄今 4350 年，横及全国各省、世界各地，书中涉及人物，共达 130 代，一万二千人。皇皇巨著，煞费苦心，立言不朽，价值万金。桓公世家，特列十七专章交代，下分五节：一、长沙桓公陶侃；二、湛太夫人；三、桓公子侄；四、真人陶淡；五、晋征士陶渊明。世人欲知其详，请看原书。今年壬午中秋，德培宗兄寄来修订两本，将来再版，更臻完美。是书资料之搜集及印刷，族人陶柱贵、陶雄父子，出力最多。红花绿叶，相得益彰，吾道不孤，必有助人。

2002 年 11 月 30 日，余公星初，再度来函，申请作序，并补送资料。深情雅意，弥足感人，爰申浅见，用报德音。是为序。

文献资料

《晋书》陶侃传

◎［唐］房玄龄

陶侃字士行，本鄱阳郡人也。吴平，徙家庐江之寻阳。父丹，吴扬威将军。侃早孤贫，为县吏。鄱阳孝廉范逵尝过侃，时仓卒无以待宾，其母乃截发得双发，以易酒肴，乐饮极欢，虽仆从亦过所望。及逵去，侃追送百余里。逵曰："卿欲仕郡乎？"侃曰："欲之，困于无津耳！"逵过庐江太守张夔，称美之，夔召为督邮，领枞阳令，有能名，迁主簿。会州部从事之郡，欲有所按，侃闭门部勒诸吏，谓从事曰："若鄙郡有违，自当明宪直绳，不宜相逼。若不以礼，吾能御之。"从事即退。长沙太守万嗣过庐江，见侃虚心敬悦，曰："君终当有大名。"命其子与之结友而去。

夔察侃为孝廉，至洛阳，数诣张华。华初以远人，不甚接遇。侃每往，神无忤色。华后与语，异之，除郎中。伏波将军孙秀以亡国支庶，府望不显，中华人士耻为掾属，以侃寒宦，召为舍人。时豫章国郎中令杨晫，侃州里也，为乡论所归。侃诣之，晫曰："《易》称'贞固足以干事'，陶士行是也。"与同乘见中书郎顾荣，荣甚奇之。吏部郎温雅谓晫曰："奈何与小人共载？"晫曰："此人非凡器也。"尚书乐广欲会荆、扬士人，武库令黄庆进侃于广，人或非之，庆曰："此子终当远到，复何疑也？"庆后为吏部令史，举侃补武冈令。与太守吕岳有嫌，弃官，归为郡小中正。

会刘弘为荆州刺史，将之官，辟侃为南蛮长史，遣先向襄阳讨贼张昌，破之。弘既至，谓侃曰："吾昔为羊公参军，谓吾其后当居身处，今相观察，必继老夫矣。"后以军功封东乡侯，邑千户。

陈敏之乱，弘以侃为江夏太守，加鹰扬将军。侃备威仪，迎母官舍，乡里荣之。敏遣其弟恢来寇武昌，侃出兵御之。随郡内史扈环间侃于弘曰："侃与敏有乡里之旧，居大郡，统强兵，脱有异志，则荆州无东门矣。”弘曰：“侃之忠能，吾得之已久，岂有是乎？”侃潜闻之，遂遣子洪及兄子臻诣弘自固。弘引为参军，资而遣之。又加侃为督护，使与诸军并力拒恢。侃乃以运船为战舰，或言不可，侃曰：“用官物讨官贼，但须列上有本末耳。”于是击恢，所向必破。侃戎政齐肃，凡有虏获，皆分士卒，身无私焉。后以母忧去职。尝有二客来吊，不哭而退，化为双鹤，冲天而去，时人异之。服阕，参东海王越军事。江州刺史华轶表侃为扬威将军，使屯夏口，又以臻为参军。轶与元帝素不平，臻惧难作，托疾而归，白侃曰：“华彦夏有忧天下之志，而才不足，且与琅琊不平，难将作矣。”侃怒，遣臻还轶。臻遂东归于帝。帝见之，大悦，命臻为参军，加侃奋威将军。侃乃与华轶告绝。

顷之，迁龙骧将军、武昌太守。时天下饥荒，山夷多断江劫掠。侃令诸将诈作商船以诱之。劫果至，生获数人，是西阳王羕之左右。侃即遣兵逼羕，令出向贼，侃整阵于钓台为后继。羕缚送帐下二十人，侃斩之。自是水陆肃清，流亡者归之盈路，侃竭资振给焉。又立夷市于郡东，大收其利。而帝使侃击杜弢，令振威将军周访、广武将军赵诱受侃节度。侃令二将为前锋，兄子舆为左甄，击贼，破之。时周顗为荆州刺史，先镇浔水城，贼掠其良口，侃使部将朱伺救之。贼退保冷口。侃谓诸将曰：“此贼必更步向武昌，吾宜还城，昼夜三日行可至，卿等谁能忍饥斗邪？”部将吴寄曰：“要欲十日忍饥，昼当击贼，夜分捕鱼，足以相济。”侃曰：“卿健将也。”贼果增兵来攻，侃使朱伺等逆击，大破之，获其辎重，杀伤甚众。遣参军王贡告捷于王敦，敦曰：“若无陶侯，便失荆州矣。伯仁方入境，便为贼所破，不知那得刺史？”贡对曰：“鄙州方有事难，非陶龙骧莫可。”敦然之，即表拜侃为使持节、宁远将军、南蛮校尉、荆州刺史领西阳、江夏、武昌，镇于沌口，又移于沔江。遣朱伺等讨江夏贼，杀之。贼王冲自称荆州刺史，据江陵。王贡还，至竟陵，矫侃命以杜曾为前锋大督护，进军斩冲，悉降其众。侃召曾不到，贡又恐矫命获罪，遂与曾举兵反，击侃督护郑攀于沌阳，破之，又败朱伺于沔口。侃欲退入溳中，部将张奕将贰于侃，诡说曰：“贼至而动，众必不可。”侃惑之而不进。无何，贼至，果为所败。贼钩侃所乘舰，侃窘急，走入小船。朱伺力战，进而获免。张奕竟奔于贼。侃坐免官。王敦表以侃白衣领职。侃复率周访等进军入湘，使都尉杨举为先驱，击杜弢，大破之，屯兵于城西。敦于是奏复侃官。

弢将王贡精卒三千，出武陵江，诱五溪夷，以舟师断官运，径向武昌。侃使郑攀及伏波将军陶延夜趋巴陵，潜师掩其不备，大破之，斩千余级，降万余口。

贡遁还湘城。贼中离阻，杜弢遂疑张奕而杀之，众情益惧，降者滋多。王贡复挑战，侃遥谓之曰："杜弢为益州吏，盗用库钱，父死不奔丧。卿本佳人，何为随之也？天下宁有白头贼乎！"贡初横脚马上，侃言讫，贡敛容下脚，辞色甚顺。侃知其可动，复令谕之，截发为信，贡遂来降。而弢败走。进克长沙，获其将毛宝、高宝、梁堪而还。

王敦深忌侃功。将还江陵，欲诣敦别，皇甫方回及朱伺等谏，以为不可。侃不从。敦果留侃不遣，左转广州刺史、平越中郎将，以王廙为荆州。侃之佐吏将士诣敦请留侃。敦怒，不许。侃将郑攀、苏温、马隽等不欲南行，遂西迎杜曾以拒廙。敦意攀承侃风旨，披甲持矛，将杀侃，出而复回者数四。侃正色曰："使君之雄断，当裁天下，何此不决乎？"因起如厕。咨议参军梅陶、长史陈颁言于敦曰："周访与侃亲姻，如左右手，安有断人左手而右手不应者乎！"敦意遂解，于是设盛馔以饯之。侃便夜发。敦引其子瞻为参军。侃既达豫章，见周访，流涕曰："非卿外援，我殆不免！"侃因进至始兴。

先是，广州人背刺史郭讷，迎长沙人王机为刺史，机复遣使诣王敦，乞为交州。敦从之，而机未发。会杜弘据临贺，因机乞降，劝弘取广州，弘遂与温邵及交州秀才刘沈俱谋反。或劝侃且住始兴，观察形势。侃不听，直至广州。弘遣使伪降。侃知其诈，先于封口起发石车。俄而弘率轻兵而至，知侃有备，乃退。侃追击破之，执刘沈于小桂。又遣部将许高讨机，斩之，传首京都。诸将皆请乘胜击温邵，侃笑曰："吾威名已著，何事遣兵，但一函纸自足耳。"于是下书谕之。邵惧而走，追获于始兴。以功封柴桑侯，食邑四千户。

侃在州无事，辄朝运百甓于斋外，暮运于斋内。人问其故，答曰："吾方致力中原，过尔优逸，恐不堪事。"其励志勤力，皆此类也。

太兴初，进号平南将军，寻加都督交州军事。及王敦举兵反，诏侃以本官领江州刺史，寻转都督湘州刺史。敦得志，上侃复本职，加散骑常侍。时交州刺史王谅为贼梁硕所陷，侃遣将高宝进击，平之。以侃领交州刺史，录前后功，封次子夏为都亭侯，进号征南大将军，开府仪同三司。及王敦平，迁都督荆、雍、益、梁州诸军事，领护南蛮校尉、征西大将军、荆州刺史，余如故。楚、郢士女莫不相庆。

侃性聪敏，勤于吏职，恭而近礼，爱好人伦。终日敛膝危坐，阃外多事，千绪万端，罔有遗漏。远近书疏，莫不手答，笔翰如流，未尝壅滞。引接疏远，门无停客。常语人曰："大禹圣者，乃惜寸阴。至于众人，当惜分阴。岂可逸游荒醉？

生无益于时，死无闻于后，是自弃也！”诸参佐或以谈戏废事者，乃命取其酒器、赌博之具，悉投之于江，尝出游，见人持一把未熟稻，侃问：“用此何为？”人云：“行道所见，聊取之耳。”侃大怒曰：“汝既不田，而戏贼人稻！”执而鞭之，是以百姓勤于农殖，家给人足。时造船，木屑及竹头悉令举掌之，咸不解所以。后正会积雪始晴，听事前余雪犹湿，于是以屑布地。及桓温伐蜀，又以侃所贮竹头作钉装船。其综理微密，皆此类也。

暨苏峻作逆，京都不守，侃子瞻为贼所害，平南将军温峤要侃同赴朝廷。初，明帝崩，侃不在顾命之列，深以为恨，答峤曰：“吾疆场外将，不敢越局。”峤固请之，因推为盟主。侃乃遣督护龚登率众赴峤，而又追回。峤以峻杀其子，重遣书以激怒之。侃妻龚氏亦固劝自行，于是便戎服登舟。五月，与温峤、庾亮等俱会石头。诸军即欲决战，侃以贼盛，不可争锋，当以岁月智计擒之。累战无功，诸将请于查浦筑垒。监军部将李根建议，请立白石垒，侃不从，曰：“若垒不成，卿当坐之。”根曰：“查浦地下，又在水南，唯白石峻极险固，可容数千人，贼来攻不便，灭贼之术也。”侃笑曰：“卿良将也！”乃从根谋，夜修晓讫。贼见垒，大惊。贼攻大业垒，侃将救之，长史殷羡曰：“若遣救大业，步战不如峻，则大事去矣。但当急攻石头，峻必救之，而大业自解。”侃又从羡言。峻果弃大业而救石头。诸军与峻战陈陵东，侃督护竟陵太守李阳部将彭世斩峻于阵，贼众大溃。峻弟逸复聚众，侃与诸军斩逸于石头。

初，庾亮少有高名，以明穆皇后之兄受顾命之得。苏峻之祸，职亮是由。及石头平，惧侃致讨，亮用温峤谋，诣侃拜谢。侃遽止之，曰“庾元规乃拜陶士行邪！”王导入石头城，令取故节，侃笑曰：“苏武节似不如是！”导有惭色，使人屏之。侃旋江陵。

侃旋于巴陵，因移镇武昌。拜大将军，剑履上殿，入朝不趋，赞拜不名。咸和七年六月疾笃，又上表逊位曰：“臣少长孤寒，始愿有限。过蒙圣朝历世殊恩、陛下睿鉴，宠灵弥泰。有始必终，自古而然。臣年垂八十，位极人臣，启手启足，当复何恨！但以陛下春秋尚富，余寇不诛，山陵未反，所以愤忾兼怀，不能已已。臣虽不知命，年时已迈，国恩殊特，赐封长沙，陨越之日，当归骨国土。臣父母旧葬，今在寻阳，缘存处亡，无心分违，已勒国臣修迁改之事，刻以来秋，奉迎窀穸，葬事讫，乃告老下藩。不图所患，遂尔绵笃，伏枕感结，情不自胜。臣间者犹为犬马之齿尚可小延，欲为陛下西平李雄，北吞石季龙。是以遣毋丘奥于巴东，授桓宣于襄阳，良图未叙，于此长乖！此方之任，内外之要，愿陛下速选臣代使，必得良才，奉宣王猷，遵成臣志，则臣死之日犹生之年。陛下虽圣姿天纵，英奇日新，方事之殷，当赖群俊。司徒导鉴识经远，光辅三世；司空鉴简素贞正，内外惟允；平西将军亮雅量详明，器用周时，即陛下之周、召也。献替畴咨，敷融政道，地平天成，四海幸赖。谨遣左长史殷羡奉送所假节麾、幢曲盖，侍中貂蝉，太尉章，荆、江州刺史印传棨戟。仰恋天恩，悲酸感结！”

以后事付右司马王愆期，加督护，统领文武。侃舆车出临津就船，明日，薨于樊溪，时年七十六。

陶母墓碑文

◎［唐］皇甫湜

陶侃母得古正之道，发人伦之本，将示教于天下，谓朴散俗坏，乐溃礼缺，有子不教，不至于道，若失人训，不可登于伟望。乃求师傅，延英茂，终日迫于用，不欲子却客。俄而车盖载止，饩馈并竭，苟失其人。子将不进，计画始成，确然独断，谓发可弃，训不可失。乃金刀既止，黰发云散，怡然无咨嗟之色，俨若待宾之具。上恐不足以显恭，下未可谓训子。顾其母激忿填膺，寸晷是学，不迨于至，以起圣人之域，焕乎贤者之业。且礼信仁义，君子之事，妇人何得而知？盖世道大丧，其俗已乱，故妇人贤者得以行其事。千古之行，厥行独明。当时为人之父，为人之母，睹斯行，闻斯举，得不激厉乎？苟天下皆如陶母之志，则天下皆陶之子也。盖人谓子幼而蒙稚，不致精训，致悖大道，乱人纪，良可惜哉！铭曰：发也者，为养之具。宾也者，致教之英。苟非异礼，孰能作世之程？千载之下如陶之母，安可继乎齐英？

陶母墓碑文

◎［唐］舒敬（舒元舆）

常母之道，恩胜威，威不胜恩，而常子之性偏以骄。出由此也，偏气袭正气，正气败绩。故往往恩过骄过，而闺门间有触命觝教，磨去法用者相半。古孟氏母警戒若此也，乃首以兼教子轲，轲三变而至于道。相后近千年，而陶之母亦以兼教子侃，侃还至于道。慈容俨俨，离立相望。中央寂寥，希孟或稀。太岁在卯，小子汎彭蠡，见谢灵运石壁，壁东南行百步许，有高坟嵯峨，坟前有碑，书迹照湖。小子蹶起疾眩视之，则陶母之字存。及落帆之陆，修式格礼，以为父母教子，人伦不逃义方。然父之教，主于兼之，言威恩不偏胜，偏胜者或骨髓间有秦晋之谬。故州吁石厚变为贼敌，非父子耶。且母之教，偏在慈，夫以兼教，犹有乡者之谬，以偏教而无乡者之谬或鲜矣。英英哲母，煦化成之，成之中而能以其子归其有极。是以陶家肥，而晋家亦肥。鸿声芬馥，扑染他类，肯使专司晨索家之疵到吾听乎！呜呼！贤母之风可以卓往赫来，为千万年光。坟版不书，岂斯意耶？徘徊耸慕，纂成斯文。辞曰：彭蠡之滨，峨峨高坟，有晋陶君，哲太夫人。前瞻千年，卜孟为邻，后千万年，卜谁为邻？西江悠悠，东湖滔滔，彭蠡有竭，斯坟更高！

乞加封陶桓公状

◎朱熹

据都昌县税户董翌等状："伏睹本军榜示，询访先贤事迹，数中一项：晋侍中、太尉长沙陶桓公兴建义旗，康复帝室，勤劳忠顺，以没其身。谨按图经，公始家鄱阳，后徙浔阳，见有遗迹在本军都昌县界，又有庙貌在本军城内及都昌县。水旱祷禳，皆有感应。未悉上件事迹是与不是诣实。且翌等系都昌县居民，县境之南北有陶桓公庙二所，其神聪明正直，阴有所助。庙貌建立年代深远，逐时居民商旅祈祷，无不感应，及本县管下并邻近州县等处，遇春缺雨，乡民诣庙祈求，立有感应。兼本庙边临汇泽大江，水势湍急，网运舟船，往来祈祷，风涛自然恬静，前后庙记声述分明。今来翌等不敢没其实，陈乞详酌，其录桓公灵应事迹，保明奏闻，乞加封号。"本军所据前项状述，寻行下都昌县，勘会得董翌等所陈委是著实，保明申军。及缴到江南刘羲仲所撰公赞曰："晋太尉陶桓公侃有大功于晋，读其书，凛乎若见倡义于武昌，破石头，斩苏峻，何其壮也。东坡苏公尝谓予言：桓公忠义之节，横秋霜而贯白日，晋史书折翼事，岂有是乎？且即其说考之，桓公梦生八翼，登天门，九重至其八，阍者以杖击之，坠地折左翼。及握强兵，据上流，潜有窥觎之志，辙思折翼之祥，自抑而止。心之所寓者为志，神之所寓者为梦，何自而知其然哉！至其书梅陶，称机神明鉴似魏武，忠顺勤劳似孔明，岂不信哉！魏武起徒步，倡义兵，非若桓公威明之著也。以汉德之深，磐石之固，可折捶驱之，以息天下之祸，非若成帝削弱之资也。董卓之乱，未必大于苏峻；魏武之功，未必过于桓公。保兖州以为固，挟天子以为资，其意安在？则其托兴复以为名，是乃窥汉之计也。名莫大乎忠孝，分莫大乎君臣。若魏武无忠臣之节，其所谓机神明鉴者，奸雄耳！桓公岂其比乎！始苏峻之祸，贼将害其子者，冯铁也。冯铁奔石勒为戍将，石勒畏桓公之强，杀冯铁。石勒自以为一时豪杰，标置二刘之间，俯视曹孟德、司马仲达而气出其右。顾畏桓公如此。桓公没距今几千年，所在庙祀之。都昌南北庙尤为盛，庙屡废而屡兴，由其有功德于斯民者厚也。”又缴到近世抚州布衣吴澥所著辩论曰：“卓哉，陶士行之独立也！方魏晋之际，浮虚之俗，摇荡朝野，一时闻人达士、名卿才大夫莫不陷于末流，罔知攸济。唯士行深嫉时弊，慨然有作，蓄其刚毅沉厚之气，秉其忠慤贞固之节，以与流俗争衡。虽动而见尤，所向白眼，一入仕途，荆棘万状，而方寸耿耿者，未知少渝，终日运百甓于竹头木屑间，纤悉经营，虽一束之樧，劬劳不怠。当时名士观之，宜若老农俗吏，无足比数。而士行确然为之不屑也，卒能恢廓才猷，立功立事，以大庇斯民。当晋室横流之中，屹为砥柱，自非明智独立，安能臻此哉！然览庾亮之传，应詹之书，则疑侃有跋扈之心，观温峤之举，毛宝之谋，则见侃有顾望之迹。比至洒血成文，登天折翼，动可疑怪，岂有是事也哉！此盖行高于人，众必非之。加以苏峻之诛，庾亮耻之为屈。既士行溘先朝露，后嗣零落，而庾氏世总朝权，其志一逞，遂从而诬谤之耳！秉史笔者既有所畏，何所求而不得哉！是其旁见曲出，乃所以证成其罪也。然观士行旗义既建，一麾东下，子丧不临，直趋蔡州，一时勤王之师蔑有先者。暨元勋克集，实主斯盟，而退然不有，旋师归藩。既坐拥八州，据上流，已重泰山，晋轻鸿毛，移其宗社，曾不反掌，而臣节益修，未始擅作威福，以自封殖。朝廷惮其勋名，每加疑备，而士行泰然，曾不少芥胸次。及末年卧病，封府库而登舟，举愆期而自代，视去方伯之重，不啻脱屣，其臣节终始夷险，无一可訾。穷晋二百年间，卓然独出，不忠之迹，果安在哉？今舍其灼然之实而信其似是之虚，岂可谓善观史也哉！嗟乎！自古欲诬人而不得者，必污以闺房之事，以其难明故也。今晋史欲诬士行，而乃以梦寐之祥，是其难明殆又甚于闺房哉。然不知士行而实怀异志，则如此梦寐之祥，只合自知耳，人安得而知之？晋史以此待士行，其智果不得与小儿等，其说不待攻而自破云。”本军今检准乾道重修令，诸道释神祠祈祷灵应，宜加官爵封号庙额者，州具实事状申转运司，本司验实保明。及详本县缴到文字，所以发明公之心迹，尤为明白，有补明教理宜褒额。而公位登三事，爵冠五等，当时所以品节尊名者，亦已称其行事之实。今据士民陈请在前，欲乞朝廷详酌，采其行事，特赐庙额，以表忠义，更不别赐爵号，须至申闻者。右谨具申转运使衙，伏乞照会，详酌前项所申事理，依条施行。伏候台旨。

（载自《朱熹集》）

《南康府志》陶侃

晋陶侃，字士行，都昌人，徙家浔阳。早孤贫。鄱阳范逵尝过其家，仓卒无以为具，母剪发易酒肴款之。逵知其贤，荐其庐江太守张夔，召为督邮、迁主簿、历枞阳、武冈令，有贤名。讨贼有功，封东乡侯，迁江夏太守。元帝时，为广州刺史。公暇，朝暮运甓自励。都督荆州，楚郢士女，莫不相庆。暨王敦、苏峻难作，举义兵，匡复帝室，寻迁侍中加太尉，都督交广等七州诸军事，镇巴陵，移武昌。在军四十载，雄毅善断，数千里道不拾遗。咸和七年卒，七十有六，后封桓公。子十六人，二死节，瞻赠大鸿胪，舆赠长沙太守，洪、范、岱、臻并贵显，世享其泽，所在行祠祀之。

（载自《南康府志》人物卷六都昌县栏目内，明正德乙亥版）

《九江人物志》陶侃

◎九江地方志办

陶侃（259—334），字士行，东晋鄱阳郡鄡阳县（今都昌县）左里乡陶家冲人。据《都昌县志》记载："晋时都昌名鄡阳，公元304年前属鄱阳郡，304年划归浔阳郡，故史籍称陶侃为浔阳人，亦有称为鄱阳人。"父陶丹，早年亡故。自幼由母亲湛氏抚育成人。陶母教子恩威并重。如孟母之贤。陶侃稍长，在县内当小吏。有一次，将公家分的鱼托人带回家孝敬慈母。陶母纹丝未动，将原物封好退回，并写信责备陶侃，要他为官应廉洁自好，不允许公私不分。还告诫他说："你这样用公物想取悦于我，反而增加了我的忧虑。"这一教导，对陶侃后来为官清廉，有很大影响。有一次，同郡孝廉（即举人）范逵访贤遇大雪，寓宿陶侃家，时天寒地冻，马无饲料。陶母揭去自己的床铺，将御寒的稻草搬来剁碎喂马。家中贫寒，无以款客，她又偷偷剪下自己的长发，卖给邻人，以卖发之资购买酒菜，招待客人。范逵见之，感慨不已，赞叹说："非此母不生此子！"经范逵举荐，陶侃由县吏拜授郎中，继而又补为武冈县令，为令时有贤名。随后逐渐升迁江夏、武昌太守。在任武昌太守时，曾率部随征西大将军王敦镇压杜弢起义，取胜后，任荆州刺史，镇守沌口。不久，因声名显赫，为王敦所忌，调至偏远的广州任刺史。

陶侃任广州刺史期间，事务比较清闲，每天清早起床，把数百块砖搬到室外，傍晚又搬回室内，刮风下雨，严寒酷暑，从不间断。有人看见感到奇怪，问他："为何要这样干？"他说："吾方致力中原，过尔优逸，恐不堪事，故自苦尔。"后人称他为"运甓翁"。

王敦为晋武帝女婿，官至镇东大将军，都督淮扬六州军事。东晋初建，拥重兵屯驻武昌。因元帝起用刘隗、刁协等，视为心腹，遏制王氏势力，心怀不平。

乃于永昌元年（322），自武昌举兵东下，攻入建康（今南京），杀刁、协等人。回师不久，又自武昌移镇姑熟（今安徽当涂），威逼朝廷。太宁二年（324），明帝乘其病危，出兵讨伐，王敦死于军中。乱平之后，明帝命令陶侃复回荆州，加封征西大将军。回到荆州，内外多事，千头万绪，军政诸务，极其繁杂。他“勤于吏职，远近书疏，莫不手答；笔翰如流，未尝壅滞，引拉疏远，门无停客”。他平日不饮酒，不赌博，发现身边的参佐人员有聚赌取乐、饮酒误事的，即命令把酒器、赌具沉于江中，并说：“大禹圣者，乃惜寸阴。至于众人，当惜分明。岂可逸游荒醉，生无益于世，死无闻于后，是自弃也。”对于向他馈赠礼物的人，首先他要问明礼物的来路，如是自己花钱买的，礼物虽少，他也高兴地接受；若其礼物来路不明，则严厉斥责，退回礼物。有一次，他外出游览，看见一人手持一束未成熟的稻穗。便问：“用此何为？”那人答：“行道所见，聊取之耳！”他听了大怒，说：“汝既不佃，而戏践人稻。”即“执而鞭之”。尤其可贵的是，他身为大将军，却极其惜物。一次所部造船，他命令将木屑、竹头收捡好，人皆不解其意，暗中笑其吝啬。不久，大雪方晴，庭前泥泞路滑，他即命令将木屑布地，来往行人称便，众人始悟。永和三年（347），新任荆州刺史桓温率军入蜀，造船缺钉，无计可施，当众人想到陶侃生前堆积如山的竹头，便以竹头削钉装船，解决了行军中一大难题，众人更加醒悟，无不称赞他办事的微密。在他驻守荆州期间，军纪严明，政务整肃，百姓安居乐业，道不拾遗，乡绅士民，莫不称庆。

咸和二年（327），苏峻（冠军将军、历阳内史）密结祖约（豫州刺史、平西将军），以讨伐庾亮为名，发动叛乱，次年攻陷建康（今南京）。庾亮逃奔浔阳，与温峤一道推举陶侃为盟主。经温峤等固请，奉为主帅，平定苏峻、祖约之乱。成帝以陶侃有再造晋室之功，任为侍中、太尉，都督荆、江、雍、梁、交、广、益、宁八州军事，荆、江二州刺史，长沙郡公。咸和九年，告老还乡，途中逝世于樊溪，享年七十六岁，谥桓。

陶侃为官四十余载，忠顺勤谨，雄毅善断，识察纤密，珍时惜物，清廉爱民。梅陶说：“陶公机神明鉴似魏武（曹操），忠顺勤劳似孔明，陆抗诸人不能及也。”谢安每言“陶公虽用法而恒得法外意”。其为世所重如此。他“喜文辞，行文如流”，名篇有《逊位表》《相风赋》，著有文集二卷行世。都昌县人极重陶侃之人品，历代于城乡广筑庙宇纪念。

（载自九江地方志办编《九江人物志稿》1992 年版）

台湾《都昌文献》陶侃、陶母简介

◎台湾都昌同乡会

陶侃（259—334）字士行，史载本鄱阳人也。吴平，徙家庐江（晋时郡名，九江一度属之）之浔阳。（按晋时鄱阳郡有鄡阳“唐改名都昌”县，实侃本籍。以郡论，侃为鄱阳郡人，就县言，则为鄡阳“都昌”县人。至于徙家浔阳，乃公之后裔。）早孤贫，初为县吏，有贤名。庐江太守张夔，察举孝廉，补武冈县令，积功累迁荆州刺史。苏峻叛晋，侃讨平之，晋侍中，太尉，加羽葆鼓吹（羽葆，仪仗名，葆盖也，以鸟羽注于杖头如盖，谓之羽葆。鼓吹，乐名，大驾出游，及行军用之，赐功臣得用鼓吹）。改封长沙郡公（原封柴桑侯），食邑三千户，都督荆、江、雍、梁、交、广、益、宁八州军事。又败石勒（胡人，为乱中原，称赵“后赵”王）于樊城、新野、襄阳，拜大将军，赐剑履上殿（为帝王赐给亲信大臣之特殊礼遇，受赐者可佩剑着履朝见君王），入朝不趋，赞拜（臣子朝见君王，司仪唱名行礼的仪式）不名，公上表固让。疾笃，复上表逊位。帝眷念老臣，诏令归国（长沙）。以后事付右司马王愆期。公死于途中，享年七十六岁。诏赠大司马，祠太牢，谥曰桓。依公遗令，葬国（长沙县）南二十里，墓今犹在。

公在广州时，因无君事，“恐过尔优逸，不堪任事”，辄朝运百甓于斋外，暮运于斋内，以勤志励力。并常语人曰：“大禹圣者，乃惜寸阴。至于众人，当惜分阴。”古圣先贤，尚且如此，吾辈鲁钝，能不惕励乎！

侃母湛氏，豫章新干人。侃少孤贫，母纺绩资给，使之结交胜己。侃为县吏时，监管鱼梁（一种捕鱼设施），尝以鲊一罂饷母，母封鲊为书责侃曰：“汝为吏，以官物饷吾，非以悦吾，增吾忧也。”同乡孝廉范逵，曾过寓于侃家，时大雪，无以饲范马，母取己所寝用之草席，剁碎秣之，复密截发卖与邻人以供馔。逵闻之，叹曰："非此母不生此子，真贤母也。"

（载自台湾都昌同乡会编《都昌文献》第二辑，"《都昌县志》中的陶侃"）

晋陶侃，字士行，早孤贫。为县吏同郡范逵知侃贤，荐于庐江太守张夔，察举孝廉。至洛阳，张华见而异之，除郎中，既而补武冈令，有能名。与太守吕岳有嫌，弃官归，为郡小中正。会刘弘为荆州刺史，辟为南蛮长史，讨贼张昌，破之，以功封东乡侯。永兴二年，陈敏据历阳，弘以侃为江夏太守，往讨。或谓弘曰："侃与敏同郡又同岁，举吏脱有异志，荆州无东门矣！"弘曰："侃素忠能，吾信之已久，必无是也。"侃闻遣子洪，诣弘以自固。弘引为参军，资而遣之，曰："匹夫之交，尚不负心，况大丈夫乎！"敏遣其弟恢来寇，侃出战，破之。随以母忧去职，服阕。江州刺史华轶，表为扬武将军，元帝加侃奋威将军，迁龙骧将军，武昌太守。流亡来归者盈路，侃竭资赈给焉。帝使侃击杜弢，破之，王敦表侃为荆州刺史，镇沌口。已而忌侃功，左转广州，以王廙为荆州，侃将郑攀、苏温、马隽等，不欲南行，私谋拒廙，侃觉，乃夜发进至始兴，时王机盗据广州，侃遣都护讨机，走之，广州平，以功封柴桑侯。侃在州无事，辄朝运百甓于斋外，暮运于斋内，人问故，答曰："吾方致力中原，过尔优逸，恐不堪事。"太宁二年，进平南将军，寻加都督交州军事，及王敦平，迁都督荆、雍、益、梁等州军事，征西大将军，移镇沔口，讨江夏贼，平之。楚郢士女，莫不相庆。侃性聪敏，勤于吏职，终日敛膝，危坐军府，众事捡摄无遗。尝语人曰："大禹圣人，乃惜寸阴。维我众人，当惜分阴。岂可逸游荒醉，生无益于人，死无闻于后，是自弃也。"尝造船，其木屑竹头皆令籍而掌之，人都不解所以。会积雪初晴厅事前犹湿，乃以木屑布地；及桓、温伐蜀乏铁，以所拾竹头作钉装船。其综理微密，皆此类也。咸和三年，苏峻举兵犯阙，江州督温峤推侃为盟主，同赴国难，侃与温峤会于石头，部将彭世斩峻于阵，复斩其弟逸于石头，进长沙郡公，加都督交广等七州诸军事，移镇巴陵。四年温峤卒，朝命以峤军司马刘允为江州刺史，侃言允非方伯才，且曰自江陵至建康三千余里，国之南藩要害之地，允以汰侈卧而对之，不有外变，必有内患矣。司徒王导不从，五年右将军郭默，果袭杀刘允，司徒导以默骁勇难制，以为江州刺史，侃闻投袂起曰："此必诈也。"即将兵讨之，上表言状，且与导书曰："默杀方州，即用为方州，害宰相亦用为宰相乎？"导答书云："默据上流之势，加以船舰成资，故包含容忍以俟足下，岂非遵养时晦以定大事者耶！”侃笑曰：“是乃遵养”。时贼也兵至，默将缚默以降，斩之。诏侃都督江州领刺史，移镇武昌。侃遣子斌，与南中郎将桓宣，西伐樊城，走石勒，将郭敬，使兄子臻、竟陵太守李阳等，共破新野，遂平襄阳。加拜大将军，剑履上殿，入朝不趋，赞拜不名。侃深以盈满自惧，上表固让，疾笃又上表逊位，以后事付右司马王愆期。侃舆疾出临津，就船明日，薨于樊溪。年七十六，谥曰桓。侃在军四十余年，明毅善断，识察纤密，人不能欺。自南陵（今宁国府）至于白帝（今夔州府）数千里中，道不拾遗。尚书梅陶尝曰：“陶公机神明鉴似魏武，忠顺勤劳似孔明，陆抗诸人不能及也。”谢安每言陶公“虽用法而恒得法外意”，其为世所重如此。崇祀乡贤祠，子男十有七人，洪、瞻、夏、旗、斌、称、范、岱皆有封秩，见旧史。范最知名，瞻另有传。（注：旧志省志皆注侃鄱阳人，徙家浔阳。谨按：当云鄱阳郡人，后改隶浔阳。盖鄡阳，汉属豫章郡，孙吴改属鄱阳郡，晋改属浔阳郡。侃表尝自言："臣父母旧葬今在浔阳"，亦谓臣父母旧葬之地今属浔阳郡也，否则当云旧葬浔阳。不当云今在浔阳矣。且观鄱阳、都昌皆首列陶公于乡贤祠祀。而九江独无，尤大可见。）

《都昌县志》上的盛陶文化

按：由于陶侃籍贯在都昌，古版《都昌县志》记载陶侃文化的篇章特别多，《文录》有陶侃《辞位归国表》（编入本集《陶侃文存》），其他记述如下：

一、传记

陶侃（见本集第16页）。

陶臻，侃兄子，字彦遐，有勇略智谋，江州刺史华轶表为参军。轶与元帝素不平，臻惧托疾归，白侃曰“华彦夏有忧天下之志，而才不足，且与琅琊不平，难将作矣”。侃怒遣臻还，臻遂东归，元帝大悦，命为参军，寻赐爵当阳亭侯。咸和中为南郡太守，领南蛮校尉，率卒于官，追赠平南将军，谥曰肃。

陶瞻，字道真，侃子，少有才器，历广陵相，庐江、建昌二郡太守，迁散骑常侍，封都亭侯，为苏峻所害。追赠大鸿胪，谥愍悼，荫一子袭祖爵，封长沙郡公。

陶舆，侃兄子，平南将军臻弟也，果烈善战，以功累迁武威将军。蜀贼张奕本中州人，元康中被差西征，遇天下乱，遂留蜀，至是率三百余家欲就杜弢，为侃所获，诸将请杀其丁壮，取其妻息。舆曰：“此本官兵，数经战阵，可赦之以为用。”侃从其言，赦以配舆。及侃与杜弢战，败贼以桔槔打没官军船舰，军中失色。舆率轻舸出其上流以击之，所向辄克，贼又率众焚侃辎重，舆又击破之，贼望见舆军，相谓曰避陶武威，无敢当者，后与杜弢战，被重创而卒，侃哭之恸曰：“丧吾家宝！”军士皆为之垂泣，诏赠长沙太守。

陶潜，初讳渊明，字元亮，太尉侃曾孙。博学善属文，有高趣，尝著《五柳先生传》以自况。起为州祭酒，不堪吏职，少日自解归，州召主簿不就，后为镇军建威参军，谓亲朋曰："聊欲弦歌以为三径之资可乎？"执事者闻之，以为彭泽令，郡遣督邮至，吏白宜束带见，渊明曰:"我岂能为五斗米折腰向乡里小儿？"即日解绶，赋《归去来辞》。初隐邑西大矶山，见宋祖王业渐隆，乃改名潜遁于庐山栗里，终身不应征命，世号靖节先生。

二、庙宇

陶公庙：在治西北一百五十步，不传建所，自始惟宋淳熙时朱子知南康军，曾申请庙额。明洪武九年，知县孟泰初鼎新堂宇。永乐十二年主簿王毅重修，后宫以妥陶母之灵，教谕熊维为之记。嘉靖二年灾，四年知县王中正重建，邑人兵备副使邵有道为之记。正德十四年庙又毁，嘉靖十九年知县杨昱重修亦有记。万历二十二年庙圮，知县叶应轸鼎建，匾书"晋室忠臣"。万历三十年两廊火，居民合捐资建石牌坊，颜刊晋太尉陶桓公庙。崇祯四年贤母祠圮，居民又合捐资鼎建楼五间。盖公安攘之功，被于后世，故祀者遍天下，而我都并祀公母及诸子，则桑梓之谊为尤挚云。

附祝文：维公陶氏令子，晋室元忠，攘敌安夏，后世犹功，聪敏恭勤，分阴独惜，厥愠不殄，元勋愈积，身没名荣，英灵如在，维桑与梓，更云多赖，何以酬之，洁此繁蘋，高山仰止，惟冀来歆。

陶桓公北庙记

佚　名

猗与桓公忠义有功德于斯民，庙食故乡，而福千载。旱干水溢宜望走之所先，况长吏为苏民命，而敢忘灵贶乎！至正四年甲申，曹南翟侯景初丞都昌，时民间生意未全复，于天历己巳大祲后，饥馑荐臻春旱，侯切己忧，即叩紫清宫，斋宿清事三日，谒威貌于北庙。露顶跣行，不惮往返五十里，随获滂沛，秧青满野。六月骄阳，侯心弥厉，请祷于南北两祠及梭龙潭，卧誓不雨不归，一诚内竭，既而雨倾，昼夜七日，十乡悉遍，官民交庆。有秋顾瞻北庙，栋宇摧挠于震凌之久。心运指画，聿新殿庑，俨像设，饰祭器，严祀事，以为祈报，靡不尽善。父老相语曰：侯之善政不止是也。邑土濒湖，闾左之民无葬所，死则火燋而水弃之，侯心恻然。考旧志云：县十里有兴孝园，荒于蓁莽而失其处，乃访得不粮之地于附郭，东偏贺家岭而名偶同，思与好义之家买之，规为他日丛冢。即捐俸为之率先，爰怎么，故名兴孝。及董工役以元（疑有字误）丰济之廪，倾军饷以给海运之舟，有便于官，无损于下，事悉可书。斯民沐浴膏泽，歌咏勤苦，时和岁稔之日，而思其所自，咸愿勒记北庙。属笔于予，亦备载之。予耸听父老之言而复之曰：侯一念爱民，善于先时，回造化，精明到处，何事不立，洋洋如在，眷此遗黎，吾知其延于我侯，必使勋业底于有成也。人心之至理不磨，天下之公论有在。此石一立，不但劝于来者，虽百世可质诸鬼神。

重修陶桓公庙记

◎熊维[1]

至诚之道有诸中者必形诸外，微于始者必著于终，晦于一时者必明于万世。被回曲小人诬谤昧没于生前者，必遇大人君子为之辨明表白于死后。俾其诚精灵应之盛，将与日月山岳同其高峻而光明，非阴霏沍寒所能掩蔽之而摧颓者矣。有若都昌晋陶桓公其殆庶几乎？公名侃，字士行。少孤，终鲜，鞠诲于母夫人湛氏。公性聪敏，勤于吏职，恭而近礼，爱好人伦。其兴建义旗，康复帝室，方当世道横流颓靡之日，乃能正其心术，肃其威仪，卓然自树而矫正之。非有以存其诚者能之乎？而当时史笔见其功高位尊，且诬以梦寐之祥，谓其有跋扈之心，顾望之迹，使其忠义之明如日星者而蔽以云雾也。后数百余年有大儒朱子者出而为南康守，始缴到都昌居民董翼、抚州布衣吴澥、江南刘羲仲等保赞论，辨明其似是之虚，得其灼然之实。保明疏奏乞赠庙额，别立后宫以祀其母湛夫人。然后公之忠义横秋霜而贯白日者，始大宣著而光明。呜呼！微而显，暗而章，所谓不可掩者，盖至此而始验矣。自是厥后，至我皇明又数百年，庙屡毁而屡兴者，由其有功德于斯民故也。永乐改元，后宫屋坏，吏兹邑者欲将兴焉而弗果。越八年平阳王侯毅来判是邑，三年德孚民信，兴废新旧，罔有遗者。六月念日，侯以官命致祭于公。退考疑义，谂于众曰："我公庙兹土而食民祭者，以其忠顺勤劳，功高当时，德及后世，而立后宫以祀其母，非以其有剪发款宾之贤乎？"丰城熊维应之："剪发以具宾厨固贤矣，吾意夫母之贤行又有大于此者，史未之识而失书也。夫仁人君子所以能成其德必本其父兄师友，公之贤如此，以言其父兄则少孤终鲜矣，以

① 熊维，本县训导，丰城人。

言其师友则当时皆旷达浮华，莫公若矣是则公之贤实夫人教之也。夫人之贤有似于太任之端一诚庄孟母之断机三迁者史未之识而失书也。”侯：“允若兹则公之贤母之教也。公之神栖岿然奂然固与德称，而后宫之圮毁不修非甚缺典欤？”乃用嘉兴簿邑人秦柱之言，合谋于令尹归富贰尹赵抚，典史郭士能（秩官志作士能）倡以俸而新之。于是都人士素服侯之威信，感公之惠绥，仰母之贤德。闻令下，咸争出力以成之。未三月土木金石之工咸告讫功，请录其事于石。侯乃以笔属难。以朱夫子为公辨史笔之诬于数百年之后者，称为惟贤知贤。予复推明母之贤行而断史笔之失书者，以附于朱子，是亦得为贤者徒也，其何荣！如之故，遂承侯命而不辞。

重修陶公庙碑记

◎邵有道[1]

县治之北少西百数十步许有陶桓公庙焉。公讳侃，字士行，吴产也。都昌旧属吴，实公之本土。公在东晋咸和间功被社稷，封长沙郡公，都督八州府。谥曰桓，赠大司马。既没后，凡乡邦旱涝疾疫，有祷必应。历代立庙祀之，不下千百年矣。我太祖高皇帝改元之二年，命官遍立忠臣祠宇，公实与焉。仍饬有司岁一举祭。洪武九年，邑令孟君泰初始锐意聿新，遵圣诏崇明祀也。越今嘉靖二年季夏仲三日，民居火灾及于庙。先时民有曹玉清者，梦公告之以难，翌日灾果至，曹亟奔抱公主迁之。由是而观，不惟见公之英灵长存，而物之成败亦有定数矣。今邑长蕲水王侯中正目其事而叹曰："公生为名世，死列明祀，栖神之所，何可一日无哉？"于是谋诸士民，达之司府，捐俸集材，度地兴工。又选邑之义士伍桓先等董其事。民有仗义愿出资相助者，听拓旧基，缭垣墙。方举兴作，而僚友县丞顾君巩、主簿胡君贵、典史俞君进瀛，适后先至。遂相与协赞，共成其美。经始于甲申九月，至乙酉正月，正庙若干楹遂落成焉。崇峻严雅，视旧规为益壮。侯乃命有道记之，弗获辞。有道思公奋乎千载之上，千载之下闻者莫不敬而信之，尸而祝之，何修而得此？亦唯忠义之在人心，自不能磨也。夫有忠义之心弗克就绪如诸葛，天也。公又得乎天者矣。于成帝削弱之时，苏峻作孽，中原板荡。公首建义旗，以匡复为己任，卒成其功，大有造于晋室。故东坡有曰：忠义之节终始之操，横秋霜而贯白日。朱子为南康军，申请庙额，亦尝辨明其臣节卓然，始终夷险，无一可訾。晋史忌其行高于人，乃诬以梦寐之祥，嫌之迹多见，其不知量矣。王侯感此，又推公之忠义多出于母氏。

① 邵有道，嘉靖四年乙酉，兵备副使，邑人。

母氏之贤如剪发之类又皆于忠义发之，岂不足以关风教，激后生。宜侯之奋然肯构，不以此举落第，二义有以也。有道且揖王侯，进之曰："庙成矣，而寝室门庑尚有缺。"典侯曰："然。以渐图之。自兹厥后，凡我都昌士民，闻公忠义之风，到于今而使人尸祝之，不能忘也。当益共加兴起，莫不顽谦懦立矣乎。"是为记。旧录至益壮句，讫乃命以下尽逸，谨采庙中原碑订补。

重修陶桓公庙碑记

◎杨昱[①]

英雄奋起乎当世，而垂誉于无穷者，虽缘有才以自见，实由有识以自成也。才者何？抚兵辑民于平居，摧残遏暴于急遽，可泄神忿，可安民生者是也。识者何？知逆顺，达变通，不挟忿而忽理，不凭力而紊伦者是也。故奡羿莽操非无才也，惟懵于识，故身蹈大禁，为时羞道，君子惜之。有晋陶桓公者，盖少孤且贫，终鲜寡助，乃能崛起草野，专任方伯，破陈敏，歼杜弢，斩苏峻，讨郭默，算无遗策。其为治，自南陵至于白帝，数千里中，道不拾遗，才之自见，固不俟言矣。然当王度弗纲，英雄窃发之日，身负雄才，手握重兵，厕于颓俗之间，难乎其不缁磷也。故刘弘方倚以讨叛，而或人有异志之对。温峤方约以兴复，而庾亮有惧诛之嫌。人固不免以世俗疑公矣。公则始终凝然，为国不变，中间虽一二迟回旋，因毛宝、李阳等之言而复干正。至晚节封上印绶，锁钥仓廪以还国家，然后就死，其心迹之光明俊伟，尤可概见。厥识为何如哉！子朱子曰："真正大英雄人，从战战兢兢，临深履薄，做将出来，若血气粗豪却一点用不著也。"观公平居，荒逸之戒，分阴之惜，晚年盈满之惧，盖知是道矣。其奋起当世，垂誉无穷，又何怪耶？都昌为公桑梓之乡，声灵尤著。故乡市庙凡四，一在县治北偏，宋朱子守南康日，尝上疏请赐制额。国朝洪武四年特降祀典，正德己卯庙毁于兵，前令王君中正新之，未落成而解组，寝其功者十余载。傍隙地亦有为民借寓欲没者。嘉靖己亥昱承乏来令是邑，首复其地，又庀材鸠工，因其余而完之。谨摭其概，镵诸石以告邦人之飨公者。

① 杨昱，本县令，嘉靖十九年旧遗照庙碑补。

谒陶桓公庙

◎陈述[①]

桓桓长沙公,间气生英特。挺抱文武才,举世无与敌。饱读圣贤书,兼熟兵家策。惜阴戒怠荒,朝暮运百甓。尝梦登天门,祥应生八翼。机明魏武豪,忠顺孔明匹。方当横奔搩抢攘少宁息。苏峻谋不轨,肆然掠郡邑。宗社皆震惊,杀戮血流赤。我公建义旗,奋勇诛贼逆。壮气横秋霜,忠贞贯白日。斩馘氛祲消,旄头坠戈戟。大庇福斯民,僇力匡帝室。已任措天下,安固如磐石。都督镇八州,生民被功德。阃外日多事,笔翰无壅积。孜孜励名教,缺坏力裨益。时人尚清谈,放旷夸自得。公乃叹末流,何为赴沈溺。蒱搏具投江,恳至加切责。风节极颓波,中流砥柱屹。所志在匡复,虽没无愧色。大义天地知,耿耿昭竹帛。无端萋菲言,苍蝇污白璧。诬公觊觎心,史氏胥有失。紫阳朱夫子,上疏曾暴白。请号加封敕,阳光破昏黑。都昌公故乡,千载享庙食。旱涝祷必应,神在今犹昔。国朝启昌运,褒显新美额。祀典礼孔嘉,有祷神应格。我因观风来,怀贤仰陈迹。伟哉斯文风,允矣后人则。我欲雪沈冤,惟公相冥默。再拜歌此诗,灵飚恍咫尺。精爽如何招,乘云下寥泬。

① 陈述,明观察御史。

陶侃、陶渊明文存

辞位归国表

◎陶　侃

臣少长孤寒，始愿有限。过蒙圣朝历世之恩，陛下曌鉴，宠灵弥泰。有始必终，自古而然。臣年垂八十，位极人臣，启手启足当复何恨。但以陛下春秋尚富，余寇不诛山陵未及所以愤忾兼怀，不能已已。臣虽不知命年时已迈，国恩殊特，赐封长沙，陨越之日，当归骨国土，臣父母旧葬，今在浔阳，缘存处亡，无心分违，已勒国臣修迁改之事，刻以来秋，奉迎窀穸葬事讫，乃告老下藩。不图所患，遂尔绵笃，伏枕感结，情不自胜。臣间者犹为犬马之齿，尚可少延，欲为陛下西平李雄，北吞石季龙，是以遣毋邱奥于巴东，授桓宣于襄阳。良图未遂，于此长乖。北方之任，内外之要，愿陛下遴选臣代使，必得良才奉宣王猷，遵成臣志，则臣死之日犹生之年。陛下虽圣姿天纵，英奇日新，方事之殷，当赖群隽。司徒导鉴识经远，光辅三世；司空鉴简素贞正，内外惟允；平西将军亮雅量详明，器用周时，即陛下之周召也。献替畴咨，敷融政道。地平天成，四海幸赖。谨遣左长史殷羡，奉送所假节麾、幢曲盖，侍中貂蝉、太尉章、荆江州刺史印传启戟，仰恋天恩，悲酸感结。

陶桓公诗文辑存

◎陶维墀

长沙桓公陶侃一代宗臣，千秋儒将，性聪敏，勤于吏职，恭而近礼，爱好人伦，阃外多事，千绪万端，罔有遗漏，远近书疏，莫不手答，笔翰如流，未尝壅滞，引接疏远，门无停客。窦泉《述书赋》称公："雍容士行，季孟公旅，饥骨闲媚，精神慢举，如辞山登朝，混迹杂处。"为一东晋之名书法家，惜侃公之真迹今已不见。而侃公之著述，经隋末、五代、宋靖康之乱，今亦只存残鳞断爪。《四库》不见陶侃专集。

公之著述有《大司马陶侃集》二卷录一卷，梁存隋亡，《两唐书》又见，金人南侵又亡。《宋史》不见，而《宋史》又出隋，《唐书》，中唐又未见之《宋志·六军鉴要》。

墀按诸史，有关侃公之著述见于丁国钧、文廷式、秦荣光、吴士鉴、黄逢元等所补之《晋书·艺文志》中有下列各种：

一、陶桓公著作辑录

1.《大司马陶公故事》三卷（史部故事类）

本《隋志》、《通志》作二卷，《御览》卷三二一，又卷三四六、又三五七、又五七九均引存，又《白帖》16。文志《增御览》336，341。

墀按，不注撰人，旧、新《唐书》皆作三卷，《宋史》已不见，《御览》卷三二一不见，又有卷三五三、三五六、七六〇等。然则皆亡于南北宋间。

2.《陶侃故事》一卷（史部）

丁志、秦志又别出《陶侃故事》，《北堂书钞》卷一四六亦引之。不注撰人。

墀按，以上二书若为一书二版。

3.《六军鉴要》一卷，大司马陶侃撰。（子部）见《宋志》。

墀按,《隋志》及《两唐书》不见（《两唐书》有李靖《六军镜》三卷,《宋史》不列），亦未见引用者。或唐宋人辑录侃公之战略而成书。或侃公所撰，隋唐可见已遗失，而中唐时又见。秦志作三卷。

4.《大司马陶侃集》二卷录一卷（集部）

见《七录》，今存严辑本。

墀按，旧、新《唐书》及《通典》皆作二卷。《隋志》云：梁有隋亡，是则中唐时又见。姚振宗《隋志考证》云:严氏《全晋文》编陶侃有集二卷，今存《相风赋》、表疏书凡二篇。（实为十三篇。）

5.《相风赋》七卷，傅玄、张华、潘岳（存于《书钞》卷一三〇）、傅咸（存《御览》卷九）、杜万年（《御览》卷八〇九）、陶侃（《类聚》卷六八）、牵秀（《文选月赋注》）等七人著。

墀按，公之《相风赋》即辑录于严氏《全晋文》中。但所辑录若非全文。各志皆列。

6.《陶侃别传》（史部）

谨按，见《世说》方正、鉴误、贤媛三篇注。《元和姓纂》《御览》均引。

墀按：不注撰人，入杂传类。

7.《陶氏序》（史部）

《世说言语门》注。

墀按，不注撰人，入谱牒或杂传类。

8.《陶氏家传》（史部）

《类聚》卷六引陶汪事,《御览》卷二二九引陶复之事，卷二〇九引陶回事;《书钞》卷七八引陶遽事，卷七三引陶清事；《御览》卷二五八引陶基事，卷二四五引侃公事曰：侃迁太子中子，君少而好学，善谈玄理，尤明诗易，以孝行闻于时，储选殊难其人，特召君焉!

墀按，不注撰人。此书仅见文志，列谱牒类取中。

9.《寻龙捉杖赋》（子部五行类，下同），文志列于赵载《璇玑经》之后。云又明人刻《地理人天共宝》有陶侃《寻龙捉杖赋》，尤依讬无据，不录。

10.《捉脉赋》，陶侃撰

史志云:《图书集成》艺术典卷六七九，引《地理正宗》，陶侃字士衡，作《捉脉赋》。

11.《寻龙捉脉赋》，陶侃撰

秦志云：陶侃撰，据张受祺《地理正宗》。

墀按，以上三赋或为一赋三名，或为析一而为二、三。赋不见于二十五史，今有无存者，不得而知。

二、陶桓公遗文录目

《全晋文》中辑有公之遗文共十三篇。《全晋文》为清严可均所辑录的《全上古秦汉三国六朝文》中一部分，共746卷。

1.《相风赋》(《艺术文类聚》卷六八)

2.《上金铃大戟表》(《太平御览》卷三五三)

3.《上狼炙刀槊表》(《御览》卷三四六)

4.《上成帝螺杯疏》(《御览》卷七五九)

5.《上成帝水晶碗疏》(《御览》卷七六〇)

6.《答温峤书》(《御览》卷三五六)

7.《报慕容廆书》(《御览》卷三五七)

8.《上温峤遗书表》(《晋书·温峤传》)

9.《让拜大将军表》(《晋书》本传)

10.《上逊位表》(《晋书》本传)

11. 报王导书》(《晋书》本传)

12. 遗荀崧书》(《晋书·荀崧传》)

13. 报封抽韩矫等书》(《晋书·慕容廆传》)

墀按，尚有下列诸文见于史。

14.《上讨郭默疏》(《御览》卷三三六)

15.《上金钐白毦表》(《御览》卷三四一)

16.《上金华大盾表》(《御览》卷三五七)

17.《上遗九子樏表》(《御览》卷七五九)

18.《移庾亮书》(《晋书·庾亮传》)

19.《上成帝(漆复筥)杂物疏》(《御览》卷七六〇)

20.《上成帝（鲊）杂物疏》(《北堂书钞》酒食部)

还有《陶母责子书》。(《晋书》本传)

三、陶桓公遗文辑存

(一)《相风赋》

乃有相风之为形也，终日九征。桀然独立，不邪不倾。凝云阁以秀出，晞峻岭于层城。直南端以基址，双崇巍之峣峥。象建木于都广，邈不群而独荣。朴虽小而不巨，何物鲜而功大。眇翩翩以高翔，象离鹍于云际。擢孤茎而独挺，若芙蓉于水裔。若乃华盖警乘，奉行先驱。豹师饰后，葳蕤清路。百僚允则，彰我坚度。

墀按，此赋录自《艺文类聚》卷六八。晋惠帝元康二年，公借范逵之荐，至洛阳，数次至东阳门外马道里谒张华，华初不甚接遇，后与语异之曰：后来匡主宁民，君其人也。暇日华携公、长史牵秀、司隶傅咸、博士潘岳同至城南宣阳门外灵台，同作《相风赋》，时人并傅玄、杜万年之作，集为《相风赋》七卷。相风乌者，古占风之器，传说起于夏禹，汉武再立于长安灵台。

(二)《遗荀崧书》

杜曾凶狡，所将之卒皆豺狼也，可谓鸱枭食母之物，此人不死，州土未宁，足下当识吾言。

是书见《晋书·荀崧传》，晋愍帝建兴元年(313)，竟陵太守杜曾与荆州贼王冲相勾结，北结石勒，为害荆襄，王贡矫公之命，以杜曾为前锋大都督，击王冲而斩之，侃公作书召曾，曾见无前锋大都督之名，与王贡俱反而袭击公之军，公军溃败。公既克长沙，杜弢遁死。遂乘胜击杜曾，曾突围下马拜公而去。三年围荀崧于宛，荀灌突围求救，曾遁去求讨丹水贼自效，崧许之。于是公作书戒之，崧兵少而不从，曾后又围襄阳。

侃公召杜曾书今不见。

(三)《答温峤书》

奉所送帐下得苏峻兜鍪，兜鍪作之巧劼，用功殊多，战器不事须此也。意谓不如三甲者，逆贼身所服，此是凶器，古人恶其名。得此兜鍪者，犹以为功，今赏其细葛一端。

此书见《太平御览》卷三五六。咸和三年(328)末，公部将彭世，李千杀苏峻，温峤部下得苏峻之兜鍪，遣帐下上之于公，公报以书。

端，布之量度，丈八尺为一端。

（四）《上九子樏表》

盐塞荒俭，唯作方九子樏，趋以供事，谨上五十叶。

此表见《御览》卷七五九，在广州任内所上，南海之民以制盐为业，司盐校尉所在之地，咸和六年侃公奏置东官郡，郡治宝安，辖今香港、九龙之地，樏形似盘，可方可圆，加盖为盒，九子者中分九隔。

（五）上金铃大戟表

伏惟武库倾荡，宿卫有缺，辙简选其差可者，奉献金铃大戟五十张。

（六）《上狼炙刀槃表》

伏惟大官厨具损失，谨奉献狼炙刀槃二具。

此二表见《御览》卷三五三及卷三四六。苏峻平后，京邑荒芜，资用不足，而荆广丰稔，侃公又大力发展军器，手工业，因而屡上贡物。

（七）《上成帝杂物疏》（鲊）

上鲊十斛。

按，见《北堂书钞》酒食部，苏峻平后，公上成帝鲊十斛（章宗源《隋书经籍志》一考证），荆州产名鱼，公所养殖者，公在荆州，筑塘蓄水以养鱼。《太平寰宇记》云：在武昌县东有长湖通江南，冬即涸干，陶侃筑塘以遏水，于是水不竭，因取琅琊聂湖鱼菱置湖内，其菱异于他处，有鲫鱼长三尺。

（八）《上成帝杂物疏》（筥）

上漆复筥五十枚

接，见《御览》卷七六○，筥者饭器。

（九）《上成帝杂物疏》（碗）

上水晶碗一枚。

按，见《御览》卷七六○，太康四年交州牧陶璜曾表上林邑王范熊所献缥绀水精盘各一枚，青白石碗各一口，白水精碗二口。此亦林邑所送于公，而公上之。

（十）《上成帝杂物疏》（杯）

上螺杯一枚。

按，见《御览》卷七五九。螺杯即鹦鹉杯，螺为软体动物，介壳如旋状，螺层尖处，屈曲如鹦鹉之嘴。里面有光如真珠，大者可受二升，制为酒器，奇而可玩。其表乳白色，有青绿斑，上有螺纹，同年轮一样，纹上分隔，隔又分条，每天长一条，每月长满二隔，可判定地质年代，仅南太平洋尚有，今已几乎绝迹。当时港九一带，民以采珠为业，或民所采，或邻国所贡。最近地理学家根据鹦鹉螺化石，判定月亮正离地球远去，在四亿多年前，月亮绕地球一周只九天，距离仅为现在43%。

（十一）上成帝表（钐）

臣侃奉献金钐白旄四枚。

（十二）上成帝表（盾）

臣侃奉献金华大盾五十幢，青绫金华盾五十幢。

按此二表见《御览》卷三四一及卷三五七。而《补晋艺文志》列《讨郭默疏》之后，若为平郭默后所上。钐，军器。旄，遮目之意。

（十三）上温峤遗表

故大将军峤，忠诚著于圣世，勋义感于神人，非臣笔墨所能称陈。病卒之际，与臣书别，臣藏之箧笥，时时省视。每一思述，未尝不中夜抚膺，临饭酸噎。人之云亡，峤实当之，谨写峤书上呈。伏惟陛下，既垂御省，伤其情旨，死不忘忠。身没黄泉，追恨国耻，将臣戮力，救济艰难，使亡而有知，抱恨结草，岂乐今日劳费之事，陛下慈恩，停其移葬，使峤棺柩无风波之危，魂灵安于后土。

此表见《晋书·温峤传》。咸和四年苏峻方平，温峤方归藩武昌，舟至牛渚矶，燃犀而见水怪，感疾而于四月卒。年四十二。诏赠侍中，大将军，谥忠武。初葬豫章，朝廷欲为峤造大墓于元明二帝陵之北，公上表为温峤让，诏从之。

（十四）《上讨郭默疏》

臣侃言：郭默狂狡，肆行凶虐，负阻城险，用稽天诛。臣土山陵其城，楼橹攻具备设。

按，见《御览》卷三三六。咸和四年秋，王导不允公与郗鉴之反对，而以刘胤为江州刺史，胤专务商贩，不恤政事。郭默求资财，胤不与又轻视郭默，郭默袭刘胤而杀之，王导虑默难制，悬胤首于大航。公闻之投袂而起兵讨默。又有《与王导书》。见《晋书》本传。

（十五）《报王导书》

郭默杀方州即用为方州，害宰相便为宰相乎？

（十六）《移庾亮书》

夫赏罚黜陟，国之大信，窃怪矫然，独为君子。

公既斩郭默，庾亮有功焉，辞赏不受，于是公移是书，见《晋书·庾亮传》。

（十七）《报慕容廆书》

当今扬淮锐勇，飞廉超骥，收屈庐必陷之矛，集鲛犀不入之盾。

见《御览》卷三五七，非全文。

（十八）《报封抽、韩矫等书》

车骑将军忧国忘身，贡篚载道，羯贼求和，执使送之，西讨段国，北伐塞外，远绥索头，荒服以献。惟北部未宾，屡遣征伐。又知东方官号，高下齐班，进无统摄之权，退无等差之降，欲进车骑为燕王，一二具知。夫功成进爵，古之成制也。车骑虽未能为官摧勒，然忠义竭诚。今腾笺上听，可不迟速，当任天台也。

见《晋书·慕容廆传》，咸和七年九月，车骑将军、都督幽州东夷诸军事、平州牧，辽东郡公慕容廆曾屡遣使泛海劝北伐。又遣使至武昌太尉府《与太尉陶公书》劝以兴兵北伐，并欲进廆为燕王，公腾笺上听，朝议未定而廆卒。北伐未酬而陶公亦薨。

（十九）《让大将军表》

臣非贪荣于畴昔，而虚让于今日。事有合于时宜，臣岂敢与陛下有违；理有益于圣世，臣岂敢与朝廷作异。臣常欲除诸浮长之事，遣诸虚假之用，非独臣身而已。若臣杖国威灵，枭雄斩勒，则又何以加。

见《晋书》本传。咸和七年，公既望重海内，复西却李雄，北伐石勒，袭樊城，拔新野，得襄阳，石勒不再南侵。十一月进公为大将军，公上表固让。读史至此，感公之忠心劳绩。两晋南北朝间，无人可比。

胡三省注云：观陶侃在西藩颠末，岂有非望之图哉！晋史所记决指之事，折翼之梦，盖庾亮之党徒致之耳！赵翼云，王导陶侃二传褒贬失当，于导则略其疵累而比之管葛，于侃则因其一梦，而悬坐以无将之罪，岂非褒贬失当乎？朱熹曰：陶公“既拥八州，据上流，已重泰山，晋轻鸿毛、移其宗社，曾不反掌，而臣节益修，未始擅作威福以自封殖，乃末年卧病，封府库而登舟，举愆期而自代，视去方伯之重，不帝脱屣，其臣节终始夷险，无一可訾，穹晋二百年间，卓然独出，不忠之迹，果安在哉！今晋史欲诬士行，而乃以梦寐之祥，只合自知耳！人安得而知之，其说不待攻而自破矣！

人或以苏峻之反，公以不与顾命，迟不肯发兵为公惋惜，然世固知胡蜀二寇需布置，粮草器仗准备需时间。墀认为公既知庾亮“忧西陲，过于历阳”之言，又叫温峤“毋越雷池一步”以防公，则公不得不虑，温峤之请公，安知非温庾定计，赚公入瓮，以免西顾之忧，陈豨之反，萧吕合谋诬韩信，王敦之反，周虑袭杀甘卓、王敦密使段匹蝉杀刘琨，前车皆在，公能不理清局势而贸然出兵吗？安知温峤之不为萧何耶？

（二十）《上逊位表》

臣少长孤寒，始愿有限。过蒙圣朝历世殊恩，陛下睿鉴，宠灵弥泰。有始必终，自古必然。臣年垂八十，位极人臣，启手启足，当复何恨！但以陛下春秋尚富，余寇不诛，山陵未反，所以愤忾兼怀，不能已已。臣虽不知命，年事已迈，国恩殊特，特赐封长沙，陨越之日，当归骨国土。臣父母旧葬，今在寻阳，缘存处亡，无心分违，已勒国臣修迁改之事，刻以来秋，奉迎窀穸，葬事讫，乃告老下藩。不图所患，遂耳弥笃，伏枕感结，情不自胜。

臣间者犹为犬马之齿，尚可稍延，欲为陛下西平李雄，北吞石虎，是以遣毋丘奥于巴东，授桓宣于襄阳。良图未叙，于此长乘！此方之任，内外之要，愿陛下速选臣代使，必得良才。奉宣王猷，遵成臣志。臣死之日，犹生之年。陛下虽圣姿天纵，英奇日新，方事之殷，当赖群俊。司徒导鉴识经远，光辅三世；司空鉴简素贞正，内外惟允；平西将军亮雅量详明，器用周时，即陛下之周、召也。献替畴咨，敷融政道，地平天成，四海幸赖。谨遣左长史殷羡，奉送所假节麾、幢曲盖、侍中貂蝉、太尉章、荆江州刺史印传启戟。仰恋天恩，悲酸感结。

此表见《晋书》本传，咸和九年春，公上表逊位，未报。六月欲归国长沙，疾笃，以后事付王愆期，封印仓库。甲寅舆车出临津，乙卯薨于离武昌西三里樊溪。享年七十六。

附：陶母责子书

“汝为吏以官物见饷，非唯不益，乃增吾忧也。”

此见《晋书》本传。公幼家贫，捕鱼为业，既将冠，作鱼梁吏，当以坩鲊饷母，母封鲊还付使者，作书责子。

此在公于鄱阳为吏时，鱼梁者堰水为关孔以捕鱼。

五柳先生传

◎陶渊明

按：这是陶渊明的一篇自况文章。萧统《陶渊明传》中曾说："渊明少有高趣。……尝著《五柳先生传》以自况……时人谓之实录。"文章通过对居住环境和生活细节的描写，勾画出了一个放浪形骸、安贫乐道的知识分子形象。语言也极流畅自然。

先生不知何许人也，亦不详其姓字。宅边有五柳树，因以为号焉。闲静少言，不慕荣利。好读书，不求甚解，每有会意，便欣然忘食。性嗜酒，家贫不能常得。亲旧知其如此，或置酒而招之，造饮辄尽，期在必醉。既醉而退，曾不吝情去留。环堵萧然，不蔽风日；短褐穿结，箪瓢屡空，晏如也。常著文章自娱，颇示己志。忘怀得失，以此自终。

赞曰：黔娄之妻有言，不戚戚于贫贱，不汲汲于富贵。其言兹若人之俦乎？衔觞赋诗，以乐其志，无怀氏之民欤？葛天氏之民欤？

桃花源记

◎陶渊明

晋太元中，武陵人捕鱼为业。缘溪行，忘路之远近。忽逢桃花林，夹岸数百步，中无杂树，芳草鲜美，落英缤纷，渔人甚异之。复前行，欲穷其林。

林尽水源，便得一山，山有小口，仿佛若有光。便舍船，从口入。初极狭，才通人。复行数十步，豁然开朗。土地平旷，屋舍俨然，有良田美池桑竹之属。阡陌交通，鸡犬相闻。其中往来种作，男女衣着，悉如外人。黄发垂髫，并怡然自乐。

见渔人，乃大惊，问所从来。具答之。便要还家，设酒杀鸡作食。村中闻有此人，咸来问讯。自云先世避秦时乱，率妻子邑人来此绝境，不复出焉，遂与外人间隔。问今是何世，乃不知有汉，无论魏晋。此人一一为具言所闻，皆叹惋。余人各复延至其家，皆出酒食。停数日，辞去。此中人语云："不足为外人道也。"

既出，得其船，便扶向路，处处志之。及郡下，诣太守，说如此。太守即遣人随其往，寻向所志，遂迷，不复得路。

南阳刘子骥，高尚士也，闻之，欣然规往。未果，寻病终，后遂无问津者。

归去来兮辞

◎陶渊明

归去来兮，田园将芜胡不归？既自以心为形役，奚惆怅而独悲？悟已往之不谏，知来者之可追。实迷途其未远，觉今是而昨非。舟遥遥以轻飏，风飘飘而吹衣。问征夫以前路，恨晨光之熹微。

乃瞻衡宇，载欣载奔。僮仆欢迎，稚子候门。三径就荒，松菊犹存。携幼入室，有酒盈樽。引壶觞以自酌，眄庭柯以怡颜。倚南窗以寄傲，审容膝之易安。园日涉以成趣，门虽设而常关。策扶老以流憩，时矫首而遐观。云无心以出岫，鸟倦飞而知还。景翳翳以将入，抚孤松而盘桓。

归去来兮，请息交以绝游。世与我而相违，复驾言兮焉求？悦亲戚之情话，乐琴书以消忧。农人告余以春及，将有事于西畴。或命巾车，或棹孤舟。既窈窕以寻壑，亦崎岖而经丘。木欣欣以向荣，泉涓涓而始流。羡万物之得时，感吾生之行休。

已矣乎！寓形宇内复几时？曷不委心任去留？胡为乎遑遑欲何之？富贵非吾愿，帝乡不可期。怀良辰以孤往，或植杖而耘耔。登东皋以舒啸，临清流而赋诗。聊乘化以归尽，乐夫天命复奚疑！

传记、演义

《陶侃传》白话文

陶侃，字士行，原籍鄱阳，后来迁居于庐江郡的寻阳。父亲死得早，家境贫困，母亲湛氏善良贤惠，深明大义。陶侃年轻时曾做过寻阳县吏，监管鱼梁。有一次，给他的母亲送去一坛鱼制食品。陶母接到后，把鱼封存起来，不但没有吃那一坛鱼，反而责备陶侃说："你在外面当官吏，利用职位上的方便，把公家的东西拿回来送给我，这于我毫无益处，只会增加我的忧虑。"鄱阳孝廉范逵路过陶侃家，恰逢天下大雪，陶母把自己床上铺着的新草苫铡碎给客人喂马，把头发剪下来换钱备办酒菜招待客人。（事见《陶侃母湛氏传》）范逵离去时，陶侃送了他很远一段路，范逵问他说："你是否有意到郡里去任事呢？"陶侃说："想倒是想去的，只是，我没有门路啊！"经范逵向庐江太守张夔推荐，张夔让陶侃当了督邮，领枞阳令；后来，他还任过伏波将军孙秀的舍人和武冈令。

刘弘任荆州刺史，聘任陶侃为南蛮长史，派他到襄阳讨伐张昌。陶侃大获全胜，刘弘十分高兴地对陶侃说："从前我曾当过荆州刺史羊公（羊祜）的参军，他说我日后必定会接替他的位子，现在我真的当上荆州刺史了。依我的观察，在我之后接替这个位子的，必然会是你啊！"陶侃因军功而被封为东乡侯。

陈敏之乱，刘弘委任陶侃为江夏太守，加鹰扬将军；命他据守武昌，抗击陈敏的弟弟陈恢。随郡内史扈环对刘弘说："陶侃和陈敏是同一个郡的人，两人曾有过交往，让他带强兵驻屯于武昌那样重要的处所，倘若他对你有二心，那么，荆州便将失去东大门了。"刘弘说："陶侃这个人，不但很能干，而且忠实可靠，我了解他已经很久了，他是绝不会做出那种事来的。"陶侃闻讯后，把儿子陶洪和侄子陶臻派到刘弘身边，以表示他的忠诚，但刘弘仍把他们送回去了。在打击陈恢时，陶侃把运输船只也当作战舰使用。有人说不能这样做，怕违背了朝廷的规矩。陶侃说："这是用官物讨官贼，事后将详细情况上报明白也就是了。"他在同陈恢的战斗中，几乎所攻必克。陶侃行军纪律严明，所有缴获一律分赏士卒，自己决不占一分一厘的便宜。

元帝司马睿到达建康建立东晋政权，陶侃升迁为龙骧将军、武昌太守。其时各地都在闹饥荒，有不少人在长江水面上劫掠财物，陶侃派人乔扮成客商模样，前往诱捕，抓到了几名强盗，经过审问才知道，他们原来是西阳王司马羕（汝南王司马亮的儿子）手下的人。陶侃毫不迟疑，派出一队兵卒走在前面，直逼司马羕驻地，自己亲自列阵于钓台作为后援，命令司马羕非把强盗全部交出来不可。司马羕把二十名强盗交出来后，陶侃将他们全部处以死刑。从此以后，无论是水路还是陆路，行人往来都很安全，再也没有谁敢抢劫了。各地赶往陶侃辖区避难的，络绎不绝。

司马睿命令陶侃讨伐杜弢，让振威将军周访和广武将军赵诱都受他的节制。陶侃和周访、赵诱向杜弢发起进攻，杜弢大败。当时的荆州刺史周顗驻屯于浔水城，良口遭到袭击，陶侃命部将朱伺前往救援，敌军退保泠口。陶侃对将领们说："这一股敌人很可能改由陆路步行进犯武昌，我必须赶回城去，昼夜兼行大约要三天才能赶到。你们有谁能够忍饥挨饿坚持战斗呀？"部将吴寄说："别说是三天，就是十天也行，白天打仗，夜晚捕鱼，没什么不好办的。"陶侃很高兴地夸奖他说："说得好！算得是一位有胆有识的将军！"敌人得到增援后，果然大举来犯，陶侃命朱伺迎头痛击，敌军伤亡惨重，辎重全部被陶军缴获。陶侃派参军王贡去向王敦告捷，王敦说："这一次如果不是有了陶侯（陶侃），荆州肯定早已弄丢了。伯仁（周顗）方才进入荆州边界便被人击败，真不知他是怎样当上荆州刺史的！"王贡说："咱们荆州的事，怕是远未了结，大难还在后头呢。要想保住荆州，非用陶龙骧（陶侃）不可！"王敦很同意他的看法，上表朝廷，拜陶侃为宁远将军、南蛮校尉、荆州刺史，统辖西阳、江夏、武昌。后来，由于杜曾和王贡、张奕举兵反叛，督护郑攀败于沌阳，朱伺败于沔口，陶侃曾因而被免官。

陶侃免官后，虽然没有什么头衔了，但仍然还在继续行军作战（以白衣领职）。他率领周访等部进军入湘，以都尉杨举为先驱，向杜弢发动进攻，大破杜军。于是王敦又上表朝廷，恢复了陶侃的官衔。

杜弢的部将王真率精卒三千，联合五奚谷夷，从水路出武陵江直指武昌。陶侃派郑攀和陶延于夜间在巴陵地区向他们发起突然袭击，杀敌千余人，受降万余口，王真被迫逃遁。由于在战场上连吃败仗，杜弢内部爆发了离散情绪。杜弢担心张奕不可靠，便把他杀掉了。张奕被杀后，人心更加浮动了，出降的越来越多。王真又再次出现，领兵向陶侃挑战；陶侃远远望见他，大声告诉他说："杜弢从前在益州任官吏时，曾盗用过国库里的钱，父亲死了也不回去奔丧。这样的一个人，你为什么要死心塌地跟着他呀？搞反叛的人谁有好下场？你曾经见过年轻时为贼，头白时还健在的人吗？"王真原先横着一条腿坐在马上，态度显得很傲慢；听了陶侃的话后，连忙老老实实地把脚放下来。陶侃见他追随杜弢的信心已动摇，又进一步劝谕教导他，王真于是投降了陶侃。杜弢败退后，陶侃攻克长沙，俘虏了毛宝、高宝和梁堪，然后胜利回师。

王敦对陶侃的不断建立功勋，内心很忌刻。陶侃即将返回江陵时，要去向王敦告别。皇甫方回和朱伺等人都劝他不要去，但他没有听从。他一去，王敦果然把他留下了，叫他去做广州刺史、平越中郎将，而任命王廙做了荆州刺史。陶侃部下的将士和参佐人员跑去请求王敦留下陶侃，王敦大怒不许，陶侃的部将郑攀、苏温、马隽坚决不愿去南方，于是往西联合杜曾抗拒王廙。王敦认为郑攀等人的举动一定是由于陶侃在幕后指使，亲自披甲持矛，要杀陶侃，但又犹豫不决，一连三四次，冲出去又返回来，返回来又冲出去。陶侃很严肃地对他说道："你是个办事果断的人，天下大事都得听从你裁决，今天怎么忽然这样拿不定主意啦？"咨议参军梅陶、长史陈颁提醒王敦说："陶侃与周访有姻亲，他俩的感情亲密得如同左右手，岂有左手被人砍断而右手不会作出反应的道理？如今周访正重兵在握，可不能不考虑到呀！"王敦只好打消了杀陶侃的念头，设宴为他饯行，陶侃当晚便出发到广州去了。王敦把他的儿子陶瞻留下来做了参军。陶侃路过豫章，前去拜访周访，流着泪说："这一回要不是有你在，王敦绝对饶不了我，恐怕早已把我杀害了。"

陶侃经始兴直达广州，恰好赶上杜弘、王机、温邵、刘沈等正在密谋反叛。杜弘派人来诈降，被陶侃识破，但没有惊动他。随后，杜弘亲自带着部队来了，一见陶侃早有准备，只好立即后撤。陶侃挥军追击，先是活捉了刘沈，后来又杀了王机。将领们请求继续进军去打温邵，陶侃笑着说："到了眼前这种地步，已经用不着再动武了，只须写一张纸条去就行了。"于是派人去向温邵下书，劝他悬崖勒马。温邵走投无路，逃亡到始兴，终于被擒拿。陶侃因平定广州而被封为柴桑侯。

陶侃在广州，日常无事时，每天早晨总要亲手把一百块砖从书斋里搬运到室外去，到了晚上又再从室外把一百块砖重新搬运进书斋，如此循环反复，日复一日。有人问他为什么要干这种白费气力的事，陶侃回答说："我的志向是收复中原，是要准备过艰苦奋斗的日子的；如果生活过于优越安逸了，将来还能够担当起那样的重任吗？"他是有意地在穷乏自身，磨练自己的意志啊！

王敦发动叛乱，陶侃先后任过江州刺史、湘州刺史和交州刺史，进号征南大将军。王敦之乱被平定后，陶侃升迁为都督荆、雍、益、梁州诸军事，领荆州刺史。楚、郢地区的老百姓听说陶侃从广州调回来了，都高高兴兴地奔走相告，表示庆贺。

陶侃天赋聪敏，办事诚恳认真，整天正襟默坐，毫无急躁慌乱情态，而他所经管的千头万绪的诸多事务，却无一遗漏。往来信札，大多是他亲手书写，每天都有来访的客人，也都是亲自接见。陶侃常常对人说："大禹是圣人，尚且爱惜每一寸光阴。我们这些远远赶不上大禹的普通人，应当爱惜每一分光阴才对。倘若一心只知追求安逸享乐，以酒自醉，荒废了事业，活着的时候无益于当时，死了以后声名不传于后代，岂不是自己抛弃自己吗？"特别值得指出的是，晋代的士大夫们有一种极不好的习气，即不务实际而崇尚清谈。陶侃对那种坏习气可谓深恶痛绝。在他的参佐人员中，如果有谁因清谈嬉戏误了公事，他便命人去把他们的饮酒器皿和赌博用具扔到江里去，甚至抽一顿鞭子，告诫他们说："像赌博这种游戏，是牧猪奴才喜欢的。《老》《庄》的那一套玄而又玄的理论，浮华而不着边际，对于匡救当前的国难民困，能有什么补益？正人君子应当以自身的正派作风在群众中树立威信，难道只有放荡不羁，凡事都随随便便，才算是宽宏豁达吗？"遇有旁人馈赠给他礼物，他总是要问个清楚明白。如果是对方劳力所到，即使价值微小，他也会很高兴地接受下来，并加倍回赠；若是非理得之，则不但拒绝接受，还要严加斥责。有一次，陶侃外出，偶然遇见了一个人，手里拿着一把尚未熟透的稻禾。陶侃问他："你想拿它作什么用途呀？"那人说："没有什么用途。我是从田边经过，顺手拔下来的。"陶侃一听便大怒了，说："好呀！你自己没有花力气种田，却要闹着玩，糟蹋别人家的稻！"当即命人给他抽了一顿鞭子。正因为陶侃如此的尊敬和重视百姓的勤劳及其所得，在他的辖区内，人们都尽量努力发展生产，民间颇为富庶，人人有吃有穿。陶侃很爱惜资财，反对浪费。制造船只时，剩下了一些锯末和竹头，他也舍不得丢掉，而命人好好保管和贮存起来。许多人想不通为什么要这样做。后来，要召开大会，恰逢积雪初融，地面潮湿泥泞，陶侃便叫人把贮存的锯末拿出来，铺撒在地面上。桓温出兵伐蜀，陶侃收集的竹头，全部被劈成竹钉，用到修造船只上了。

苏峻作乱，京城建康失守，陶侃的儿子陶瞻被杀。平南将军温峤邀请陶侃同赴国难，前往救援朝廷。陶侃因明帝司马绍在去世时留下的遗诏中，顾命大臣的名单里并没有列上他的名字，内心颇为不满，因而回答温峤说：“我是派驻在外守卫疆场的将领，让我去干预朝廷事务，怕是有些超越职权，不大合乎格局吧？”但温峤坚请不已，并推举他为勤王之师的盟主。陶侃于是亲自率领军队出发，与温峤、庾亮等会面于石头。大家都主张立即同苏峻决一死战，陶侃说：“眼下苏峻的实力还很强，不必同他硬拼，还是慢慢运用计谋来对付他吧！”交手打了几仗，未能取得多大战果，大多数人都主张在查浦构筑堡垒坚守。惟有监军部将李根建议在白石筑垒。陶侃不肯采纳李根的建议，对他说道：“在白石筑垒，那可不是一件容易的事情；倘若堡垒修筑不起来，我便要拿你问罪。”李根并不惧怯，回答说：“查浦地势低下，又太靠南了，惟有白石高峻险要，可以容得下数千人。敌人根本无法向它进攻，那才是打击敌人的最佳阵地呢！”陶侃高兴得笑了，说：“你真是一位好将军。”下令抢修白石垒，夜晚动工，天明便筑成了。苏峻见到白石垒后，不禁大吃一惊。

敌军围攻大业垒，陶侃正准备派人去救援，但长史殷羡说：“如果去救大业，便要陆地上同苏峻交锋，我们的步兵很可能斗不过他们，一旦被他们打败，那就坏大事了。不如向石头方面发动猛攻，苏峻不敢不救，大业之围便自然解除了。”陶侃立即改变部署，按殷羡的意见用兵，苏峻果然丢下大业而倾全力于石头。双方激战于东陵东（白木陂），苏峻被陶侃的督护竟陵太守李阳的部将彭世斩首于阵前，苏军一败涂地；苏峻的弟弟苏逸收集余部再战，也阵亡于石头。

庾亮是明帝司马绍穆皇后的哥哥，很有点名气，且又是受遗诏辅佐幼主司马衍的顾命大臣。苏峻作乱，就是以讨庾亮为名的。苏峻既死，庾亮担心陶侃惩办他，采纳了温峤替他出的主意，亲自去拜谢陶侃。庾亮正要跪下去时，陶侃制止他说：“不行的！你庾元规如何能拜我陶士行啊！”陶侃凯旋回到江陵，被朝廷任命为太尉，封长沙郡公，都督交、广宁七州军事。

后将军郭默袭杀了平南将军刘胤，自领江州刺史，声称他是奉了朝廷诏命。陶侃知道后，说：“这里面一定有诈。”当即派将军宋夏、陈修进驻湓口，自统大军随后，前往讨伐。郭默给陶侃送去一些歌伎、婢女和一百匹绢，并附有一份诏令的抄件。参佐人员谏劝说：“郭默如果不是尊奉诏令，怕是不敢做这种事的。

我们若是要进军讨伐他，也应该报经朝廷待批准后才行。”陶侃很愤慨，郑重其事地教导大家说：“国家（皇帝）年纪小，自己拿不出什么主意。刘胤并没有什么大的才能，朝廷若是不信任他，决不会叫他去独当一面，做封疆大吏。即使有什么过失，为何便要处以死刑？郭默秉性霸道强悍，所到之处都残暴抢掠，必定是他趁着国难深重之时，认为朝廷已无纲纪可言，便想随心所欲了。”毅然上表朝廷，讨伐郭默。给王导写信说：“郭默杀了一方一州的主将，朝廷就任用他去统治这一方一州；倘若有人杀了宰相，是不是也要委任他做宰相呢？”王导回信说：“郭默处于朝廷上游，拥有许多船舰，所以才包涵容忍，让他占有江州。只过了一个月，你的军队便到达了，这正是等待时机办大事的上策啊！”陶侃读后不禁大笑说：“这叫什么等待时机，分明是姑息养奸！”陶侃军队一到，郭默的部将宗侯便把郭默父子五人和他的心腹将领张丑，一齐捆绑起来送交陶侃，陶侃将郭默斩首。郭默生前曾多次同石勒作战，石勒对他的骁勇很有几分畏惧；听说陶侃去讨伐他，兵不血刃便把他擒杀了，于是畏惧陶侃更甚于畏惧郭默了。苏峻的部将冯铁杀害了陶侃的儿子后，叛逃投奔石勒，石勒委任他做戍将。陶侃知道后，写信将情况告诉了石勒，石勒便立即把冯铁杀掉了。平定郭默之乱后，陶侃都督江州，领刺史，移镇武昌。陶侃的儿子陶斌和南中郎将桓宣，奉命西攻樊城，赶走了石勒的部将郭敬；侄子陶臻和竟陵太守李阳等攻拔新野，襄阳地区于是全部回到了东晋朝廷的管辖之下。

成帝咸和七年六月（332），陶侃得重病，主动上表请求辞去职位，派左长史殷羡把朝廷先后赐给他的节麾、幢曲盖、侍中貂蝉、太尉印章和刺史印信等，全部送回；军政后事则托付给了右司马王愆期。陶侃自己带病从临津坐船回他的封地长沙，上船后的第二天便逝世于樊溪谷，享年七十六岁。（按：《元和郡县图志》记载，陶侃墓在长沙县南二十三里处。）

陶侃的一生，大部分是在戎马军旅中度过的，前后共四十一年。在他任职期内，自南陵一直到白帝城，数千里范围内，社会秩序良好，路不拾遗。他精明而善于决断，雄勇而富于智谋，作风踏实而正气凛然。苏峻作乱时，庾亮因为轻敌冒进而吃了败仗，他手下的司马殷融对陶侃说：“这次败仗是将军（庾亮）亲自指挥的，我们都没有插手。”随后，将军王章去了。却说：“这次失败是我没有把仗打好，将军（庾亮）根本就不知道。”两个人，两种说法，一个把责任都推到别人头上，一个则主动承担责任。陶侃听后感叹说：“从前殷融为君子，王章是小人；现在王章是君子，而殷融为小人。”陶侃办事周到缜密，人们都说他类似于汉代的著名京兆尹赵广汉。有一次，陶侃叫各个军营植树，分配了任务，并亲自检查。都尉夏施把公家的柳树偷来移栽到自己门前。陶侃坐在车上，见到那些柳树后，立即命令停车，质问夏施说：“这些柳树本来是栽种在武昌西门前的，你怎么又把它们偷来栽到这里啦？”夏施见陶侃揭了他的老底，只好惶恐认罪。像陶侃那样一位职衔崇高、事务繁多的大人物，几株柳树虽已从甲地移到了乙地，却仍然还能识别出来，于此也就可见他平时办事是多么细心的了。

陶侃坐镇武昌时，殷浩、庾翼等著名人士都曾是他的参佐人员，当时的人们都把武昌看作是聚集人才的地方。陶侃公余之暇，也常和名士们饮酒集会，但他喝酒从来是有限度的，决不多喝一口。有时限额已足而余兴未尽，殷浩等人劝他再饮几杯，陶侃便不胜悲伤感叹，告诉大家说：“我年轻时曾因喝醉酒而犯过失，父母亲给我定了个喝酒的限度，如今双亲都早已亡故了，我怎么能忘记他们的教导呢？”武昌北岸有一座邾城，许多人多次建议派兵去据守，陶侃总是不表赞同。大家却仍在不断议论这件事，迫不得已，陶侃于是以打猎为名，带着大家一起渡过江去，亲临邾城察看，向他们解释说：“驻军设防是为了防御敌人，最好的防御工事是长江！邾城处于北岸，对内设有依托，对外接近敌境，如果这里驻军，双方势必你争我夺，适足以招惹事端。从前吴国曾派三万人在这里驻守，我们现在即使也能派三万人来，那对防卫江南来说，又有什么实际作用呢？一旦敌人打过来，这三万人前面是敌人，后面是大江，凭什么去对付他们呢？”后来，庾亮曾一反陶侃的做法，在邾城驻军设防，果然被江北的敌军打得大败。

陶侃到晚年，常常自知满足，从不超越职责争夺朝政权力。早在他去世的前一年，就要辞职回长沙去，只因参佐人员苦苦挽留，他才没有走。直到病重了，他决心非走不可了，对所有军需物资、武器辎重、牛马舰船，全部造册登记，封存仓库，亲自上锁，然后一一点交给了王愆期。待他上船后，朝野都把他来去分明的行为传为美谈。陶侃在离开府门时，曾回过头来对王愆期说：“我这个老头子能够这样轻松自在地离开这个地方，都多亏有了诸位帮忙啊！”尚书梅陶写信给曹识，给了陶侃以崇高的评价，说他：“机神明鉴似魏武（曹操），忠顺勤劳似孔明（诸葛亮），陆抗诸人不能及也。”谢安也常说，陶侃治事虽然都是秉公执法的，但有很多事情，其意义却已超越于法律之外。陶侃的受人推崇，从梅陶和谢安的评价中，可以窥见一斑。

陶侃通俗演义

——蔡东藩《西晋史通俗演义》辑录

第十五回

新野王歆，闻江夏失守，乃遣骑督靳满往剿。满至江夏，与（张）昌交锋，不到半日，杀得大败亏输，慌忙奔还。歆因乞请济师，诏遣监军华宏往讨，又不是张昌的对手，败绩障山。廷议乃如歆所请，发兵三道：一是命屯骑校尉刘乔为豫州刺史，攻昌东面；一是命宁朔将军刘弘为荆州刺史，攻昌西面；一是诏河间王颙，使遣雍州刺史刘沈，率州兵万人，并征西府五千人，出蓝田关，攻昌北面。那知颙不肯奉诏，止沈不遣。（叛形已露。）沈自领州兵至蓝田，又被颙遣使追还，北路兵完全无效。唯刘乔出屯汝南，刘弘及前将军赵骧，平南将军羊伊，出屯宛城。昌遣党羽黄林，率二万人向豫州，自统众攻樊城。新野王歆，因乱党逼近，不得已亲自出马，督兵往御。两下相值，彼此列阵，歆方麾兵接仗，不防部下一声哗噪，竟尔四散。那乱党竟摇旗呐喊，好似狂风猛雨，一齐扑来。歆心慌意乱，正思折马逃奔，偏乱党已突至马前，把他围裹，你刀我槊，四面杀入，霎时间把一位晋室藩王，收拾性命，送往冥途。（还算是为国而死，死尚值得。）

败报传到洛阳，一道急诏，令刘弘代歆为镇南将军，都督荆州诸军事。弘，相州人，颇有才略，御下有律，宽严相济，昌党黄林，进薄弘营，被弘一鼓击退。及接朝廷诏敕，星夜就道，即向荆州进发。昌意图南扰，别遣悍党石冰，东寇扬州，击败刺史陈徽，诸郡尽皆陷没。又攻破江州，连陷武陵零陵豫章武昌长沙诸州郡，沿江大震。临淮人封云，复起应石冰，骚扰徐州，遂致荆江扬豫徐五州境地，多为贼据。官吏或逃或降，由张昌另易牧守，专用部下一班盗贼。萑蒲小丑，何知抚字，一味地恃强行凶，到处掠夺，人民不堪暴虐，才思把盗贼驱除，蓄谋待变；再加刘弘御寇有方，一入荆州境内，便将司马歆的苛政，尽行蠲除，然后遣南蛮长史陶侃为大都护，牙门将皮初为都统帅，进据襄阳，扼守要害。昌屡攻不克，退出竟陵。侃留皮初居守，自率兵攻竟陵城，与昌前后数十战，尽得胜仗，斩贼首至数万级，昌弃城遁去。侃号令贼中，降者免死，贼党遂弃戈抛甲，悉数投诚。刘乔亦遣部将李扬等进取江夏，诛死刘尼，荆土遂平。

弘至荆州城下，望见城门四闭，城上遍列官军，似与弘相仇敌。弘很是诧异，便呼城上人答话，叫他开门。守卒答道："我等奉范阳王令，到此守城。无论何人，概不放入。"弘答道："我受诏前来，督辖此土，岂范阳王尚未闻知么？究竟由何将监守，请出来相会，说个明白。"言毕停辔相待，好一歇才见开城，一将带兵出门，跃马当先，势甚凶猛。弘料他不怀好意，扬起马鞭，向后一招，将士等已一齐向前，截住来将，来将无从突入，始自报姓名职衔，说是长水校尉张奕，由范阳王虓差遣到此。弘出诏相示，奕仍不服，舞刀欲斗，经弘一声喝令，将士即将奕围住，好似群虎攒羊，不到半时，已把奕斫死了事。（奕真该死。）弘乃得入城安众，并将奕首送入阙廷，说奕兴兵拒诏，所以枭首，且自请擅杀的处分。有诏慰抚刘弘，不复问罪。（倒还明白。）弘因再发陶侃等剿捕张昌，昌窜入下俊山，由侃军入山搜缉，连斗数次，昌众尽死，只剩昌一人一骑，逃往清水，嗣被侃军追及，眼见是不能脱逃，身首两分。侃军回城报命，弘起座迎侃，欢颜与语道："我昔为羊公参军，蒙羊公器重，谓我他日必镇此地，今果得验。我看卿亦非凡器，他日亦必继老夫了。"（羊公指羊祜，录入弘语，为陶侃都督荆州伏案。）侃当然逊谢，不消细叙。侃字士行，鄱阳人氏，少孤身贫，及长乃为县吏。鄱阳孝廉范逵，尝过访侃家，侃母湛氏，截发为双髲（假发）。钱市酒肴，款待范逵，畅饮尽欢。（叙截发事，以表陶母。）及逵别去，侃送逵至百里外，逵知侃微意，便语侃道："君是否欲为郡曹？"侃答道："正苦无人荐引，公能为我吹嘘否？"逵满口答应，方与侃握别。逵至庐江，见太守张夔，极称侃才，夔因召侃为督邮，领枞阳令，始有能名。夔又举侃为孝廉，侃乃得入为郎中，寻调吏部令史。弘受命出镇。辟侃为南蛮长史，令他从军，果然一战成功，更由弘叙劳上奏，封东乡侯，授江夏太守。又举皮初为襄阳太守，晋廷以襄阳名郡，恐皮初未能胜任，改令前东平太守夏侯涉补授。涉系弘婿，弘又表称涉系姻亲，例须避嫌，皮初有功，宜见酬报。诏乃从弘。弘复语人道："为政须秉大公，若必用亲戚，试想荆州十郡，莫非有十女婿不成？"知此方可致治。当下劝课农桑，宽刑省赋，公私交济，万姓欢腾。

第二十八回

惟聪虽不道，余威未衰，石勒刘曜，进退无常，终为晋患。愍帝孤守关中，势甚岌岌，只望着三路兵马，合力勤王。建兴三年二月，命左丞相容为丞相，都督中外诸军事，南阳王保为相国，刘琨为司空。诏使分遣，加官进爵，无非是劝勉征镇的意思。无如琨在晋阳，介居胡羯，一步不能远离，保自上邦出据秦州，收抚氐羌，军势稍振，但也无心顾及长安。容虽奄有江左，比并州秦州两路，较为强盛，可奈一东一西，相去太远。河洛未靖，荆湘又乱，中途被阻，未便行军，所以诏书日迫，睿总以道梗为辞，须俟两江戡定，方可启行。（乐得推诿。）小子查阅《晋书》，那时沿江乱首，莫如杜弢，次为胡亢、杜曾。杜弢已见前文，（见二十四、二十五回。）胡亢系前新野王歆牙门将，歆死后将佐四散。（歆死张昌之难，见前文。）亢至竟陵，纠集散众，自号楚公，用歆司马杜曾为竟陵太守。曾技勇过人，能被甲入水，不致沉没，所以亢恃为股肱，常使他出掠荆湘。荆湘人民，既苦杜弢，复苦胡亢杜曾，当然不得宁居，流离失所。荆州刺史周顗，甫经莅镇，便为杜弢所迫，退走浔水城，扬州刺史兼征讨都督王敦，屯兵豫章。（见二十六回）急檄武昌太守陶侃、寻阳太守周访、历阳内史甘卓等，合兵讨弢。弢正进围浔水城，由陶侃督兵往援，使明威将军朱伺为前驱，奋击弢众。弢还保泠口，侃语朱伺道："弢必步向武昌，掩我无备，我军亟宜还郡，扼住寇踪，毋中彼计！"说着，仍遣伺带着轻骑，从间道先归，自率步兵继进。伺至江陵，城尚无恙，正在城外安营，遥闻喊声大震，料是弢众前来，不禁大呼道；"陶公真是神算，有我在此，看贼能摇动我城否？"当下按辔待着，不到片时，弢众已至，伺即麾骑杀出，迎头痛击，反使弢意外惊疑，仓猝对敌。两下里正在酣战，不料后面又来了一支步兵，各执短刀，杀入弢阵。弢前后受敌，立即溃散，遁归长沙。伺会同步兵，追至数十里外，擒斩千人，方才回城。这支步兵，不必细问，便可知是陶侃带来。侃使参军王贡，向敦告捷，敦欣然道："今日若无陶侯，便无荆州了。"遂表侃为荆州刺史，令屯沔左。周顗自浔水城，追至豫章，仍奉琅琊王命令，召还建业，复任军谘祭酒，不消细叙。

惟侃使王贡，由豫章西还，道出竟陵。竟陵城内的杜曾，已因胡亢好猜失众，潜引故都督山简参军王冲。袭杀胡亢，并有亢部，贡想乘机邀功，径入竟陵城。诈传陶侃号令，授曾为前锋大都督，使击王冲，冲本在山简麾下，因简病殁夏口，所以聚众为乱。杜曾闻王贡言，乐得转风使航，将冲击死，即令贡报答陶侃，贡作书寄往沔左，但言曾愿投诚，未及矫命情事。侃乃征召杜曾，曾见来札中，并无前锋大都督字样，未免启疑，不肯应召。贡亦恐矫命事发，或至得罪，索性直告杜曾，且与曾合谋袭侃。侃哪知两人密谋，未及防备，蓦被杜曾潜兵突入，害得全营大乱。还亏命不该绝，侥幸逃生（百密难免一疏，可见行军之难。）王敦得报，表夺侃官，以白衣领职，侃复邀同周访等，进破杜弢，敦仍复奏侃官。已而侃又为弢将王真所袭，败奔滠中，得周访援，方将王真击退。杜曾王贡与弢联合，到处劫掠，王敦又令陶侃甘卓等，并力击弢，大小数十战，弢众多死，乃遣使诣建业，向睿乞降。容不肯许，弢已穷蹙，因再贻南平太守应詹书，托他代为解免，当图功赎罪。詹将原书转呈建业，并称弢有清望，应许他悔恶归善，借息兵锋。睿乃使前南海太守王运，往受弢降，赦免前愆，令为巴东监军。弢已受命，偏征弢诸将，未肯罢兵，仍然攻弢不止。弢不胜愤恨，拘害王运，又复为乱，分遣部将杜弘、张彦，掩袭临川豫章。临川内史谢摘被杀，豫章亦几被陷没，幸周访击杀张彦，逐去杜弘，豫章复安。陶史专攻杜弢，弢使王贡挑战，横足马上，状极嚣张。侃出马遥语道："杜弢为益州小吏，盗用库钱，父死不奔丧，毫无礼义，卿本善人，奈何北我助逆？难道天下有白头贼么？"（谓为贼不得至老。）说至此，见贡敛容下足，易倨为恭，便不与交锋，还入原垒。夜间乃遣使慰谕，并截发为信，誓不记仇。贡遂趋降侃营，侃推诚相待，令贡反袭杜弢。弢骤为所乘，不能抵敌，除逃以外无别策。但贡与弢麾下将佐，均已熟识，当时向众大呼，降可免死，并可加官。于是人人解甲，个个投戈，单剩弢一人一骑，狂窜而去。贡收降众报侃，侃不戮一人，择优录用，余皆给资遣归，遂乘胜进复长沙，后来追索杜弢，竟无下落，想已是走死荒野了。小子有诗叹道：

漂摇风雨满神州，日下江河乱未休。
戡定荆湘非易事，论功应独让陶侯。

蔡氏评语：善善从长，恶恶从短，固史家应有之要旨也。杜弢为逆，胡亢杜曾，又复从乱，乱逆之徒，人人得而诛之。陶侃周访甘卓等，合兵进讨，义在则然，但侃尤为忠勇，故叙侃较详，叙访卓则皆从略，详略之分，均具深意，是又阅者所当体察也。

第二十九回

却说琅琊王睿，因杜弢走死，湘州告平，遂进王敦为镇东大将军，都督江扬荆湘交广六州诸军事，领江州刺史，封汉安侯。外如陶侃以下，无甚超擢，唯奖叙有差。敦既握六州兵权，得自选置官属权势益隆。当时江东一带，内倚王导，外恃王敦，曾有王马共天下的谣言。（实是王牛，并非王马。）荆州刺史陶侃，最称有功，反中敦忌。侃却未悉敦情，但知平乱，复引兵往击杜曾。适愍帝派侍中第五猗为安南将军，监领荆梁益宁四州军事。猗自武关南下，由杜曾至襄阳往迎，曲致殷勤，且娶猗女为侄妇，竟与猗分据汉沔，作为犄角。及侃赴石城攻曾，也未免恃胜生骄，视为易取。司马鲁恬谏侃道："兵法有言，知己知彼，百战百胜，杜曾非可轻视，公当小心将事，毋中彼计。"侃不以为然，径向石城进发。到了城下，麾兵猛攻。曾多骑士，突然开门，纵骑突出，冲过侃垒。侃率众抢城，不遑顾后，哪知前面由曾杀出，后面又有骑兵反击，几至腹背受敌，为曾所乘，还亏侃军素有纪律，临危不乱，才得勉力支持，但兵众已战死了数百人。曾见侃力战不退，也不愿返守石城，因下马别侃。侃亦不欲进逼，由他自去。

石览周抚，辞归本镇，不在话下，惟杜曾退次顺阳，遣人至荀崧处上笺，有"乞求抚纳，讨贼自效"等语。崧因宛中兵少，恐曾再至，不得不复书允许。陶侃闻报，亟贻崧书道："杜曾凶狡，性如鸱枭，将来必致食母，此人不死，州土不安，足下当记我言，幸勿轻许。"崧不听侃言，果然杜曾复出，进围襄阳，亏得襄阳有备，无懈可击，曾始退去。侃将还江陵，欲至王敦处告别，部将朱伺等，俱向侃谏阻，谓敦方见忌，不宜轻往。侃以为敦不足惧，慨然竟行。见敦以后，果为所留，别用从弟王廙为荆州刺史。侃吏郑攀马俊等，诣敦上书，共请留侃，敦当然不许。攀等相率恨敦，竟率徒党三千人，西迎杜曾，同袭王廙。（激使为变，谁实尸之。）廙奔至江安，调集各军讨曾，曾既得郑攀等人，复北合第五猗，来攻王廙，廙又为所败。王敦嬖人钱凤，素来嫉侃，遂诬称攀等为乱，实承侃旨。看官！试想敦既与侃有嫌，又经钱凤从旁媒孽，顿时起了杀心，披甲持矛，拟往杀侃。转念一想，不便杀侃，又复回入。再一转念，仍要杀侃，又复趋出。辗转至四五次，为侃所闻，竟昂然见敦，正色与语道:“使君雄断，当裁制天下，奈何迟疑不决呢？”言毕，趋出如厕。（未免太险，但看下文梅陶等之谏，想侃已与接洽，故有此胆。）咨议参军梅陶、长史陈颂，并入谏敦道：“周访与侃，乃是姻亲，相倚如左右手，岂有左手被断，右手不应么？愿公慎重为是！”敦意乃解，释甲投矛，命设盛筵，召侃同宴，且调侃为广州刺史。侃宴毕即行，惟侃子瞻尚留敦处，由敦引为参军。

先是广州人民，不服刺史郭讷，另迎前荆州内史王机为刺史（王机见二十四回）。机至广州，恐为王敦所讨，因遣使白敦，情愿转徙交州。敦却也允诺，故令侃往刺广州。偏机收纳杜曾将杜弘（杜弘见前回）。听了弘言，仍欲还取广州。可巧陶侃驰至，击破王机及杜弘，机走死道中，弘奔投王敦。广州平定，侃得进封柴桑侯，食邑四千户。侃在州无事，辄朝运百甓至斋外，夜运百甓至斋内。左右问为何因？侃答说道：“我方欲致力中原，不宜过逸，今得少暇，欲借此习劳，免致筋力废弛呢。”左右乃服。只是郑攀等与廙相拒，尚未了结，俟至下文再表。

时王廙已早莅荆州，滥杀陶侃将佐，士民交怨。元帝颇有所闻，征廙为散骑常侍，令访代任荆州刺史。敦以前时曾与访约，至此得朝廷委任，正好践言，倒也没有异议。偏从事郭舒语敦道：“荆州虽遇寇难，现状荒敝，但究系用武要区，不可轻易假人，公宜自领为是。访既刺梁州，已足报功，倘再移荆州，恐尾大不掉，转为公忧。”敦听了舒言，竟易初志，便表达元帝，请留访仍任梁州，愿自领荆州刺史。（虽由郭舒进谗所致，但主权总在王敦，敦怀私失信，咎将安辞。）元帝不好驳议，只得加敦荆州牧，命访留任，但使为安南将军。访平素谦逊，不自矜功，此次也不禁动怒，贻书诋敦，敦裁笺作答，强为慰解，并馈访玉环玉碗，申明厚意。访将环碗掷地，顾叱敦使道：“我非贾竖，不爱珍宝，怎得把此物欺我哩？”敦使自去。访务农训卒，秣马厉兵，本意欲致力中原，规复河洛。自与敦有隙，隐料敦有异志，遂一意防敦。守宰有缺，即择心腹补任。然后奏闻。敦虽然加忌，但惮访勇略，未敢逞威。无如访已垂老，天不假年，平曾后仅阅一载，竟致病逝。访系南安人氏，与陶侃素相友善，且结为儿女姻亲。庐江人陈训，有相人术，当访与侃卑贱时，尝语二人道：“二君皆位至方岳，功名亦大略相同。但陶得上寿，周得下寿，寿有长短，事业不能不少异了。”及访病殁梁州任所，年六十一，尚小侃一岁。两人俱为刺史，适如训言。有诏赠访为征西将军，赐谥曰壮，另调湘州刺史甘卓继任，兼督沔北诸军事，仍镇襄阳。

可巧来了王敦参军乐道融，由卓召入，问明来意。道融答道:“大将军催公东行，公果愿意呢，还不愿意呢？”卓半晌不答一词。道融请屏除左右，然后进白道："道融此来，实为大将军所遣，促公启程，免得后顾。但道融究是晋臣，不便专事大将军。试想主人新临万机，自用谯王为湘州，并非专用刘隗，乃王氏擅权构衅，背恩肆恶，举兵犯阙，敢为不韪。公受国重寄，若与他同逆。便是违悖大义，生为逆臣，死作愚鬼，岂不可惜？今不若伪许出兵，却暗地驰袭武昌，逆众闻风生惧，自然溃散，公就得坐建大功了。"（慷慨激昂，也是邓骞流亚。）卓乃转疑为喜，起座答说道："君言正合我意，我志决了。"（恐怕还是未决。）乃使道融与骞同留幕下，参议军事，一面约同巴东监军柳纯，南平太守夏侯承，宜都太守谭该等，檄数敦罪，合军致讨，更遣参军司马赞孙双，奉表入都，报明起义情形。再使参军罗英，南赴广州，邀同刺史陶侃，会师讨敦。侃便遣参军高宝，引兵北上，作为声援。

元帝加卓为镇南大将军，都督荆梁二州军，领荆州牧，兼梁州刺史。侃为平南将军，都督交广二州军事，兼领江州刺史。王敦闻警，却也心惊，惟令兄含，固守武昌，慎防袭击。另拨南蛮校尉魏义、将军李桓，率兵二万，往攻长沙。长沙为湘州治所，城郭不完，资储又阙，单靠谯王承一腔忠义，乘城守着，到底是不能久持。或劝承南投陶侃，或退保零桂（零陵桂阳）。承慨然道："我起兵是地，志在死节，岂可贪生苟免，临难即逃？事若不济，我身虽死，我心总可告无愧哩。"遂遣司马虞望，出城交战，互有杀伤，嗣复连战数次，望中箭而亡，全城悔惧。

第三十五回

晋廷调陶侃为湘州刺史，王敦不欲侃赴湘，贻书止侃。侃闻敦势力尚盛，且按兵养晦，并将前时所遣的参军高宝，亦召还广州，徐作计较。

第三十七回

会因储君未立，国本有关，乃立长子衍为皇太子。衍为皇后庾氏所出，年甫五龄，受册礼毕，大酺三日，增文武官员各二级，赐鳏寡孤独布帛，每人二匹。调荆州刺史王舒为安南将军，都督广州诸军事，领广州刺史，即迁陶侃为征西大将军，都督荆湘雍梁诸军事，领荆州刺史。侃性极勤谨，终日敛膝危坐，军府诸事，检摄无遗。远近文牍，随到随答，不使积滞。宾佐求见，无不接谈。尝语人道："大禹圣人，尚惜寸阴，至如众人，当惜分阴，怎得逸游荒醉？生无益于世，死无闻于后耶？”诸参佐或好饮好博，偶至废事，侃随时查察，搜得酒器摴蒱等具，悉令投江，将吏有犯，且加鞭扑，严词儆戒道："摴蒱系牧猪奴戏，汝等奈何出此？"（摴蒱即搏具。）是时清谈余风，尚未尽改，侃辄忿恨道："老庄浮华，并非先王法言，怎可遵行？君子当振衣冠，摄威仪，哪有蓬头跣足，自诩宏达呢？"（古今传为格言，故备录之。）人民有所奉馈，必问所由来，若系力作所致，虽微必喜，慰赐三倍，否则掷还不受。一日出游，见有一人，手持禾秆，结谷未熟，因问作何用？答称禾遗路旁，所以拾取。侃大怒道："汝未尝为农，乃戏取人稻，还不知罪么？"竟加鞭数十，方才叱退。荆州士女，闻侃复至，互相庆贺。且因侃注重农桑，便相戒嬉游，各勤工作。因此家给人足，境内大安。侃既不旷时，又无弃物，竹头木屑，并皆收藏，旁人都不解侃意，及元旦宴贺，积雪始晴，厅前余雪尚湿，侃即将木屑铺地，往来交便，人始知侃有先见，号为精明。这且慢表。

第三十八回

惟导素尚宽和，能得众心，至亮专国政，任法裁物，不满人意。豫州刺史祖约，自恃重望，不落人后，偏明帝顾命，但及鄱下诸人，于己无与，不由得心下怏怏。及遗诏褒进大臣，又不及约，连陶侃亦不得与列，所以约与侃书，疑亮从中舞弊，故意删除，侃因此亦不能无嫌。（侃且如此，遑问他人。）

未几，为咸和三年正月，江州刺史温峤，出屯寻阳，遣督护王愆期，西阳太守邓岳，（即前文之邓岳，遇赦复官。）鄱阳太守纪睦为前锋。进次直渎。荆州刺史陶侃，也遣督护龚登，率兵会峤，听峤驱遣。苏峻恐日久兵集，屡促韩晃等进攻慈湖。慈湖守将司马流，素来懦弱，未战先怯，但请济师。庾亮再拨侍中钟雅，为骁骑将军，督领水师，前往助流，不防流为韩晃所袭，猝被摧陷，竟至败死。赵胤亦拒战失利，北湖被夺，单剩钟雅一只舟军，如何济事？没奈何拨棹退回。苏峻径率祖涣许柳等，拥众二万人，自横江东渡，直登牛渚，进至蒋陵复舟山。台军节节败退，警报与雪片相似，庾亮未免惶急。陶回复入献计道："石头设有重戍，峻必不敢直下。回料他必出间道，当从小丹阳步行前来，若用伏兵邀击，定可擒峻。峻既受擒，祖约等自无能为了。"亮谓峻必直向石头，不从回言。嗣闻峻果出小丹阳，夜迷失道，部伍尽乱，亮又自悔失机，纵峻得入，（愚而好自用，灾必及身）。都中大惧，吏民相率潜奔，朝臣亦各遣妻孥，东出避难。独左卫将军刘超，挈妻孥入居宫内，冀定众心。

第三十九回

却说建康为苏峻所困，内外不通，宫中一切情事，外人无从得闻。江州刺史温峤，原想进兵讨逆，无如京城消息，一无所知，也不好冒昧前进。可巧有都人范汪，从间道奔至寻阳，报称："苏峻政令不一，贪暴凶横，人情愤怒，共愿诛峻，朝廷亦待援甚急，宜速进讨"云云。峤即使汪转白庾亮，亮即令汪参护军事。峤与亮本相友善，因互推为盟主。峤有从兄名充，佐峤戎幕，独向峤进议道："陶征西位重兵强，何不推为领袖？"（陶侃为征西大将军，见三十七回。）峤颇以为然，遂遣督护王愆期，驰往荆州，邀侃同赴国难。侃与庾亮有隙，且以未预顾命为恨。（见前回。）便答愆期道："我乃疆场外将，未敢与闻内事。"（陶公大误。）愆期依言复峤，峤再手书敦勉，终不见从。乃复遣使语侃，但说是仁公且守，仆当先行。使人已发，适参军毛宝，从他处回来，亟入见峤道："欲举大事，当与天下共谋，古人谓师克在和，便是此意。就使情迹可疑，尚留示人不觉，况自为携贰，尚能成事么？公急追使改书，推诚相与，料陶公亦不至固执了。"峤乃追还去使，另草一书，说得诚诚恳恳，愿奉侃为盟主。果然使人往返，得了效果，由侃遣督护龚登，率兵诣峤。峤有众七千，洒泪登舟，一面列数苏峻罪状，移告各镇。文云："贼臣苏峻祖约，同恶相济，用生邪心，天夺其魄，死期将至，谴负天地，自绝人伦。寇不可纵，宜增军进讨，屯次溢口，即日护军庾亮来营，宣太后诏，寇逼宫城，王旅挠败，出告藩臣，谋宁社稷。后将军郭默，寇军将军赵胤，奋武将军龚宝，与峤督护王衍期，西阳太守邓岳，鄱阳内史纪瞻，率其所领，相寻而至。逆贼肆凶，陵轹宗庙，火延宫掖，矢流太极。二宫幽逼，宰相困迫，残虐朝士，劫辱子女。承闻悲惶，精魂飞散。峤暗弱不武，不能殉艰，哀恨自咎，五情摧陨，惭负先帝托付之重，义在毕力，死而后已。今躬率所统，为士卒先，催进诸军，一时电击。西阳太守邓岳，寻阳太守褚诞等，连旗相继，宣城内史桓彝，已勒所属，屯滨江之要。江夏相周抚，与邓岳同时还朝，得为江夏相。乃心求征，军已向路。昔包胥楚国之微臣，重趼致诚，义感诸侯。蔺相如赵邦之陪隶，耻君之辱，按剑秦庭。皇汉之季，董卓作乱，劫迁献帝，虐害忠良，关东州郡，相率同盟。广陵功曹臧洪，郡之小吏耳，登坛歃血，涕泪横流，慷慨之节，实属群后。况今居台鼎，据方州，列名邦，受国恩者哉！不期而会，不谋而同，不亦宜乎？二贼合众，不盈五千，且外畏胡寇，城内饥乏。后将军郭默，已于战阵俘杀贼千人，贼今虽残破都邑，其宿卫兵人，即时出散，不为贼用。祖约情性褊窄，忌克不仁。苏峻小子，惟利是视，残酷骄猜，权相假合。江表兴义以抗其前，强胡外寇以蹑其后，运漕隔绝，资食空悬，内乏外孤，势何得久？群公征镇，职在御侮，征西陶公，国之耆德，忠肃义正，勋庸弘著。诸方镇州郡，咸齐断金，同禀规略，以雪国耻。敬利社稷，死生以之。峤虽怯劣，忝据一方，赖忠贤之规，文武之助，君子竭诚，小人尽力。高操之士，被褐而从戎，负薪之徒，匍匐而赴命，率其私仆，致其私仗，人士之诚，竹帛不能载也，岂峤无德而致之哉？士禀义风，人感皇泽耳。且护军庾公，帝之元舅，德望隆重，率郭后军等，与峤戮力，得有资凭，且悲且庆，若朝廷之不泯也，其各明率所统，毋后事机。赏募之信，明如日月，有能斩约峻者，封五等侯，赏布万匹。忠为令德，为仁由己，万里一契，不在多言。"

这篇移文，分使四颁，满望各处响应，同时举义。不意陶侃督护龚登，竟至峤舟相见，说是得陶公来书，促令还镇，弄得峤莫名其妙，慌忙将登留住，再遣王愆期致书陶侃。书中有云："仆谓军有进而无退，宜增而不可减。近已移檄远近，言于盟府，克日大举。南康建安晋安三郡军，并在路次，同赴此会，惟须仁公督军戾止，使齐进耳。仁公今乃召还督护，疑惑远近，成败之由，将在于此。仆才轻任重，实赖仁公笃爱，远禀成规，至于首启戎行，不敢有辞。仆于仁公，当如常山之蛇，首尾相衔耳。或者不达高旨，将谓仁公，当如常山之蛇，首尾相衔耳。或者不达高旨，将谓仁公缓于讨贼，此声难追，仆于仁公交受方岳之任，安危休戚，理既同之。且自倾之顾，绸缪往来，情深义重，著于人士之口，一旦有急，亦望仁公悉众见救。况社稷之难，惟仆偏当一州，州之文武，莫不翘企，假令此州不守，约峻树置官长于此，荆楚西逼强胡，东接逆贼，因之以饥馑，将来之危，必有甚于今日者。以大义言之，则社稷颠覆，主辱臣死。公进当为大晋之忠臣，参桓文之义，开国承家，铭之天府；退当以慈父雪爱子之痛，约峻凶逆无道，囚制人士，裸其五体，近日来者，不可忍见，骨肉生离，痛感天地。人心齐一，咸皆切齿。今之进讨，如以石投卵，无虑不克，若出军既缓，复召兵还，人心乖离，是为败于几成也，愿深察所陈，以副三军之望。"

愆期到了荆州，奉书与侃。侃展书详览，至慈父雪爱子之痛句，不禁流涕道："我儿果死了吗？"看官！你道侃子为谁？原来就是庐江太守陶瞻，小子在前回中，已曾叙及，不过尚未说明侃子。就是当时内外断绝，陶瞻战死，侃虽稍有所闻，尚未确悉，此次得了峤书，已经证实，当然生悲。愆期复接口道："公子殉难，真实不虚。且苏峻乃是豺狼，如得逞志，四海虽广，肯容明公托足么？”侃将书放下，投袂而起，立即大集将士，戎服登舟，与愆期同赴峤军，倍道急进。将至寻阳，令愆期先行返报。愆期驰抵峤营，峤问明原委，喜出望外，只庾亮捏着一把冷汗，惟恐侃来报复，不得不与峤相谋。（谁叫你平日量狭？）峤说道："陶公既来赴难，谅不至再计前嫌，就使尚有芥蒂，总教向彼谢过便了。有峤在此，保无他忧。遂与亮回舟相迎，两下会叙，由峤引导庾亮，代达殷勤。侃见拈须冷笑道："庾元规乃拜陶士行么？”亮见他词色不佳，慌忙引咎自责，亏得他生就厚脸，又有三寸妙舌，说得悱恻动人。（赖有此尔。）侃意乃少解，握住亮手道："君侯修石头城，防备老子，今日反来相求，才知老子是忠心为国，未尝通叛呢。”峤在旁婉劝，侃益释然，便相偕入寻阳城，大开筵宴，欢谈竟夕。越宿复登舟启行，东指建康，共计戌卒四万，旌旗相蔽，舳舻互连，钮鼓声远达数百里。

徐州刺史郗鉴，在广陵接得亮书，并所传太后诏旨，已流涕誓众，指日勤王。及闻陶温联兵东指，复遣将军夏侯长，间行语峰道："公既仗义兴师，临愿执鞭从事，但闻叛贼欲挟天子，东入会稽，请公先立营垒，屯据要害，防贼逃逸，又断彼粮道，坚壁清野，与贼相持，贼进不得攻，退无所掠，不出旬月，自然溃散了。”峤深服鉴策，遣还夏侯长，麾舟进行。

苏峻闻四方兵起，用参军贾宁计，自姑孰还据石头，分兵拒敌，一面入宫劫迁幼主，出居石头城。司徒王导，与峻力争，舌剑谈锋，怎敌真刀真槊？毕竟拗他不过，强胁幼主登车。八龄天子，骤遭迫辱，那得不掩面哀啼？将军刘超，侍中钟雅，并步行相随。天适大雨，道路泥泞，峻给刘钟二人乘马，二人皆不愿乘坐，且泣且行。到了石头，扶帝下车，入居仓屋，尘牺委积，不堪小住。峻即号为行宫，令新信许方等人，补充司马督殿中监，外托宿卫为名，内实监制刘超钟雅。超与雅日侍帝侧，还有右光禄大夫荀崧，金紫光禄大夫华恒，尚书荀遂，侍中丁潭等，同处患难。各不相离。成帝在宫，尝读《孝经》《论语》，超仍然禀授，不使少闲。一息尚存，此志不容松懈。峻既忌超，又复敬超，时有馈遗，超皆不受。左光禄大夫陆晔，为峻所迫，令守行台，峻党匡术守台城。

尚书左丞相孔坦，奔往陶侃，侃令为长史，与同计议。坦谓："须联合东军，两面夹攻，方可灭贼。”侃也称良策，只虑道路中梗，不得相通。事有凑巧，那司徒王导，已遣密使得达三吴，托称太后诏谕，勉令东军起义，入救天子。于是会稽内史王舒，使庾冰为奋威将军，领兵万人，西渡浙江。吴兴太守虞潭，吴国内史蔡谟，前义兴太守顾众等，均望风起应，募兵讨贼。潭母孙氏，系吴孙权族孙女，早岁守嫠，教子有方，至是复尽发家僮，随潭助战，且鬻去环佩衣饰，充作军资，复召潭申诫道："汝当移孝作忠，舍生取义，勿以我老为累呢。"（是真贤母。）潭益加奋勉，整兵将行。孙氏又闻会稽内史王舒，遣子允之为督护，乃再语潭道："王府君遣子出征，汝何不相效，反出人下？"潭因令子楚为督护，使为前驱，往会允之。允之与庾冰，同至吴国，冰曾任吴国同史，（见前回。）蔡谟以冰当还旧任，即去职让冰，彼此同心协力，相继西进。途次与峻将管商张健等相值，两下交锋，互有杀伤，急切不能抵京。东边方兵争未决，西边亦战舰迭乘，陶侃温峤，进军茄子浦。峤因部兵习水，不善陆战，因下令军中，如有擅自登岸，立处死刑。

会峻送米万斛，馈运祖约，约遣司马桓抚率兵接应，为峤前锋将毛宝所闻，便欲上岸劫粮。部将以军令为辞，宝奋然道："兵法有言，将在外，君命有所不受。今贼粮在道，难道可纵令过去，仍不登岸邀击么？"遂不暇白峤，即麾兵上岸，鼓勇直前，杀退桓抚及运粮等人，把粮米一并夺来，始向峤处请罪。峤大喜道："君能通变达权，立功不小，何罪可言？"遂荐宝为庐江太守。陶侃亦表王舒监浙东军事，虞潭监浙西军事，郗鉴都督扬州八郡军事，节制舒潭等军。鉴率众渡江，与侃等会合，雍州刺史魏该，亦引兵诣侃，侃乃麾动舟师，直指石头，屯次查浦，峤军另屯沙门浦。苏峻闻西军大至，自登烽火楼，望见长江一带，舟楫如林，不禁失色道："我原防温峤，能得众心，今果成事实了。"说毕，下楼派兵，分道扼守。庾亮使督护王彰，领兵进击，为峻党张曜所败，乃使司马殷融，送节谢侃。侃答语道："古人三败，君侯尚止二次，当今事势急迫，不宜自扰，致惑军心。"遂遣还殷融，劝令静守。侃部下都欲决战，侃与语道："贼众尚盛，未可争锋，不如宽待时日，用计破贼，方保万全。"由是按兵待变，未尝进攻。

苏峻得再遣部将韩晃，往攻宣城，宣城内史桓彝，前次入讨无功，反致败还。（见前回）。长史裨惠，复劝彝通好苏峻，权与周旋，冀纾兵祸。彝勃然道："我受国厚恩，义在致死，怎能忍耻与逆臣通问？事或不济，也是命数使然，虽死无恨。"遂遣偏将俞纵，往戍兰石。纵在戍未久，不遑修缮，闻韩晃掩至，只得驱兵出战。晃系百战悍将，部众又都精锐，眼见俞纵不是敌手，纵虽拼死奋斗，可奈部卒力弱，再进再却。左右劝纵退军，纵叹息道："我受桓侯厚恩，理当死报，我不负桓侯，犹桓侯不负国家。今日是我绝命时期了。"说着，策马突阵，竟至战死。韩晃乘胜进薄宣城，彝因守多日，势孤力屈，终遭陷没，为晃所害。不没两忠。

先是彝与郭璞为友，尝令璞筮定休咎，筮既成卦，璞即用手搅乱，彝惊问何因？璞怅然道："卦与我同。丈夫当此，必无良好结果，奈何奈何？"已而璞语彝道："我与君情好多年，如来访我，尽可入室，但千万不可如厕。倘或误犯，必至客主有殃。"彝记在心中，未敢犯忌。一日过饮至醉，竟闯入璞家，觅璞无着，便往厕所。家人忙来拦阻，已是无及。他见璞对厕兀立，裸身被发，衔刀奠本醊，禁不住狂笑起来。（却是好笑。）璞闻声回顾，见是桓彝，不觉大惊，掷刀与语道："我前嘱君勿来厕所，君竟失约，不但祸我，君亦难免。天数难逃，无可禳解了。"彝似信非信，尚疑璞为捣鬼，大笑而去。谁料后来果如璞言，两人俱不得善终。命也何如。

话休叙烦，且说陶侃温峤，屯兵不牙，自夏经秋，已经累月。峤本主张急进，屡次出战，亦皆失利。侃决意坐守，并未与峻党交锋。会因峤军败还，峤兵尚耀威江岸，拟迫侃军，侃军多有惧色。监军李根，请诸陶侃，拟筑白石垒，以蔽舟车。侃依根议，即拨兵黄夜赶筑，至晓即成。忽闻峻军内有喜炮声，诸将互相惊愕，总道是峻来攻垒，独长史孔坦驳议道："峻若攻垒，必待东北风起，今天气清静，必不敢来，尽可勿虑。"诸将问何故鸣炮？坦又道："我料他必发兵东出，堵御东来各军。"诸将尚不肯信，及侦骑来报，果由峻出兵东向，击败王舒虞潭等军。孔坦复献议道："峻兵既得败东军，必来攻白石垒了，须亟遣重兵镇守。还有一虑，东军败退，京口随在可危，宜速使郡公还镇，尚可无忧。"侃乃使庾亮率精兵二千，往守白石，又令郗鉴与后将军郭默，同戍京口，立大业、曲阿、庱亭三垒，分峻兵势。峻果率步骑万余，攻白石垒，幸由庾亮严守，无隙可乘，方才退去。忽闻祖涣桓抚等来袭湓口，侃料是约应峻，双方并举，遂拟遣雍州刺史魏该，率兵往御。便有军吏入报道："魏刺史病故了。"侃惊疑道："魏刺史病殁，只好由我自行了。"遂往会温峤，拟留峤暂统各军，自率偏师，往援湓口。（莫非有去意么。）峤尚示答言，旁有一将应声道："义军恃公为主帅，以奈何轻行？此等小贼，只配末将等往剿呢。"侃见是毛宝发言，便问宝愿往否？宝答称愿往，奉令即行。途次接得谯国警耗，乃是祖涣桓抚，道出谯国，竟将谯城围住，当由宝兼程赴援，才到城下，即被涣抚等一阵冲突，并令弓弩手更番迭射，毙宝前队多人。宝向前力战，也为流矢所中，贯髀彻鞍。宝使人蹋鞍拔箭，流血满靴，他却毫不呼痛，收军暂退。等到箭声中断，复转身杀上，冲将过去。涣与抚已自幸得胜，不加防备，忽见宝跃马冲来，一时未及拦阻，竟被突入。宝军见主将受伤，尚如此奋勇，哪有不相率感奋，一济随上。你刀我斧，尽力掩杀，立将敌阵捣乱。桓抚料不可敌，拨马先逃。祖涣独力难支，自然随走，谯城因得解围。内史桓宣，得出城迎宝，宝见他憔悴得很，不能再当冲要，乃使他东赴峤营，自率军进捣东关攻破合肥戍垒。会接峤营来使，召令东还，乃引兵退归。祖约闻宝已退去，又欲派兵进击，不料故尚书令陈光，号召徒党，潜入攻约，好容易把约擒住，及仔细审视，乃是一假祖约，貌似相类，实出两人，姓名叫做阎秃，系约帐下的从吏，约已从后墙逸出，无从追获了。想还有数月可活。光斩了阎秃，恐约召兵来攻，不能抵敌，乃北奔后赵，请石勒袭取寿春。遂勒令石聪石堪，领兵渡淮，径抵寿春城下。又由光寄发密书，诱动约将，使为内应。内外联结，顿将祖约逐去。约奔往历阳，聪等掳得寿春人民二万余户，渡淮北还。

第四十回

却说苏峻部将，如路永匡术贾宁等人，闻祖约败奔历阳，恐势孤援绝，不能成事，特向峻献议，劝峻尽诛司徒王导等，断绝人望，别树腹心。峻素来敬导，不允众议，路永遂生贰心。王导探知消息，即使参军袁耽，诱永归顺。永便即从导，导欲奉帝出奔，恐被峻党拦阻，反致不妙，因挈二子恬恰，与路永俱奔白石，往依义军。（舍主自去，亦太取巧。）陶侃温峤，与苏峻相持日久，仍然不决。峻却分兵四出，东西攻掠，所向多捷，人情汹惧。就是朝士奔往西军，亦云峻众势盛，锐不可当，侃未免灰心。独峤怒答道："诸君怯懦，不能讨贼，反来誉贼么？"话虽如此，但屡战不胜，也不觉胆寒，已而峤军粮尽，向侃告贷。侃愤愤道："使君曾与我言，不患无良将，无兵粮，但欲得老仆为主帅，今数战皆败，良将何在？荆州接近胡蜀二虏，当备不虞，若再无兵食，如何保守？仆便当西归，更思良策，他日再来灭贼，也是未迟。"（君可忘，子亦可忘吗？）峤闻言大惊，忙答说道："师克在和，古有明训，从前光武济昆阳，曹公拔官渡，兵以义动，故能用寡胜众。今峻约小竖，凶逆滔天，何患不灭？峻骤胜生骄，自谓无敌，若诱令来战，一鼓可擒，奈何自败垂成，反欲却退哩？况天子幽逼，社稷颠危，四海臣子，正当肝脑涂地，奋不顾身，峤与公并受国恩，何能坐视？事若得济，臣主同休，万一无成，亦惟灰身以谢先帝。今日势成骑虎，不能再下，公或违众独返，人心必沮，沮众败事，义旗将回指公身了。"侃默然不答。

峤乃退出，与参军毛宝熟商，宝奋然道："下官能留住陶公。"乃诣侃进言道："公本应镇守芜湖，为南北声援。前既东下，势难再返，军法有进无退，非但整率三军，示众必死，就是一退以后，士心离沮，仓皇失据，必致败亡。前日杜弢为乱，亦尝猖獗，公一举灭弢，始享盛名，今难道不能灭峻么？贼亦畏死，未必统是勇悍，公可先拨给宝兵，上岸截粮，若宝不立功，然后公去，人情也不致生恨了。”侃方答道："君既肯奋力杀贼，我愿依议。”遂加宝为督护，拨兵数千，遣令速往。宝奉令即行。

竟陵太守李阳，又替峤白侃道："今温军乏食，向公借粮。公若不借，必至温军溃散，大事无成，阳恐各军将集怨公身，公虽有粟，也无从得食了。”侃乃分米五万石，接济峤军。嗣闻毛宝告捷，把句容湖熟诸屯粮，悉数毁去，这屯粮是苏峻的根本，根本既撤，料峻军必至乏食，久将自乱。侃乃留屯江上，不复言归。

峻遣韩晃张健等，往攻大业戍垒。（不出孔坦所料。）垒为后将军郭默所守，被韩晃等困住，水泄不通，守兵无从汲水，甚至取饮粪汁，聊自解渴。郭默不耐苦守，突围出奔，惟留戍卒守着。郗鉴在京口驻节，蓦闻郭默潜遁，不免加忧，参军曹纳进言道；“大业为京口屏蔽，大业失守，京口恐难保全，不如亟还广陵，再图后举。”鉴摇手不答，但命左右召集僚佐。至僚佐已集，向纳责道："我尝受先帝顾命，不能预救危难，虽捐躯九泉，未足塞责。今强寇在迩，众志未定，君为我腹心，乃倡议退归，摇惑众心，教我如何驭众呢？”说至此，便旁顾左右，拟将纳推出斩首。纳吓得魂不附体，慌忙跪伏哀求，僚佐亦替他解免，方得贷死。鉴即拨兵助守大业，且遣使至侃军乞援。

侃欲亲自赴救，长史殷羡进谏道："我兵不惯步战，若往救大业，不能得胜，大事反从此去了。今不若急攻石头，石头得克，大业不劳往救，自然解围呢。”侃依了羡言，遂与庾亮温峤赵胤等会商，使亮等率着步兵，从白石南进，自督水军攻石头城。亮等皆如侃议，乃分率步兵万人，登岸南行。胤为前驱，峤与亮为后应。

苏峻闻步兵来攻，亲率八千人迎战，遣子硕与部将匡孝，分领前军数十骑，先薄胤军。匡孝骁勇异常，当先开路，及与胤军相遇，仗着那一杆铁槊，左挑右拨，运动如飞，胤军纷纷落马，无人敢当。后队兵士，相率倒退。胤亦禁遏不住，只好退走。峻在马上遥望，见胤军退去，不禁惹起野心，顾语左右道："孝能破贼，难道我不如孝么？”说着，即挈数骑前进，往追赵胤。（寻死去了。）可巧温峤军至，来助胤军，并力将匡孝杀退。孝已回马他遁，峻却冒冒失失，向前突阵。峤胤两军，已经排齐队伍，准备厮杀，还怕甚么苏峻？峻见不可敌，回趋白木阪，忽听得扑蹋一声，马失前蹄，竟至扑倒。峻亦随向前扑，不能安坐，正拟下马易骑，不防背后有物投来，忍不住一阵奇痛，便即跌下。看官道是何物？原来是一种兵器，叫作钩矛，俗语呼为钩头枪，这钩头枪是何人所掷？乃是彭世、李千。彭、李两人，为陶侃部将，从峤助战，见苏峻返奔，便策马力追。峻闻后有追兵，脚忙手乱，马缰一松，因致颠踬。彭、李见他马蹶，相距还有数丈，只恐峻得脱逃，所以将矛遥掷，也是苏峻恶贯满盈，命数该绝，巧巧掷中背上，遂至坠地。彭世、李千，立刻驰至，下马拔刀，将峻枭首。峻手下尚有数骑，逃命要紧，走得一个不留。温峤赵胤等，一并趋集白木陂，命将峻尸脔割如糜，毁去尸骨。众军齐呼万岁。峻兵八千人，顿时骇散，惟石头城还未溃乱。峻弟逸在城中，由司马任让等，奉为主将，闭城自守。峻将韩晃，得峻死耗，撤大业围，引还石头。他将管商、弘徽，尚留攻庱亭垒。为郗鉴部将李闳，及长史滕含所破。管商走降庾亮，弘徽走依张健。温峤进逼石头城，就在城外设立大营，暂作行台，布告远近，凡故吏二千石以下，皆令赴台自效。官吏陆续趋集，各思图功。（见危即避，闻利即趋，真是好计。）

时光易过，两下相持，又过残年。光禄大夫陆晔，本由峻派守行台，峻将匡术，派守台城，至是晔令弟尚书陆玩，劝术反正。术见大势已去，乐得变计求生，遂举台城归附西军。百官亦乘势出头，推晔督领宫城军事。陶侃又遣毛宝入守南城，邓岳入守西城，建康复定，只有石头未下。右卫将军刘超，侍中钟雅，与建康令管旆等，拟奉成帝出赴西军，不幸密谋被泄，即由任让奉苏逸令，带兵入宫，拘住超雅。成帝下座，将超雅二人抱住，且语且泣道："还我侍中右卫。"让不肯从，扯开成帝，竟把二人牵出，一刀一个，杀死了事。复大发兵攻台城，韩晃当先，逸与从子硕继进，用了火弓火箭，射入城中，焚去太极东堂，延及秘阁。毛宝饬兵士扑救，自执弓矢，登城守御，弓弦响处，无不倒毙。晃见宝箭法如神，便仰首呼宝道："君号勇果，何不出斗？"宝亦答道："君号健将，何不入斗？"晃不禁大笑，再欲攻城，忽接到石头被攻消息，乃收兵退去。苏逸苏硕，先已引还，那围攻石头的兵马，便是陶侃温峤等军。就是扼守京口的郗鉴，亦遣长史滕含等入助。滕含带着步兵，在石头城下待着，邀击苏逸。逸退还时，被含痛击一阵，伤亡甚多。苏硕后至，与含混战，方得杀开走路，拥逸入城。至韩晃到来，含已退去，硕自恃骁勇，率领壮士数百，渡淮赴战，正值温峤截住，乘硕渡至流，麾舟急击，把硕兵冲作数段。硕长陆战，不善水斗，弄得进退两难，立被峤军击毙。石头戍兵，闻硕败死，统皆夺气。韩晃开城出走，兵士争先恐后，一齐狂奔，无如门隘难容，互相践踏，死不胜计。滕含正在城外巡弋，趁机掩杀，门不及闭，便得攻进，兜头碰着苏逸，两马相交，刀枪并举，不到数合，被含卖个破绽，刺逸下马。含将李汤，从旁趋至，将逸擒住，任让急来抢救，已是不及。含麾众围让，让欲走无路，也即受擒。成帝尚在行宫，由含将曹据入卫，抱帝赴温峤船。峤率群臣迎谒，顿首请罪。成帝虽然年稚，究竟在位四年，多见多闻，也说了几句慰劳的话儿，均令起身。未几陶侃亦至，见过成帝，奉入京师，随即诛死苏逸，并斩任让。让与侃有旧交，侃请贷一死，成帝流泪道："他杀我侍中右卫，怎得赦免呢？"侃多怀私，反不及幼主明白。侃不便再言，让乃伏诛。又捕戮西阳王羕，及羕二子播充。司徒王导，由白石入石头，令取故节，侃嘲语道："苏武节似不如是。"导不禁赧颜，侃一笑而散。于是颁诏大赦。

峻党张健，奔驻曲阿，弘徽韩晃等，先后趋至。健拟东窜吴兴，弘徽谓不如北走，两人争论起来。健拔出佩刀，剁毙弘徽，遂使韩晃等乘车陆行，自己乘舟水行。舟车中满载子女玉帛，由延陵东赴吴兴，东军尚未退去，即由王允之亲督将士，截住水陆两路叛党，大破张健韩晃，夺得男女万余口，并金银布帛等物。健晃收拾余众，改向西奔，又被郗鉴阻住，不能过去，因转走岩山。鉴使参军李闳，领兵追击，健等逃匿山冈，不敢出战。惟韩晃挟箭两囊，至山腰中，自坐胡床，弯弓迭射。闳麾众登山，前驱多中箭倒毙，直至箭已射尽，才得杀上，把晃围住，四面攒击。任你韩晃如何枭悍，也落得身首异处，一命呜呼。闳众挟刃再登，搜杀健等，健料不能免，惶恐出降。闳责他罪恶滔天，立命枭首。自是峻党尽平。冠军将军赵胤，复遣部将甘苗，往攻历阳。祖约部将牵腾，开城迎苗。约挈领家族，及左右数百人，逃奔后赵去了。

两叛既灭，江左粗安，惟建康宫阙，已成灰烬，一时不及筑造，但借建平园为宫。温峤欲迁都豫章，三吴人士，请迁都会稽。议出两岐，纷纭未决。司徒王导，独主张仍旧，排斥众议道："孙仲谋与刘玄德，俱言建康饶有王气，足为皇都，怎得无端迁徙呢？古时圣帝明王，卑宫菲服，不求华丽，若能务本节用，休养生息，不出数年，元气渐复，自见蕃昌；否则移居乐土，亦且成墟，即如近来如常，安内驭外，才无后忧。"（此语却说得有理。）温峤等听到此言，也以为导有远见，取消前议，不复迁都，即用褚翜为丹阳尹。翜收集散亡，尽心抚字，京邑复安。朝廷论功行赏，进陶侃为侍中太尉，封长沙公，兼督交广宁州诸军事。郗鉴为侍中司空，封南昌公。温峤为骠骑将军，开府仪同三司，加散骑常侍，封始安公。陆晔进爵江陵公。此外得进封侯伯子男，不可胜计。追赠卞壸桓彝刘超钟雅羊曼陶瞻等官爵，并各赐谥。峻党路永匡术贾宁，相继反正，王导欲悉予封阶。温峤道："永等皆苏峻腹心，首为乱阶，负罪甚大，晚虽改悟，未足赎罪。诚使得全首领，已为幸事，岂尚可再给荣封么？"导乃罢议。

陶侃因江陵偏远，请移镇巴陵。有诏依议，侃乃辞去。温峤亦陛辞归镇，朝议欲留峤辅政。峤推让王导，谓系先皇旧臣，仍当照常倚任，不宜参用藩臣，因固辞而出。且以京邑荒残，资用不足，特将私蓄财物，留献宫廷，然后西行。（温太真确是纯臣。）惟庾亮初谒成帝，稽歙谢罪，嗣复上表辞职，欲阖门投窜山海。成帝手诏慰谕，谓系社稷危难，责不在舅云云。（未免左袒。）亮自觉过意不去，又上书咎道：

臣凡鄙小人，才不经世，阶缘戚属，累忝非服，叨窃弥重，谤议弥兴。皇家多难，未敢告退，遂随谍辗转，便膺显任。先帝不豫，臣参侍医药，登遐顾命，又豫闻后事，岂云德授？盖以亲也。臣知其不可，而不敢逃命，实以田夫之交，犹有寄托，况君臣之义，道贯自然。哀悲眷恋，不敢违拒。加以陛下初在谅暗，先后亲揽万机，宣通外内，臣当其责，是以激节驱驰，志以死报。顾乃才下位高，知进忘退，乘宠骄盈，渐不自觉，进不能抚宁内外，退不能推贤宗长，遂使四海谤怨，群议沸腾。祖约苏峻，不堪其愤，纵肆凶逆，事由臣发，社稷倾覆，宗庙虚废，先后以忧逼登遐，陛下叶食逾年，四海哀惶，肝脑涂地，臣之招也，臣之罪也。朝廷寸斩之，屠戮之，不足以谢祖宗七庙之灵。臣灰身灭族，不足以塞四海之责。臣负国家，其罪实大，实天所不覆，地所不载。陛下矜而不诛，有司纵而不戮，自古及今，岂有不忠不孝，如臣之甚？不能伏剑北阙，偷存视息，虽生之日，犹死之年。朝廷复何理齿臣于人次？臣亦何颜自次于人理？臣欲自投草泽，思愆之心也，愿陛下览先朝谬授之失，虽垂宽宥，全其首领，犹宜弃之，任其自存自殁，则天下粗知劝戒之纲矣。冒味渎陈，翘切待命。

这书呈入，复有诏复答道："苏峻奸逆，人所共闻，今年不反，明年必反。舅勃然而召，正是不忍见无礼于君者也。论情与义，何得谓之不忠乎？若以总率征讨，事至败丧，有司宜绳以国法，诚则然矣。但勇申告方伯，席卷东来，舅躬擐甲胄，卒得殄逆，社稷义安，宗庙有奉，岂非舅与二三方伯，忘身陈力之勋耶？方当策勋行赏，岂可咎及既往？舅当上奉先帝付托之重，弘济艰难，使衍冲人，永有凭赖，则天下幸甚！”

亮既接诏，尚欲逃入山海，准备舟楫，东出暨阳。(可不必做主了)。诏令有司收截各舟，亮乃改求外镇，效力自赎，因出督江西宣城诸军事，拜平西将军，假节豫州刺史，领宣城内史，镇守芜湖。还有湘州刺史卞敦，前曾闻难不赴，但遣督护带领数百人，随从大军。陶侃劾敦阻军观望，请槛车收付廷尉。(敦原宜劾，但出自陶公，扪心果能免疚否？)独王导谓丧乱甫平，应从宽宥，惟徙敦为广州刺史。敦适抱病，不愿南行，乃征为光禄大夫。未几病死，尚追赠散骑常侍，赐谥曰敬。(宜削去右旁，谥一苟字。)

温峤自建康西还武昌，舟过牛渚矶，水深不可测，摸相传下多怪物。峤发出奇想，令毁犀角照水，果见怪物丛集，或乘车，多着赤衣，奇形异状，见所未见。是夕，卧宿舟中，梦有一异人来语道:“与君幽明相隔，何故照我？”峤尚欲详问，被异人用物击来，适中门牙，痛极而醒。次日，齿尚觉痛，他本有齿疾，至此因痛不可耐，将牙齿拔落二枚，不意痛仍未痊，反致唇舌艰涩，如中风状。莅镇以后，医治无效，不到旬日，便即去世，年只四十有二。江州士民，相率下泪。有诏赠峤侍中大将军，赐钱百万，布千匹，予谥忠武。

即令峤军司刘胤，嗣为江州刺史。陶侃郗鉴，表称胤不胜任，宜别简良才，王导不从。胤素纵酒渔色，不恤政事。后将军郭默，曾为胤所侮，时常怀恨，此时留屯淮北，竟率兵夜向武昌，俟旦开门，突然掩入，诈称有诏收胤，不问他人。胤部下将吏，不知何因，未便抗拒。默突入内寝，胤尚拥妾同卧，被默牵出床下，一刀砍死。妾有姿色，取为己有，又掠得金宝及胤妻女，自称江州刺史，一面将胤首传入建康，诬胤谋逆。王导虑不可制，但令默为豫州刺史，不敢问罪。(王导专尚姑息。)武昌太守邓岳，驰白陶侃。侃即上表讨默，且致导书道：“郭默害方州，就用为方州，倘再害宰相，非便使为宰相么？”诘问得妙！导复书谓：“遵养时晦，留待足下。”侃览书大笑道:“这乃遵养时贼哩。”遂驱兵登舟，直向武昌，四面环攻。默将张丑宋侯等，惧侃威势，缚默出降。侃斩默枭首，解送京师，诏令侃兼督江州，并领刺史。小子有诗叹道：

藐视王章太不伦，况经矫诏害疆臣。
若非当日陶公在，时贼居然得莅新。

侃既平默，威名益震，连后赵都惮他英威，不敢南窥。

第四十二回

既而霖雨经旬，中山西北，水忽暴涨，漂集巨木百余万根，共至堂阳。勒闻报大喜道："天意欲我营邺宫哩。"遂大兴土木，亲授规模。自建平二年孟秋营造。历久未成。越年正月，勒仍在旧殿朝见群臣，遍赐盛宴，酒至半酣，顾语中书令道："朕可比古时何等君主？"光答道："陛下神武谋略，越过汉高，雄才卓荦，超绝魏武，自古以来，罕可比伦，大约为轩辕黄帝的流亚哩。"勒掀髯道："人生岂不自知？卿言未免太过。朕若遇汉高祖，当北面臣事，与韩彭毗肩，若遇光武，当并驱中原，未知鹿死谁手？大丈夫行事，须磊磊落落，皎如日月，怎可似曹孟德、司马仲达辈（曹操字孟德，司马懿字仲达），欺人孤儿寡妇，窃取天下？如朕品诣，应在二刘上下。轩辕乃上古圣人，朕何敢比拟哩？"群臣闻言，皆下座叩首，齐呼万岁。

勒本不识文字，但好令诸生讲读古书，静坐听诵，或出己意评论得失，类皆中肯，人多佩服。一日听读《汉书》，至郦食其劝立六国后，不禁惊诧道："此法大误，何故能得天下？"及闻为留侯张良所阻，乃恍然道："赖有此呢。"（聪明过人，可惜不学。）勒视当世人物，都不足取，惟晋豫州刺史祖逖，与荆州牧陶侃，先后推重，目为将才。侃方镇守巴陵，闻襄阳被陷，武昌垂危，倒也吃一大惊，接连是苏峻旧将冯铁，暗杀侃子，奔依石勒，得为戍将，害得侃又惊又悲，乃缮就一书，遣人赍往临漳，责勒纳用叛臣。勒有心干誉，便召入冯铁对着侃使，把他斩首。侃使才告谢南归。侃再遣长史王敷，赍送江南珍宝，与勒修好，并表谢忱。勒当即收受，厚待王敷，并赠赆仪。敷乃返报。

看官你道侃果真愿与勒和么？他因襄阳失守，意欲设法规复，所以计上加计，令他自弛兵备，好乘虚夺回襄阳，既得王敷归报，便从巴陵移镇武昌，命子斌率领锐卒，会同南中郎将桓宣，往袭樊城。赵将郭敬，果然无备，且督兵南掠江西，桓宣等掩入城中，将所有居守兵民，悉数俘获，又料敬必还援，使斌留镇樊城，自往涅水埋伏，截敬来路。敬得樊城警报，挟怒前来，到了涅水，听得一声号炮，伏兵猝发，他却毫不惊慌，分头抵敌。桓宣也督众力战，自午至暮，方将赵兵杀败，陆续退去。这一次鏖斗，赵卒原死了多人，宣兵亦伤亡过半。宣因飞使报侃，再请济师，侃令兄子南阳太守臻，竟陵太守李阳，率兵万人，共攻新野，遥应樊城。郭敬往救新野，又吃了一回败仗，方才北遁。襄阳城前已被毁，无人守着，当由侃军唾手取回，侃即命桓宣镇守。宣重修城寨，招集流亡，简刑罚，课农桑，复成重镇，赵一再进攻，终不能克。宣镇襄阳十余年，远近畏怀，此时比诸祖逖、周访，可见得捍边固圉，全靠着有良将呢。（总断一笔。）

惟赵主石勒，中了侃计，叹息累日，暗想陶侃用伪和计，夺去襄阳，自己亦好如法炮制，与晋言和。计策已定，待至建平四年正月，借着贺年的名目，遣使至晋，奉帛修好。偏晋廷拒绝来使，且将所献各帛，焚毁都下。赵使撞了一鼻子灰，匆匆北归。勒顿时怒起，又欲动兵侵晋，偏偏天变迭兴，内忧隐伏，转令一个足智多谋的石季龙，有所顾忌，未敢妄行。

第四十三回

徐州从事朱纵，不服赵政，杀毙刺史郭祥，举城降晋。虎遣将军王朗击纵，纵奔淮南。虎率众南下，行近历阳，但欲张皇声威，恫吓晋廷，实无深入用兵的意思。历阳太守袁耽，吓得心胆俱裂，飞使报达建康，混称石虎入寇。江南已有好几年不闻兵革，骤得此信，都是错愕失措，相顾彷徨，再加太尉荆州牧陶侃，已经病亡，朝廷失去一座长城，更觉得守边乏才，不寒而栗。小子叙到此处，又不得不将侃死情形，略为表明。侃自克复襄阳后，（见前回。）晋廷因功加赏，拜侃为大司马大将军，剑履上殿，入朝不趋，赞拜不名。侃上表固辞，不肯受赏。相传侃少时往渔雷泽，网得一织布梭，取回家中，悬挂壁上。俄而天大雷雨，梭化为龙，破壁飞去，侃视为祥征，有志自负。寻复在夜间得了一梦，乃是身生八翼，奋飞上天，得登天门八重，惟一重不得闯入。内有阍人，携杖出击，触身坠地，致折左翼，痛极而寤。次日左腋尚痛，数宿乃愈。又尝诣厕所，见一人朱衣介帻，敛板前谒道："君有长者风，故特来报，君将来当得公封，位至八州都督。"言讫不见。嗣复有相士师珪，握视侃手，随即指示道："君左手中指有直纹，理当封公。若向上贯彻，便贵不可言了。"侃闻珪言，就用针戳中指上纹，欲使纹路上达。忽有指血漂入壁上，流为公字，再用纸揩指中恶血，也现出一个公字，愈拭愈明。及都督八州，受封长沙公，自思前事俱验，不敢再有他望，且每念及折翼梦兆，更恐盈满致祸，屡与僚佐言及，将上书乞休。僚佐再三苦留，方才中止。至成帝咸和七年，侃已七十六岁，一病垂危，即上表辞职，略云："臣少长孤寒，始愿有限。过蒙圣朝历世殊恩，陛下睿鉴，宠灵弥泰。有始必终，自古而然。臣年垂八十，位极人臣，启手启足，当复何恨。但以陛下春秋尚富，余寇不诛，山陵未反，所以愤忾兼怀，不能已已。臣虽不知命，年时已迈，国恩殊特，赐封长沙，陨越之日，当归骨故土。

臣父母旧葬，尚在寻阳，拟以来秋，奉迎窀穸，待葬事讫，乃告老下藩。不图所患，遂尔绵笃，伏枕感结，情不自胜。臣间者犹谓犬马之齿，尚可小延，欲为陛下西平李雄，北吞石虎，是以遣毌丘奥于巴东，授桓宣于襄阳。良图未叙，于此长乖。此方之任，内外之要，愿陛下速选臣代，使必得良才，奉宣王猷。遵成臣志，则臣死之日，犹生之年。陛下虽圣姿天纵，英奇日新，方事之殷，当赖群俊。司徒导鉴识经远，光辅三世；司空鉴简素贞正，内外惟允；平西将军亮雅量详明，器用周时，即陛下之周、召也。献替畴咨，敷融政道，地平天成，四海幸赖。谨遣左长史殷羡，奉送所假节麾、幢曲盖、侍中貂蝉、太尉章、荆江州刺史印传启戟，仰恋天恩，悲酸感结。以后事付右司马王愆期，加督护统领文武职衔，俾臣得归死首丘，虽在泉壤，亦拜赐无穷矣。谨待死上闻。”

表文已发，即将军咨器仗，牛马舟车，照簿移交。仓库自加管钥，付与王愆期掌管，自己一无所私，乃力疾登舆，出府自去。愆期等送至江口，洒泪告别。侃顾语道:“老子婆娑（徘徊未去之意），正为君辈，今恐当长别了。”说罢，下舆登舟，行至樊溪，越宿便逝。讣闻晋廷，即有诏颁发道：“故使持节侍中太尉，都督荆江雍梁交广益宁八州诸军事，荆江二州刺史，长沙郡公，经德蕴哲，谋猷弘远，作藩于外，八州肃清，勤王于内，皇家以宁。乃者桓文之勋，伯舅是凭，方赖大猷。俾屏予一人，前进位大司马，礼秩册命，未及加崇，昊天不吊，奄忽薨殂。朕用震悼于厥心，今特追赠大司马，予谥曰桓，祀以太牢，魂而有灵，嘉兹宠荣。”

总计侃在军中四十一年，雄毅有权，临机善断，事无大小，莫不明察，因此兵民不敢相欺。自南陵至白帝城，道不拾遗。尚书梅陶，尝与友人书云：“陶公机神明鉴似魏武，忠顺勤劳似孔明，非陆抗诸人所能及。”太常卿谢裒子安，亦谓：“陶公用法，常得法外意。”可见得陶侃才名，实为东晋诸臣的翘楚。不过苏峻乱时，稍存芥蒂，不离俗见，未免有些缺憾哩。（评论公允。）晋廷以侃既寿终，特调平西将军豫州刺史庾亮，代镇武昌。亮名不副实，又辟殷浩为记室参军，专谈《老》《易》，徒尚风流，怎能与陶侃时相比？

蔡氏评语：“若东晋将才，足以畏赵者，惟祖逖陶侃二人，而侃之功为尤大，史称其都督八州，据上流，握强兵，潜有窥窬之志，每思折翼之祥而止，是说未足尽信。侃生平并无逆迹，第当苏峻之乱，不遽入援，必待温峤之敦促而始发，时人乃疑其有贰耳。然袁氏了凡，犹谓其诬，是则侃固东晋之名臣欤。本回又于侃之没世，特加详叙，正善善从长之遗意也。”

《续三国演义》节录

◎西阳野史

《续三国演义》为明西阳野史所著，述蜀汉亡时，其后裔皆入五胡中，刘备之后为刘渊，赵云之后为石勒，魏延之后为呼延氏，与诸葛、关、张、黄、马、姜之后起兵复汉，与晋之大战。其中述及陶侃部分，摘要叙述如下。

第五十七回，成都大会各镇兵。成都王颖会合十四路诸侯，七路亲王，以陆机为帅，起兵征汉。时为晋惠帝永嘉丁卯（307），齐王司马冏在朝辅政。

诸侯为：荆州刺史刘弘，西凉刺史张轨，幽州总管王浚，扬州刺史陈敏，并州刺史刘琨，广州刺史陶侃，青州刺史苟晞，豫州刺史刘乔，乐陵刺史邵续，荥阳太守李矩，雍州刺史刘沉，顺阳刺史张光，武威太守马隆，武陵太守应詹。

亲王为：长沙王司马乂，河间王司马颙，东海王司马越，琅琊王司马睿，南阳王司马模，范阳王司马虓，新野王司马歆。

第六路诸侯，智略兼全，德威并著，广州刺史陶侃也。部下大将朱伺，吴寄、赵诱、童寄、郑攀、张奕、杨举、陶正。参军王贡，皇甫盛，牙将李根、李扬、彭世、张诞、宋夏、陈修等，领人马六万来到。

下面摘录晋史陶侃传的一部分，王敦以陶侃破杜弢功，表为荆州刺史，以交广乱，复改侃广州平难，至是来会破汉。

其实这时陶侃只一江夏太守，是年冬即丁母忧。而成都王颖、陆机、刘弘、齐王冏、长沙王乂，河间王颙，新野王歆，马隆等皆已死，陈敏已诛，且永嘉为怀帝年号。齐王冏与成都王颖同秉政应为永宁元年辛酉（301）。

第七十一回：顾秘起兵平石冰，刘弘讨张昌，见众畏陶侃，乃上表调广州刺史陶侃平之，有诗赞陶侃："为政从来在得民，陶公德可感群生。襄夷闻迹咸宾服，荆寇倾心愿献诚。”

第八十三回：陈敏谋反据江东，琅琊王睿初镇建康，陈敏谋反，会荆州刺史刘弘为主帅，广州刺史陶侃与张光等合兵讨之。叙刘弘不疑陶侃。

第八十四回，刘弘死陶张回兵，紧接上回讨陈敏事，陶侃借李兴粮船，由朱伺、童寄、龚登、李兴，共夺陈敏粮船千余只，战舰十余艘，粮千斛。刘弘死，山简代任，不济粮草，陶、张乃罢兵归。

第九十一回，杜弢反王陶征伐，陶侃与王敦合兵破杜弢，收复长沙。

第一百一十回，东晋江东接大位，琅琊王睿既即位江东，杜曾作乱，以重贿迎荆州刺史第五猗为主，于是帝命广州刺史陶侃征之。又以荀崧为荆州都督，合兵讨之，陶被战败，荀被围，于是荀灌出城向石览、周访二路求救而解围。陶侃于蕲黄山隘设伏，陶洪、郑攀、高宝、童寄、朱伺、郑正、龚登诸将共破杜曾，朝廷欲以陶侃刺荆州，为王敦所阻。以弟王廙为荆州刺史。

第一百一十一回，周访杨口破杜曾，紧接上回，郑攀等不服王广而投杜曾，入据荆州，适陶侃会见王敦，敦贯甲操刀，欲杀陶侃者数次，赖梅陶相谏，敦使侃急返广州，时为晋元帝三年（320）于是侃返广州，平王机之乱。

墀按：陶侃为广州刺史，乃始于建兴四年（316）此回应为建兴四年事。

第一百三十回，赵封仇池陈安反，王敦谋反，甘卓、陶侃、司马承共同勤王，陶遣高宝，孔坦率兵二万袭武昌助甘卓。

第一百三十七回，周光斩钱凤归正，明帝以王敦既诛，遂征陶侃为荆州刺史、都督荆襄樊汉诸军粮事，荆州百姓，尽皆忻跃欢悦，并述陶侃惜阴，禁博等以政训化之功。

第一百四十二回，苏峻谋反抗庾亮，苏峻为庾亮逼反。族人于湖令陶馥死之，苏峻至建康，公子陶瞻于西陵门外为冯铁所杀。

第一百四十三回，温峤会兵讨苏峻，庾亮战败投温峤，共至江洲，谋起兵讨苏，移檄各镇，推选盟主，峤弟温充以陶荆州，位重兵强，年德俱富，宜共推之，于是遣督护王愆期至荆州请陶侃。陶以不受顾命，疆场外臣，不敢妄离守地为辞拒之。峤拟先发兵，毛宝进言，急修书改易前辞，必得陶公为主。峤纳其言，遣王愆期弟王士期追使改书，陶公遣龚登将兵万人先发。温庾点兵七千，同龚登先行，温庾进师讨苏，以魏该为先锋，龚登龚寿将左军，毛宝温充为右军。誓师江上。

第一百四十四回，陶侃兴师讨苏峻，龚登已先行，忽有人献言，言庾亮是赚陶侃，于是陶侃疑信其言，乃使人飞舸召龚登还。龚登差人辞别温峤，峤大骇，力劝登留住，复使王愆期赍书再请陶侃，于是陶公戎服登舟，子丧不顾而行。至江州，庾亮恐惊，自荷荆条一握，拜俯伏。陶公统六万兵马，旌旗百余里。直至茄子浦，吴越诸军五六万又来会师，苏峻大怒。接着毛宝夺粮，白石筑垒，郗鉴立寨于曲阿。

第一百四十五回，三大帅平定苏峻。紧接上回，毛宝大败祖涣于湓口，桓彝、王育助郗鉴败苏峻，桓彝殉难于宣城，苏峻亲将贾宁，路永投陶侃营。但温峤乏粮求陶侃，侃面责温峤不备军粮，欲西归以待再举，温峤大忿，虚张声势，作义旗将回指于公之语。毛宝力谏陶公，陈烧贼屯粮之策，李阳解粮至，劝陶公分粮，温峤拜谢。毛宝烧粮成功，苏峻大怒，急攻大业垒，郗鉴围急求救，陶纳公殷羡之策急攻石头，苏峻回救。为赵胤，毛宝与龚发，高宝截住。遇彭世，李千，马失前蹄，为彭、李乱枪戳死。苏军以苏逸为主，逃回石头城，杀刘超、钟雅。祖约北走后赵。苏军溃败，杀苏逸、张健、韩晃、匡孝等，乱平，论功行赏。

前卷至此结束，后卷未见。署为中国古典名著。西阳野史则不知为何人。

维墀儿时，曾见佚史氏之《陶桓公轶史》，其中苏峻反时，各方争说陶侃一段，文学优美，结构紧凑，不亚武陟，蒯通之说韩信，记忆尚新，故特述之。以见陶侃起兵之不得不缓。

咸和二年冬，庾亮既逼反苏峻、祖约，温峤欲率师下卫建康，庾亮不许，与温峤书云："吾忧西陲，过于历阳，足下无过雷池一步也。"陶侃、祖约不予顾命，又闻庾亮修石头城，以拟西陲，今更闻此言；甚为惊惧。三年正月，温峤移檄诸侯勤王，军次浔阳，陶侃遣督护龚登率兵一万往会。二月庾亮兵败，狼狈而逃，投奔温峤。公子陶瞻战死于云龙门。四月，庾亮，温峤将起兵讨苏峻，互推盟主，温充以陶公位重兵强，宜共推之，于是温峤修书，遣王愆期至荆州，邀请陶侃为盟主，率领诸侯，共东讨苏峻。展开了苏峻派武陟之后武说，陶侃谋士，蒯通之后，蒯恒之子蒯述，与王愆期三方共说陶侃，陶侃本疑庾亮，至此不得不郑重三思，进退难定，延退了出师时间，引起史学家的争议。

佚史氏却通过三方的争说，阐明陶公忠义之心和疑惧之意，对出师主盟的反复，延迟出师的实际情况。

王愆期奉温峤之命，至江陵，谒见陶公，陶公大会将佐而见之，愆期先呈上温峤上陶侃之书，书云："贼臣苏峻构逆，祖约跋扈欺君，擅兵犯阙浊乱宫廷，劫掠御库，鞭笞百官，纵横贪暴，酷不胜言，朝野士民，悉皆切齿。温峤等思欲练兵缮甲，扫靖国难，并力救主，未敢轻举。惟明公仁德广播，忠义远孚，素为海内令望。特书呈台下，请为六军盟主，伏乞大开剪恶之心，兴师同靖国难，以惩不道。令旗到日，愿听指挥，叩祈慨赐海容，敬当棒毂以俟。”

陶公览毕，王愆期进言：“温侯拜上明公，今欲会师讨伐苏峻、祖约，以靖国难，众皆以明公德孚海内，望高六军，故推公为盟主，特此遣愆期告禀，请公戎马赴会，敦盘主盟，共讨逆贼。”陶公曰：“此大事也，某疆伤外臣，不敢越局，当熟思之。”于是小宴愆期，暂居客舍。

苏峻既起兵，知天下权在陶公，遣武陟之后武说，至江陵往说陶侃，各安吴楚。

陶公闻有故人相访，会于幕府，武说曰：“说与明公，相别有年，明公屡滨危难，终居大府，说为明公贺焉！”陶公谢之，说又曰：“窃自明帝崩后，嗣主幼小，政落庾氏，篡改遗诏，把揽朝政，私杀贤王，擅易重臣，庾亮欲踵吕后、贾后故事，其迹甚明，筑石头以拟明公，戍雷池以图西陲，明公其亦危乎？”陶公曰：“吾受明帝厚遇，委以重州，以抗胡蜀，以安黎民，不知其他。足下此来，果有何意，为人作说客耶？”

武说曰：“非也，仆闻庾亮假温峤之名，欲赚明公至寻阳而图之，明公危矣，故特来为明公谋焉！”陶公一惊。说又曰：“庾亮虽狼狈奔至寻阳，但狼子之心未已，早忧西陲，过于历阳，今欲东顾，岂不虑明公之袭其后，故假温峤之名，请公主盟，名为主盟，实为请公入瓮，而徐图之。”陶公又一惊。说又曰：“公若擅离幕府，胡蜀二寇，乘虚而入，公则进退维谷，庾亮更有机可图，且温峤虽气壮，本无粮储，问谁能济，明公粮储，能济诸侯乎？若内无粮储，顿兵顽敌之前，诸侯不用命，公又如何？”陶公三惊，武说见陶公三惊，遂曰：“昔淮阴侯为吕后所赚，喋血钟室，三族夷没，刘伯升为更始所赚，喋血宫门，一军沦亡，况晋主多幼弱，政出权门，明公素知，贾后乱政，八王相残，生灵涂炭，遂致五胡乱华，五马渡江，一马虽化龙，然王与马，共天下。北方势族，侨居江南，歧视南士，周扎复灭，甘卓夷亡，朱张顾陆，亦已衰退，而今雄居幕府，独建牙旗者，唯公耳！公本吴人，又出寒门，早为势族所轻，宁不危乎？安知庾亮之不欲为王敦耶？势未然耳！”陶公曰：“吾本寒士，蒙先帝知遇之恩，添居高位，誓当报之以忠贞，岂知其他。虽有奸人，能危我乎？君意我今当如何？”武说见陶公忠义之气，横秋霜而贯白日，知其决不为叛逆之事，于是答曰：“仆窃为公谋，莫若稳镇幕府，静观成败，坐收渔翁之利，切不可轻举妄动，坠入壳中。安知温峤之不为萧何耶？”旋即辞出。

陶公集府僚谋之，以答愆期，希详析利害以决行止。蒯恒之子长史蒯述进曰：“庾亮曾有吾忧西陲，过于历阳之语，心疑明公与苏峻同谋，今温、庾合兵，只见温峤之书，不见朝廷明诏，只知苏峻欲诛庾氏，不见苏峻篡位，甚至也未废王导，朝中虚实不知。苏祖起兵，果为清君侧以辅君王，抑为挟天子而命诸侯耶？温峤之书，果为诚心请君敦盘主盟，抑为赚君入瓮，以绝西顾之忧耶？且胡蜀觊觎，粮储未备，不若静观细察，布防筹粮，是为上策。”陶公颔之。蒯述又言：“公忠义之心，远播星月，然小人之心，亦不可不防，昔刘越石孤军奋战并州，王敦密诏令匹蝉杀之。甘季思拟挥师勤王，不意为王敦密意周虑暗图之。明公当年芟除巨寇，扶安荆襄，进谒王敦，几为所杀，祸及僚属，前车之鉴，岂能忘之，虽今日之势，异于当时，明公雄武，异于刘、甘，温庾或不该图之，度时审势，非公主盟不可。但万绪未备，千头未清，明公尚需三思而后行。”诸僚属亦均以庾亮之居心难测，荆州步序需时，且静观明察而待之。龚夫人也劝陶公审清时势，布防储粮，然后行止，且龚登已在寻阳，也必有所告，何以愆期来荆州，不见龚登来人。

于是陶公宴愆期，集群僚，谓愆期曰：“今胡蜀之势未明，边防未安，粮储未备，先帝委某以西陲，某疆场外臣，不敢越局，请君转告温公，明帝顾命多臣，自有贤者，何需老夫！”愆期曰：“今二赵相斗，石勒不敢大举向南，蜀也无暇东顾。粮储之事，温公云自能筹之，毋烦明公多费，而今至要者，寻阳之盟非公之海内令望莫属，昔关东诸侯讨董卓，所主非人，遂致众溃，温公之意，请明公察之，庾公嘱愆期致意，公之忠义之心，世所共知，公至寻阳，庾公自当负荆请罪。”愆期请之再三，陶公不允起行主盟，云：“已遣龚登将兵随行，温公受明帝遗诏，正可主盟，遣师东征，某疆场外臣，自当定守御之策，若荆州有失，此谁之咎，温公如有不得意处，且再见告。”于是愆期不得不登舟回寻阳。

武说知陶公不赴会主盟，于是再见陶公，武说方入，陶公按剑怒曰：“尔果为苏峻作说客耶？”武说曰：“非也，说若为苏峻作说客，必说公起兵蹑温、庾之后，中分吴楚。”陶公拔剑怒曰：“汝欲吾从苏贼反耶？”说曰：“非也，说为明公计也。庾亮狼子野心，今日征苏峻，明日必征明公。”陶公一愣，武说进曰：“说曾过历阳，巧遇苏侯，嘱说如遇明公，请代致意，庾亮有吕后之心，欲赚苏某入朝而杀之，以行其志，故不得不起兵以清君侧，除奸臣，决不侵犯至尊，决不过雷池一步，以犯明公，江州乃明公桑梓之地，亦赖明公抚安，吴楚中分，共辅明主，待靖中原。”陶公叱武说速去。武说曰:“说知明公忠义之心，坦荡之气，但小人之心，不可不防，庾氏势大，若今日不敢害明公，明公年高，百年之后，公之儿孙或遭其害，为明公计，正当趁今日会师之机，申其罪而除之，以勉后患。”于是辞去。（维墀按，陶公在日，以坦荡之心待庾亮，陶公死后，斌、夏、称相继为庾亮所害。）

王愆期至寻阳，回告温峤，温峤见陶公终以不受顾命为嫌，不肯主盟，便决意先下，使者持书告陶公："仁公且守，仆当先下，布置就绪，请来相助。"使者去已二日，毛宝闻之，急说温峤，追使改书，由愆期之弟士期飞舸追去，言必得陶公主盟，挥师共进。此时陶公已得京师虚实，王导以太后谕三吴之明诏，陶公遂允行，请温、庾稍待。

于是温峤以陶侃主盟。列上尚书，遍告征镇，陈苏峻、祖约罪状。忽而流言又至，言庾亮欲踵吕后故事，故苏峻起兵，又言庾亮欲待陶公至而挟之，夺公之兵马粮储而东进。陶公急召龚登回，温峤闻而急止龚登，遣王愆期复至荆州谒陶公，申温峤之衷心，又言已言于盟府，由陶公主盟勤王，克日大举，不可改易。龚登也表温峤之诚心，龚夫人也劝陶以释疑，且边防已定，粮储已备。于是陶公戎服登舟，子丧至而为顾，领兵五万直至寻阳，庾亮恐惊，负荆至辕门外，三步一拜而认罪，陶公歃血主盟，率领各路诸侯，东讨苏峻祖约。

附录

陶桓公子侄群裔

◎陶维墀

陶桓公在军中四十一年，其侄其子，皆夹辅于左右，为将军为太守战功卓著而封侯，但旧史却有凶暴哓勇之说。以公斥老庄之浮华，崇先王之法言而论之；恭而近礼，爱好人伦而论之；以综理微密，纤密好问而论之；诸子能如此。故胡三省曰:“所谓庾亮素恶陶称轻狡，收而斩之，以亮素怨陶侃，而称又间亮于王导，盖以私忿杀之。”庾亮蓄意夺取陶氏兵权，利用反间计制造夏、斌、称之同室操戈而杀之，又加以诸子皆凶暴之诬。

公诸子之后裔见于世者，惟瞻之裔与茂之裔，即渊明五子之裔，其余皆不见。或把熙之作为舆之后，却又以为渊明裔。旅、范诸公似应有子有孙，惜谱未见。

一、陶侃二侄

侃公有兄，兄子为臻为舆，随公征讨，以勇武著称，但湛母只生侃公一人，则此兄为嫡母所出，兄之名，王隐《晋书》有操，家谱中则为黄或横，但黄，横则与璜同，陶璜，晋交州牧封宛陵侯，非侃公嫡兄，或为族兄，而陶璜子为融，为威，为淑。融妻陈窈有集今存《筝赋》。定山谱云横一名瑜，子臻、舆，《晋书》则未载臻、舆之父为谁。

（一）陶臻

陶臻字彦遐，有勇略智谋，永嘉末年湛母服阕，侃公再起，江州刺史华轶表侃公为扬武将军，使屯夏口，以臻为参军。轶与元帝素不平，臻惧难作，托疾而归，告侃公曰:“华彦夏有忧天下之志，而才不足，且与琅琊不平，臻惧难作。”侃公怒，遣臻还华轶处。臻遂东归见元帝，元帝见之大喜，命臻为参军，加侃公奋威将军，假赤幢曲盖，貂车鼓吹，侃公乃与华轶绝。臻从征杜弢，杜曾有功，随侃公入广州，平王敦、苏峻之乱。赐爵当阳亭侯，咸和中为南郡太守领南蛮校尉假节。卒官，追赠平南将军，谥曰肃。

（二）陶舆

陶舆，臻弟，果烈善战，以从征功，累迁武威将军。初贼张奕本中州人，至是率三百余家，欲就杜弢，为公所获。诸将请杀其丁壮，取其妻息，舆曰："此本官兵，数经战陈，可赦之以为用。"侃公以奕配舆。侃公与杜弢战，舆为后甄击而破之。后杜弢破郑攀于沌阳，败朱伺于沔口，侃公欲入涢中，惑于张奕而未动，果为杜弢军所败；钩侃公所乘朱雀船，舆急趋而救之，又以桔槔打没官舰二十余艘，军中失色，舆率轻舸出其上流以击之，所向辄克。杜弢又率军焚侃公辎重，舆急趋又击破之。自是每战辄克，望见舆军，相谓曰："避陶武威。"进围杜弢于长沙，屡战破之，但舆披重创卒。侃公哭之恸曰："丧吾家宝。"三军皆为之垂泣，诏赠长沙太守。

二、陶侃诸子

《晋书》云公有子十七人，唯洪、瞻、夏、琦、旗、斌、称、範、岱见旧史，余者不显。《陶潜传》有祖茂，是茂亦公子，邓名世云："娶十五妻，生二十三子。二子少亡，二十一子官至太守。"茂麟家谱则云："娶十五妻，生二十……"

1. 长子洪，初为刘弘参军，后署丞相琅琊王睿掾，卒官，年仅三十。

2. 次子瞻，字道真，谱称陶三相公。幼配周访女。少从征伐，公迁广州刺史，王敦以瞻为参军以为质。以击杜曾功，迁广陵相，以平敦功，封都亭侯，迁建昌太守，又迁庐江太守，加散骑常侍。苏峻之乱，战死于云龙门。为冯铁所杀。追赠大鸿胪，谥愍悼世子。世子夏卒，瞻子弘袭长沙郡公，弘，兴宁七年为晋安太守，迁光禄勋卒。子绰之袭，卒。子延寿袭，桓玄之乱，延寿以桓亮乘乱起兵遣收之。宋受禅降为吴昌侯（《宋书》作醴陵侯），五百户。延寿有宅在鄱阳锦昭坊。延寿之后有居吉州者，在后唐时，昇徙居安化小淹，其后有陶澍。其族遍居长沙各县，宁乡、浏阳，湘潭等地。谱载瞻次子安之后居陕西。

3. 夏为公第三子，少随公征伐，公左转广州刺史，洪已卒，瞻为质，夏从公入广州。太宁元年，交州平，夏以战功为都亭侯。瞻战死，公以夏为世子，后为太守。公薨，送丧还长沙时，受人离间，夏与弟斌、称，各拥兵数千而相见。将吏相谏，遂各解散，斌先往长沙，取国中器仗财物，夏至又中计而兄弟相争而误杀斌，夏也受创。庾亮快之，上疏曰："斌虽丑恶，罪在难忍，然王宪有制，骨肉至亲，亲运刀锯，以刑同体，伤父母之恩，无恻隐之心，应加放黜，以惩暴虐。"诏未至都城，而夏已病卒，夏子淡，孙恒。

淡字处静，夏既被废，幼孤，好读《易》，善卜筮，又好导引之术，谓仙道可祈，年十五六便服谷绝食，家固千金，客百数，淡惟终日端拱而问道，毫不管问家事，亦不婚娶，与侄恒字太仁，同弃家遁去，结庐于长沙临湘山中，养白鹿一，驯白鹤三以自娱，后携侄辟谷湘阴白鹤山，亲故有候之者，辙移渡涧水，人莫得近，州举为秀才，淡闻之遂转逃罗县埠山中，后于梁时尸解。

《太平御览》708 引《陶侃别传》云：外国献氍毹。公举之曰：我还国当与牙共眠，牙名淡之字处静，是公庶孙，小而被知，以为后嗣。

苏峻平后，公封长沙郡公，世子瞻死难，以淡之父夏为世子，外国献氍毹应在咸和四年前后（329）公薨后夏卒。庾亮奏废夏，实为废淡。公原以淡为后嗣，而亮废之。传云淡幼孤，则夏卒时，淡必未达弱冠之年。近见陶公庙散记云淡生于太康九年八月十七日（289）则夏卒时淡已 57 岁矣，淡与公，祖孙相差只 30 岁，亦太少。墀初疑太康为元康元误，亦只差 12 年，似亦不确，姑志之。

淡，《晋书隐逸传》中有传，肉身蜕化，千余年不朽，实为真事，亦中外之一大奇迹，惜于"文革"中被毁。千古名山，六朝遗庙，于是长留遗恨！

陶公庙建于长沙榔梨临湘江山畔，山不甚高而清幽，浏阳河绕山北入湘江，天然的人间仙境，古刹始建于公元 507 年，1893 年重修，形成由山门、戏楼、正殿、配殿构成，占地 300 亩的建筑群。

长沙县东六千里有玉池、神鼎、白鹤三山均为陶淡修仙之所。玉池传为淡浴丹池，神鼎有古井，淡炼药处。白鹤，据传有二白鹤飞来处。据说淡生于晋元康九年八月十七日，至梁天监三年叔侄俱尸解（299—504）。梁在长沙榔梨市为建陶真人庙。庙内祁二肉身，乃真人叔侄之遗蜕。历代香火不绝，被誉为"千古名山，六朝遗庙，清进列入祀典，被封淡为孚佑真人，恒为福佑真人。为列代文人墨客吟诗作赋胜地。肉身历代保护良好，惜"文革"中被狂徒推入浏阳河中，中外惜之，今所供者乃仿肉身之遗像。

4. 琦，谱作四子或五子为司空郗鉴掾。

5. 旗，谱作五子或六子，骁勇善战，少从公征伐，以诛苏峻功，封郴县开国伯，咸和末为散骑常侍，旋卒。子定嗣，卒。子袭之嗣，卒。子谦之嗣，宋受禅国除。

其后居湖广御安府。御安不详。

6. 斌，谱作六子或八子，少从征伐后为平西参军，咸和末袭樊城，收复之，为尚书郎，为夏所误杀。

7. 称，谱作十二子或九子。少从征伐，积功为东中郎将，南平太守，南蛮校尉假节。公时，兄弟中间相斗，后加建威将军。咸康四年六月王导为丞相，郗鉴为太尉，庾亮为司空。导性宽厚，委任诸将，赵胤、贾宁等多不奉法，大臣患之，庾亮欲废导与郗鉴笺曰:“昔于芜湖，反复谓彼罪虽重而时弊国危，且令方岳道胜，亦有所镇压，故共隐忍，解释陶公，自兹迄今，曾无悛改，主上自八九岁以及成人，入则在宫人之手，出则唯武官小人，读书无从受音句，顾问未尝遇君子，秦政欲愚其黔首，天下犹知不可，况欲愚其主哉。人主春秋既盛，宜复子明辟，不稽首归政，甫居师傅之尊，多养无赖之士，公与下官，并荷托付之重，大奸不扫，何以见先帝于地下乎！”欲共起兵废导，鉴不听。鉴，王导的儿女亲家，庾亮曾于咸和五年，欲陶公废导，而鉴亦不许。王庾矛盾，相沿已久，而王之势大于庾，庾又无能，卒难废之。

陶称时为南蛮校尉，治江陵，以亮谋告导，或亦自辩先人与己不予其事，劝导为备，导曰，“吾与元规休戚是同，悠悠之谈，宜绝智者之口，则为君言，元规若来，吾便角巾还第，复何拒哉”。又与称书“以为庾公帝之元舅，宜善事之”。孙盛密谏亮乃止。亮居外藩，遥执朝权，据上流，拥强兵，导不能平。咸康五年(339),亮欲开复中原,以建威将军陶称为南中郎将、江夏相,率部曲五千人入沔中,署为监隋、江夏、义阳三郡军事。称以原领二千人自随至夏口，将二百人下见亮，亮大会吏佐，责称前后罪恶，拜谢因罢出，亮使人于外收之弃市。胡三省曰：“亮素怨陶侃，而称又间亮于王导，盖以私忿杀之。”郗鉴调停，群论谏止，亮不敢再拟废导又以杀称灭口。把废导推给陶侃，同时也消灭了陶氏兵权。亮又上疏罪称曰：“案称大司马侃之孽子，父亡不居丧位，荒耽于酒，昧利贪荣，擅摄五郡，自谓监军，辄召五官，聚之军府，故车骑将军刘弘曾孙安，寓居江夏，及将军杨恭、赵韶并以言色有许，称放声当杀，安恭柜，自赴水而死，韶于狱自尽。将军郭开从称往长沙赴丧，称疑附其兄弟，乃反缚悬头于帆樯，仰而弹之，鼓棹渡江二十余里，观者数千。莫不震骇。又多藏府兵，收坐应死，臣犹未忍，直上且免其司马，称肆纵丑，言无所顾忌，要结诸将，欲阴兵构难，诸将惶惧，莫敢酬答，由是奸谋，未即发露。臣以侃勤劳皇室，是以依违容掩，故表为南中郎将，与臣相近，思欲有以匡救之，而称豺狼愈甚，发言激切，不忠不孝，莫此之甚，苟利社稷，义有专断，辄收称伏法。

从这篇疏中，看出了庾亮的险恶居心，首先“擅摄五郡，自称监军”，明明庾亮欲开复中原，署陶称为监军，摄五郡。五郡指江夏、随、义阳、南平、南郡。前三郡，陶侃、庾亮所授，南平，太守所居。南郡，南蛮校尉所居。岂能谓擅摄，谓自称。称督五郡已据荆州之要，又握兵权，庾亮既蓄意要夺取陶氏兵权，则非杀称不可。其次，郭开问题，“附其兄弟”四字露了马脚，陶称如此对待郭开，必定认为郭开于其兄弟相残中，起了离间、使间作用，查得其实。刘安等也是如此，是自杀还是庾亮使人杀之灭口，不得而知。这样陶称查得其实，欲有“阴兵构难”之举，为庾亮所知。声言北伐，而赚陶称至，却于阃外杀之。此乃亮之檀杀。称无背叛朝廷，丧兵失地之罪，亮又不上疏奏请，擅自杀之。故胡三省曰：“私忿杀之。”庾亮目无朝纲，既欲废导，又擅杀称，史谓共欲效诸吕，岂谓无因。惜陶侃当时可杀亮而不杀。

东晋时的军队，皆为领兵者所组建，实为私属，领兵者多为世袭。如祖逖临终以祖约统其军，郗鉴临终交其侄郗迈与蔡谟。陶侃薨后其军队是庞大的，既有原来讨苏峻时的军队，又有平郭默时所得的郭默和赵胤的部队，分有陶夏、陶旗、陶斌、陶称统领。庾亮刺荆州，必须并吞陶氏的军队，否则是站不稳脚的。于是制造陶侃欲起兵废导，以挑拨王导与陶侃的矛盾。再使用挑拨离间，使兄弟相残，庾亮蓄意翦除陶氏诸子，夺取陶氏兵权，收买郭开等人。斌既被夏所误杀，夏又遭创卒，旗亦于咸和末卒，死因不明。只剩陶称，称既握重兵，征得其实，故庾亮必欲杀之。但称本无罪，则不敢于座中杀之，必于阃外赚杀之，加以莫须有之罪名。称既死，而陶氏之将兵主方面者已尽，而庾亮遂彻底夺取了陶氏军权，形成了庾氏军事集团。废陶淡而立幼弱之陶宏，陶氏尽矣！从此以后，陶氏无再主方面者，庾氏兄弟父子相继，惟亲是举，专方面者累世，有大小舅欲乱天下之意，而陶侃受诬，诸子相残皆因庾亮使间。陶侃待庾亮以恢宏大度，而庾亮记怨于心，陶公尸骨未寒，即翦除陶氏诸子，吞并了陶氏军队。吾怨陶公故不收庾亮于征苏峻时而杀之，而遗身后之祸，此乃陶桓公之最大失误处。陶称死后，毛宝直言责庾亮，故邾城之陷落，毛宝屡次请救，庾亮不发兵，陷毛宝、樊岐于死。

维墀儿时曾见一小说，云：陶称死后，庾亮使人杀其全家。一子逃出，与高宝、郑攀之子、皇甫方回、张夔、范逵之孙，经夏施、彭世、李千等一路力救而逃出。

上山落草为寇。不久群英潜入庾亮府中，制造了厕中的方相，与庾亮巧斗，吓死了庾亮。庾氏派大兵多次征讨，山寨不支，而再遁逃，直至交趾，由陶璜子孙相邀，而导之入南海。南海诸国皆受陶侃恩惠，纷纷相迎。而陶称之子与诸人却又制造了一次“殷人东渡”，经《山海经》中所述诸国，历尽险阻，至扶桑，驱除蛮人而立国。（蛮人乃为窦宪所逐之匈奴所赶走者。）

8. 范，字道则，小字胡奴，《陶侃别传》作第十子，何法盛《晋中兴书》作第九子，谱因之，诸子中最知名。初为乌程令，王庾子胡之字修龄，在东山甚贫乏，范送一船米遗之，却不肯受，直答语云：“王修龄，自当就谢仁祖（尚）索食，不须陶胡奴之米。”后人谓此乃势族概念之语也。宁康中，袁宏作《东征赋》，都不道陶公，胡奴诱之狭室中，临以白刃曰：“先勋业如是，君作《东征赋》云何相忽略？”宏窘促无计便答云：“我大道公，何以云无因？”颂曰：精金百炼，在割能断，功则治人，职思靖乱，长沙之勋，为世所替。《东征赋》悉称过江诸名望，宏尝语人曰：“我决不及桓宣城。”（象）温闻之甚忿，游青山同载归而问之。历尚书秘书监，太元初为光禄勋，旋刺江州，谱未见，子系不详。

9. 岱，幼子，为散骑常侍，邓名世作渊明之祖，误。（十）茂，公七子，或作八子，武昌太守，定山谱云行量三，字梅九，生永嘉二年戊辰九月十六日，卒于孝武太元三年戊寅十月二十日，（308—378）娶朱氏，鄱阳谱：行量三，生永昌元年壬午十月初五日申时，殁大元十一年丙戌（322—386）。娶周访女（按周访女妻瞻公，传讹）。子敏，夔。妻孟嘉二女。

夔字由中，太元十九年（394）为晋安太守，初辑《晋安志》。后为王孝伯参军、太常，尚书、迎德宗于坂桥，子敬远，仲德。或以夔为范子。

敏行宽（觉）七，字奉（凤）义。姿城太守，生渊明。配孟氏，孟嘉第四女。

渊明（365—427）字元亮，晋末改名潜，私谥靖节先生，晋征士，子俨、俟、份、佚、佟。公生于兴宁三年乙丑六月十三日，卒于元嘉四年丁卯九月十三日（按墓志），为一代诗词大家，承汉魏而开唐宋。有《陶渊明集》，娶陈、翟。墓在面阳山。

渊明公，浔阳柴桑人，柴桑旧治，根据江西省的考古发掘，在今九江县西南方马回岭的荆林街，或谓其旧居在离荆林街半里的鹿子坂。公生时，家已中落，仅有薄田茅舍。少年起为州祭酒，未几辞归，州辟主簿不就，后为镇北将军刘牢之参军，从征孙恩至会稽，直至东海隅，会稽陶里云是渊明居住处。旋入刘裕幕府中。亦曾参刘敬宣军，见刘裕不臣之节渐显，遂辞归为彭泽令，八十日便赋《归去来辞》。今湖口有归去亭，星子有归来亭。从此隐居于庐山中，不再出仕。公清风高节，自以曾祖为晋室宰辅，义不事二姓。作《桃花源记》以寄情怡性。作《五柳先生记》以乐其志。与慧远为方外交，但不入白莲社之禅，与颜延之为饮酒友，但只与王弘、檀道济饮，不屈其志。享年六十三，以疾卒，《诗品》评为隐逸之宗，归有光认为应进至孔氏之配享，元配陈氏生子俨、俟、份，继配翟氏生子佚、佟。

渊明公一代词宗，中外敬仰，《晋书》《宋书》《南史》皆有传，一人而传列三史者，二十六史中惟公一人，真是千古一人。而今古今中外研究者已多，公之声望已重，但望重者议评必多，声高者谬论亦出。形成了哗众取宠的中国文化之谜。

1. 故里在何处？三史本传都以为是寻阳柴桑人，而又出宜丰，又出柴桑是九江还是星子之说。

2. 曾祖陶侃吗？三史本传都以为大司马侃的曾孙，《命子诗》亦曰："桓桓长沙，伊勋伊往，天子畴我，专征南国。"而又出非侃公曾孙。祖同出大司马应为同出右司马之谬论。

3. 渊明公是奚族人吗？温峤奚狗一语，认为侃公是奚族人，但《命子诗》曰陶唐，曰开封侯舍，曰丞相青，则已明世系之所出矣。

4. 渊明公寿几何？前人均谓寿六十三。而近人又出五十六、五十九、五十二、七十六等几种。

5. 面阳山是否真墓？自明以来已为世所共认，但或以为此乃李梦阳所见冲出之碑而认定之墓。

6. 桃花源在何处。"春来遍是桃花水，不辨仙源何处寻"，由于世人厌战之心，故桃花源越来越多，如起明公而问之，则亦必瞠然而不知所答。盖有其地而不一定即此一地。但不会到陕西去，总是集江西、湖南胜地而一之的一种假设。

7. 诸子年龄，各谱不一，由此引起与公有关的经历。[仅俟公生于隆安五年（401）各谱较统一。]

8. 渊明公原配为王，为陈，为邵。而以陈氏为较统一。

9. 渊明公父为姿城太守，父名为谁。姿城在何处，或以为是安城之误，父名为敏较统一。父母卒年亦有分歧。

渊明后裔极盛，分处大江东西，按《会宗谱迁徙表》，主要族居有以下几支：

俨配聂、陈，字求恩，小字舒。居鄱阳马鞍山。徙南昌、新建、进贤。又为建昌、抚州、星子福建诸陶之祖。又分新昌、麻城。《宁乡谱》云："吾族远系本于寻阳，凡出长沙公裔者若江西之九江、新建、昌邑、万载、南城、新昌。浙之会稽、秀水，台州。江南之安庆、太平、上元、常熟（晴川）、无锡（锡山）。粤之新会悉属同宗。”（墀按，台州迁自福建，常熟迁自寻阳，又徙无锡锡山、江阴、风阳、大兴、苏州。昆山、维扬亦自寻阳迁出，镇江迁自维扬。秀水护辟南渡。宁乡、会稽或曰迁自昌邑，此皆成为大族者出俨公之后陶茂麟一族，宋元间所迁居者。）

俟配詹。小字宣。居彭泽五柳乡，为彭泽定山、星子、湖口、都昌杆林之祖。又徙皖江、鄂江两岸。皖居潜山、太湖、望江、怀宁、宿松、霍山及歙县等，鄂居黄岗、广济、蕲州、岳阳、英山等。又有居南京、崇明者，此等大族大都出于俟公之后省一公一系。

份小字雍，娶孙。俨、俟、份皆陈母所出。份居都昌，亦侃公老屋，后迁湘城、吉水、抚州、金溪及奉新等。浙江《泰顺谱》云出份之后，但仍沿用陶茂麟世系。

佚小字端，娶谭。佚、佟皆翟母所出，佚居鄱阳斜塘，其后居彭泽县城成大族。又迁天目、武陵、会稽，陕西及星子长岗通书院。

佟小字通，娶徐。佟居柴桑渊明公故里，今九江马回岭，星子陶家拢成族而居，又迁黄梅套口，瑞昌九原、范镇、德安灵龟石、高安三石、宜丰秀溪、上高、麻城等。当涂陶安亦出其后，安后迁无锡梁溪。又有迁靖州，黔东者。

浙江《台临谱》，始祖陶儒字述之号柴桑，为陶侃 21 世孙。

陶桓公府下僚属

◎陶维墀

维墀阅《补晋书艺文志》，各家于职宦类皆有谢安、庾亮寮属名元目，陶公晋室一代宗臣自武昌太守至太尉，三十一年间，其门下莫不宗匠陶钧，而群才缉熙。元首经略而股肱肆力，遭离不同，迹有优劣，至于体分莫固，道契不坠，风美所扇，训革千载，其揆一也。故三贤进而小白兴，五臣显而重耳霸，陶桓公位居方岳，功桓文，而其门下固济:多士也。夫居上者以至公理物，为下者不以私路求荣，御园者以信诚率众，执方者不必权谋自显。陶桓公性聪敏，勤于吏职。恭而近体，爱好人伦，终日欲膝危坐。外多事，千绪万端，罔有遗漏。远近书疏，莫不手答。笔翰如流，未尝壅滞。引接疏远，门无停客。是从群僚尽其忠，士女服其明。更诲人惜阴，大江投局，勤问庄稼，鞭持禾人。询问奉馈非得者，叱施门柳，定饮酒限，竹头木屑，皆蕴精神。扫亡晋之清谈，扫老庄之浮华。公能以先王之法言御己，故群僚得尽其忠。中原大乱，生灵涂炭，公芟夷祸乱，辑宁江湘，奠上流以固建业，使能成东晋立国之本。荡平王敦、苏峻之叛乱，使丧乱之后，倏即黎庶安宁，生产发展。自南陵迄于白帝，数千里中路不拾遗，南朝得以偏安三百年。公之功伟矣。

按公所经仕历，分下列数个时期，列举公之僚属。

1. 公初从刘弘，从平张昌功。永兴元年初以军功封东乡侯，食邑千户，署公为江夏太守，又加公鹰扬将军与苗光、应詹同讨陈敏。永嘉元年初，刘统既卒，奉母还乡，旋即丁忧（304—307），是时部将见者有子陶洪、兄子陶臻及公父母之归将朱伺。

2. 公服阕，琅琊王睿永嘉五年秋署公为龙骧将军，武昌太守，建兴元年秋王敦表公为荆州刺史（311—313），是时部将见者有子陶洪、陶瞻、兄子陶臻、陶舆，明威将军朱伺，部将吴寄、童奇，参军王贡，降将张奕。

3. 建兴元年秋，公为使持节宁远将军，南蛮校尉，荆州刺史领西阳、江夏、武昌三郡。建兴三年秋左转广州刺史（313—315），是时僚属见于史者有征士皇甫主回，明威将军朱伺，伏波将军陶延，督护郑攀，长史鲁恬，都尉杨举，都督王粮苏，部将张奕、马俊、苏温，降将毛宝、高宝、梁堪、王真，兄子将军陶臻，武威将军陶舆，子陶瞻、陶夏。

4. 建兴三年秋左转广州刺史，平越中郎将，进封柴桑侯，邑四千户。太兴元年十月（318）加平南将军，都督交、广诸军事。王敦反，迁为湘州刺史，又领江州刺史。冬王敦专权，又转广州。太宁元年（323）诏公领交州刺史，征南大将军、开府仪同三司。王敦既平，又为荆州刺史（322—325），开府者位从公，置长史一人，西东阁祭酒，西东曹掾，户仓贼曹令史各一人等给虎贲二十人，加兵者增置司马一人，从事中郎二人，主簿记室督各一人等，是时僚属见于史者有部将许高、郑正、督护高宝、长史陈协，兄子陶臻，子陶夏、陶旅。

5. 太宁三年三月以公为征西大将军，都督荆湘雍梁四州诸军事，荆州刺史，领护南蛮校尉，开府仪同三司如故，咸和四年平苏峻进封太尉（325—329），是时僚属见于史者有子陶夏、陶旅，兄子陶臻，长史殷羡、孔坦、督护龚登，督护、竟陵太守李阳、部将彭世、李千、龚发、参军范汪，零陵太守尹奉，监军李根。

6. 咸和四年，论平苏峻功，进为侍中、太尉，加羽葆鼓吹，封长沙郡公，增邑三千户，加督交广宁州诸军事，赐绢八千匹，增参军六人。五年兼江州刺史，加督江州。七年进大将军，剑履上殿，入朝不趋，赞拜不名，公上表固辞，诏增置左右长史，左右司马，从事中郎四人，掾属十二人。见于史者僚属有右司马王愆期，长史殷羡、王敷，从事中郎庾翼、殷浩、刘瑕，咨议参军张诞，参军张隐，都尉夏施，掾王随、桓戎、刘安。都尉夏施及海山使者，雍州刺史周抚、桓宣，梁州刺史陈硕、蒋翼，益州刺史毋丘奥，交州刺史陶淑、陶绥，广州刺史朱伟、邓岳，宁州刺史王逊、王坚、尹奉，武昌太宁刘诩，豫章太守梅颐，湘东太守范珧，长沙相龚登，巴东太守杨谦，新昌太守陶协，高谅太守袁谦，竟尉太守李阳，将军宋夏、陈修、杨恭、赵韶、郭开。兄子南郡太守领南蛮校尉陶臻。世子陶夏，子平西参军陶斌，东中郎将，南平、江夏太守，南蛮校尉假节加建威将军，监江夏、隋、义阳、南平、南郡五郡军事陶秋。郴县伯，散骑常侍陶旂，武昌太守陶茂。

陶桓公府下僚属，见于史者约七八十人，无名可考者尚属甚多。公之僚属皆为一时之名将，后来或寄以方面重任，今综述之。

朱伺，字仲文，安陆人，少为公父吴牙门将陶丹给使，吴平，内徙江夏、张昌为乱，伺讨之不克，适公为江夏太守，遂随公征讨，遣作大舰署，为左甄，从讨张昌、陈敏、杜弢、杜曾皆有功，封亭侯，领骑督，历明威、威远、广威等将军，领竟陵内史，郑攀拒王虞，伺不从攀，还甑山，建武元年惊创而卒，年六十余（约250—317）。《晋书》有传。

毛宝，字硕真，荥阳阳武人，初从杜弢，公降之于长沙（或曰此为另一毛宝），为临湘令，为温峤参军，温庾推陶公为盟主，陶公怀疑有诈，峤屡说不能释公之疑，将顺公意，宝说峤追使更书，公果任盟主，共同征进，峤以宝为先驱，宝上岸劫粮，祖约大饥，又救桓宣于马头山，蹋鞍拔箭。与贼相持久，粮尽公欲还，宝留之而烧苏峻粮，峻颇乏食。峻平封州陵县侯，辅国将军，江夏相、督隋、义阳二郡。庾亮议北伐，以宝监扬州之江面诸军事，豫州刺史，与西阳太守樊峻以万人守邾城，石勒来寇，亮不及时救，城陷突围而赴江死。子昂之、安之。宝，《晋书》有传。

吴寄，部将，公击杜弢，弢党退至泠口，侃曰：贼必向武昌，吾宜还城，昼夜三日行可至，卿等谁能忍饥斗邪，寄曰：要欲十日忍饥，昼当击贼，夜分捕鱼，足以相济。公曰：卿真健将也。遂还伏击之，大破而获其辎重。

陶延，字世赏，吴交州刺史陶基从孙，公之族子。基刺交州，合境化之以礼义，设立学校，整顿刑法，民恋其德，留从子居广州而生延。从公征战，积功至伏波将军，建兴三年（315）杜弢诱五溪夷寇武昌，公使延夜趋巴陵，斩千余级，降万余口，进至长沙，杜弢逃去不知所之，正论功进赏而卒，丧还广州，其后裔留番禺。

陶协，咸康元年以新昌太守，与王随击夜郎兴古，皆克之。协或为延子。

王贡，公使朱伺等逆击杜弢于去武昌途中，大破之，使王贡告捷于王敦。敦以若无陶侯，便失荆州矣！贡对曰：敞州方有时难，非陶龙骧莫可，敦然之即表拜公为荆州刺史。贼王冲自称荆州刺史据江陵，王贡还至竟陵，矫公命以杜曾为前锋大督护，进军斩冲，悉降其众，公以书召曾，曾见无前锋大督护字，遂不至，贡恐以矫命获罪，遂与曾举兵反，击郑攀、朱伺而破之，公退入溃中。王贡，《晋书》与王真混淆，公破长沙而降者，乃王真，非王贡也。

张奕，建兴元年（313）张奕将叛出，感公以贼至而动，众必不可，公遂不进退，于是杜曾果至，为所败，曾党钩公所乘船，公赖朱伺、陶舆救获免，张奕竟叛投杜曾。

奕本流人，率三百家欲投杜弢，为公所获，诸将请杀其丁壮，取其妻息，陶舆曰此本宦兵，数经战阵，可赦之以为用，于是配舆。后公围杜弢于长沙，人心离阻，弢疑张奕而杀之。

杨举，都尉，公进军湘城，以杨举为先锋。

王榱苏，建兴二年（314）杜弢将王真袭公于江夏林障，贼以桔槔打宦军船舰，打没二十余艘，兵将皆落水，真构得公所乘朱雀船，公欲投水，都督王榱苏扶公入小舡得免。

王真，初从杜弢为将，袭公于林障，以桔槔打没官舰二十余艘，周访急救公，作长岐帐以拒桔槔。真又从青草坪密抄宦军，访回军破之。真复率精卒三千出武陵江，再诱五溪蛮以舟师断宦远，陶舆急破之。公又使郑攀、陶延夜趋巴陵，大破之。真遁还湘城。公围湘城，使王真出战，公遥谓之：杜弢为益州小吏，益用库钱，父死不奔丧，毫无礼义，鄉本佳人，奈何背为从逆，天下宁有白头贼乎！真初横脚马上，欲客下脚，辞色甚顺，公不交锋而还，夜间便遣使谕之，并截发为信，真遂降公，公使反袭杜弢，遁死。湘州悉定。以真为湘东守。

鲁恬，司马，公既破杜弢，乘胜进击杜曾，有轻曾之志，司马鲁恬谏曰：凡战当先料其将，今使君诸将，无及曾者，未易可逼也。公不从，围曾于石城，曾精骑出公之后而反击之，公兵死者数百，曾下马拜公而去。

郑攀，督护，公之猛将，原为流氐，公为武昌太守，击杜弢时来归，征战有功。杜曾反，攀屯于沌阳为所破，王真出武陵江，径向武昌，公使与陶延夜趋巴陵，潜师大破之，遂进围湘城，公乘胜击杜弢襄阳，弢突围定，公将还江陵，知钱凤等疾功毁已，欲诣敦自陈，攀与朱伺，皇甫方回等谏之。公不顾而往，敦左转公广州。以王廙为荆州，攀与马隽、苏温等上书留公，敦怒不许，攀等愤惋又不欲南行，又忌王廙，敦几欲杀公，庾督诸军讨攀等而大败，敦遣赵诱等击之，攀以司马孙景造谋距廙，杀景而请降。后疑为王廙杀公之旧部时所杀。

苏温，部将，与郑攀同时归公，西阳王左右断江劫掠，公命温与许高、童奇等诈为商船而诱擒之，后与郑攀同拒王廙，后又执杜曾降周访。

马隽，部将，与郑攀同归公，又与攀同拒王廙，朱伺止人杀隽妻子，杜曾陷荆州，以朱伺百口付隽，隽善待之而指伺，伺不顾而至甑山。后执杜曾降周访。温隽后亦疑为廙所杀。

皇甫方回，谧之子，晋史附谧传。少遵父操，博士征不起，避乱荆州，闭户闲居，未尝入城府，蚕而后衣，耕而后食，先人后己，尊贤爱物。南土人士，咸崇敬之。公为荆州刺史，礼待甚厚。公每造门访之，著素士服，望门下骑而进。公征杜弢、杜曾回，欲诣王敦自明，方回谏曰："吾闻敌国灭，功臣亡，足方新破杜弢，功莫与二，欲无危其可得乎！"刺公不从而行，敦几欲杀公，左转广州。王廙既刺荆州，大失物情，以大行诛戮而立威，以方回不谒己而杀之，荆土华夷，莫不流涕。

许高，督护，早从公，诈商船而擒西阳王左右，江贼以清，随公入广州。交州王机自以盗逐郭讷而据广州，敦以机刺交州，机不得入，欲与杜弘、温郡、刘沈而还据广州，公既执刘沈于桂阳小桂。遣高讨王机走之，机死于道，高掘其尸斩之，温郡惧而走，高追获于始兴，杜弘诣王敦降，广州遂定。后不详。时尚有部将郑正。

陈协，长史，公刺广州，梦有司马与公铠，协以为"司马者国姓也，铠者杆御之器，节下当进位"。太兴元年（318）十月加公平南将军，十一月又加都督交州军事，后又转湘州刺史，领江州刺史。

高宝，督护，公之猛将，建兴三年（315）夏，公破杜弢，克长沙，宝降。随公入广州。永昌元年（322）王敦反，公遣参军主同宝帅兵北上蹑敦之后，明年敦专朝政而还师，王敦以王谅为交州刺史，欲收新昌太守梁硕，硕围谅于龙编夺其书而断其右臂卒。公遣高宝攻梁硕斩之，帝以公领交州刺史。未几，阮咸族子阮放求为交州刺史许之，放行至宁浦，遇高宝征梁硕还，放设馔诱宝，伏兵杀之。宝兵击放，放败走至简阳城，暴发谒疾，见高宝为崇而卒。

梁堪，部将，与高宝同降公，后不见于史。

龚登，督护，龚夫人族人，武陵汉寿人，温庾推公为盟主，讨苏峻，公疑有诈，峤固请之，与龚夫人议以登先行，统兵数千会峤，以察虚实，后公命龚登还师，以决行止，峤疑公欲回师，再请之，公遂自行，进军石头，登为先行有功，公封国长沙，登为相，夏、斌、称遭镜人之间而构兵，登说之命解散，加散骑常侍。子玄之，好学潜默，安于陋巷，教武帝下诏征为国子博士，疾笃不行，入《晋书隐逸传》。时尚有龚胜，部将，为登之副，征苏峻而先行。

李阳，督护，竟陵太守，征苏峻时为运粮官。公屯兵石头城下，淫雨连绵四十余日，温峤粮尽，请贷，公怒欲归，适李阳运粮至，遂说公曰："今大济若不济，公虽有粟，安得而食诸？"公见有粮，遂分米五万石与峤。适毛宝烧勾容、湖熟粮储，公遂不去而进军。急攻石头，苏峻领军自大业回救。阵于石头挑战，苏峻见匡孝大败赵胤军，因乘醉将亲兵八千人挥戈突阵，毛宝力拒，三突而不能入，于是回趋白木陂而攻李阳之阵，又被阳截住，公见而鼓角齐鸣，催众下船进军，峻怒谒发，因舍其众与数骑北下，部将彭世。李千下船来追，峻适路滑而马蹶，彭、李投之以矛，斩而脔割之。三军皆呼万岁。施而苏峻乱平。咸和七年（332）秋，赵将郭敬南掠郑城历阳。公使兄子臻及竟陵太守李阳攻新野拔之。咸康五年，石虎寇郑城，毛宝、樊峻突围投江死。寇让夏、黄冲、郑进降虎。夔安围石城，竟陵太守李阳，拒战破之，斩五千余级，虎遂退掠汉东而走。

彭世，部将，征苏峻时属李阳。苏峻攻白木陂不下而回师，彭世、李千下船追之。峻怒谒发，舍其军，与数骑北下，久雨路滑而马蹶。峻下马步斗，彭、李投之以矛。斩而脔割之，焚其骨，三军皆呼万岁，余众皆溃死。不久而峻平。

李千，部将，与彭世同斩苏峻。

李根、监军，或曰郡鉴军部将，公率诸军至石头，贼盛难与争锋，屡战无功，李根请立白石垒，公不从曰："若垒不成，公当坐之。"根曰："查浦地势较下，又在水南，唯白石峻极显固，可容数千人，贼来攻不便，灭贼之术也。"公笑曰："卿良将也。"遂从其谋，夜筑量至晓而成，后赖其晕以拒苏峻，峻久攻不下。

孔坦，长史，会稽山阴人，字君平，愉之从子，《晋书》有传。世为会稽大族。元帝时为太子舍人迁尚书郎。咸和初迁尚左丞，坦与陶回说王导："及苏峻未至，宜急断阜陵之界，守江西当利诸口，彼少我众，一战决矣。若峻未至，可往逼其城。今不先往，峻必先至，先人有夺人之功，时不可失。"导然之，而庾亮不能用。后峻遂破姑孰，取盐米，亮方悔之。既而名城陷，坦奔公为长史。时公从李根计，夜筑白石垒，至晓而成，闻峻军严声，咸来攻，坦曰："不然，若峻攻垒，必需东北风急，令我水军不能往救。今天清静，贼必不动，决遣军出江乘，掠京口以东矣！"果如所筹，时郗鉴镇京口，公至各以兵会，东军屡败，坦曰："本不须召郗公，遂使东门无限，今宜遣晚，虽晚犹胜不也。"公令鉴与郭默还据京口，立大业，战曲阿长亭三垒于吴兴，峻屡攻而不能下，兵势遂分。苏峻平，迁吴兴内史，封晋陵男，加建威将军。寻拜侍中迁廷尉，咸康二年卒（286—336）。子混。

范汪，字玄平，雍州刺史晷之孙。苏峻作乱，时方弱冠，遁至寻阳，见温峤、庾亮，温、庾访以峻之虚实，汪曰："贼攻不一，贪暴纵横，灭亡之兆已见，虽强易弱，朝廷有倒悬之急，宜时进讨。"温、庾争聘，遂为参军。贼平，赐爵都乡侯，复从庾亮讨郭默，进亭侯。历从庾亮、郗鉴、庾翼、桓温，温以为安西长史。温征蜀，委以留府。蜀平，进武兴县侯，出为东阳太守，简文辅政，除徐兖二州刺史，都督徐兖青冀四州及晋陵军事，安北将军，假节。桓北伐，以失期免为庶，卒于家，年六十五（308—372）。《晋书》有传。

殷羡，字洪乔，陈郡长平人。苏峻乱时，为公之长史，毛宝烧勾容、姑孰粮储，峻怒，大业、京口围急，向公求救，公将救大业，殷羡曰："吾兵不习步战，救大业而不能克捷，则众心沮丧，大事去矣！不如急攻石头，以危苏峻。峻危，必抽兵来救，则大业之围自解。"公从其计，苏峻果回兵，而被斩脔割之。苏峻遂平。公死遣左长史殷羡奉送所假节麾、幢曲盖、侍中貂蝉、太尉章、荆江二刺史印传启战。后为豫章太守，都下人士因其致书者百余函，行次石头，皆投之水中，曰沉者自沉，浮者自浮，殷洪乔不为致书邮。位次光禄勋，附见于《晋书》子殷浩传。

殷浩，字深源，羡子，《晋书》有传。弱冠便为公佐吏，及公表辞大将军而增僚属，便为从事中郎。浩尤善玄言，与叔父融俱好老易，口谈则辞屈于浩，著篇则融胜，公饮酒有定限，浩与庾翼等劝少进，公每然良久曰，年少曾有酒失，亡亲见约，故不敢喻议者。后称疾不起者十余年，简文辅政，起为建武将军、扬州刺史。与桓温不和，石虎死，胡中乱，于是以浩为中军将军假节都督扬豫徐兖青五州军事，北征而败绩，桓温奏废为庶人，终日默坐，书空作咄咄怪事。永和十二年卒（310—356）。子涓。

庾翼，字稚恭，颍川鄢陵人，庾亮幼弟。风仪秀伟，苏峻作逆，亮使翼以白衣备石头，亮败俱奔寻阳，苏峻平，辟陶公府掾转参军，累迁从事中郎，在公府雍容讽议，善谈《春秋公羊》，与王愆期有《向春秋公羊论》二卷。亮卒，授都督江荆司雍梁益六州诸军事，安西将军，荆州刺史假节镇武昌。康帝即位，翼欲北伐，朝廷不许，翼进据襄阳，永和元年卒（305—345），年四十一。子方之、爱之。翼，《晋书》有传。

王愆期，右司马，河东猗氏人，王接长子。接，《晋书》有传。永嘉之乱，愆期流寓江南。苏峻乱时，为温峤督护。温、庾欲起兵讨峻，推陶公为盟主，遣王愆期等，要公同赴国难。公以疆场外臣，不敢越局为辞，疑温庾有诈。愆期以此国家安危大任，非明府不可坚请。公总疑而不敢动，愆期遂回根。峤只得顺公意，遣愆期告公曰："仁公且守，当先下。"后从毛宝言，急再遣使修书，言必得陶公主盟，遣其弟王士期追回原书。于是公从悆期兄弟之请，允为盟主，遣督护龚登率兵数千为先行。温峤卒后，入公幕府，历官右司马。公死时，以后事付王悆期，军资器仗，牛马舟船皆有定簿，封印仓库，自加管，以付王悆期，然后登舟。悆期送至舟上，公谓曰："老子婆娑，正坐诸君辈耳！"庾亮刺荆州，仍为右司马。后为南郡太守，南蛮校尉。建元初以疾求代，未几卒。缘父本意，更注《公羊》，辑《列女后传》。尚有王士期，悆期弟，讨苏峻时，曾遣使而改书，后为公掾吏。

邓岳，陈郡人，为王敦参军。敦为逆，岳领兵从之，后与周抚同遁蛮中，遇赦而与周抚同出。久之，王导以为西阳太守。及苏峻反，温峤遣岳、鄱阳太守纪睦、督护王悆期等同赴难。峻平还郡，复随公讨郭默，迁督交广二州军事、建武将军领平越中郎将、广州刺史，封宜城昙伯。咸和六年至州，承陶公意，分南海郡，置东官郡，统四县，沿海安为港九繁荣奠下基础。咸康三年遣王随、陶协击夜郎，兴古克之。加督宁州，进征虏，迁平南将军卒，子遐。《晋书》有传。

刘诩，武昌太守。郭默之斩刘胤，诩驰告陶公，后随公征默，与邓岳疑桓宣之附郭默，王随说宣，令遣子桓戎迎陶公，公以宣为武昌成品率守代诩。诩后不详，疑已卒。

梅颐，豫章太守，梅陶之弟，颐犯事王导遣人收之，公曰："天之富于春秋，万机自诸侯出，王公既得录，陶公何为不可放。"乃遣人于江口夺而放之。以梅陶曾于王敦前救公故也。颐既放，见陶公拜，公止之，颐曰梅仲真明日岂可复屈邪！

桓宣，谯国铨人，《晋书》有传，为元帝丞相舍人，后随祖逖经略中原。及祖约、苏峻同反，宣时为谯国内史，以戕谏约不听。宣遂拒约，宣将数十家，欲南投寻阳，屯于马头山。值祖焕欲袭湓口，公使毛宝救之，宣使子桓戎会宝。宝击焕破之，宣因从温峤，峤以戎为参军。苏峻平，宣居武昌，戎为刘胤参军。复为郭默参军。陶公讨默，邓岳、刘诩皆疑桓宣瑟郭默同。豫州西曹王随曰，宣尚背祖约，何缘同郭默聊！岳诩乃遣庇护宣以观之。随谓宣曰："明府心虽不尔，无以自明，惟有以戎付随耳。"宣乃遣戎与随同迎陶公，公辟戎为掾，上宣为武昌太守，寻迁监沔中军事，南中郎将江夏相。石勒将郭敬戍襄阳，公使子陶斌与宣俱攻樊城拔之。又使兄子陶臻与李阳破新野，敬惧遁走。遂平襄阳，公使宣镇之，以其淮南部曲立义成郡。宣招怀初附，劝课农桑，简刑罚，略威仪，或载耒干貂轩，或亲芸获于陇亩，十余年间，石虎再犯，宣得众心，每以寡胜胜。论者以为次于祖、周访。陶公方欲使宣北伐中原，会公死。庾亮为荆州将北伐，以宣都督沔北前锋、征讨军事、平北将军、司州刺史，假节镇襄阳。石虎来攻，亮使王愆期、毛宝救之，贼解围走，宣复收南阳，诸郡百姓八千余人来归。庾翼欲北讨，更以宣都督司、雍、梁三州，荆之南阳、襄阳、新野、南乡四郡军事，梁州刺史、持节、将军如破，封竟陵县男。不幸次丹水为贼所败，翼怒而贬之，未之官发愤卒。

桓戎，桓宣子，陶公讨郭默，人疑桓宣，宣使戎见公，辟为掾，后官至新野太守。

周抚，汝南安城人，访子，字道和，王敦命为从事中郎，与邓岳俱为敦爪牙，弟周光问其何为与钱凤作贼，其夕众散，抚后并遁入蛮中，遇赦而还，王导以为从事中郎，出为宁远将军，江夏相，苏峻反，随温峤讨之，峻平，公迁监沔北军事，南中郎将镇襄阳，石勒将郭敬攻抚，抚败奔武昌，公免其官，后迁振威将军，豫章太守。咸康二年代毋丘奥监巴东诸州军事，益州刺史假节，寻加督宁州。桓温伐蜀，以功进建城县公，升平中进镇西将军，升平三年卒（？—359）。子楚。

毋丘奥，为毋丘俭之孙，咸和五年成汉、李寿攻拔巴东建平，巴东太守杨谦、监军毋丘奥退保宜都。旋陶公以毋丘奥为益州刺史以备李礁，直至咸康元年，陶公疾笃上表曰：欲为陛平西下李礁，北吞石虎，是以遣毋丘奥于巴东，授桓宣字襄阳。

杨谦，督护，公攻苏峻石头山水寨为先行，后署巴东太守，为征虏将军，永和四年为萧敬文所害。

朱伟，广州刺史，《太平寰宇记》虔州赣县储潭祠到南康记之。晋咸和二年刺史朱伟率兵赴江州讨苏峻，过此山至建业，果有功，是公所命其进军者也。五年邓岳代之。

王坚，王逊之子。王逊，字邵伯，魏兴人，《晋书》有传。永嘉四年，代李毅为宁州刺史、南夷校尉，累加散骑常侍、安南将军，封褒中县公。逊在三十四年，锄豪右，伐诸夷，置郡县，拒成汉，威行宁士。卒，州人立子坚行州事，陶公惧坚不能抗成汉，以尹奉代之，还京病卒。

尹奉，太宁三年，陶公以零陵太守尹奉为宁州刺史、南夷校尉加安西将军。时梁水太守爨量、益州太守李遏，皆叛附成汉，王逊讨之不能克。咸和四年尹奉重募缴外夷，刺杀爨量而诱降李遏，盘南平，功进西陵伯，惜咸和八年成汉李寿陷宁州，而奉降，使公遭知人之失。

袁谦，原为公仓曹参军，咸和六年表为高谅太守，谦尚离郡百余里，有蜜蜂蔽日而下至谦上，谦不觉恶之，得郡文书，贼欲乘虚攻郡，谦即欲赴郡，明早进至西南海上，猝遇大风飞砂，天地晦暗，不得复还，而没海中。

陈邵，字延恩，陈国苦人，原为天门太守，殊俗安之，选腹心之吏为荆州参军，若有调发动静驰白，故恒得宿办。咸和四年，陶公征还之。邵先至巴陵上礼，公以为能，表为梁州刺史，绥怀荒弊，甚有威惠。梁州大姓互相嫉妒，说邵年老耳聋。公召还，以蒋翼代，《晋书》有传。

蒋翼，原为西阳太守，咸和七年代陈邵为梁州刺史，咸康元年免。

刘瑕（亦作遐），从事中郎。其母魏夫人华存，魏舒之女，好道慕仙，父母强之适南阳刘文，二子璞、瑕。璞从庾亮，温峤平苏峻有功，任安成太守。瑕随公为从事中郎。魏夫人在世八十三年，论剑化形。

夏施，都尉，公尝课诸营种柳，施盗官柳，植于己门，公后见托，驻车问曰此是武昌四门前柳，何因盗来此种，施惶怖谢罪。

王随，初为庾亮西曹掾。后郭默之乱，人疑桓宣附默，随往说之，使其遣子桓戎同诣陶公，公辟戎为掾，随遂从公征讨。邓岳为广州刺史，随从之。咸康二年与陶协击夜郎，兴古皆拔之。

张诞，咸和四年公平苏峻后返回江陵，移镇巴陵，诞时为咨议参军，遣讨五溪蛮降之。

朱夏，将军，公讨郭默，遣夏与陈修为先行据湓口。

陈修，将军。

王敷，长史。公既平苏峻，满目疮痍，需要休整，遂遣王敷为使，赍江南珍宝奇兽，与石勒修好，且责勒纳用叛臣。于是勒族诛祖约，即席斩冯铁，使敷回报，敷又赍白兽、白鹿、白雉、白兔，责勒犯境，勒仍燕饷而谢罪。

张隐，张夔之子，公用为参军。

范眺，范逵之子，公用为湘东太守。

刘安，刘弘曾孙，公用为掾，后赴水死。

杨恭，将军，庾亮之为陶称所逼而投水死。

赵韶，将军，庾亮之为陶称所逼而于狱自尽。

郭开，将军，庾亮之从陶称至长沙赴丧，称疑开附其兄弟，乃反缚悬头于帆樯，仰而弹之，鼓棹渡江二十多里，观者数千，莫不震骇。此四人果为称所害乎？欲加之罪，何患无名，谁能为称辩而清之？证而实之？

海山使者，执鞭镫者，一夕逸去，后驱梭龙来迎。

孙盛，字安国，太原中都人，孙楚之孙。博学善言明理，与殷浩抗衡，出补浏阳令，公署为参军，后参庾亮军。著有《魏氏春秋》《晋阳秋》等，官至长沙太守，封吴昌县侯。子潜、放。放为长沙相。

诗词歌赋

古代诗词

晋太尉大司马长沙桓公陶士行赞

冯去非

堂堂陶公，一代重臣。坐镇于远，赫赫厥声。咸和阶励，宸居震惊。䬃氛温光，四海一人。忍急而求，盟哉太真。义戈所指，砾枭尸鲸。凡此戎公，于躬取必。忍挥匪麟，而百斯甓。忍愓匪时，而分斯惜。回乎清高，国尔何益。凡百君子，惟忠惟实。

（冯去非，都昌人，南宋教育家，婉约派诗人。此诗载《全宋文》卷 7689，四川大学尹波供稿）。

过都昌

参政・吴国伦・兴国人

湖上群山抱邑城，夕阳孤棹远天横。
黄花何处逢人笑，白发应从此夜生。
万里星辰缠杀气，几家砧杵动秋声。
陶公事业遗墟在，千古中原抱甓情。

谒陶桓公庙

观察御史・陈述・苏州人

桓桓长沙公，间气生英特。挺抱文武才，举世无与敌。饱读圣贤书，兼熟兵家策。

惜阴戒怠荒,朝暮运百甓。尝梦登天门,祥应生八翼。机明魏武豪,忠顺孔明匹。方当横奔揲,抢攘少宁息。苏峻谋不轨,肆然掠郡邑。宗社皆震惊,杀戮血流赤。我公建义旗,奋勇诛贼逆。壮气横秋霜,忠贞贯白日。斩馘氛祲消,旄头坠戈戟。大庇福斯民,勠力匡帝室。已任措天下,安固如磐石。都督镇八州,生民被功德。阃外日多事,笔翰无壅积。孜孜励名教,缺坏力禅益。时人尚清谈,放旷夸自得。公乃叹末流,何为赴沈溺。蒱搏具投江,恳至加切责。风节极颓波,中流砥柱屹。所志在匡复,虽没无愧色。大义天地知,耿耿昭竹帛。无端萋菲言,苍蝇污白璧。诬公觊觎心,史氏胥有失。紫阳朱夫子,上疏曾暴白。请号加封敕,阳光破昏黑。都昌公故乡,千载享庙食。旱涝祷必应,神在今犹昔。国朝启昌运,褒显新美额。祀典礼孔嘉,有祷神应格。我因观风来,怀贤仰陈迹。伟哉斯文风,允矣后人则。我欲雪沈冤,惟公相冥默。再拜歌此诗,灵飚恍咫尺。精爽如何招,乘云下寥泬。

陶侯钓矶

府刊署县事·徐登泰

数尺桐江丝,半湖蟠江水,未试扶日功,且钓西山雨,不有庐江征,肯为苍生起。

陶侯钓矶

副使邵遵道·邑人

矶头风景不堪题，却笑陶侯坐钓时。山势北来云匝地，阳光东起树交枝。一梭跃水名犹在，八翼排天梦亦疑。凭吊令人增慨慕，江风江鸟遍江湄。

陶侯钓矶

进士·吴旺·邑人

数尺珊瑚竿，一片莓苔石。藏器待时来，摅忠扶晋室。

陶侯钓矶

邑人·邵贤道

未把英雄入网罗，丝竿三尺卧烟波。自从受荐庐江后，夜夜神龙护钓梭。

陶侯钓矶

邑人・邵新远

清谈坐砥笑沈浮，一线竿头钓八州。任是壁间梭化去，矶头且把五湖筹。

陶侯钓矶

廪生・刘柏・邑人

八翼排天门，一梭跃秋水，竿头数尺丝，钓老西山雨。

陶侯钓矶

余光谦

垂丝运甓一般心，系得神州免陆沉，片石至今灵物护，潇潇风雨老龙吟。

陶侯钓矶

举人・邵孔谕・邑人

鄱湖昼夜水滔滔，几尺渔矶咽怒涛。绕岸莓苔匀野色，满江烟雨谢尘劳。惜阴最厌蒲樗戏，行乐聊将钓艇操。指点陶公盘坐处，一群鸥鹭宿丛蒿。

过陶公侃庙

舒梦兰・靖安人

天门八翼古疑团，谤口何从入梦看。半壁江山移鼎易，十全忠孝似公难。劳兼运甓过诸葛，义主归藩愧阿瞒。倘忆龙梭少年事，也应追惜旧渔竿。

陶母墓

濒湖作墓墓不崩，千年石花穿绣藤。潜虬踏云未敢升，矶前白波如素绫。於戏教子何兢兢，妇人千秋独著称。古之豪杰犹难能，老蛟过此恒畏罾。叩额向梭梭欲腾，母之令德龙所凭。长沙威侯夜朝母，牙旗甲马明千灯。

陶桓公庙

本县令・吴鸾

化梭我欲问龙津，两晋河山百甓身。江水有情同洒泪，西风多恨只飞尘。更无官物惭贤母，况复征君是逸民。留得一门奇节在，衣冠千载祀宗臣。

陶桓公庙

本县令·吴鸣凤·直隶人

八州威望靖边尘，晚节如公得几人？百甓分阴真志气，竹头木屑亦经纶。紫阳奏状陈心迹，青史传疑纪梦身。至竟石头兵直下，莫将窥伺议纯臣。

游陶侃钓矶山谢灵运石壁精舍

进士·黄有华·邑人

清游不厌远，相携出僧舍。高松涌怒涛，势与江流泻。行行得壮观，应接乃不暇。嵯峨钓矶山，石骨拆天罅。精舍遥相望，变灭风云化。才子信奇特，英雄倍声价。浮波滚滚来，滴翠纷纷下。一片好湖山，千秋属陶谢。我本湖上人，清漪泼榲榭。年年打双桨，一竿消九夏。春雨蓼花滩，秋风月明夜。差幸草堂灵，可以免嘲骂。身贱岂不耻，名高亦可怕。何当脱尘鞅，买田任躬稼。不折道旁柳，但种南山柘。遥遥语陶谢，此味甘于蔗。余亦同调人，相逢莫相讶。

陶母墓

惊波啮岸岸不崩，千年华表偎瘦藤。团团寒玉东方升，荒烟野蔓如织绫。游人过此恒兢兢，威侯之绩众所称。不堕母教人谁能，老渔然竹不敢罾。神梭夜夜波心腾，母之灵兮龙所凭。有客招魂歌楚奏，松际一点如漆灯。

陶公侃庙

老树高秋白露团，风云犹作大旗看。及时事业成功易，震主勋名晚节难。但恐先鞭输祖逖，几曾跋扈等曹瞒。千年遗庙依彭蠡，犹有梭龙畏钓竿。

陶桓公庙

峨峨遗庙俯平津，俎豆依然百战身。江左不摧苏峻垒，中原应满庾公尘。龙骧旧第英雄梦，鱼钓当年市井民。底事良图未终遂，涛头千载泣忠臣。

当代诗词

万清华·台湾

赞长沙公陶侃

孤苦尊慈训，胸中富六韬。
挥手平乱贼，赐剑拜廷朝。
传世分阴惜，躬行运甓劳。
文星兼武略，青史一人豪。

邓天赐

赞陶侃太尉三首

七律

苏山毓秀地钟灵，东晋陶公显赫名。
屡破敌军抒壮志，常歌凯曲树雄旌。
机神善鉴如魏武，忠顺勤劳似孔明。
四十一年功德满，千秋彪炳播隆声。

浪淘沙

太尉赞侃公，文武兼通。远谋善略立奇功。饮酒常欢限不失，斗志坚雄。

运甓似长虹，莫错时空。八州都督挽强弓。彻透中纹居显位，幸福无穷。

鹧鸪天

千里征途不拾遗，恩施黎庶万民归。忠君爱国心无异，抗敌安邦志自奇。强何畏，软莫欺。英明善断有灵机。陶冲梓里都昌县，共仰光辉太尉旗。

刘剑光

咏陶母截发

北风卷雪满台阶，犬吠柴门报客来。
堪叹家贫无膳馔，镜前剪发巧安排。

秣荐

大地冰封草木稀，庭前饿马叫声凄。
家无杂料慈心动，秣荐当饲喂客骑。

封鲊

忠诚道德传今古，陶母贤慈世所尊。
拒鲊责儿明训谕，清风高节不沾尘。

咏陶侃

惜阴

岂只韶光贵似金，陶公运甓惜分阴。
胸怀壮志争朝夕，豪气干云报晋君。

珍物

万物相成皆有因，竹头木屑尽珍存。
行军造具都为用，志远才高建大勋。

善政

浔阳江上好儿郎，珍惜分阴才志强。
明德修身勤善政，齐家治国立规章。
深谋远虑追诸葛，鸿策高筹超子房。

铁马金戈平逆寇，丹心热血献君王。

对联一副

陶怡壮志高天之德；侃达情怀厚地于民。

刘贤义

赞陶侃

苏山毓秀陶家冲，东晋钟灵显侃公。
杰出聪明夸少尉，超凡韬略赞英雄。
忠君爱国芳名久，辞位供亲孝意浓。
木屑竹头常利用，千秋运甓树勤风。

许文华

七绝三首

赞侃母

训儿封鲊称贤母，截发迎宾传美名。
雪阻范逵怜饿马，供饲褥草义倾城。

颂桓公

矶头垂钓感沉浮，神化金梭系八州。
运甓惜阴千载颂，桓公匡晋是英豪。

咏陶潜

陶冲十里是桃源，归去来兮赏菊园。
挂冠辞官腰不折，高风亮节古今传。

朱喜民

陶公赞

矗立南山挹青城，依稀晋鼓动秋声。
陶公勋业光辉在，千古忠臣护国情。

吴江春

颂陶侃二首

（一）

幼年失怙不堪哀，贤母育成济世才。
扫北平南扶社稷，金戈铁马震江淮。
沉浮几度丹心见，清正一生盛誉来。
亮节高风传万古，缅怀遥奠酒三杯。

（二）

步陶怀冲先生《先祖陶侃》原玉

桓公无愧是英豪，叱咤风云仰德高。
廉政爱民承母训，珍时惜物好情操。
谨勤忠顺孔明志，雄毅深谋魏武韬。
功业长留励后世，五湖四海益熏陶。

肖辉汉

贤哲陶母

非此母难生尔曹，哲贤陶母女中豪。
退鲊示警为廉正，育德培才费苦劳。
碎荐筹饲喂客马，待宾截发奉甘醪。
桃源千古慈恩继，耀祖光宗功德高。

余连山

陶桓公颂

（一）

鄡阳东晋唐都昌，著世陶公左蠡乡。
功业不随王气尽，庙祠青史永流芳。

（二）

桓公孝子作贤臣，震主功勋封赏频。
讨贼诛奸匡晋室，保家卫国为人民。
惜阴运甓励宏志，廉洁奉公封库银。
武略文韬筹帏幄，苏冯斩灭显威神。

贤德陶母湛夫人

贤良陶母孝儿孙，慈训严威诲导谆。
截发筹钱待贵客，结交胜己育高人。

余亚飞

陶侃惜时感赋

日月如梭快似风，花开花落又花红。
时间需惜争分秒，浪费光阴万事空。

观陶侯钓矶

湖边矶石今犹在，不见当年垂钓翁。
人去并非声匿迹，美名刻在口碑中。

赞陶母

律己自强诚可贵，家庭教育意尤深。
为何陶母封鲊事，传颂千年说到今。

颂陶潜

挂印辞官不折腰，田园归隐任逍遥。
吟诗作赋抒情性，逸气悠然入九霄。

苏仁民

陶母训子贤

截发惟闻陶母贤，生机纺绩育儿兼。
子成名就萱堂德，源出训严根正先。

颂陶桓公

少小孤贫磨砺坚，文韬武略智能贤。
清廉勤政安民乐，惜物俭财吏治艰。
抱甓练身图弭患，主盟平乱受功衔。
陶冲风物情依旧，人过千年名更喧。

张学忠

过陶母墓

荒陌边旁松棘蓬，夕阳万丈映苔丛。
千年古墓行人祭，一代贤慈后辈崇。
行善教儿方达显，宴宾克己故荫隆。
端庄典范垂青史，陶冲翠竹绿重重。

周清华

陶桓公颂

（一）

天河我欲问龙津，百甓江山系战身。
鄱水钓垂金盏泪，西风何恨古征尘。
更珍木竹称贤母，当惜分阴卫国心。
遗庙千秋笑谤诽，登天折翼忌忠臣。

（二）

亘古南山耀紫阳，桓公伟业显都昌。
长知截发歌贤母，更记忠仪誉赣湘。
运甓神机真志气，扶民讨贼重安邦。
陶冲十里依然在，不见长沙晋武王。

袁小帆

过蠡水吊乡贤陶侃

（一）

飘浮风雨帝京危，戡定荆湘举义师。
梦翼登天肖小谤，避嫌告退素心违。
不闻孟德窥刘鼎，更有炎昭篡魏基。
独惜分阴扶两晋，功臣功过任猜疑。

（二）

衰微晋室乱纷纷，空负陶公百战身。
戡复荆湘扶弱主，力诛默峻靖烟尘。
归藩不恋封侯印，运甓长怀匡国心。
何事登天折八翼，平添谤语辱纯臣。

访陶渊明祖居

十里陶家不见村，断垣荒冢至今存。
山民指点溪前吠，道是渊明种菊园。

袁德赞

清平乐陶门颂

孟陶岳母，声誉传千古。
虎子龙孙青史著，文武陶门独步。
安邦平乱将军，珍财运甓惜阴。
首创田园诗祖，桃花源里耕耘。

陶侃与陶母

（一）

勤俭将军护国臣，箴言首倡惜分阴。
陶侯千古钓矶在，大气高风世代钦。

（二）

陶母精神启后人，结交胜己嘱儿孙。
拒收官鲊传廉教，截发待宾情意殷。

黄棒林

陶桓公颂

十里陶冲一侃公，秆林胜迹荡遗风。
赠鱼受诫终身益，勤政爱民扶晋功。
惜物珍时人敬仰，彰忠封谥世荫隆。
横秋正气千年鉴，长领都昌运甓翁。

侃母颂

退鲊教子世无双，截发筹资款郡郎。
寝草碎之饥马喂，母仪风范九州扬。

陶鼎金

颂侃公

扶危治乱四旬春，一代名臣泽万民。
明鉴神机胜魏武，忠贞勤谨似孔明。
惜阴运甓千秋范，储屑怜青百世钦。
宠辱不惊终若始，处高知慎自干云？

陶杜驹

赞我先祖丰功伟绩

（一）

悠悠先祖陶桓王，被辖八州正晋纲。
耸立石城摧苏峻，扫除乱孽奠苞桑。
长沙开国定基础，妙策挥师镇武昌。
百炼弥刚酬大志，中兴伟业万年扬。

（二）

侃公先祖力勤王，珍惜分阴平国荡。
运甓争先坚志向，刁劳戒逸善弛张。
奉公守洁忠君事，木屑竹头倡俭方。
好学明经垂典范，威仪端肃振纲常。

陶希潜　陶昭英

谒矶山陶公庙

都昌贤圣陶桓公，晋大将军千古荣。
威震八州功绩赫，泽滋万众德声隆。
庙祠座座情思寄，桑梓源源香火供。
沧海废兴千百载，长教浩气济时穷。

陶至锦

侃公忠烈千秋颂

——瞻仰都昌北庙随感

桓公故里陶家冲，贤母忠臣运甓翁。
百代钓矶磨壮志，一身韬略显神通。
锄奸平叛先锋尉，扶晋安邦汗马功。
彪炳丹青民敬仰，千秋北庙杜鹃红。

陶侃公遗迹纪事（七言新诗）

（一）

桓公乡梓本鄡阳，郡属鄱阳共芬芳。
十里陶冲沧桑变，秆林土目后裔茫。

（二）

老庙旧址日月长，黄土岭上渐荒凉。
瓦屑坝旁陶村杳，沙墩排楼遗迹详。

（三）

陶侯钓矶精舍旁，侃母高墓映湖光。
北庙龙柱腾紫气，矶山侃庙绕烟香。

（四）

历代豪杰过都昌，作诗题词赞语扬。
惜阴运甓千秋颂，激励后人永图强。

陶希潜－陶步亮－陶至锦

觅吊侃母墓（七言新诗）

（一）

女中典范数侃母，福荫矶山香故土。
历代名人多凭吊，唐有元舆及皇甫。
年岁久远沧桑变，世人知晓颂千古。
盛时乡亲觅芳踪，延宾教子情永驻。

（二）

钓矶东侧数百步，三面青山一面湖。
居中突出一平台，上有荒冢墓碑无。
杂草丛生多荆竹，浩瀚鄱湖壮画图。
跪拜追思细察看，倍感肃穆眼模糊。

（三）

牛眠圣境风光好，四时山水入画幅。
矶山松柏郁葱葱，秋冬霜菊遍沟谷。
岸边渔舟伴水鸟，崖下浪急巨石浴。
到此瞻仰可泛舟，陆步西河直达速。

陶辉

纪念侃公有感

斥奸早日东征起，数载勤劳独戍疆。
战壑历摧尘土浩，狼烟遍扫旌旗扬。

躬行册载功名赫，威镇八州谥号香。
卸甲归乡鞍未解，奔波路上惜身亡。

晋臣侃公（自度曲）

始祖居定陶，敦公南迁，浔阳丹阳两旺。侃公诞生古鄱阳，出任枞阳。
忠勤晋皇室，四十有一，歼除内外奸党。道不拾遗功无量，追授桓王。

注：定陶属今山东省，枞阳属今安徽省。自尧帝赐陶姓起，侃为五十八世孙。

詹志英

陶桓公颂

忠义横秋四海钦，高风亮节世难寻。
勤劳百甓防荒怠，珍惜分阴惬素心。
木屑不遗传美誉，竹头器重化为金。
立言立德垂千古，永作来人座右箴。

谭柏生

赞晋代杰将——陶侃

八州督将盖风流，忠正清廉善运筹。
文武神机雄一代，功勋卓著誉千秋。

赞陶母

陶母贤德天下知，恰与岳孟母名齐。
截发筵宾真情意，秣蓆喂马充寒饥。
封鲊训子实严厉，金梭助儿拜学艺。
苦辣酸甜有谁知？育成儿孙功盖世。

陶侯钓矶

鄱阳湖畔屹钓矶，风雨春秋钓相宜。
长鞭横扫两晋傀，青丝钓尽八州鲤。
储屑怜青显军威，清正廉明树丰碑。
陶侯功德千秋颂，闻人贤士赋新诗。

陶至锦

颂陶母

千古陶母耀楚天，秆林矶山一线牵。
种桑养蚕持家俭，绩麻纺纱施母恩。
封鲊训子威生廉，截发筵宾谱贤篇。
历代豪杰赋圣贤，德惠中华永怀念。

贺陶母墓修复

陶母高墓牛眠嘴，碑照鄱湖腾紫气。
东边荷花迎朝晖，西面鸥鹭舞鹤池。
元舆铭文颂情仪，皇甫立言树丰碑。
贤德风范千古传，惠泽中华放光辉。

赞陶母路

多少年来敬陶母，水隔矶山靠船渡。
荆棘丛生望却步，山高谷深足难驻。
河西开发展宏图，名人命名网坦路。
后昆游客仰贤母，信步畅达陶母墓。

重阳忆渊明公

秋高重阳菊花黄，又忆陶公话短长。
一身傲骨斗炎凉，两袖清风拒官饷。
十里陶冲书田园，桃花源里寄希望。
门栽五柳衍后昆，满腹经纶慰上苍。

跋

都昌，她的前身是鄡阳县，是古豫章郡十八个古县之一，至今已有两千多年的历史。在历史的长河中出现了众多的历史名人，陶母湛氏、陶侃、陶渊明就是众多名人中的杰出人物，我们称之为陶门三贤。研究陶侃、陶母及陶渊明，对于传承中华民族五千年文明史有着深远的现实意义。陶门三贤在史籍、方志中多有记载，他们的故事在都昌的百姓之中童叟皆知，并一代一代传承至今。都昌研究陶门三贤，最早可以追溯到宋朝。宋乾道年间（1165—1173）都昌最闻名的有南北两座陶桓公庙，但北庙经受战争的破坏，成为一座破败的残宇。宋淳熙六年（1179）十月，朱熹知南康军时，有税户董翌投状，请求官府拨款修缮北庙，并请求朝廷对陶侃加爵封神（见同治版《都昌县志》中《乞加封陶桓公状》)。由于朝廷及各级官府衙门对陶侃“德积仁累，名垂帛竹”之声誉及在百姓心中的影响力巨大，朝廷加封陶侃为威武大将军。后都昌各地都陆续建起了许多陶桓公庙。陶辉先生曾根据相关资料统计，全县有大小陶桓公庙46座，形成了都昌盛陶文化的靓丽景观。

此次编辑出版的《陶门三贤》,是以2006年4月出版的《陶侃研究》为基础。《陶侃研究》的发起，是1995年10月时任中国台北都昌同乡会理事长胡恺先生，从台湾专程来都昌参加江万里纪念活动，活动期间向都昌方面提出研究陶侃的议题。2002年5月，都昌县历史名人研究会（历史文化研究会前身）余星初会长，致函于台湾陶氏宗亲联谊会会长陶士君先生，提出三点倡议：一是欢迎海内外陶氏宗亲参加研究陶门三贤，并将研究文章、赋诗邮寄我会；二是欢迎海内外乡贤为修复陶母墓捐资，研究会将刻碑铭记；三是欢迎组团来都昌考察盛陶文化，以体现两岸携手共同弘扬中华民族传统文化。倡议发出后，旅台乡贤刘定远先生，向他的诗友台湾大学陶仲怀教授，告知都昌已经兴起研究陶侃的信息，引起了陶教授的重视，同时也得到台北陶氏宗亲会的响应。本书资料的收集，得力于浙江会稽陶维墀先生鼎力相助，他是《陶氏史记》的撰稿人。陶维墀先生为了收集陶门三贤资料，从 1990 年至 1996 年春节跑遍了全国有陶姓的七个省，也曾两次来都昌收集资料，撰稿二十余篇。本书收录他的十篇文章，以飨读者。

2009 年 6 月 10 日，纪念陶侃诞辰 1750 周年的大型活动在都昌举行，上海、浙江、福建、台湾及江西（湖口、新建、都昌）的陶氏宗亲代表共 210 余人聚集在都昌悦华大酒店，就如何把“陶门三贤”文化做大做强进行了探讨。会议一致表示，先在都昌兴建陶门三贤文化景观，带动旅游产业的兴起，产生一定的人文效应和经济效益。会议提出由都昌“政府搭台、民间唱戏”先行启动，并辐射全国。这次会议都昌县委、县政府非常重视，县人大常委会原主任但俊华、县政协原主席吴德春、县政府原副县长江期论、县委宣传部原常务副部长汪国山等，以及县统战部、县文化局、县妇联等多部门领导参加了会议，共襄盛举。

做强盛陶文化，首先要打通县城通往陶母墓地的公路，可由于资金困难一直无法解决。2013 年 2 月，鄱阳湖投资有限公司董事长詹良生先生对修筑通往陶母墓地的道路提出了“政府主导，民间先行”的倡导。6 月，由都昌陶氏宗亲集资三万余元，铺设了从道下山直通陶母墓地的便道。2018 年 3 月，在县人大常委会原主任石和平和县政府原副县长江期论的关心和支持下，县政府挤出资金修通了从县城通往陶母墓地的公路。

2018 年 1 月，时任都昌县委书记肖立新同志在中共都昌县委十三届五次全体（扩大）会议上，提出“要加快建设鄱阳湖博物馆，着力推进陶母墓、江万里纪念馆等项目的建设，进一步挖掘历史文化，绽放都昌千年文明古县的魅力”。

2019 年 4 月，陶氏宗亲集资十万余元，修复了陶母墓。他们为了设计墓形及碑文，组织人员先后到鄱阳、新干等地考察，在新干县档案馆找到了《庐陵古碑录》，并仿用清嘉庆庚寅年的铭文墓碑，在原址依原样修复了陶母墓冢。同年冬月，由广东千素文化传媒公司主办的“陶母米粑节”大型祭祀活动，在陶母墓地举行。参加这次祭祀活动的有来自都昌县历史文化研究会、都昌县民间艺术家协会、都昌县陶氏文化研究会、伏羲书院、知青农场及社会各界代表 120 余人，都昌县历史文化研究会代表及都昌县陶氏文化研究会代表宣读了《祭文》。

2020年8月，都昌县人民政府决定挖掘陶侃故里深厚文化底蕴，并在各乡镇各单位负责人会议上作出安排，拟在高速公路都昌西站建立盛陶文化广场，并立陶侃塑像以示纪念。

《陶门三贤》的出版，得到政协第十五届都昌县委员会领导的重视和支持。此书是以史资政、以文化人的一项成果。《陶门三贤》的正式付梓，既是都昌对盛陶文化研究阶段性的小结，也是都昌对盛陶文化挖掘的新起点。关于陶母、陶侃、陶渊明“三陶”的研究和利用，既赓续着昨天、启迪着当下，也关乎着未来。我们期待有更多的新发现、新作品面世，更好地擦亮都昌历史文化品牌，展示文明古县魅力，融汇到建设文化强县的大潮中去。

都昌县历史文化研究会
王旺春
2023年10月

后 记

明万历年间，江西按察副使王世懋对都昌县曾有过这样一番描述："环长江之右而棋布者，盖七十余邑……惟都昌僻在湖滨波涛之所冲……其人类多质朴而文采不耀，至不能与诸邑齿然。窃睹载籍，宁沦鼎于弱晋，则有若陶长沙；徇大义于危城，则有若江故相；明礼经于来学，则有若陈可大。之三君者，皆先代之名流……皆不产于他邑，而并育于都昌，长江之右莫敢望焉。"陶侃，中国历史上六十四名将之一。江万里，南宋中国最具民族气节的丞相之一。陈澔，至今仍是山东曲阜孔庙供奉的一代大儒。

其实，在都昌县历史上，让王世懋惊叹的人物远远不止此"三君"。往上追溯，陶侃的母亲湛氏，与孟母、岳母、欧母并称中国四大贤母；循着历史走向，陶侃四世孙陶渊明，是中国古代文坛巨擘。宋代刘锜是南宋中兴四大名将之一。南宋彭蠡、黄灏、曹彦约、冯椅史称"朱门四友"，是理学中最负盛名的四君子。明清两代，都昌人于五百年间在景德镇创造了一个瓷都。都昌是一块什么样的土壤，竟然能孕育如此多的历史人物?

都昌县前身是鄡阳县，为古豫章郡十八个古县之一，迄今已有两千多年的历史。《明一统志》载：汉高祖六年（前 201）置鄡阳县，南朝宋永初二年（421）废鄡阳入彭泽隶江州。鄡阳县存在 623 年。唐武德五年（622)，割鄱阳县雁子桥之南境置都昌县。"沉鄡阳，浮都昌"，一沉一浮就是两百年，都昌也失语了两百年。当年的鄡阳县拥有现在鄱阳湖面偌大的鄡阳平原，水网交错，是江西最大的产粮区，朝廷设置专门的粮仓，史称"钓矶仓"。据考古学家对鄡阳县城遗址考察，鄡阳城规模超出了一般县城的规模。一些学者甚至怀疑，南北朝之前的豫章郡不在南昌，鄡阳县城与豫章郡曾是郡县合一。在水运时代，鄡阳县曾经是江右南北通道上一个重要枢纽。一些史学家曾经这样评估，鄱阳湖形成，淹没了半部江西史。由此可见都昌历史上曾经是何等的辉煌。置都昌县之后，都昌处于鄱阳湖东北岸，拥有鄱阳湖三分之一的水域，仍是江西水运的咽喉之地。天时、地利、人和成就了都昌辉煌的历史。

都昌县政协素来是都昌的“智囊团”“人才库”。县政协文史委有一项重要职能就是“存史、资政、团结、育人”。多年来，历届县政协领导潜心履行这一职能，将敏锐的触角深扎在这块肥沃的文化土壤，挖掘人文历史，教育启发后人，编辑出版了一批有影响有价值的文史资料，为丰富都昌的文化宝库作出了应有的贡献。本届县政协班子秉承政协这一优良传统，在文史搜集和编辑出版上持续发力，将工作重点放在深挖都昌历史文化名人精神传承上，2022年已出版《江万里史事探索》。

《陶门三贤》是2023年县政协编辑出版的一部重要史料。2006年，第十二届都昌县政协曾经编辑出版了一部《陶侃研究》，让社会上对都昌走出去的晋室中兴名将陶侃的历史功勋和伟大人格有了初步了解，也激发了都昌人对陶侃的持续关注，对陶母和陶渊明的深层探寻。特别是2017年都昌本土作家、中作协会员徐观潮先生的长篇历史小说《名将陶侃》出版后，部分省市陶氏宗亲来都昌寻根问祖，让都昌民间形成了一股研究陶母、陶侃、陶渊明的热潮，也使得沉淀在民间这方面的地方史料逐渐浮出水面。如，在唐代，苏山乡一带曾称为“五柳乡”。湖口县志历史沿革中这样叙述湖口县的构成：南唐升元二年（938），析彭泽县之彭泽乡及五柳乡之半置湖口县。据历史考察，古彭泽县衙在现今的文桥乡柳德昭村，其地及以北地区为彭泽乡，往南的高桥、流芳及苏山、春桥等地为五柳乡。五柳乡乃五柳先生之乡。又如左里、多宝等地在康熙版县志中仍称“桃源乡”。桃源者，桃花源也。

现代人通过对陶渊明诗文的研究认为，义熙四年（408）六月中，陶渊明家中失火，宅院尽毁，被迫迁居。此结论来源于陶渊明诗《遇火》：“正夏长风急，林室顿烧燔。一宅无遗宇，舫舟荫门前。”家里被火烧了，只能住到停船在门前的小船上。停船在门前的小船，只有都昌有这种环境，而传言的星子和九江县居住地皆无可能。《都昌县志》记载，义熙六年，晋太尉刘裕参军檀道济从征卢循，激战于左蠡。此时，战火烧到了家门口，陶渊明或许不得不化名“潜”，隐居星子栗里或南村。这一年刘裕代晋为宋。当然，民间研究不同于学术研究。但是，将这种研究持续下去，或许就接近于历史真实。《陶氏宗谱》也记载，陶渊明隐居在庐山脚下，仍不忘老家，遣子俟返居秆林，陶俟成为复迁都昌秆林之祖。陶渊明的其他几个儿子也都散居在新建、星子、德安等地，成为当地陶姓大族。

又如，唐代宰相舒元舆在《陶母坟板文》中这样讲述他所看到的陶母墓："太岁在卯，小子汎彭蠡，见谢灵运石壁，壁东南行百步许，有高坟嵯峨，坟前有碑，书迹照湖。小子蹶起疾眩，视之，则陶母之字存。"又说："英英哲母，煦然化成。成之中而能驱其子，归其有极。是以陶家肥，而晋家亦肥。"板文后还附诗："彭蠡之滨，峨峨高坟。有晋陶君，哲太夫人。前瞻千年，卜孟为邻。后千万年，卜谁为邻？西江悠悠。东湖滔滔，彭蠡有竭，斯坟更高。"

对于这些史料的深入挖掘和搜集，寻找历史人物的出处和生活环境，将更有利于对历史人物及其作品的精神实质的把握。

陶母"截发筵宾""锉席喂马""封坛退鲊""赠子三土"无不彰显一位中国母亲无私清正、胸怀天下的伟大人格。只有这样的母亲，才能教育出陶侃这样的一代名将。陶侃出身寒微，成为晋室中流砥柱，机神明鉴似魏武，忠顺勤劳似孔明。他治下千里江陵夜不闭户，路不拾遗。以至于他死后近两千年，长江中下游不少地方仍然保存着祭祀他的庙宇，特别是他的家乡都昌县，解放前仍保留着几十座陶母庙、陶公庙。陶渊明"为官"不为五斗米折腰，"为文"构建了比西方乌托邦早千余年的理想社会——桃花源，"为诗"成为田园诗派鼻祖，对唐诗风格的形成产生了深刻影响。一言以概之，陶门三贤及其精神已经成为中华文明的重要组成部分，光耀千秋。本届县政协组织编辑《陶门三贤》正是为了更深入地挖掘和拓展三位历史名人的文化内涵，传承和保护好都昌人身边的精神财富，开创都昌人的未来。

《陶门三贤》能得以出版，我们要特别感谢陶氏文化研究会、陶氏宗亲联谊会会长陶海南以及王东林教授、石和平先生、徐观潮、王旺春、占良生、陶至锦等人在资料搜集上不遗余力的帮助。

由于水平有限、时间仓促，本书难免有疏漏和不妥之处，敬请读者谅解，批评指正。

都昌县政协主席　谭四明

2023年12月